社会を変えてきた
弁護士の挑戦

不可能を可能にした闘い

弁護士　新里宏二 ［著］

弁護士新里宏二古希記念出版編集委員会 ［編］

発行　民事法研究会

は し が き

　私は、1983年4月に仙台弁護士会に登録し、弁護士活動を続けてきた。弁護士として40周年を迎え、さらに、古希を迎えた。弁護士人生を振り返る時期を迎えたように思う。

　現在の日本、世界の最大の課題は、新型コロナ禍から人の命、健康、安心、安全、生活、生業、および財産をいかに守るかにある。コロナ禍が、貧困と格差、特に女性の貧困と格差を顕在化したといえる。2011年3月11日に発生した東日本大震災では、私たちは「人間の復興」を掲げて震災からの復興に取り組んだ。その経験が活かされるように思う。私自身は、東日本大震災発災時は仙台弁護士会の会長、同年4月から日本弁護士連合会（日弁連）の副会長として震災対策に取り組んだ。それだけにその思いを強くする。

　2021年2月、新型コロナウイルス感染症を「新型インフルエンザ等感染症」として位置づけ、同感染症に係る措置を講ずることができる新型インフルエンザ等対策特別措置法等の一部改正法が施行された。2022年5月時点で死者は3万人を超えている。他方、2011年3月11日に発生した東日本大震災による死者は10年経過時点で（2021年3月末）、1万5899人、行方不明者は2526名であった。コロナ禍は東日本大震災の人的被害を超える。経済的損失も計り知れない。

　東日本大震災発生後の2011年3月23日、日弁連は被災地弁護士会と協力して、電話相談、避難所相談など相談事業に注力し、大量の被害相談を分析し、さらに、関連委員会からの提案を求め、立法事実を提示して制度提言を行った。そこから生まれた制度が、たとえば、二重ローン対策としての個人債務者の私的整理に関するガイドラインや、株式会社東日本大震災事業者再生支援機構法である。多くの相談を受ける体制の整備、およびその悲痛な声を分析して必要な制度提言を行うこと、この活動がコロナ禍でも十分活かされるべきと思う。

　私は、単に、「東日本大震災の取組みをコロナ禍の取組みへ」と言っているのではない。その時々の弁護士の活動は、将来にバトンをつなぐものと考えている。過去の取組み、あるいは裁判例・判例が私たちの活動に活かされ、

権利救済、制度改善につながる。そして、私たちの取組みが、バトンをつないだ1人ひとりの弁護士、弁護団、日弁連および市民運動の今後に活かされると考えると、こんな望外の喜びはない。バトンをつなぐとき、少しだけでも自分たちで付加してつなげられたらいいなと思う。そんな想いを込めて、これまでの私・私たちの取組みを紹介することとする。

1983年4月、私は仙台弁護士会に登録する。当時の仙台はスパイクタイヤによる粉塵によって、大気汚染はすさまじいものがあった。仙台は降雪地域ではないことから、北海道や豪雪地帯とは違い粉塵被害が顕著であった。テレビニュースでもお店の女性店主がほうきで大量の粉塵を掃き出していた。その粉塵については、「なぜ仙台の街はほこりっぽいのか」という疑問から、「スパイクタイヤが原因では」、「いや、未舗装道路から持ち込まれる土泥では」という論争が巻き起こり、マスコミ全体を巻き込む社会問題へと発展した。仙台弁護士会は、スパイクタイヤによる粉塵であるとの科学的根拠に基づき、スパイクタイヤの規制を訴え、1985年12月、全国で初めて宮城県がスパイクタイヤ対策条例を制定するという形で結実し、健康被害の防止にも大きく寄与した。先輩弁護士の活動に目を見張った。弁護士が制度をつくることにかかわることができるのだと思った。

他方、私の弁護士業務は、借金取りとの闘いから始まる。消費者金融が「サラ金」と呼ばれた時代、サラ金3悪（高金利、過剰貸付けおよび過酷な取立て）を解消すべく、サラ金二法（貸金業規制法の制定および出資法の一部改正）が1983年11月に施行された。私が弁護士登録をした時点では、いまだ無法状況であった。

弁護士として一番初めの事件が、財団法人法律扶助協会から紹介を受けた自己破産の手続であった。サラ金からの借金を抱え、借金取りに追われた相談が相次ぐ。サラ金との電話での喧嘩も日常茶飯事で、朝からサラ金と喧嘩し受話器を投げ捨てるように電話を切ることも続く。「借金踏み倒し屋」とも揶揄され、「これが弁護士の仕事」か、と思うことも一度ではなかった。

そんな自分に転機が訪れる。1984年10月、「みやぎ青葉の会」というサラ

2

金被害者の会が発足し、私は1985年11月、初代の事務局長を務めることになった。青葉の会では、受付をして1日おいて弁護士相談を行うというシステムであったが、1987年のこと、相談の受付をし、弁護士相談が予定されていたのに、その前日に老夫婦が首つり自殺した。相談者を救うことができずに悔やみ、無力さを痛感した。高利でジャブジャブ貸し付け、苛烈な取立てを行うことが悲劇を生む。多重債務の問題は、「借りた者が悪い、自己責任だ」との誤った考えの打破の闘いでもある。その頃から、「借金で自殺するような社会は何とかなくしたい」という思いを抱き、ずっと多重債務の問題に取り組んできた。

また、私は、分野にこだわらず、いろいろな弁護団に入り、それぞれ鍛えられてきたように思う。特に、2つの弁護団は私のその後の弁護士としての活動に大きな影響を残した。1992年の細倉じん肺弁護団、1993年のワラント弁護団である。じん肺訴訟では、山下登司夫団長、小野寺利孝副団長の下、200人以上の原告を抱え、金属粉塵による肺機能の低下で限りある生命の前で、「命あるうちの解決」と、3年で解決するとの目標を定め、それを実行していく実現力。他方、株式の派生商品であるワラント事件では、私は仙台弁護団の事務局長を務めた。大阪・横浜の先行訴訟の一歩後を行くとの方針が功を奏さず、裁判所を説得できなかったこともあり、望んだ結果を出すことができなかった。自らが主体的に解決をしようとの気概がなくては事件を前に進めることができないのだということを、自らの反省として、いろいろな弁護団事件で自らの「道しるべ」としてきた。

実務家として、保全事件によって、解決の道を探るという手法も学んだ。仙台地方裁判所では、産業廃棄物処分場建築差止仮処分、造成工事中止の仮処分等、仙台弁護士会所属弁護士と裁判官の真剣勝負の中で、多くの仮処分決定が出されていた。そのような仙台地方裁判所保全部での動きを踏まえ、1992年、全国で初めて、保育園の日照被害を理由とする建築差止めの仮処分決定をとることができた。

その決定が、1995年、大阪の商工ローン業者ニシキファイナンスによる

手形詐欺事件での全国初の手形取立禁止の仮処分に結びつく。保全の手続が
その後の集団被害救済事件でも活かされる。

　1997年1月に発生した、ココ山岡によるダイヤモンドの5年後買戻し商
法被害をはじめとする大量クレジット被害が頻発し、それらの被害対策弁護
団にも属した。JRの広告掲載のクレジット契約被害であるジェイ・メディ
ア事件、省電王という節電器のクレジット被害であるアイディック事件。そ
れぞれ、割賦販売法による抗弁対抗規定だけでは解決ができない被害であり、
被害の事実を裁判所に突きつけ被害救済を図った。クレジットという消費者
に現金がなくとも商品を購入し消費生活を豊かにするとの機能が現実では暴
走し、悪徳商法を助長するからくりとなっていた。さらには、割賦販売法が、
商行為には適用されないことの限界、また、クレジット会社の責任も、抗弁
の対抗により一定の場合はクレジット代金の請求が制限されるだけで、悪徳
商法を助長して被害を出しても既払金を吐き出す等被害を回復する責任を負
わない仕組みが被害の背景となっていた。

　1998年以降2006年までの、日栄・商工ファンド対策全国弁護団の活動が
私の弁護士活動の中でも思い出に残る事件、活動であった。団長は木村達也
弁護士、副団長が私、事務局長は牧野聡弁護士であった。中小企業はバブル
経済崩壊後の長引く不況のうえに金融不安による銀行の貸し渋り、貸し剥が
しによって深刻な資金難に陥り、本当に藁にもすがる思いから商工ローンを
利用し、融資勧誘も盛んに行われた。商工ローン業者は、借主の窮状につ
け込んで必ず保証人をとり高利をむさぼるだけでなく、手形制度を悪用する
など悪質な事業者も多く、これに手を出した企業は急な坂を転がるように破
滅に向かうことになった。1998年の自殺者は前年比8472人増、過去最高の
3万2863人となった。特に、同年3月の年度末を越せず自殺に追い込まれ
た中小事業者の急増として現れた。保証人に迷惑をかけられないとして、自
殺を図り生命保険金で何とかしようとする悲惨なケースが多発し、私の元依
頼者も同様に自死を図った。

　商工ローン弁護団の活動として、2004年7月18日に日栄に対する判決、

2005年2月20日に商工ファンドに対する判決、そして、2006年1月13日にシティズに対する判決で、貸金業規制法43条のみなし弁済規定を空文化する判決を勝ち取った。これらの判決を勝ち取るまで、我々は、最高裁判所の前で3カ月に1度の割合でビラを配り、被害の実態をマイクで訴えた。毎回、私も仙台から参加した。記憶に残るのは、ビラ配りの後に準備書面を提出する際に、担当書記官から、「ビラ15部をいただけますか」、「裁判官が見たいと言っています」と言われたことである。ビラには被害の実情を記載していた。最高裁判所は被害実態を気にしていると感じた。それがわかったとき、とてもうれしく勇気が出た。

　2006年12月、全国の署名が340万筆に達するなど大きな運動でグレーゾーン金利の廃止を含む、貸金業制度の大改正が実現する。25万人に達する自己破産者も、2015年には6万人台にまで減少する。法改正運動では、被害者運動と日弁連の共同活動も極めて効果を発揮した。

　また、ホップとして貸金業制度の改正運動の成功、ステップとして割賦販売法の改正、そしてついに、ジャンプとしての消費者庁設置が決まる。大きな運動の成果であった。

　ここで、日弁連の活動にも少し触れることにする。私の弁護士活動では、日弁連消費者問題対策委員会の活動も大きなウエイトを占める。実は、そのきっかけは地元仙台での活動であった。1989年、NTTは、ダイヤルＱ２という有料情報提供サービスを開始した。男女間のツーショットダイヤル等が売春の温床となり、あるいは、青少年の利用で高額の利用料金が請求されるなど、大きな社会問題となった。宮城県内でも「ダイヤルＱ２問題を考えるみやぎの会」をつくり、NTTへ業務改善の要望書を提出した。私はその会の副代表を務め、街頭でビラ配りを行うなど精力的な活動を行った。

　日弁連の消費者問題対策委員会でも、この問題に取り組んでいて、1992年、当時の荒中消費者問題対策委員会副委員長（仙台弁護士会所属34期・前日弁連会長）から、幹事として誘われた。それ以降、私は、同委員会の委員・幹事を務め、かれこれ30年に及ぶ。日弁連には100を超える委員会・対策本部があり、その時々、制度改善・制度創設などについての意見書を公表し、その

意見書に基づき法改正を求める活動を行う。消費者問題対策委員会の委員は主に各弁護士会から推薦を受け、幹事は専門的知見が買われ1本釣りで採用される。当時でも委員・幹事は150名を超え、10以上の部会に分かれ、消費者問題に関する日弁連の意見書は部会で原案を作り全体会で承認のうえ、正副会長会、各弁護士会の会長などで構成され月1回開催される理事会で承認されて初めて世に出ることになる。

私はダイヤルQ2部会から始まり、電子商取引部会、欠陥住宅問題を扱う土地・住宅部会および多重債務部会に属した。1998年2月、土地・住宅部会の部会長・消費者問題対策委員会副委員長として、建築基準法の改正にあたり、衆議院建設委員会で参考人として意見を述べる機会もあった。

2000年からは多重債務部会に移動し、「商工ローン問題についての意見書」、「サラ金のテレビCMの中止を求める意見書」、「ヤミ金融対策法の制定を求める意見書」などの意見書の主査を務めた。日弁連は、被害実態を踏まえ、意見書により、国会議員、官僚などに要請し、制度を実現する活動を行った。

2006年5月、日弁連総会で「出資法の上限金利を利息制限法の制限金利まで引き下げること等を求める決議」を行い、日弁連内に、「上限金利引き下げ実現本部」が設置された。責任者の本部長代行は宇都宮健児弁護士、事務局長は私が務めた。他方、市民運動側の、「高金利引き下げ全国連絡会」の共同代表を宇都宮弁護士、甲斐道太郎大阪市立大学名誉教授とともに私も務めた。そして、大きな被害者運動・市民運動を支えに法改正を実現することになる。参議院財政金融制度委員会で参考人として意見を述べる機会もあり、一定程度法改正にも絡むことができた。

ヤミ金問題では、警察は「民事事件です」として全く動かなかった。ヤミ金と毎日毎日闘って、疲弊する。2012年、全国クレジット・サラ金問題対策協議会（クレサラ対協）主催の集会で、中坊公平弁護士の講演を聴く機会があった。「警察、行政は動かないんや。それを動かせるのは国会、国会議員。では、国会議員は何によって動くのかちゅうと、それは世論。世論とはメディア。メディアを動かすのは被害の事実」と中坊氏の関西弁の話を聞く。我々は被害の事実を集団告発として問題提起するとともに、刑罰強化や、超暴利の貸金自体を無効とする「ヤミ金対策法」の立法提案をすることで突破できた。

　サラ金の雄・武富士との闘いも開始される。2002年7月、武富士による債務者の親族への請求が国会でも取り上げられる。同年10月、武富士被害対策全国会議をつくり、私は代表幹事を務めた。翌年4月、『武富士の闇を暴く』を出版したところ、武富士から私を含む執筆者・出版社4者に5500万円の損害賠償請求訴訟が提起された。ここでも、仙台弁護士会の有志弁護士、山田忠行弁護士、岩渕健彦弁護士が中心となり、武富士の不当訴訟を撃退してもらった。私の窮地を救っていただいた仲間に感謝しかない。

　私は、これまで、「被害者が声を上げることが社会を変える力、制度改善の力」と信じて、多くの仲間と取り組んできた。

　妻であり同期の鈴木裕美弁護士とは消費者被害の救済に向け一緒に弁護団活動をする。クレジット事件は鈴木弁護士が中心となって弁護団を作っていった。鈴木弁護士は、複数の弁護団活動を同時並行に行っている私のことを、「皿回し」と表現し、「いくつもの皿を廻してよく落とさないよね。それでストレス感じないんだもんね」と言う。また、仲間は私のことを評して、よく、「楽天的」と言う。「楽天的に考えないと困難な活動はできないよ」というのが私の考えの基本なのかもしれない。また、私はうまくいったエネルギーを他に利用するタイプなのかもしれない。

　1990年代後半から司法制度改革の嵐が吹き荒れ、「2割司法」として法曹人口の増加が大きな議論となった。そして、司法試験の合格者を3000人とする政策が進められた。私自身は、司法試験合格者を3000人とする等、法曹人口を大幅増加する司法制度改革には反対の立場であった。私がこの分野で積極的に活動を行ったのは、弁護士報酬敗訴者負担制度の導入反対である。仙台の市民運動から、全国の市民運動、日弁連の運動につなげることができた。敗訴者負担導入法案は、2004年12月、司法制度改革関連法案で唯一廃案となっている。その一方で、司法修習生の給費制を廃止し、貸与制を導入する裁判所法改正はその時点で成立する。

　そして、2010年、司法修習生の給費制廃止反対運動を、宇都宮日弁連会長の下で担当常務理事（仙台弁護士会会長）の立場で取り組む。「法曹を育てる

のは国の責務、経済的事情で法曹をめざせなくなる」等のスローガンを掲げ、日弁連のみならず、当事者団体のビギナーズ・ネットおよび市民連絡会が各地でのデモ、院内集会および署名67万筆を集めるなどの大きな運動の成果で、貸与制導入の1年の延長を勝ち取った。

2011年3月11日、東日本大震災が発生し、国の財政的負担もあり、同年11月貸与制が導入された。このとき、私は日弁連の担当副会長であり、翌年、責任をとる形で、司法修習費用給費制維持緊急対策本部の本部長代行となった。

国会議員からの賛同メッセージ集めの成果（国会議員の6割以上の455名の賛同）もあり、2017年4月、裁判所法の一部改正により、新給費制が導入された。

ここでも事実を伝える大きな運動によって成果を上げることができた。残ったのは、司法修習新65期〜70期の谷間世代の不公平・不公正是正である。

2013年8月、みやぎ青葉の会の相談会で、優生保護法による強制不妊手術を受けさせられた飯塚淳子さん（仮名）と出会うことになる。みやぎ青葉の会の相談で出会うとはあまりにも因縁を感じ、私が取り組まなければならない課題なのだと思った。

優生保護法は、戦後の人口の爆発的な増加に対する人口政策として1948年に制定され、「不良な子孫の出生防止」との目的の下、障害者等に優生手術が強制された。優生手術においては、「身体の拘束」、「麻酔薬施用」が認められ、さらに「欺罔等の手段」も許されるとされ、手術の意味を説明しないだけでなく、「盲腸の手術」等の虚偽の説明も許されていた。

被害者数は2万5000人に及ぶ。1996年、「障害者差別」にあたるとして母体保護法に改正され、優生思想に基づく部分は削除された。憲法13条の「子どもを産むか否かの自己決定権」などに明らかに違反する違憲な法律が48年間もその改正が放置された。そのことによって、差別が増幅され、訴えなどできなかったといってよい。法改正時点でも、国は、「当時は合法であった」として、「謝罪・補償」を拒否していた。同年に廃止された「らい予防法」では、国として法律の廃止が遅れたことを謝罪したこととは明らかに違っていた。

　飯塚さんは1963年1月、何の説明を受けることなく、知的障害者として手術を受けさせられた。1997年11月、優生手術に対する謝罪を求める会（謝罪を求める会）に相談し、厚生労働省との交渉も行い、被害の救済を訴え、それ以降も救済を求め続けてきた。

　「この被害救済はできないのか。」

　私に課せられたあまりにも大きな難題であった。手術から50年を経過している。さらに、宮城県に永久保存されるべき、優生保護審査会の記録、それに代わる優生保護台帳は残っていなかった。「この被害は救済されるべき被害」であることに間違いないと確信する。しかし、国家賠償請求訴訟はあまりにも無謀に思え、被害者を募って日弁連に人権救済の申立てをすることを考えた。複数の被害者が声を上げることで世論を喚起し、そこから光明が見えるのではないかと考えた。しかし、謝罪を求める会に協力を求めるものの、飯塚さん以外声を上げる被害者は捜せず、2015年6月、飯塚さんが単独で、日弁連に人権救済の申立てを行った。

　ここからメディアが動き出す。そして、2017年2月、日弁連が、優生保護法による不妊手術の強制は人権侵害であるとの意見書を公開し、さらに大きく報道される。そして、手術記録のある佐藤さん（仮名）にやっとたどり着く。しかし、ここに至っても、国は全く動かない。国家賠償請求する以外道はなかった。

　2018年1月、優生保護法改正からでも22年経過後、佐藤さんが仙台地方裁判所に国家賠償請求訴訟を提起する。ここで宮城県知事も飯塚さんが手術被害者であると記者会見で認める。同年5月、とうとう飯塚さんも訴えを提起した。

　あれだけ救済を放置してきた国会が、国家賠償請求訴訟を契機として急遽動き出し、2019年4月24日、不十分ながら一時金支給法が成立し、被害者1人に対し320万円が支給されることになる。被害者が望むのは国が優生保護法は違憲の法律であったことを認め、そのうえでの謝罪であり、被害に見合った補償である。

　次々25名が9地方裁判所に訴えの提起を行う。しかし、これまで出された地裁判決では、憲法13条、法の下の平等を定めた14条違反、家族の形成

の平等を定めた24条に違反し違憲と判断されながら請求は棄却される。

除斥期間の起算点について、東京地方裁判所は、訴えの提起が社会通念上著しく困難であったと認められる場合には起算点を遅らせる可能性を示しながら、どんなに遅くとも、1996年6月、母体保護法に改正された時点で訴えの提起が社会通念上著しく困難とまではいえないとし、神戸地方裁判所も、原告主張の解釈をとったとしても起算点は1996年法改正時とした。それからでも20年が過ぎているということが、除斥期間の適用を認める言い訳にされているように思う。私が飯塚さんから相談を受けたのは2013年であり、仙台地方裁判所での佐藤さんの提訴は、2018年1月で、1996年6月から21年7カ月が経過している。東京地方裁判所や神戸地方裁判所がいうように、手術時点ではなく1996年が除斥期間の起算点になりうるなら、私がすぐ提訴していたら20年は経過しなかったということか、私自身が責められていると感じる。

これまで、除斥期間の適用を時効の停止の法意を利用して制限した最高裁判決は、1998年の予防接種禍事案の判決、2009年の殺人死体遺棄事件判決である。違憲な法律による重大な人権被害について、除斥期間の適用制限が論じられるのは初めてといってよい。

優生保護法による被害は、違憲な法律による、不妊手術の強制にとどまらない。被害者に加えられた差別は人の尊厳に対する侵害である。法律の存在自体が訴えの提起ができなかった大きな理由であり、国が長期に改正を怠り、訴えのできない状況をつくりながら除斥期間で切り捨てるのは正義・公正に反するといえる。裁判所が被害に向き合えるような訴訟内外での活動が必要であることはいうまでもない。

2022年2月22日に大阪高裁、同年3月11日に東京高裁が、除斥期間の適用を制限する逆転被害者勝訴判決を下す。まだ道半ばではあるが、被害の全面解決への光明が大きく見えてきている。

私は、いまだ大きな課題をクリアできない中で、古希を迎えた。私の頭に強く残っているのは、「弁護士は社会を変えるエンジンだ」といったアメリカ合衆国の消費者運動家・弁護士ラルフ・ネーダー氏の言葉である。

　1989年10月、日弁連は松江で開催された人権擁護大会において、「消費者の権利確立に関する決議」を採択している。その中で「消費者問題は、わが国社会が現在解決を迫られている重要課題の一つである」との認識を示し、消費者庁の設置などを求めた。私も松江の人権擁護大会に参加したが、メインの講演者ラルフ・ネーダー氏から、上記の発言がなされた。私たち、日本の弁護士を鼓舞したのだと思う。

　私は、これまで、「被害者が声を上げることが社会を変える力、制度改善の力」と信じて、多くの仲間と取り組んできた。まさに、被害者が声を上げ、それを支えるのが弁護士の役割と思う。それは単に理論的に洗練するだけでなく、それ以上に事実を大事にする。そこに社会を変える力があると考えるからだ。どんなすばらしい意見書よりも、理不尽な事実を何とかして打破しようとする熱い多くの力の結集が、突破の鍵と信じたいと思う。

　本書では、私・私たち40年の活動を、敬愛する先輩弁護士および多くの仲間の協力を得ながら、具体的に振り返ってみることにする。

　2022年7月

新 里 宏 二

【弁護士新里宏二古希記念出版】

『社会を変えてきた弁護士の挑戦――不可能を可能にした闘い』

目　次

第1章　原点――「借金で死ぬな！」

第2章　仲間とともに

3　大規模クレジット事件と法改正（1997年～2009年）………131

第3章　新里宏二弁護士との思い出

コラム　闘いを振り返って

●凡　　例●

貸金業規制法	平成18年法律第115号による貸金業法への題名改正前の貸金業の規制等に関する法律（昭和58年法律第32号）
出資法	出資の受入れ、預り金及び金利等の取締りに関する法律
特定調停法	特定債務等の調整の促進のための特定調停に関する法律
ヤミ金融対策法	貸金業の規制等に関する法律及び出資の受入れ、預り金及び金利等の取締りに関する法律の一部を改正する法律（平成15年法律第136号）
日弁連	日本弁護士連合会

※本書に登場する人物の所属・肩書等は、当時のもの。

第1章

原点
—— 「借金で死ぬな！」

1　サラ金被害との出会い

1983年4月、私は仙台弁護士会に弁護士登録をした。同年11月、サラ金二法（貸金業規制法と改正出資法（上限金利の引下げ））が施行されるその年であった。

1960年代より「団地金融」として、サラリーマン層対象の貸付けが始まった。

それを牽引したのが、武井保雄が創業した「武富士」であった。当時、刑罰金利である出資法の上限金利は年利109.5％とされていて、その上限で貸し付けていた。1973年の第一次オイルショックの後、貸出先が減少した銀行からサラリーマン金融（サラ金）が潤沢な資金を借り入れ、①高利で、②支払能力を超える過剰な貸付けを行い、③支払いを怠るや過酷な取立てを行う、これを称して「サラ金三悪」と呼ばれていた。サラ金から逃げても住民票を移すと転居先まで取立てが来ることから、住民票を移せず学校に行けない子どもが現れるなど社会問題となった。

1983年11月から、サラ金二法が施行され、出資法の上限金利を段階的に年73％、54.75％、40.004％に引き下げられた。貸金業規制法13条では「過剰貸付け等の禁止」の規定が定められたが、訓示規制とされ、実効性をもたなかった。同法21条では、夜9時から朝8時までの取立てが禁止され、弁護士が受任通知を発すると取立禁止となったことから、弁護士にとっては被害対策に一定の効果を発揮した。

他方、議員立法であったサラ金二法は、国会審議の中で業界からの強い反

対にあい、当初の案にはなかった貸金業規制法43条の「みなし弁済規定」が、最後の修正で入れ込まれてしまった。登録業者が契約書面（17条書面）、受領書面（18条書面）を発行し、債務者が任意に支払った場合、利息制限法で定められた金利（年15％〜20％）を超える金利も金利としての受領を認めるとするものであり、規制と引き換えに登録業者に与えられた「甘味料」であった。それは、利息制限法による規制（制限金利を超える部分の契約は無効）を骨抜きにするものであった。私たちの運動の目標は、「みなし弁済規定の廃止」と、出資法の上限金利を利息制限法の水準まで引き下げることとなった。

2　救えなかった命

では、私の話に戻そう。弁護士として、一番初めの個人事件は財団法人法律扶助協会（現在その業務は法テラスに引き継がれている）から紹介を受けた自己破産の手続であった。全国クレジット・サラ金問題対策協議会（その後、2014年に全国クレサラ・生活再建問題対策協議会に改称。クレサラ対協）が出版した、『自分でできる破産』という小冊子を頼りに申立てをした。サラ金二法施行前の無法状態であり、サラ金（消費者金融）業者に債務整理を行うとの受任通知を出しても、取立ては止まらず、朝から電話でサラ金業者と大げんかをして、受話器を投げつけるように電話を切ることもあった。「これが弁護士のする仕事なのか」と思うことも少なくなかった。

私の受任後、依頼者がサラ金業者によって仙台から気仙沼の兄弟のもとに連れて行かれ、さらに仙台の隣の名取に住む姉のところまで連れて行かれたこともあった。返済資金を親族に用意させるためであった。このようなれっきとした監禁、強要事案であっても警察は動かなかった。多重債務事案は、「力仕事」として私のような若手に多く回され、私は多くの多重債務事件を受任するようになった。

1984年10月、「みやぎ青葉の会」（青葉の会）というサラ金被害者の会が発足し、私は翌年11月に、初代の事務局長を務めることになった。青葉の会では、受付をして1日おいて弁護士相談を行うというシステムであった。

1987年5月、青葉の会で相談の受付をした老夫婦が、弁護士相談の前日に首つり自殺をした。相談窓口にまで行き着いた債務者の命を救えなかった

ことが悔しく、情けなかった。「こんなことを許してよいのか」と強く憤った。

3　借金は人の命の問題

当時、名古屋から仙台に進出してきた複数の貸金業者が、グループ内で債務者をたらい回しにし、さらに、店舗で債務者同士に相保証させていた。貸付態様も悪質で、「書き換え」を繰り返すという手法（たとえば、10万円の貸付けに対し、元利金を十数回の分割（月2回の返済日）で支払う約定になっているが、実際には2回程度払うと、その時点で新たに10万円の借入れをして従前借入れの残債務を返済するという「書き換え」をさせるもの）をとった。書き換えを繰り返すことにより、元金が永遠になくならないのである（月2回支払日があるという特徴から、我々は、これらの業者を「2度払い業者」と呼んだ）。取立ても厳しく、支払日の支払いは「正午」までとされていて、それまでに支払いがないと厳しい取立ての電話がかかってきた。自殺をした老夫婦は、それら悪質サラ金業者からの債務を抱えていたのであった。

我々、青葉の会の世話人有志の弁護士は、宮城県に対してこれら貸金業者の登録取消しの申告をした。しかし、違反の証拠がないとして、処分には至らなかった。情けなく残念でならなかった。その頃から「借金で自殺するような社会は何とかなくしたい」という想いでずっと多重債務の問題に取り組んできた。

後述の商工ローン問題（中小事業者に対する保証人をとっての高金利貸付被害。詳細は、第2章2(1)参照）に取り組み始めた頃、以前ヤミ金の整理をした元依頼者の事業者が商工ローン業者に取られた手形で不渡りを出し、未明に自分の作業場で首つり自殺をした。妻に残したメモで、生命保険の保険金をもとに債務整理を新里弁護士に頼んでくれと書いてあったという。兄を保証人として借入れをしていた。保証人を巻き込んだ借金は人の命の問題であることを痛感させられた。クレジット、サラ金および商工ローンを含む高金利、過剰貸付け、過酷な取立て、さらに保証人を巻き込んだ事件を、本書では「クレサラ事件」と呼ぶこととしたい。そして、クレサラ事件は私の弁護士の原点の事件となった。

4　2人の運動家——木村達也弁護士、宇都宮健児弁護士

　大阪弁護士会の木村達也弁護士は、クレサラ対協の代表幹事であり、クレサラ対協の傘下に1998年12月に結成した、「日栄・商工ファンド対策全国弁護団」の団長として運動を引っ張っていただいた。

　東京弁護士会の宇都宮健児弁護士は、同弁護団員であり、元日栄社員の「目ん玉売れ」事件（第2章2(1)(E)参照）を刑事告発し、日栄に対する強制捜査に道筋をつけ、商工ローン問題を大きな社会問題化させた。2006年2月、日本弁護士連合会内に法改正運動を担う、「上限金利引き下げ実現本部」が設置され、宇都宮弁護士は本部長代行、私は事務局長となった。さらに、共同代表を甲斐道太郎大阪市立大学名誉教授、宇都宮弁護士として設立された市民運動団体「高金利引き下げ全国連絡会」に、私も共同代表の1人として加わらせていただいた。

　2006年12月、出資法の上限金利を利息制限法まで引き下げ、グレーゾーン金利を廃止する等の貸金業制度の抜本改正が実現した。我々の運動は、高利の餌食になり借金を重ね、命を失いかねない不条理、そして被害者が自ら声を上げ、それに共感した多くの市民による広範な運動により、大きな成果を上げることができた。

　これまで、借金で人が死に追いやられる社会を変えていこうと願い、多くの仲間と闘ってきた。まさしく、クレサラ事件、クレサラ運動は私の弁護士活動の原点である。

　以下では、宇都宮弁護士には、2006年の画期的な貸金業制度の抜本改正に向けた運動について、また、木村弁護士には、我々の原点であるクレサラ対協の設立から日栄・商工ファンド対策全国弁護団の活動等について語っていただく。

　クレサラ運動は私の社会運動の原点であり、その後の多くの活動・運動に示唆を与えることとなったと考えている。なお、私の活動について過分なお褒めをいただいているが、私の古希記念の出版物ゆえと理解し、今後に活かしていく所存である。

平成草の乱
——クレサラ運動の歴史的勝利——

弁護士　宇都宮健児

◆はじめに◆

　サラ金（「サラリーマン金融」の略称）問題が大きな社会問題となったのは1970年代後半である。当時はサラ金を規制する法律がなく、サラ金業者は年100％近くの高金利で貸し付けて、返済が滞ると暴力的・脅迫的取立てを繰り返していた。このためサラ金苦による多重債務者の自殺や夜逃げなどが多発し、サラ金問題・多重債務問題は大きな社会問題となった。サラ金被害の大きな要因となった「高金利」、「過酷な取立て」、「過剰融資」は、「サラ金三悪」と呼ばれた。

　多発するサラ金被害をなくすために、1978年に弁護士・司法書士・学者などが中心となって「全国クレサラ問題対策協議会」（現在の「全国クレサラ・生活再建問題対策協議会」。略称「クレサラ対協」）が結成され、1982年には全国の被害者の会でつくる「全国サラ金被害者連絡協議会」（現在の「全国クレサラ・生活再建問題被害者連絡協議会」。略称「被連協」）が結成され、「サラ金三悪」をなくす立法運動に取り組んだ。

　この結果、1983年4月28日、「サラ金規制法」（貸金業規制法と出資法改正法）を成立させることができた。

　このときの出資法改正法で、刑罰が科される出資法の上限金利が年109.5％から年73％、年54.75％、年40.004％に順次引き下げられることになった。また、貸金業規制法により無登録営業が禁止されるとともに暴力的・脅迫的取立てを禁止する取立規制が導入された。この取立規制により、弁護士が事件受任の通知を出すだけで、サラ金事業者の取立てが止まるようになった。

　しかし、サラ金規制法では金利規制や過剰融資規制が不十分であったため、多重債務問題はその後、商工ローン問題、日掛け金融問題、ヤミ

金融問題、違法年金担保金融問題などと形を変えて社会問題となり続けた。

　このためクレサラ対協や被連協は引き続き立法運動に取り組み、「商工ローン規制法」、「日掛け金融規制法」、「ヤミ金融対策法」、「違法年金担保規制法」などを成立させた。

◆繰り返された先送り◆

　商工ローン問題の表面化をきっかけに、1999年12月13日に「商工ローン規制法」が成立し、出資法の上限金利が年40.004％から年29.2％に引き下げられた。この法改正の際、法施行から3年後の2003年をめどに、出資法の上限金利を見直すという附則が定められた。

　私たちは、3年後の上限金利の見直しに向けて1999年12月1日、クレサラ対協の中に「クレジット・サラ金・商工ローンの高金利引き下げを求める全国連絡会」（略称「高金利引き下げ全国連絡会。代表幹事：甲斐道太郎大阪市立大学名誉教授、新里宏二弁護士、筆者、事務局長：林順子司法書士（2006年1月7日より井口鈴子司法書士））を結成した。

　2003年7月25日にヤミ金融対策法が制定されヤミ金融に対する規制や罰則が強化されたが、この法改正の際、出資法の上限金利の見直しはさらに3年先送りされることになった。

◆予断を許さない情勢──立ちはだかる巨大な壁◆

　こうして、2006年が出資法の上限金利見直しの一大決戦の年になることが明らかになったわけであるが、私たちの高金利引き下げ運動に立ちはだかる壁は巨大なものであった。

　1980年前後のサラ金業者は小さな存在であったが、サラ金規制法施行以降、低金利による銀行からの資金調達、テレビのサラ金CMの解禁などによりサラ金業者はどんどん規模を拡大し、大手のサラ金業者は、一部上場企業となり社団法人日本経済団体連合会（後に一般社団法人。経団連）にも加盟していた。2000年11月、サラ金業界は「全国貸金業政治連盟」（全政連）を結成し、政界工作を活発化させた。

　日本のサラ金業界では、2000年前後から米国系のサラ金業者が活動を開始していた。また、米国の投資ファンドグループは一部上場企業となった大手サラ金業者の株を購入して資金運用していた。米国系のサラ金業者や投資ファンドグループは米政府や在日米国商工会議所を通じて、日本政府や与党に金利引き下げ反対の圧力をかけた。

　2005年9月11日に行われた郵政民営化を争点とする衆議院議員総選挙では自由民主党（自民党）が圧勝し、国会の勢力図は政府与党（自民党・公明党）が圧倒的多数を占めることになった。自民党はサラ金業界寄りの議員が多いと思われていたので、私たちの金利引き下げ運動は厳しい政治情勢下に置かれた。

◆運動のウイングを広げる◆

　高金利引き下げ全国連絡会は、2005年2月26日に東京都内で決起集会「今こそ高金利社会を打破しよう！」を開催し、高金利引き下げを求める100万人署名運動を提起した。しかし、それまでのクレサラ対協や被連協の力では総力をあげても20万人程度の署名を集めるのが精いっぱいであった。

　私たちの前に立ちはだかる巨大な壁を突破し、100万人署名運動を成功させるためには運動のウイングをさらに広げる必要があった。

中央労福協との連携　2005年11月頃、「社団法人労働金庫協会」（労金協会）の千原茂昭氏と勝又長生氏から、私のもとに、「労働者福祉中央協議会」（中央労福協）が金利引き下げ運動に関心をもっており、クレサラの金利問題に取り組む組織をつくるので、私に代表世話人になってもらえないかという話が持ち込まれた。

　私はそれまで中央労福協という組織を全く知らなかったが、中央労福協は全国的な労働福祉団体で各都道府県には地方労福協があり、労働組合のナショナルセンターである「日本労働組合総連合会」（連合）も加盟しており、会長は前連合会長の笹森清氏ということであった。

　私は高金利引き下げ運動のウイングをどう広げていくかについて思案していたので、この申入れをすぐに承諾した。話はとんとん拍子に進ん

で、2005年12月7日、中央労福協と私が呼びかけ人となり「クレ・サラの金利問題を考える連絡会議」が結成された。

「クレ・サラの金利問題を考える連絡会議」は、私と中央労福協事務局長の菅井義夫氏が代表世話人となり、連合や労働団体、労金協会、消費者団体、生活協同組合（生協）などから委員が選出されたほか、クレサラ対協、被連協からは新里先生、井口司法書士、本多良男被連協事務局長などが委員となった。

日弁連に「上限金利引き下げ実現本部」を設置

2006年2月16日、日本弁護士連合会（日弁連）は、「上限金利引き下げ実現本部」（実現本部）の設置を決めた。実現本部の本部長は日本弁護士連合会会長であるが、実務を担当する本部長代行には筆者、事務局長には新里先生が就任することになった。日弁連内に実現本部が設置されたことにより、全国の弁護士と弁護士会が一丸となって金利引き下げ運動に取り組む体制が整った。日弁連の実現本部は、全国の弁護士会を通じ各政党や与野党の国会議員に対する働きかけの中心となった。

たまたま、2006年は日弁連会長選挙が行われる年であった。私たちは日弁連会長選挙で実現本部設置に賛成してくれた平山正剛候補を支持し、平山候補が当選したので、実現本部の設置・発足もスムースに行われることになった。

2006年7月21日には霞が関の弁護士会館5階の東京弁護士会510号室に「日本弁護士連合会上限金利引き下げ実現本部」の専用事務所が開設された。事務所は全国の高金利引き下げ運動を統括し調整するセンターとなった。この事務所には実現本部事務局長の新里弁護士が常駐することになったので、「コージハウス」と呼ばれるようになった。

◆集会やデモ、全国キャラバン、署名運動、地方議会の意見書採択運動を展開◆

3・4高金利引き下げ全国集会とデモ行進

クレ・サラの金利問題を考える連絡会議の結成が

大きな成果を収めた最初の取組みは「3・4高金利引き下げ全国集会」だった。

　2006年3月4日午後1時から霞が関の灘尾ホールで、高金利引き下げ全国連絡会の主催、クレ・サラの金利問題を考える連絡会議、中央労福協の共催、全国消費者団体連絡会（全国消団連）の後援で「高金利引き下げをめざす全国集会〜多重債務社会を打ち破ろう！」を開催した。全国各地から570人を超える参加者があり、定員500人の会場は満員となった。集会後は、連合の宣伝カーを先頭にデモ行進を行ったが、デモ行進の時に使用した幟旗の竿250本は、ヤマト運輸労働組合から高金利引き下げ全国連絡会に寄贈されたものであった。

日弁連主催の「多重債務問題シンポジウム」　日弁連は2006年6月15日に東京のイイノホールで「多重債務問題シンポジウム」を開催した。当初500人規模を予定していたが、それを大幅に上回る650人が参加し、大盛況となった。シンポジウムでは、サラ金等の高金利被害者の切実な訴えを聞いて、来賓の与野党の国会議員も金利引き下げに向けて積極的な挨拶を行った。

全国キャラバン　高金利引き下げ全国連絡会は世論喚起が重要との観点から、全国の都道府県に2台のキャラバンカーを走らせ宣伝活動を行う「全国キャラバン」に取り組んだ。

　キャラバン活動にあわせて各地で高金利引き下げを求める集会やデモが企画され、この取組みが高金利引き下げ署名や地方議会における意見書採択につながっていった。

340万人の請願署名を国会に提出　高金利引き下げ100万人署名運動も共闘の成果が現れた。2006年10月11日、私たちは約340万人分の金利引き下げ請願署名を国会に提出した。内訳は中央労福協286万8273筆、高金利引き下げ全国連絡会29万8495筆、日弁連23万4187筆の合計340万955筆だった。

地方議会における意見書採択運動　地方議会における金利引き下げ意見書採択運動は、当初全国青年司法書士協議会（全青司）が中心となり行っていたが、途中から地方労福

協なども加わり、2006年の6月から9月議会にかけて一気に加速した。

　最終的には、全国の地方議会の6割を超える43都道府県1136市町村議会で金利引き下げを求める意見書を採択させることができた。わが国の市民運動でこれほどの数の地方議会における意見書を採択させた運動はほかにないと思われる。

◆金融庁の「貸金業制度等に関する懇談会」における闘い◆

　金融庁は2005年3月、「貸金業制度等に関する懇談会」（懇談会）を設置し、貸金業制度のあり方と上限金利の見直しに向け検討を開始していた。

　当初懇談会は、被害者本人からの意見聴取をしようとしなかったが、途中から姿勢が変わり、クレサラ被害者の会の埼玉「夜明けの会」や「熊本クレジット・サラ金・日掛被害をなくす会」などのメンバーから高金利被害の実態についてのヒアリングを行うようになった。また、日弁連の上限金利引き下げ実現本部の本部長代行の筆者も、事実上、オブザーバーとして毎回懇談会に参加できるようになった。懇談会の議論も業界の利益よりも消費者保護を重視するように変わっていった。

　この背景には、日弁連消費者問題対策委員会の委員をしていた森雅子弁護士（現自民党参議院議員）が任期付き公務員として金融庁の課長補佐を務め懇談会の担当になったこと、懇談会の議論が中盤に差しかかった頃、高金利の引き下げに理解のある自民党の与謝野馨衆議院議員が金融担当大臣に、後藤田正純衆議院議員が金融担当政務官に就任したことがあった。

　2006年4月21日に開催された懇談会は、出資法の上限金利を「利息制限法の上限金利水準に向け、引き下げる方向で検討することが望ましいとの意見が委員の大勢であった」という画期的な中間整理を取りまとめた。こうして議論の舞台は金融庁から与党自民党に移っていった。

◆自民党の「貸金業制度に関する小委員会」における闘い◆

　自民党内の議論は、2006年5月から6月にかけて、自民党金融調査

会の中の「貸金業制度等に関する小委員会」（小委員会）において行われた。小委員会はほぼ1週間に1回のペースで行われたが、私たちは日弁連を代表して毎回出席し、「金利引き下げの必要性」、「金利を引き下げてもヤミ金が跋扈することはないこと」などを具体的なデータに基づいて訴えた。

　小委員会では、日弁連や高金利引き下げ全国連絡会などが働きかけていた小泉チルドレンと呼ばれた若手議員が中心となって金利引き下げを主張し、業界寄りと目される議員が金利引き下げに慎重な意見を主張し大激論になったが、最終的には2006年7月5日に開催された小委員会は「出資法の上限金利を利息制限法の制限金利まで引き下げる」との取りまとめを行った。翌6日、自民・公明両党は、自民党小委員会案を承認した「貸金業制度等の改革に関する基本的考え方」（基本的考え方）を取りまとめた。

　しかし、自民・公明両党の「基本的考え方」には、特例高金利や利息制限法の金額刻みの引き上げといった「検討課題」が残されており、その検討は金融庁で行われることになった。

◆業界の巻き返しと金融庁における逆流◆

　危機感を抱いた業界側は夏休み中に巻き返しを図り、与党国会議員や金融庁に猛烈な陳情攻勢をかけた。

　2006年9月5日に金融庁から自民党に示された「提案内容」は、先に触れた与党の「基本的考え方」で検討課題として残されていた「特例高金利」に関しては「50万円までの貸付けに関しては特別に年28％の高金利を9年間認める」、「利息制限法の金額刻みの引き上げ」に関しては「利息制限法の制限金利を、元本50万円未満は年20％に、元本50万円以上500万円未満は年18％、元本500万円以上は年15％に変更する」という実質的には利息制限法の制限金利の引き上げとなる酷いものであった。

　これに対し、翌6日、後藤田政務官が金融庁の「提案内容」に抗議して政務官を辞任した。日弁連や高金利引き下げ全国連絡会もすぐさま抗議声明を発表し、私たちは金融庁や自民党本部前での抗議のビラまきを

行った。

　金融庁の「提案内容」には自民党の若手議員なども反発し、2006年9月15日に自民党の専門部会が取りまとめた「貸金業法の抜本改正の骨子」では、出資法の上限金利を利息制限法の制限金利の水準に一本化するまで5年と短縮され、特例高金利も年28％から年25.2％まで引き下げられたものの、特例高金利と利息制限法の金額刻みの引き上げは残り、到底容認できるものではなかった。

◆10・17総決起集会と2000人の請願パレード◆

　2006年10月17日、日弁連が主催し、中央労福協、日本司法書士会連合会、全青司、全国消団連、高金利引き下げ全国連絡会が後援して、東京・日比谷公園の野外音楽堂で2000人を集めた高金利引き下げ総決起集会が開催された。この集会は当初1000人規模で開催される予定であったが、運動が広がり集会参加者は主催者が予定していた倍の2000人に膨れ上がった。

　高金利引き下げ全国連絡会、夜明けの会などが企画し、2006年10月13日から約120年前に秩父困民党が蜂起した椋神社を出発点として高金利引き下げマラソンを行っていたのであるが、秩父困民党の衣装を着た最終ランナーが総決起集会に檄文を携えて到着し、集会を盛り上げた。

　集会終了後、連合の街宣車が先導し、「特例高金利・利息制限法の改悪反対」の横断幕を先頭に平山正剛日弁連会長も参加して、「金利引き下げ2000人請願パレード」を実施した。日弁連主催の請願パレードとしては過去最大の規模となった。

◆画期的な新貸金業法が成立◆

　2006年10月24日午後2時頃、毎日新聞の若い女性記者から私に電話がありコメントを求められた。当初は、金利引き下げ問題をめぐる一般的な情勢についての取材かと思ったのであるが、よく聞いてみると与党が特例高金利と利息制限法の金額刻みの引き上げを撤回したのでコメントをもらいたいということだった。その記者から与党の決定を聞いたと

き、私は感動のあまりしばし言葉が出なかった。予想もしなかったあまりにも突然の決定であったこと、私たちの運動がついに与党を動かしたのだという思いで胸がいっぱいになったからである。

　2006年12月13日、金利規制と過剰融資規制などを抜本的に強化する画期的な新貸金業法（貸金業規制法、出資法、利息制限法の改正法）が成立した。同法は4段階に分けて施行され、2010年6月18日に完全施行されている。

　新貸金業法では、出資法の上限金利が年29.2％から年20％に引き下げられ、グレーゾーン金利が撤廃された。また、利息制限法の制限金利（年15％〜20％）を超える貸付けを禁止するなど、金利規制の抜本的な強化がなされた。過剰融資規制に関しては、総借入残高が年収の3分の1を超える貸付けを禁止するという「総量規制」が導入された。

　新貸金業法は、金利規制に関しては1954年以来の大改革、貸金業規制に関しては1983年以来の大改革となるものであった。

　さらに、新貸金業法の成立にとどまらず、200万人を超えるといわれる多重債務者を救済するために、2006年12月22日、内閣に「多重債務者対策本部」が設置され、そのもとに置かれた「有識者会議」（私もこの有識者会議の委員の1人となった）の取りまとめを踏まえて、同対策本部は2007年4月20日に「多重債務問題改善プログラム」を決定した。

　画期的な新貸金業法の成立と多重債務問題改善プログラムの決定などにより、深刻な多重債務問題は大きく改善されていく。

◆平成草の乱──クレサラ運動の歴史的勝利◆

　画期的な新貸金業法の成立は、長い間高金利の引き下げを求めて闘ってきた私たちのクレサラ運動の歴史的勝利といえるものであった。

　私たちのクレサラ運動が歴史的勝利を収めることができた要因としては、①一定の要件を満たすことを条件に出資法の上限金利と利息制限法の制限金利との間のグレーゾーン金利を有効な利息の支払いとみなす貸金業規制法43条1項の「みなし弁済規定」に関し、適用要件を厳格に解釈し「みなし弁済規定」を事実上否定する最高裁判決が次々と出され金

利引き下げ運動の追い風になったこと、②弁護士、司法書士、被害者団体にとどまらず、労働福祉団体や労働団体、消費者団体にまで運動が広がり、幅広いネットワークが形成されたこと、この運動の広がりの中で、340万人の金利引き下げ署名を集め、43都道府県1136市町村議会で金利引き下げ決議を採択させることができたこと、③運動の広がりが世論を動かしたこと、新聞では、朝日・毎日・東京中日新聞だけでなく保守的な読売新聞までが社説で金利引き下げを主張するようになり、テレビではワイドショーで金利引き下げ問題やグレーゾーン金利問題を取り上げ、一般の市民もグレーゾーン金利や過払金返還請求権を知るようになったこと、④このような運動の広がり、世論の動きを踏まえて徹底した政党国会議員対策、金融庁懇談会対策を行い、与党自民党の中にも金利引き下げに理解を示す議員グループを形成することができたことなどがあげられる。

　私たちは、高利貸しと圧政に抗議して蜂起した秩父困民党の闘いを2004年に映画化した「草の乱」を見て、蜂起をした農民に大きな勇気をもらいながら、金利引き下げ運動を続けてきた。秩父困民党事件は、深刻な不況に直面した多くの養蚕農家が高利の借金の返済不能に陥り、高利貸しと圧政に抗議して、1884年11月１日に3000人の農民が埼玉秩父の椋神社に集結し、命をかけて立ち上がった事件である。

　歴史的勝利を収めた私たちの高金利引き下げ運動は、「平成草の乱」といえると思う。新里先生は、「平成草の乱」を共に闘った私の最も信頼できる仲間、同志であった。

　画期的な新貸金業法が成立した直後の2006年12月15日には、椋神社に金利引き下げ運動の勝利報告を兼ねたお礼参りを行った。秩父困民党事件の資料や映画「草の乱」の衣装などが展示されていた龍勢会館から椋神社まで、新里先生をはじめ高金利引き下げ運動を闘ってきた仲間と「草の乱」の衣装で走りお礼参りをしたことは、私にとって忘れられない思い出となっている。

闘いを振り返って

クレサラ運動と新里宏二弁護士

弁護士　木村達也

（全国クレ・サラ対協代表幹事、日栄・商工ファンド全国弁護団団長）

　新里宏二弁護士を中心とする仙台弁護士会の方々並びにみやぎ青葉の会の方々と一緒に闘ったクレサラ被害者救済運動並びに貸金業法制定運動は、今日、その目的をほぼ達成した。

　最近、四十年余に及ぶ私たちのクレサラ運動とその中核を担った日栄・商工ファンド対策全国弁護団の10年余の活動を知らない若い人たちが多くなっている。しかし、この闘いはわが国の消費者運動、被害者運動史上最も輝かしい成果を上げ得た運動であり、誰もが忘れてはならないものだと思う。新里先生らが関与されたクレサラ運動を正しく理解していただくために、私はまず、クレサラ運動の歴史を語るところから始めたいと思う。

◆クレサラ運動の歴史◆

サラ金問題研究会
　1977年5月、大阪で若い弁護士たちによりサラ金問題研究会（代表：筆者）が結成された。サラ金とはいわゆる“サラリーマン金融”と呼ばれる主婦やサラリーマンたちに一口5万円から30万円程度の現金を無担保で貸し付ける貸金業である（非事業者への生活資金貸付け）。当時、彼らの過剰与信、高金利（年70%〜109.5%）、違法取立てにより、多重債務者が増大し、家庭を崩壊させ、職場を追われ、ホームレス、蒸発、自殺、一家心中、犯罪に走るという被害が多発していた。この“サラ金被害”を救済し、被害防止の法律の制定を目的としたものが、15人の若手弁護士たちによる「サラ金問題研究会」であった。この研究会が始めた「サラ金110番活動」は世間に大きな衝撃を与えることとなった。

　一般的にサラ金問題に対して、世間は「借りて返さないのは借主の無責任な借金が原因であり、厳しい取立てを受けるのは自業自得である」とする"借主責任論"が横行していた。しかし、「サラ金110番」に救済を求めた人たちの実態を見るにつけ、サラ金問題は借主に返済能力がないことをわかっていながら貸付けをする"過剰与信"、利息制限法の利率を超える年70％から109.5％に達する"違法高金利"、他の店で借りて返済させる"回し"、売春やタコ部屋労働を強要する違法・苛酷な取立てなど、貸金業者側の違法行為が原因であるとする「貸主責任論」が浮上してきた。

1977年４月、「サラ金被害者の会」結成（大阪）

　サラ金問題研究会は、サラ金被害者が自ら相談窓口を設置し、お互いに助け合い、貸金業者からの違法な取立てを防ごうとする「サラ金被害者の会」を結成した（後には全国の司法書士も参加した）。そして、そこにマスコミの取材が殺到し、今まで水面下に隠されて泣き寝入りさせられてきたサラ金業者の数々の違法行為が明るみに出されるに至り、世間のサラ金問題に対する認識が徐々に変わっていくこととなった。

　大阪で始まったサラ金問題解決に向けての運動が全国の弁護士、弁護士会に火を点けることとなり、各地でサラ金問題に取り組む弁護士集団が結成され、「サラ金被害者の会」が結成された。そして、1978年11月に全国サラ金問題対策協議会が結成され、その４年後の1982年４月に広島でサラ金被害者の会が連携する全国サラ金被害者連絡協議会が設立され、全国運動へと発展した。振り返れば、クレサラ運動の中で「被害者の会」を結成したことが何にも増して大きな成果であった。最終的には全国50数カ所に被害者の会が結成されて、日夜、サラ金業者との闘いを継続したことがサラ金運動の成功の要であった。

司法的対処方法の研究

　弁護士にとって、サラ金業者によって繰り返し行われた日夜を問わない借主や保証人の家庭や職場への違法な取立て（貼り紙、怒鳴る、親などへの取立て、長時間の不退去など）をいかに防ぐか、これが一番困難な課題であった。私たちは、サラ金業者に内容証明郵便で警告する、警察に電話をかけて中止

させる、脅迫・恐喝罪で刑事告訴する、民事の損害賠償請求訴訟をする
などして対抗した。中でも、違法取立てを立証して裁判で勝訴判決を得
ることは大変に困難な作業であったが、何度も挑戦することによってつ
いに判例を獲得することができた。最後に辿り着いた効果的な方法は、
裁判所で"取立禁止の仮処分決定"を得ることであった。裁判所のこの命
令は極めて効果的であったし、この決定が後に成立した貸金業規制法
21条の取立て規制につながった。

利息制限法超過金利を違法とする判決をめぐる闘い

利息制限法を超えて支払われた金利は有効なの
か、無効なのか。また、過払金は元金に充当することができるのか。過
払金が発生した場合、その返還を求めることはできるのか。これらの命
題は貸金業規制法43条をめぐって借主救済を考えるうえで最も重要な
課題となった。このため、利息制限法をめぐる最高裁判所の判例が必要
であった。

　この問題に挑戦することになったのは、1998年12月19日に結成され
た日栄・商工ファンド対策全国弁護団であった。後述するとおり、この
弁護団の10年余にわたる懸命かつ真摯な取組みにより利息制限法に関
する借主保護の画期的な最高最判決が出されたのは2006年1月13日で
あった。この判決が出された後は、全国の弁護士・司法書士による過払
金の取戻しを求める訴訟や交渉事件が急増し、いわゆる"過払バブル現
象"が生じた。そして、この運動の中で大手サラ金業者の倒産が相次ぎ、
日栄・商工ファンドなどの商工ローンも相次いで倒産した。

消費者破産の実務への定着運動

利息制限法所定の金利を超える利息
は、違法金利であるとする最高裁判
決を獲得し、過払金の返済を求めることができても、返済能力のない債
務者にとっては、多重債務から脱する方法は自己破産・免責しかない。
しかし、平成の初め頃は日本のどこの裁判所も同時廃止型の消費者破産
（破産宣告を受けるのと引換えに債権者への返済を免除される免責決定を得る
こと。この手続は、破産宣告後換価配当手続を行わないで免責手続に進むこ
とになる）には否定的な姿勢を示していた。全国の弁護士は裁判所に消

費者破産を認めさせるため、予納金の低額化を求めてさまざまな闘いを行った。そして、大阪地方裁判所では破産予納金の国庫仮支弁を認めない裁判所の訴訟指揮は違法とする国家賠償請求訴訟を提起して闘い、裁判所の狭き門をこじ開ける闘いを続けた。年間3000件くらいであった破産申立件数は徐々に増加を続け、1998年には年間10万件を超え始め、最大時には年間25万件に達するに至った。また、ほとんどの債務者に免責決定が出されるに至り、自己破産は多重債務者の救済のための大きな役割を果たす手続となった。

法改正運動　サラ金運動の始まった1970年頃は、貸金業者を規制する法律としては、「出資法」と「利息制限法」、「貸金業の自主規制の助長に関する法律」しか存在しなかった。いわば、貸金業者に対する業務規制、開業規制は全くないに等しいものであった。

　貸金業規制法が1983年4月に立法されるまでの全国サラ金問題対策協議会（サラ対協）や日本弁護士連合会などの立法運動はいまだ運動体も小さく、立法運動の経験も少なかったことから困難を極めた。全国から国会や政党に向けてロビー活動が繰り返された。さらに、同法成立後も貸付上限金利の年73％、年54％、年40％への引き下げ運動も長く苦しい運動として継続された。全国各地から弁護士や司法書士、被害者の会の役員が上京し、繰り返しロビー活動を続けた。この間に、クレサラ対協傘下に問題ごとの組織が結成された。公証人法研究会、日掛金融対策全国対策会議、年金担保被害対策全国ネットワーク、全国クレサラ・商工ローン調停対策会議（調停対策会議）、アイフル被害対策全国会議、全国ヤミ金融対策会議などである。

　そして、貸金業規制法の制定から画期的な運動の集大成ともいえる貸金業法の成立（2006年12月13日）まで、23年という血の滲むような長く苦しい期間を要したのであった（2010年6月18日完全施行）。

　しかし、その間に私たちの運動が功を奏して、国民世論も国会も貸主責任論に変わり、借主保護の画期的な法改正を達成することができた。

　具体的には、①利息制限法金利までの引き下げ、②貸付総額が借主の年収の3分の1を超えて貸付けをした場合は違法とする、③厳しい取立

規制をはじめとする業務規制、開業規制を定めるなど、画期的な貸金業規制を獲得するに至った。

　今や、立法・司法・行政までもが貸主責任論に立ってさまざまな借主救済策を講じている（この経過については小島庸平『サラ金の歴史』（中公新書、2021年）参照）。

サラ金問題からクレジット問題へ　サラ金の法規制が実現した2年後、「サラ対協」は「クレサラ対協」と名称変更し、当時急増していた、クレジット会社のキャッシングや立替払契約による名義貸被害などに対処することになった。この決定は釧路の今瞭美弁護士の提唱であった。

クレサラ運動から生活再建運動へ　クレサラ運動が前述のごとく、画期的な法規制と救済活動の定着化という大きな成果を上げ、多重債務者を生み出すことは少なくなったが、社会では貧富の格差拡大、貧困者の増大が進み、消費者保護問題から貧困者・生活者の再建問題へと進展をせざるを得なくなっていた。

　このため、「クレサラ対協」は、2014年1月に全国クレサラ・生活再建問題対策協議会（クレサラ・生活再建協）へと名称を変更し、生活保護問題、非正規労働者問題、依存症問題、奨学金問題、社会保障問題、生活弱者の居住問題、東アジア生活再建市民会議など、広く生活困窮者の生活再建運動に取り組み続けているのが現状である。

◆新里宏二弁護士の活躍◆

　これまでの私たちの40年余にわたるクレサラ運動の歴史を語ってきたが、以下にはその運動の中で忘れることのできない新里先生の鮮やかな活躍の姿を記録しておきたいと思う。

日栄・商工ファンド対策全国弁護団の副団長としての活躍　1998年12月19日、京都弁護士会館で日栄・商工ファンド対策全国弁護団が結成された。

　これは、その年の11月、沖縄で開催された第18回全国クレジット・サラ金被害者交流集会の「商工ローン分科会」で、サラ金・クレジット

被害ではなく、中小事業者に貸し付けるいわゆる"商工ローン"の被害が多発していること、保証人を何人も取り、保証人の不動産に仮登記を付けたり、金銭消費貸借公正証書を白紙の委任状で作るなど、違法行為が行われているとの意見が多数あり、これに対処するには組織的対処が必要だと提案され、新里先生から「日栄・商工ファンド対策全国弁護団」の結成が提唱されたことに始まる。

そして、1カ月後に急遽、京都弁護士会館に約40名の弁護士が参集して結成させた（団長：筆者、副団長：新里宏二、事務局長：牧野聡）。この俊敏、果敢な決断と行動こそが、新里先生の最大の持ち味であった。実務家が中心となる被害者救済運動や法改正運動は、マスコミ、国民世論と軌を一つにして、一気呵成に攻めなければ勝利することができない。

新里先生はこの"機を見るに敏"であり、今までの運動の流れにとらわれずに大胆に発想の転換ができ、成功してきた人である。

そして、多くの人が知るとおり、日栄・商工ファンド対策全国弁護団は、たちまち全国の弁護士・司法書士500人余の参集するわが国最大・最強の弁護団に成長し、全国各地で日栄・商工ファンド被害者の救済に取り組み、破竹の進撃を続けた。

北は北海道から南は石垣島まで、2カ月から3カ月に1回の割合で弁護団合宿を行い、11年間、全国で51回の研究会活動を行った。この弁護団は、2010年12月19日の第51回研究会をもって活動停止するまで続いた。わが国の被害者の救済運動史上で最も輝かしい成果を上げたものであると自負している。

弁護団結成当時は、先の見えない中で、その対処方法もわからず、また、救済判例もなく、暗中模索の中、苦しい闘いを強いられた。しかし、仲間が力を合わせて闘った結果、利息制限法に関する地方裁判所・高等裁判所での勝利判決を得、ついには画期的な最高裁判決を獲得するなど、続々と輝くべき結果を得た。

ついには、日栄・商工ファンドの上場2社を倒産に追い込んだ。また、マスコミの全面的な支持のもと、最終的に国会で利用者保護の画期的な貸金業法の改正を勝ち取ることができたのもこの弁護団の成果であ

る（2006年12月13日）。

　この間、私たち弁護団は外国人記者クラブで記者会見し、社団法人日本経済団体連合会（経団連）に対し、日栄・商工ファンドを会員から除名することを要請し、テレビ討論を行い、衆議院大蔵委員会で貸金業法における上限金利引き下げに関する参考人陳述を行い、最高裁判所で何回も口頭弁論を開かせるなど貴重な経験も重ねることができた。

　新里先生がこの弁護団の団長に私を推薦し、私が団長に就任することになったが、実質的には、この弁護団は新里副団長、牧野事務局長が動かし続けてきた。しかし、この弁護団団長は、私にとって生涯忘れることのできない名誉であり、誇りうべき役職となった。すべての功績は副団長である新里弁護士らにあったが、私はその栄誉を甘受させていただいた（詳しくは、日栄・商工ファンド対策全国弁護団編著『最高裁が日本を変えた』（日栄・商工ファンド対策全国弁護団、2010年）参照）。

貸金業法における上限金利引き下げ運動からヤミ金対策法の改正運動への転換

どのような市民運動も、いつも調子よく進む時ばかりではない。困難に耐え、苦しい道を切り拓いていく中にこそ真価が発揮されるものである。運動が八方塞がりになり、仲間が苦しい顔をし、声が出ないことや、時に苦しさゆえに内部分裂が起こりかねない危険なときもある。

　そのようなとき、新里先生だけはいつも大きな声を出す。元気に号令をかける。そして、大胆な発想の転換ができる。時に「そんなこと言って大丈夫かい？」と心配するほどに明るく大胆な戦略を描いてみせるのである。

　しかし、そのひと言がいつも仲間に勇気とやる気を取り戻させてくれる。時に状況の変化の中で、新里先生の予測がピタリと当たる。

　彼はクレサラ対協の副代表幹事として、仙台から東京や大阪で行われる幹事会に必ず出席してきた。

　忘れもしない2003年6月、私たちは貸金業者の貸付上限金利の利息制限法への引き下げ運動の戦術を練っていた。しかし、私たちは、年109.5％の出資法上限金利を年73％、年54％、年40％と、順次引き下げ

てきた。それゆえに当時、貸付上限金利をもう一段、利息制限法金利まで引き下げる効果的な戦術を立てることができず、仲間はずっと悩み苦しんでいた。マスコミも数次にわたる高金利引き下げ問題については、私たちの懸命な努力や訴えにかかわらず徐々に関心を失っていたのである。

　陰鬱な議論の中で、突然、新里先生は「今回はヤミ金対策で行こう」と宣言したのである。確かに当時、大阪の八尾市で闇金の取立てに追われた3人の債務者が鉄道自殺をした事件が大きくマスコミ報道され、世間の耳目を集めていた。彼のこのひと言でクレサラ対協の戦術は一変し、金利引き下げからヤミ金対策に向けての貸金業法の改正に向けられることになった。

　そして、その年、貸金業法の闇金対策の法改正が実現した。法改正ができたということで、仲間は一気に元気が出て、また、従前の利息制限法金利（年15％～20％）への法改正に向けて新たなる飛躍ができたのであった。

武富士被害対策全国会議の結成

　新里先生は思い立ったらまず、自ら立ち上がるのである。これは、私の性格とも似通っている。

　2002年10月、新里先生を代表とする武富士被害対策全国会議が結成された（事務局長：尾川雅清）。大手消費者金融の最右翼であったサラ金"武富士"の過剰与信と違法な取立ては群を抜いていた。そこで、新里先生はクレサラ対協傘下の組織として、同対策会議の結成を呼びかけ、正面から武富士への闘いを挑んだ。当然、武富士側から激烈な反発と攻撃が開始された。武富士被害対策全国会議が2003年4月に発行した書籍『武富士の闇を暴く』はその悪質商法の実態を暴くものだっただけに、世間に大きなショックを与えた。同時に武富士は即刻、名誉毀損の損害賠償請求訴訟を提訴した。弁護団も武富士の攻撃を想定していたので、正確な事実を押さえた告発であったことから同裁判は武富士側の敗訴に終わった。

　サラ金業者との闘いはこのように時に厳しい局面に立たされることは

多かったが、新里先生は全くへこたれることなく闘いが厳しければ厳しいほど、闘争心を燃やして闘う人であった。

　とにかく、決断が早く、酒を呑む席でいくつかの企画が浮かぶと直ちに実行に移すのである。そのスピードと決断力の早さは驚くほどのもので常にその戦略はヒットしてきた。

　「慎重に考えていれば何もできない。まず、立ち上がろう」という彼の戦術こそ、今の日本の市民運動・当事者運動に必要だと思う。“下手な鉄砲も数撃ちゃ当たる。鉄砲撃たなきゃ当たらない”。彼は自分たちの運動を世間の目に晒させるのがうまいのである。多少派手に見えてこそ、世間の耳目を集める市民運動なのだと思う。

　今回、新里先生は古稀を迎えられるという。彼が弁護士として日本弁護士連合会、仙台弁護士会、さらには多くの弁護団、市民運動団体の中で果たした役割は計り知れないものがある。私は、新里先生の実務家としての能力だけでなく、市民運動家としての手腕能力にこそ特に優れた能力があると評価している。

　私たちは新里弁護士のこれまでの業績を共有財産として引き継がなければならないと思う。そして、さらに、これから10年間、困窮する多くの国民のために、新里先生の総仕上げの仕事をやり遂げてくれることを期待したい。

第2章

仲間とともに

1　実務家弁護士の武器——仮処分と仮差押え（1992年、1995年、2003年）

(1)　支倉保育所日照被害とニシキファイナンス手形取立禁止の仮処分

私の実務家弁護士としての生き方を開いてくれた2つの事件を紹介する。

(A)　支倉保育所日照被害建築差止め仮処分

(a)　概　要

仙台市立の保育所の南側に7階建ての賃貸マンション（以下、「本件賃貸マンション」という）が建築されることによる日照被害事件である。5階以上の建築の禁止を求めた仮処分の申立てに対し、7階の一部について、建築差止めの仮処分決定がなされた（保証金1200万円）。保育園の日照被害を理由とする建築禁止の仮処分としては日本で初めてであった。

(b)　日照被害による仮処分の困難性

1977年施行の改正建築基準法により日影規制（周辺の住民の日照権確保のため建築物の高さや形態を制限して周辺の建物等が日影となる時間を一定時間内とする規制）が導入されたが、商業地域、住居地域等の用途地域別の規制であり、商業地域には日影規制はなかった。そして、本件支倉保育所は、商業地域である支倉町に開設されていた。

(c) 取り組んだきっかけ——草場裕之弁護士からの依頼

　1988年4月生まれの私の長男は、ゼロ歳児から仙台駅前の朝市にある、「朝市センター保育園」（当時は無認可保育所）に通っていた（朝市の皆さんから「朝市っ子」と呼ばれていた）。理事長は弁護士としての先輩である増田隆男弁護士であった。仙台市内では認可保育所への待機児童問題が深刻であり、増田弁護士らがお金を投じて保育園をつくったと聞いていた。

　仙台弁護士会の後輩の草場裕之弁護士の長女も一時、「朝市っ子」であったが、仙台市による公営の保育所が環境も設備にも恵まれているとして、支倉保育所に移っていった。支倉保育所は、1982年4月の開園後、10年を経過しており、定員130名、ゼロ歳児から就学前の児童を対象とし、12名の障害児を受け入れ、総合保育を行っていた。保育園の敷地は1838.31㎡、園舎は2階建て、延べ床面積は892.76㎡、園舎は敷地の中央に位置し、北側に駐車場、南側が園庭という恵まれた環境であった。

　支倉保育所の開園時点で保育園の南側に2階建ての賃貸マンションが建っていたが、それを7階建ての本件賃貸マンションに建て替えるという話が持ち上がった。草場弁護士を中心に保育園の父母が、建築主、仙台市、仙台市議会に建築中止や4階建てへの設計変更などを要望・陳情した。ところが、建築主は該当地は商業地域で高層建築に法規制は受けないとして応じず、仙

支倉保育所（仮処分申立て時の疎明資料より）

台市も同じ理由から対応せず工事が着工されたという。父母会は、さらに「子どもたちのお日さまを守る条例制定の直接請求運動」などいろいろな反対運動を継続した（なお、この署名運動は、後に法定署名数 1 万 3446 筆を大幅に上回る 3 万筆余が集約・提出されたが、仙台市議会は本件仮処分決定の直前の 1992 年 6 月 23 日にこの議案を否決している）。

しかし、この条例制定運動も目の前で進行していく工事を阻止する効果は期待できなかった。このような中で、保育園の日照被害による建築差止めの仮処分を行ってくれないかとの話が私に持ち込まれた。1992 年 3 月初め頃のことであった。

(d)　やらない選択はなかった

私はそれまで、サラ金業者に対し、夜 9 時以降の取立ての禁止を求める仮処分を行ったことはあったが、日照被害による仮処分の事件は扱ったことはなかった。

一度、草場弁護士から話を聞くことにして、「どこかで同様の仮処分はあるのか」と聞いたところ、「ない」とのことであった。しかし、名古屋市で学校のプールへの日照被害による損害賠償が認められたケースがあるとして、その新聞記事を見せてもらった。その記事によると、建築基準法による規制は「最低の基準を定め、国民の生命、健康及び財産の保護を図るもので、私法上の受忍限度とは必ずしも一致するものではない」とされていた。その一方で、ケースによっては受忍限度を超えるとして、賠償が認められうることも理解できた。

当時、仙台地方裁判所では、宮城県丸森町の産業廃棄物施設建築の差止め、大型造成工事の差止めの各仮処分決定が出されていた。そこで、丸森町の産業廃棄物施設の建築差止め仮処分の申立て手続を行った、増田弁護士に草場弁護士と一緒に相談に行った。

支倉保育所も訪問した。我が子が通う朝市センター保育園は、園庭がなく近くの五橋公園を園庭代わりに使っていたのとは大違いであった。園児が声を上げながら園庭やテラスを走り回っている。この園庭に日が差さないことになるのか、さらに 2 階の部屋およびテラスにもほとんど日が差さないことになるのか、保育園の日照は子どもの成長にとって不可欠ではないのか、本

当にもったいないと思った。

　保育所がある支倉町は、商業地域であり建築基準法上日影規制はない。ところが、保育園の前の道路を一本またいで北側は広瀬町であり住居地域である。江戸時代に両地区は伊達藩の御屋敷町であり、保育園側も低層の住宅が多く、道一本の南北で町のたたずまいの違いはないものの、支倉町では高層マンションも徐々に増加していた。

　仮処分申請のためには冬至などの日影図は不可欠であった。弁護士の1年先輩の吉岡和弘弁護士が、「なか杉村」という建築技術者集団（代表者：宮田猪一郎（故人））と懇意にされていて、吉岡弁護士から紹介を受け、快く協力してもらうことができた。同期の半澤力弁護士、鈴木裕美弁護士の協力のもと、仮処分申請をやらない選択はなかった。

(e)　申立てから仮処分の審尋

　1992年4月7日、支倉保育所の定員130名中39名が申立人となって、本件賃貸マンションの施主と、工事業者に対し、7階建てのうち5階以上の建築差止めを求めた。工事が5階以上に達するのは7月の予定であり、その前に決定を出してもらう必要があった。時間との闘いであった。

　時間がない中で疎明資料の整理などに能力を発揮したのは、当時、東北大学の学生（鈴木弁護士の後輩）で、志願して当事務所にアルバイトに来ていた、板垣淑子氏（後にNHKのディレクターとして「ワーキングプア〜働いても働いても豊かになれない〜」などの特集を組むなどした方）であった。

　弁護団は、当初、仙台市を利害関係人として参加させることにより解決策を探ろうと考えたが、同市は、「協議の必要なし」として出頭しなかった。

　もはや、裁判所の判断を受ける以外に途はなかった。ほぼ1週間に1度の割合で開かれた審尋期日（書面の提出と論点整理の期日）において、当方は、ゼロ歳児ないし2歳児、3歳児、4歳児、5歳児ごとの保育園での日課、支倉町の地域性、保育園の構造が日照を最大限取り込む構造であることを主張・立証し、被害実態についても、春分・秋分、夏至および冬至、特に一番日照がとりにくい冬至の日影の状況を日影図に起こし、保育園の園舎および園庭にいかに影響が出るのか、それが子どもの健全育成に有害かを丹念に立証した。何種類もの日影図を作成してもらうため、なか杉村の平本重徳建築士（故

人）と打合せを重ね、準備書面や説明書を何度も補充した。

(f) 仮処分決定

1992年6月24日、仙台地方裁判所は、5階以上の建築差止めの申立てに対し、1200万円の保証金の納付を条件に、7階の一部（7階部分7室のうち5室）の建築の差止めを認めた。第4民事部合議体の伊藤絋基裁判長による決定であった。決定理由は以下のように述べている。

① はじめに

建築基準法における「日影規制の対象外の用途地域に建てられるものであることから、直ちに私法上の受忍限度を超える日照被害を与えるものではないと解するのは相当ではなく」「日影規制のない用途地域に建てられることは重要ではあるが一つの考慮要素」として、「問題となる具体的・個別的な事情を総合的に比較衡量して、受忍限度を超える被害を生じるか否かの判断をすべきである」。

② 保育所の性格・公共性の観点

保育所は、児童福祉の理念（児童福祉法1条）に基づき設置されるものであり、本件保育所の設置者である仙台市は、「乳児及び幼児の保護者とともに、これらの者を心身ともに健やかに育成する責任を負うのであり（同法2条）、児童の健全な育成は国民全ての責務である（同法1条1項）から、本件保育所は、広く公共的な性格を有する施設というべきであり、その施設環境の保全については、そこに通所する債権者ら児童やその親権者の立場のほかに、公共性の観点からも考慮する必要がある」。

③ 本件建物による本件保育所の日照への影響

決定は、冬至における本件園庭と本件テラスに対する影響について、午前9時から11時頃までの日照が大きく阻害されること、園舎の南側の各部屋についても、児童が最も活発に活動する午前中の時間帯における日照はほとんど奪われることになること等、多大な影響があることを認定している。

④ 検討結果

決定は、「テラスや園庭などの遊び場における児童の活動がその心身の健全な発育にとって不可欠」であるとし、「2階西側にあたる1歳児な

いし2歳児のほふく室」（3室）について、
午前中の日照がほとんど奪われることとな
る本件日照阻害は、「保育所における日照の
確保の必要性・特殊性に照らして、これを
軽視することはできない」。「したがって、
支倉町が仙台市のほぼ中心部に位置する商
業地域に所在し、周辺の中高層化の始まり
つつある地域であること、債務者において
本件保育所に対する日照確保を考慮して7
階建てにしたことが窺えないではないこ
と、本件園舎が本件敷地のほぼ中央部に位
置していること等前記諸事情を勘案すると
しても、本件建物の建築によって本件保育

1992年6月27日付け
河北新報

所に従来確保されていた日照について前記認定のとおりの阻害が生じる
ことは、債権者らに受忍限度を超える日照被害をもたらすものといわざ
るを得ない」と判断した。

　そして、2階西側の1歳から2歳児保育室（3室）に対して、午前中にほ
ぼ十分な日照を確保させるために、7階部分7室のうちエレベーター室の東
側5室の建築差止めを命じた。

(g)　申立人らの満足

　決定を受け、1992年6月24日、市政記者クラブで記者会見を開いた。申
立人の親権者の立場で草場弁護士も立ち会った。画期的な決定ではあるも
の、差止めが一部に限られ、さらに1200万円の保証金を10日以内に預託す
るというものであり、申立人側の反応が心配でならなかった。記者会見に少
し遅れてきた草場弁護士から、握手を求められ、「ありがとうございます」と
言われた時、少し目頭が潤んだ。私が、「保証金1200万円だけど大丈夫？」
と聞くと、「大丈夫です。親に公務員も多くボーナス時期ですから全く心配
ありません」と答えた。

　その後、本件はさらに急展開をする。本件賃貸マンションの建設業者が国
土法違反の罪で強制捜査を受け、倒産に追い込まれる。その後、別のマンショ

ン事業者が、南側にマンションを建築する条件として、すでに5階までできあがっていた建物を取り壊し、新築マンションの階数は2階建てまで下げるとの内容で保育所保護者との和解を求めてきた。その和解への調印によって、支倉保育所の日照は守られた。

1992年6月28日付け河北新報

(h) まとめ

支倉保育所に行って、園庭でキャッキャと騒ぎ回る子どもたちを見て、何とかこの環境を守ってあげたいと思ったことが実現し、弁護士としてのやりがいを大きく感じた。相談を受けた際に、建築基準法をクリアしているから仮処分は無理だと言わなくてよかったと思った。

また、事件を解決するうえで専門家との連携が重要であることもわかった。さらに、どこの裁判所で行うのかも重要だと思った。仙台地方裁判所で仮処分決定が続いている流れに乗れたのだと思う。

この事件で建築差止めの仮処分が認容されたことにより、プールへの日照被害による損害賠償が認容された事例から受け取ったバトンを、次につなぐことができた。その後、広島地方裁判所で同種事案の仮処分の申請を行うということで、一件記録の提供をした。広島地方裁判所では無保証で仮処分決定が出たという。皆がバトンをつなぐことによって、大きな救済が勝ち取られていく。それが実感できた事件であった。

(B) ニシキファイナンス事件

金融業を営む株式会社ニシキファイナンス（以下、「ニシキ」という）が1995年8月16日に大阪地方裁判所で破産宣告を受けた。ニシキは融資の際に債務者から融資額の5倍ないし10倍の額面額の手形を預かり、これを債務者に無断で、譲渡担保等の方法で流通に回していたため、手形の所持人から債務者に手形の取立てがされることとなった。ニシキの詐欺的方法による被害者は全国で2200社、無断換金された手形金額は総額257億円に上るといわれている。

(a)　手形事件の困難性

　手形が決済できないことを、「手形不渡り」という。6カ月に2回手形不渡りを出した場合、銀行取引停止処分を受ける。そうなると事業者は事実上倒産に追い込まれる。手形が詐取された場合、手形不渡りを回避するためには手形交換所に手形額面と同額の異議申立提供金を預託することが求められる。異議申立提供金が用意できない場合、手形所持人と分割弁済の合意をするなどして手形取立てを撤回してもらう必要がある。詐取された手形と知って取得したとの悪意の抗弁（手形法17条ただし書）が主張できる場合には手形取立禁止の仮処分決定を得て不渡りを回避する方法はある。しかし、それが認められるケースは極めて少なかった。

(b)　仙台弁護団の結成

　1995年8月2日、ニシキが倒産したとの報道がなされ、同月7日、仙台弁護士会の有志弁護士で、ニシキファイナンス被害対策仙台弁護団が結成された。結成といっても、決まったのは事務局長に私がなることと、同月12日に相談会を開催することだけであった（相談会も、ニシキへ振り出した手形の満期日が5日、15日、25日と設定されていることから、8月15日の前に開催することとなった）。

　相談会で解決方法として説明できたのは、異議申立提供金を積んで不渡りを回避するか、分割弁済の交渉をすることに限られていた。説明会には宮城県内から約50社が参加した。その後、県内の被害者は約100社ということがわかった。つまり、相談会には被害者の約半数が参加したということであり、弁護団に対する期待は極めて高かったといえる。しかし、我々の説明はその期待に十分応えるものとはなっていなかった。実は、相談会にはテレビ局のテレビカメラが入っていた。弁護団は、参加者が特定されることのないようにとの配慮を求めたが、相談会の翌日（13日）、自分の顔が映ったとして仙台弁護士会に苦情の連絡が入り、お盆期間中に事務所に待機していた私に弁護士会からその旨の連絡がきた。その苦情を言ってきた事業者に連絡し、事務所に来ていただくことになった。お詫びをしながら今後も相談に乗っていくという話をしたことで何とか理解していただいた。弁護団への期待が裏切られたという失望が苦情申出につながったのだと思う。なお、この事業者は、

仙台弁護団の第2陣の手形取立禁止の仮処分の申立てで延命し、現在も事業を継続し、相談を寄せてくれている。

(c) 大阪での会議で展望が開く

1995年9月17日、大阪市内で、「全国ニシキファイナンス事件被害者総決起集会」が開催された。大阪の弁護団が中心となって集会を準備していただいた。大阪弁護団の事務局長は尾川雅清弁護士（大阪弁護士会）、同弁護士とはその後も、『高利商工ローン・街金対策の手引』（全国クレジット・サラ金問題対策協議会、1998年）を共同編集し、武富士被害対策全国会議（私が代表、尾川弁護士は事務局長）における被害救済運動などでも一緒に闘う仲間となった。

その集会では、ニシキへ詐欺での刑事告発、ニシキから手形を割り引いた金融機関に対して、分割弁済など柔軟に対応することを求めるなどの基本方針が確認された。

集会の終了後、全国の弁護団による会議も行われた。その中で、大阪弁護士会の木村達也弁護士等によって、ニシキの元従業員からの聴き取りのメモが紹介された。ニシキの最大取引先の大阪信用組合（以下、「阪信」という）が1994年初め頃にニシキへ調査を行い、手形の先預かり商法を知っていたこと、同年9月から翌年1月までニシキに職員を出向させていたことが記載されていた。

(d) 東北弁護団連絡会で仮処分の方向

1995年9月30日、東北各県でニシキ被害に取り組む弁護士約10名ほどが盛岡に集結した。同月17日の全国の会議に出席したのは、東北からは私のみであったこともあり、私が持ってきた情報が期待されていたことは間違いない。

まず、各地の弁護士からの報告をしていただいた。山形県弁護士会の外塚功弁護士は、「毒ビールであっても、それを承知で飲まなければならないときがある」と自嘲気味に語り、倒産回避のためには詐欺手形であったとしても支払わなければならないときがあるとの発言もあった。

その後、私から大阪での会議の報告を行った。私の報告が終わり議論に入ったとき、外塚弁護士から、大阪弁護団の聴き取りメモの内容を踏まえて、「阪

信を悪意の取得者として手形取立禁止の仮処分はできないだろうか」との問題提起がなされた。私自身も、弁護団を立ち上げた際、手形取立禁止の仮処分の可能性を考えたものの、悪意と立証するだけの証拠がないことから、その考えを封印していた。ところが、外塚弁護士の発言でその封印が解けた。そこに集まっていた東北の猛者たちとその可能性を議論した。仮処分はできるという結論で一致した。

　次に、問題になったのは、どこで仮処分の申立てをするかということだった。私は、仙台弁護団の事務局長として、相談者の手形内容が一定程度頭に入っており、直近に支払期日を迎える手形があることを知っていたことから、「10月5日の手形がある。仙台で申し立てしよう」と引き受け、その場は手形取立禁止の仮処分がすでに出たような高揚感に包まれた。

(e)　本当に仮処分ができるのか

　週明けの10月2日に事務所に出て、週末30日の会議での話を思い返してみた。冷静に考えてみると、本当に仮処分決定が出るのか不安になった。私の事務所では、49期の司法修習生の広瀬卓生君が弁護修習を行っていた。2日の朝、週末30日の会議での議論を簡単に説明して、手形取立禁止の仮処分が出るのかを調査してほしいとお願いした。広瀬君は、東京大学テニス同好会の副主将として、テニスを楽しんできただけでなく、極めて優秀な修習生でもあった。すぐに調査をした広瀬君から、東京地方裁判所では手形取立禁止の仮処分を認める決定が出されているとの報告を受け、時間のない中、急ピッチで準備をすることとなった。

　まずは、10月5日に手形の支払期日を迎える中小事業者の社長に電話をかけ、手形取立禁止の仮処分の申立てを行わないかと話した。そうしたところ快諾を得ることができ、すぐ事務所に来てもらい、陳述書を作成した。木村弁護士の作った聴き取りメモの証拠化の作業を行う必要もあった。私が聴き取りメモのエッセンスを報告書案として作成して、木村弁護士に確認してもらい、報告書に署名してファックスで送付してもらった。陳述書および申立書の原稿は私が手書きをし、広瀬君にワープロ打ちをしてもらい、1日で申立書を作成し、翌日（3日）には仮処分の申立書を仙台地方裁判所に提出した。すぐに裁判所から、説明に来てほしいとの連絡が入った。その日は午

後一での盛岡での刑事事件を終え、午後4時頃に裁判官面談を行った。担当は鹿子木康裁判官で、極めて有能な裁判官であった。

手形が連番であることから、同時に振り出され、預り手形であることが推認できる（それなのに譲渡された）として、決定を出す感触を得た。同裁判官からは、「手形の額面金額は150万円であり、保証金は100万円程度で高額になるが用意ができるのか、かえって、異議申立提供金にあてたほうがよいのではないか」と言われた。これに対し、私は、「決定が出たという影響が極めて重要です」と仮処分の申立てを維持することを話した。

その翌日（4日）に、待望の手形取立禁止の仮処分が出された。

喜びも束の間、取立てが行われないように、すぐに手形の執行官保管に着手した。仙台地方裁判所の執行官と一緒に七十七銀行の支店に急行した。七十七銀行側は本店に問合せをすると言い訳をして応接室で1時間以上も待たせた。七十七銀行側も初めての手形取立禁止の仮処分での執行官保管だったようであり、相当慌てている様子が

1995年10月5日付け河北新報

1996年1月10日付け河北新報

うかがえた。支店の責任者に立ち会ってもらったうえで、執行官は、「まずは、手形の確認として手形を出してもらいたい」と言い、仮処分決定の手形番号と原本確認した。すると執行官は、「では、預かります」と言い、そのままカ

バンに入れ、預かり書を発行して、七十七銀行をさっそうと後にした。さすが執行官だと感心した。

(f)　大きく報道された仮処分決定

実は、その日の17時に仙台地方裁判所の司法記者クラブで会見を予定していたのだが、これに1時間以上も遅れることになってしまった。記者は殺気立っている様子で、私が説明をするも、申立書の写しを用意していないこともあり、すごく不機嫌であった。事務所に戻り、すぐに幹事社に申立書をファックスした。

翌日（5日）、地元紙だけでなく、日本経済新聞の社会面に大きな記事が掲載された。その日は朝からメディアによる取材が押し寄せた。そんな中で、大阪地方検察庁特別捜査部（大阪地検特捜部）の検事から、「申立書のコピーを送付してほしい」との電話があった。大阪の弁護団がニシキを刑事告訴していたことによる捜査だった。検事の情報より当方の情報が上回っているようで少しうれしかった。

(g)　手形取立てに回さないとの合意

仙台では弁護団として立て続けに4件の仮処分の申立てを行った。その中の1件は、手形不渡り回避のために、分割弁済をすることで手形を再発行した。これは、手形の書き換えでも抗弁権は引き継がれるとの考えによるものだった。そして、全国各地の弁護団と阪信との間で次のような内容の合意がなされた。

① 　債務者が手形取立禁止の仮処分の申立てをすると、阪信の弁護士が手形を預かり、手形を取立てに回さない。
② 　本案訴訟を14日以内に申し立てる。
③ 　仮処分を取り下げる。

この合意によって、「毒ビール」たる分割の合意をすることなく、解決は債務不存在確認訴訟に移行することとなった。阪信以外の金融機関

1996年12月2日付け
河北新報

に対しても、債務不存在確認訴訟を提起する流れが全国的にも確立していった。

　他方、最初の仮処分決定に阪信側から異議が出され、阪信との合意前に仮処分決定がなされた事案は全国的に異議が出されていた。仙台の事案は月1回程度に仮処分の審尋が続いており、仙台地方裁判所での審尋の結果は、阪信側の弁護士から各地の裁判所での異議審にリアルタイムで情報提供された。仙台の異議審で被害者側に不利になりそうなやりとりがあれば、「仙台でよいことを教えられた」と阪信側の弁護士から、各地の審尋で証拠提出されるなど、先行訴訟の重圧に耐えなければならない神経戦も繰り返された。

　手形取立禁止の仮処分申立ての時点では、私の単独事件であったが、その後は仙台弁護士会の岩渕健彦弁護士、小野寺友宏弁護士、及川雄介弁護士、我が妻の鈴木裕美弁護士にも共同で取り組んでもらった。翌年(1996年)3月、異議審でも仮処分決定が維持され、仙台高等裁判所の抗告審でも維持された。

(h)　全面的解決

　その後、阪信については破産管財人の報告などから、阪信が法律に違反して限度額を上回る融資を迂回融資の方法で行っていたことや、その見返りでニシキ側が実体のないコンサルタント料2億円を阪信の関連会社に支払っていたことも明らかとなった。阪信は1996年に東海銀行（現在の三菱UFJ銀行）に吸収合併され、その後、被害者に対する債権は株式会社整理回収機構へ譲渡された。

　そして、1997年3月、全国的な債務不存在確認訴訟は、整理回収機構が全国の被害者1300社の42億円の債権を放棄するという形で解決した。阪信以外でも、分割弁済、6割から7割弁済などで一定の解決をみた。

(i)　まとめ

　全国の多重債務に取り組んできた弁護士が、手形による詐欺商法被害を受けた中小零細事業者の支援に取り組んだ。大阪弁護団での資料収集の成果、東北の弁護団の取組みが手形取立禁止の仮処分決定の獲得に結び付き、その決定が大きなインパクトとなって、ニシキによる詐欺被害の一定の解決に向かった。

　この取組みは、商工ローン被害の救済にも結び付くことになる。

闘いを振り返って

ニシキファイナンス対策弁護団の活動

弁護士　及川雄介

　ニシキファイナンス事件──手形先預かり商法と呼ばれる大型詐欺事件──の概要は、新里宏二弁護士が先に記述されているとおりである（31頁以下）。手形不渡りという事業者にとっての死活問題を抱えつつ、手形法の人的抗弁の切断という分厚い壁を打ち破れるのか。全国の弁護団が苦悩する中、埋もれていた手法に息を吹き込み、新里先生が獲得した取立禁止の仮処分は、まさに光明ともいうべき画期的な決定であった。

　これを突破口として、全国で仮処分、債務不存在確認訴訟が次々と展開された。その中にあって、仙台の仮処分の保全異議が全国の仮処分や債務不存在確認訴訟の天王山となり、激しい攻防が繰り返されたが、新里先生はこれを制し、守り抜いた。

　ニシキファイナンス元社長の逮捕、その後、大阪信用組合（阪信）の元理事長らの逮捕と刑事事件も展開した。

　新里先生は全国弁護団として、阪信の不良債権を引き継いだ整理回収機構と、粘り強く交渉を続け、その結果、全国弁護団に依頼しているか否かを問わず、整理回収機構が全国の被害者1300社に対する約42億円の債権を放棄するという形で解決する合意を取り付けるに至った。これにより、訴訟を起こしていない被害者も対象に含めた救済の枠組みが形づくられた。被害救済に向けた新里先生の強い信念があってこそ成し遂げられた大きな成果といえる。私が知る限り、依頼を受けていない被害者の分まで債権放棄を受ける形での解決にこだわり、それを実現したのは、このニシキファイナンス事件が初めてだったのではないかと思う。

⑵　オレンジ共済事件──友部達夫の議員歳費への仮差押え

⒜　オレンジ共済への強制捜査

　1996年11月、1992年からオレンジスーパー定期と称して、出資法違反で93億円もの資金を集めていたオレンジ共済組合に捜索差押えがなされた。宮城においても、保険の代理店の知り合いから「新進党の幹部が支店長会議で挨拶をしている、新進党がバックにいるので大丈夫」等と勧誘され、夫の死亡生命保険金4010万円を預けてしまった50歳代の女性の被害事例があった。

　首謀者の友部達夫は、1995年7月、参議院選挙で新進党の比例区の上位により当選した。

　東京、および仙台で弁護団ができ、それぞれ協力しながら被害回復に努めることになる。

　東京弁護団の弁護士から、東京で議員歳費の仮差押えの申立てをしたが却下されたという連絡が入る。その際、「仙台は保全が簡単そうだから仙台で仮差押えをやってみたらどうだろうか」と言われた。当然、仙台弁護団でも仮差押えの申立ては検討していたところであり、急ピッチで申立ての準備をすることとなった。

　私としても、1992年に日照被害によるマンション建設禁止の仮処分、1995年にニシキファイナンス事件の手形取立禁止の仮処分等の保全申立てで事件を前に進めてきたという想いがあったが、これらはそれまでの仙台弁護士会の会員による産業廃棄物処分場の建設禁止、造成工事禁止の仮処分など、極めて社会的な影響が大きい問題について仮処分決定が発令されてきた流れの中のものと考えていた。

　そして、そのような重要な仮処分決

1997年1月30日付け河北新報

定は、被害や被害の可能性を裁判所に
説得的に提出してきたからこそなされ
てきたものであり、その結果、「仙台
は保全が簡単」といわれるような流れ
ができたのだと思う。

　私は、そのような評価がある以上、
今回も何とか仮差押決定を得て被害回
復につなげたいと思った。

　1997年1月29日、参議院が、友部
達夫の逮捕状請求について許諾決議を
行った当日、仙台地方裁判所は全国で
初めて、友部達夫の議員歳費に対する
仮差押決定を行った。強力弁護団の力
が発揮された。

1997年2月24日付け河北新報

　翌日の河北新報で、社会面のトップ
は、友部に対する逮捕を報じるものであったが、その記事に合わせ、仮差押
えの記事が大きく出た。弁護団の山田忠行副団長、岩渕健彦事務局長の記者
会見の様子が、同日夜のテレビ朝日の番組「ニュースステーション」のトッ
プニュースとなった。

　この仮差押決定が認められたこともあり、「保全の仙台弁護団」との評価は
定着したように思う。この経験が我々が次に取り組むココ山岡事件の証拠保
全にも活かされたように思う。

　そして、新進党への責任追及へ躊躇なく進むようになったと思う。

　⒝　新進党への責任追及

　私は、消費者事件の中で、加害者本人（法人および個人）に回復すべき財産
がない場合や事件の再発防止のため特に必要がある場合には関与専門家の責
任追及を行うことを考え、進めてきた。

　実は、弁護士5年目のときに、北海道・釧路の原野を、「5年で3倍～5
倍となる」との虚偽の事実で販売する株式会社シーフによる原野商法事件を、
吉岡和弘弁護士、小野寺義象弁護士とで弁護団をつくり、従業員に対する責

1998年3月7日付け
河北新報

1998年8月30日付け
河北新報

2000年3月24日付け
河北新報

　任追及を行ったことがあった。刑事事件となり、首謀者は詐欺罪で懲役5年の判決を受けるも、資産は全くない状況であった。詐欺の小道具として、土地家屋調査士によって作成された宅地と見間違えるような地積測量図が利用されていた。そこで、そのような小細工を弄し、詐欺の片棒を担いだ土地家屋調査士の責任追及のため、同調査士所有不動産の仮差押決定を得て、提訴した。その結果、現地での検証を踏まえ一定の解決金を獲得したという経験があった。このような経験もあり、新進党への責任追及に躊躇はなかった。具体的な取組みは岩渕原稿（次頁以下）に譲る。

闘いを振り返って

オレンジ共済被害対策弁護団の活動

弁護士　岩渕健彦

◆オレンジ共済被害事件の概要◆

　後に参議院議員となる友部達夫は、自らを主宰者としてオレンジ共済組合という組織をつくったうえで、1992年頃から「オレンジスーパー定期」という年7％もの配当をうたった商品の販売を開始し、多くの被害者からおよそ93億円もの資金を集めた。しかし、この資金はまともに運用されることはなく、資金の大部分は友部達夫の選挙資金や、遊興費などに流用されたというものであり、典型的な投資詐欺というべき事案であった。

　オレンジ共済組合による資金集めとその流用は、資金を集める過程で約束されていた配当がなされないという事態が起きていく中で社会問題となり、1996年の年末には事実上倒産状態となったものの、同組合が集めた資金はほとんど返済がなされず、大規模な被害をもたらすこととなった。

◆被害弁護団結成と方針決定◆

　オレンジ共済組合の被害がメディアに取り上げられ、宮城県内でも少なからぬ被害者がいることが想定された。

　そこで、これに先立ち社会問題となっていたニシキファイナンス被害対策弁護団の事務局長であり、リーダーを務めていた新里宏二弁護士が、この問題の被害救済の枠組みを宮城県でも作りたいと考え、弁護団を結成することとなった。

　弁護団の構成メンバーはニシキファイナンスの弁護団が中心となったが、新里先生は、この問題は現職の参議院議員を相手にするだけでなく、場合によっては政党を相手にしていく場面が生じるかもしれないと考

え、ニシキファイナンス被害対策弁護団のメンバー（筆者、小野寺友宏弁護士、及川雄介弁護士）を拡大することとし、団長を故佐藤唯人弁護士に、副団長を山田忠行弁護士にお願いし、若手としては当時弁護士になって１年目であった鎌田健司弁護士、鈴木覚弁護士にもお願いし、事務局長を筆者が引き受けることとなった。

　弁護団としては結成直後から、①友部達夫からの回収可能性の検討、②友部達夫が所属していた政党への責任追及の可否、③オレンジ共済組合の代理店からの回収の可否を積極的に検討していた。

◆友部達夫に向けた法的手続とその回収の努力◆

友部達夫の議員歳費の仮差押えへ　いうまでもなく、弁護団結成後、真っ先に取り組んだのは友部達夫本人からの債権回収であった。

　友部達夫は参議院議員であったため、毎月多額の議員歳費とともに文書通信交通滞在費を受領していた（私の記憶では文書通信交通滞在費は月額100万円であった）。

　弁護団としては、全国に多くの被害者を生み出し、その被害総額が90億円を超えるような多額の投資詐欺事件の主宰者が多額の金員を参議院から毎月受領し、それが被害弁償に使われることなく、うやむやのうちに費消されることに強い憤りを覚えた。

　そこで、真っ先に検討したのは、友部達夫の議員歳費の仮差押えであった。

　保全命令の申立書は、筆者と鈴木弁護士が中心となって執筆したが、友部達夫が主宰者であるオレンジ共済組合による大規模投資が不法行為であるという点を疎明するための資料が新聞報道と週刊誌の記事しかなかった。

　弁護団としては、投資被害についての疎明書類が新聞記事と週刊誌の記事だけであっても、それに対する反論が友部達夫らによって有効になされておらず、しかも現実にも配当金が約定に従って支払われていない以上、保全命令は発令されて当然であると考えていた。

　しかし、裁判所としては、大局的な見地からは弁護団の主張に理を認めつつも、新聞報道と週刊誌の記事だけで「詐欺行為についての疎明」があると判断するのには、当初は躊躇を覚えていた。

　弁護団としては、粘り強く、被害の実態を説明し、被害者の被害回復が図られないまま、同議員が議員歳費を受領し続けることの不合理性を訴えた。

　そのような経緯で、弁護団が保全裁判所との間で疎明書類の追完のための協議を行っていたところ、友部達夫が逮捕されるのではないかという報道がなされるようになり、さらには友部達夫に対する逮捕許諾決議案が参議院に上程される見通しである旨の報道がなされるに至った。

　そこで、そのような事情を再度、保全裁判所に持ち込んだところ、保全裁判所からは、逮捕許諾請求が参議院において可決されたことを確認したうえで（その疎明を受けたうえで）、保全命令を出す旨の回答が得られ、実際にも逮捕許諾決議案可決の日に保全命令は発令された。

友部達夫への本訴と文書通信交通滞在費についての強制執行

　友部達夫の議員歳費の仮差押えの後、当然のことであるが弁護団は速やかに本訴請求（損害賠償請求）を行った。もはや逮捕されていた友部達夫が代理人を立てて反論してくるということもなく、本訴請求は欠席判決で認容された。

　そこで、弁護団の次の関心事は強制執行に移った。すでに保全命令を得ている議員歳費とその後に発生する議員歳費に関する差押えは速やかに行うこととなったが、これについては特に問題は生じなかった。

　しかし、弁護団はさらに「文書通信交通滞在費」への差押えの可能性を探った（その金額の大きさからしても看過できないという問題意識があった）。この文書通信交通滞在費は、差押え禁止財産とされており、その理由は実費支弁が目的であるからというものであった。

　弁護団としては、一般論としても精算の予定のない「渡しきり」の文書通信交通滞在費の差押えを禁止する理由は必ずしもないのではないかと考えたが、その点はさておくとしても本件では、友部達夫本人が大規模投資被害の主宰者ともいうべき人物であり、国会議員としての活動の

実費支弁を受ける立場にはないのではないかと考えていたこと、さらには逮捕・勾留後に収監されており、そもそも国会議員として文書通信交通滞在費を利用することがおよそ考えられていないのではないかと考えた。

そこで、そのような観点から、東京地方裁判所に文書通信交通滞在費についての差押え命令の申立書を出すとともに、消極的な対応をしていた執行裁判所に対して何度か例外的に差押えを認めるべきであるという理由の補充書を提出し、いったんは執行裁判所から、「発令の方向で検討する」旨の回答をもらうに至った。弁護団としては、これは大きな成果となるのではないかと考えたが、残念ながら最終的には執行裁判所からは、やはり認めないことにするとの回答が寄せられ、却下決定を受けることとなった。

残念ながらその後も、私が知る限りでは文書通信交通滞在費についての差押えの実例はない。このときの差押えが認められていれば、その後の逮捕された国会議員に対する文書通信交通滞在費についての差押えの先例となったのではないかと思う。本当に残念に思う。

なお、上記のような経緯で、文書通信交通滞在費が友部達夫に対して支払われる前の時点において参議院を第三債務者とする差押えができなかったので、弁護団は次に友部達夫名義の銀行預金口座に「入金された」文書通信交通滞在費に対する差押えを行うことを考えた。

弁護士会照会（弁護士法23条の2）によって参議院事務局に対して文書通信交通滞在費の振込先を確認し、一般論として振込みがなされる時間を電話で聞いたうえで、振込日のその時間の直後に（直前では空振りになってしまい、時間をおきすぎると友部達夫の関係者により引き落とされてしまう）、差押え決定が届くように申立てを行うこととした。

差押え決定の送達を執行官送達として、時間指定をすることで何度かは差押えが効を奏したが、その後、数回、強制執行が空振りすることがあったため（友部達夫の関係者が着金後速やかに引き落としているものと考えた）、これ以上の強制執行はさすがに不可能と考え、そこで断念することとした。

◆新進党に対する提訴◆

　友部達夫がこれほど多額の大規模投資詐欺事件を引き起こすことができたのは、参議院議員の看板がその信用力を補完していたためであることは誰の目にも明らかであった。

　そして、数回にわたり参議院議員選挙で落選していた友部達夫が参議院議員の席を手にできたのは、新進党が友部達夫に対して比例区の高い名簿順位を用意したことが原因であった。

　そこで、弁護団結成時から、新里先生は、友部達夫の所属する政党の責任を問うべきであると考えていた。しかし、当初の弁護団の検討経過の中では、確かに新聞報道等によれば友部達夫が巨額な政治資金を政党関係者に交付したようであり、それによって比例区の高い名簿順位を獲得したようにみえるものの、それぞれについて確証はなく、因果関係も明らかとはいえず、加えてそれは道義的な責任の根拠とはなり得ても法的な責任の根拠とはなり得ないのではないかという意見が大勢であった。

　そのような中で、新里先生は、詐害行為取消訴訟という法的構成をとれば友部達夫が所属していた新進党の法的責任と問いうるのではないかと発案した。

　すなわち、友部達夫の政治資金収支報告書を見ると、友部達夫は自らが設立し、自らが支部長を務める新進党の支部に500万円の寄付をしていたが、この寄付当時、友部達夫がすでに無資力であれば、この寄付が被害者を害する法律行為として詐害行為として取り消しうるのではないか、そして詐害行為取消訴訟を提起する場合には寄付を受領している新進党の支部（支部長：友部達夫）がすでに消滅している以上、新進党本体（代表：小沢一郎）を被告としてその責任を問うことになるのではないかと考えたのであった。

　これは新里先生が当時、1人で考えた法律構成であり、当初は弁護団メンバーの多くは懐疑的であった。

　しかし、友部達夫から寄付を受ける新進党の支部の支部長が友部達夫本人である以上、寄付者友部達夫の財産状態について、受領者である新

進党が「知らない」という主張をすることは許されるはずはなく、したがって、友部達夫が無資力であるとすればその点についての悪意は当然に証明されたことになると考えられた。

そして、オレンジ共済は破綻する相当前から自転車操業であり、破綻状態であることは、当時、弁護団として入手していた友部達夫の破産事件の管財人作成の報告書からも疎明は可能だと考えられた（なお、この件では東京地検特捜部が動いており、特捜部を訪問して、資料の提供をお願いしたりもしたが、これについては難しいと言われ、断念することとなった）。

弁護団内部としては、上記のような法的問題点の検討に加え、やはり公党である新進党を提訴することについての躊躇を覚える意見もあり、提訴直前まで議論を重ねたが、最終的には友部達夫が当時配布していたオレンジ共済のチラシに参議院議員であることや新進党に所属していることをアピールしていた事実もあったことを踏まえ、新里先生が述べるとおり、所属政党に一定の責任をとってもらう意味は大きいと考え、提訴に踏み切った。

ただし、この訴訟は、訴え提起前は熟慮に熟慮を重ねたものであったが、仙台地方裁判所に訴訟が係属した後は、事前に検討していたほどの時間と労力を要することはなかった。

それは、当時の政治状況の中で、結果的には、新進党が解党を選択することとなったからである。

いうまでもなく、法人が解散する際にはその債務を清算する必要があり、これは政党の場合もおそらくは同様である。

推測の域を出ないが、新進党としても、この訴訟を放置したまま清算手続を終えることに躊躇があったためか、最終的には解党直前に和解の提案がなされ、請求額のうちの相当額を当方が受領して、その余を放棄する旨の和解を行った（なお、和解は新進党の法的責任を前提とせず、被害回復を図ることを主目的として行われることとなった）。

◆オレンジ共済の代理店への対応◆

弁護団として対応に迷ったのはオレンジ共済の代理店を務めていた者

たちへの対応であった。

　被害者からすると、代理店を務める者に対しても、騙されたという強い思いがあった。しかし、被害者が騙されたように代理店も友部達夫らに騙されていたという側面も無視できないと考えられたし、法的な意味で代理店に責任があるといえるかどうかについての疑義もあった（そうであるからこそ、全国的にも代理店への回収活動はあまりなされていなかったのではないかと記憶している）。

　そこで、弁護団としては、代理店に対しては訴訟提起という手段はとらず民事調停という手続を選び、その結果、相当額の回収をすることができた。

◆結　論◆

　弁護団としては、友部達夫に対する法的手続、同人が所属する政党に対する法的手続、そして代理店に対する民事調停により、結果としてこの種の大規模投資被害の救済額としては異例といってよいほどの被害回復ができたのではないかと考えている。

　このような結論を迎えることができたのは、新里先生が東京地方裁判所において却下された仮差押え命令を諦めることなくとりにいくという方針を出し、所属政党に対する詐害行為取消訴訟の提起という強硬な手段をとり、その回収を図りつつも、代理店との対応では一転して柔軟な話し合い路線を選ぶという方針が効を奏したものと考えている。

2　消費者金融被害対策・高金利引き下げ運動（1998年〜 2006年）

(1)　商工ローン問題

　商工ローンとは、中小事業者に出資法の上限金利に張り付くような40.004％に近い金利で連帯保証人を取って貸付けを行う金融である。「利息は

主債務者から、元金は保証人から」といわれる保証人を巻き込んだトラブル
を発生させた。商工ローン大手は、株式会社日栄（後に商号を変更して株式会
社ロプロ（現在の株式会社日本保証））、株式会社商工ファンド（後に商号を変更
してSFCG）であった。

(A) ニシキファイナンスから商工ローン問題へ

1998年3月、ニシキファイナンス最大の融資先の大阪信用組合（以下、「阪
信」という）から債権を譲り受けた株式会社整理回収機構との間で、約1300
社に対する約42億円の債権の放棄を勝ち取り、一定の成果をもって解決を
みた。

1998年10月、『高利商工ローン・街金対策の手引き』を、ニシキファイナ
ンス被害対策大阪弁護団の事務局長・尾川雅清弁護士と仙台弁護団の事務局
長の私が共同編集責任者として、全国クレジット・サラ金問題対策協議会（ク
レサラ対協）から出版した。クレサラ対協とは、大阪に事務局を置く多重債
務問題、クレジット被害対策に取り組んできた市民団体である。当時の代表
幹事は甲斐道太郎大阪市立大学名誉教授、事務局長は木村達也弁護士（大阪
弁護士会所属）であり、全国の弁護士、司法書士等の専門職および多重債務
問題などに取り組む市民により構成されている。

同書の「はじめに」において甲斐代表幹事は、「最近になって、商工ローン
なるものがきわめて多くの被害を生むようになりました。これは、その名の
示すように商工業者に対する金融ですが、中小商工業者の人達がこれに手を
出したのは、言うまでもなく、バブル崩壊後の長引く不景気の上に金融不安
による銀行の貸し渋りによって深刻な資金難に陥り、本当に藁をすがる思い
からです。しかし、この商工ローン業者なるものは、借主の窮状につけ込ん
で高利をむさぼるだけでなく、手形制度を悪用するなど悪質な者が多く、こ
れに手を出した企業は急な坂を転がるように破滅に向かうことになります。
最近では中小企業の破産件数が毎月大変な勢いで増加しています」と、当時
の状況を言い当てている。1998年の自殺者は前年より8472件増加し、過去
最高の3万2863件となった。特に、同年3月の年度末を越せず自殺に追い
込まれた中小企業経営者が急増した。

私の依頼者でも商工ファンドへの支払手形が不渡りとなったその翌朝、首

吊り自殺を図った中小事業者がいた。この方が妻に残したメモには、「生命保険で保証人に迷惑をかけないよう整理をして下さい。債務整理は新里弁護士に頼んで下さい」と書かれていた。この方は6カ月ほど前にシステム金融（ヤミ金融の一種で中小零細事業者に対し手形小切手を振り出させて行う短期高利の貸付業者、手形制度を悪用した融資業者）に引っかかりその処理をしたことがあり、その時点で事業の継続や中止を含めてどうするのかについても相談に乗ることができていれば、「このような結末にはならなかったものを……」と、私自身がやりきれない思いに駆られた。

　中小事業者は保証人に迷惑をかけまいと最後の最後まで資金繰りに努力し、不渡りを出すと自責の念で自殺をするケースも多く出てきた。私たちは商工ローン問題とは人の「生き死に」の問題であるとの認識のもと、弁護団を立ち上げた。

⒝ 「日栄・商工ファンド対策全国弁護団」の立ち上げ

　1998年12月、京都弁護士会館で全国から弁護士約70名が参加して「日栄・商工ファンド対策全国弁護団」（以下、「全国弁護団」という）が結成された。団長は木村達也弁護士（大阪弁護士会）、副団長は私、事務局長は牧野聡弁護士（京都弁護士会）が就任し、2カ月から3カ月に1度、研究会を開催する方針をとり、全国を回り商工ローン問題を扱う弁護士の拡大と各地の判決の情報の集約、問題点の分析を行っていった。また、元従業員からの取材を行い、日栄、商工ファンドの悪質な手口の解明を行うとともに、積極的に近畿財務局、関東財務局への業務改善の要請あるいは業務停止の申立てを行っていった。

　弁護士が弁護団をつくるうえで、たとえば「豊田商事被害対策弁護団」など詐欺的な会社の名前を付した弁護団はあったが、弁護団の名称に「日栄」、「商工ファンド」という一部上場企業で商工ローン業界大手2社の名前を付することに抵抗もあった。「一部上場企業を詐欺会社と同じように扱ってしまってよいのか」と。しかし我々は一部上場企業であっても許されることと許されないことがあり、この2社は組織的に中小零細事業者を食い物にしているとの認識の下、「日栄」、「商工ファンド」との名前を付した弁護団とすることにした。「商工ファンド」の名前を入れるべきと提案していたのは今瞭美

弁護士（釧路弁護士会）であった。弁護団設立の時点では主に日栄の被害が問題になっていたが、後に「商工ファンド」による仮差押え・差押えなど裁判手続を利用した悪質な取立て（司法テロと称された）が大きな問題になる。今弁護士は、そのことを見通していたのである。いつもその先見性には脱帽である。

日栄の問題は、言葉巧みな融資勧誘、「キャンペーン融資」と称する押しつけ融資や高金利で手形を担保に貸付けをし、不渡りが出た場合の暴力的な取立てなどであった。一部上場企業がこのようなことをするのかというような驚くべき実態があった。特に、弁護士を悩ませたのは現場対応であった。不渡りが出て取立て部隊の「日栄管理部」が動くと、弁護士が介入しても弁護士事務所に押し掛けた。また、電話で大げんかになる等、ヤミ金融同様の対応をしなければならないなど、これが一部上場の登録業者かと思われる事態が頻発した。また、商工ファンドは、契約書類の中に複写式で作成される公正証書作成委任状を忍び込ませて、その公正証書による差押えを行うなど取立ての武器をもっており、司法を悪用した取立てとの闘いでもあった。

私自身も、日栄から契約書面の返還を求める際に、日栄仙台支店に顔を出したことがあった。私のあとにビルのエレベーターに乗り込んできた身長190cm以上、体重なら100kg以上、スキンヘッドのいでたちの男性は、私がエレベーターを降りる前に先に降り、私の前を歩き、仙台支店に入って行った。私が遅れて入ると、「お前は誰だ」と怒号が飛んだ。私が、「弁護士の新里だ。契約書類を返還してもらいに来た」と話すと、急に態度を一変して、慇懃無礼に、応接室に案内された。人を自殺にまで追い込む「日栄管理部」という取立屋との全面戦争だと身が引き締まった。

⒞　**集団提訴による世論喚起**

弁護団の名称に、一部上場企業である、「日栄」、「商工ファンド」を付けたことが、商工ローン被害について、メディアでの取り上げが進まない一因となった。特に日栄は当時の人気テレビ番組「暴れん坊将軍」のメインスポンサーであり、テレビ番組「サンデープロジェクト」のスポンサーでもあった。

全国弁護団の仙台弁護団（以下、「仙台弁護団」という）には、日栄に対する過払金返還請求の事案が私だけでなく複数の弁護士のところにきていた。そ

こで、集団で日栄に過払金返還請求訴訟を起こしたらどうだろうかと考えた。

1999年5月12日、原告9名（宮城県内だけでなく、釧路の今弁護士から紹介を受けた秋田の原告も含まれていた）が総額2900万円の過払金の返還を求める訴えを仙台地方裁判所に提起した。翌日、朝日新聞の社会面に、「『不当金利利益の返還を』中小企業経営者ら『日栄』を集団提訴」との記事が掲載された。「商工ローン業者は、長引く不況の中、銀行の貸し渋りにあえぐ中小企業に対し、利息制限法を超える高利で貸し付けているとして、昨年末弁護士70人が『日栄・商工ファンド対策全国弁護団』を結成。今回が初の集団提訴となった」と紹介された。そして、「日栄対策の仙台弁護団の新里宏二弁護士は『日栄は極めて弱い立場の人を利用して高利をむさぼっている。同種の被害を受けている人は他にもいて、2次提訴を検討している』」とも記事に書いてもらった。

提訴の後、仙台市内の戦災復興記念館で報告集会を開催した。そこでは、日栄の取立ての場面を弁護士が再現する寸劇も行い、100人以上が参加した。

そしてこの寸劇を含めた商工ローン業者の問題点、闘うノウハウを盛り込んだ『高利商工ローンの手引き』を、急遽、1999年7月に仙台弁護団で発行することとなった。

(D)　商工ローン問題が社会問題に

提訴の報道からほどなく、東京新聞特報部の城内記者から電話が入った。特報部で取り上げたいので一度会いたいということで、仙台の私の事務所に来てもらった。その後、当事者を紹介してほしいとのことで、再度私の事務所に来てもらい、私も数人の中小事業者を紹介した。

1999年5月31日、上記提訴から半月後、東京新聞は特報部で、「高利で契約トラブル不況に踊る商工ローン　中小企業向け融資急成長　上位2社、経常利益の記録更新中」との記事を皮切りに、集中的に当事者の被害を訴える記事を掲載した。

1999年7月1日から3日にかけ、全国弁護団が「全国商工ローン110番」を実施すると、300件を超す相談が寄せられた。同年7月27日から同年8月3日にかけ、全国弁護団は金融庁に対し業務改善指導を、テレビ局に対し日栄のテレビCMの中止を要請した。同年8月6日、週刊ポストが、「ついに自

殺者も　商工ローン地獄に加担するテレビ局の罪」という記事を掲載し、テレビ局の責任に言及する報道もなされるようになった。この頃からフジテレビを皮切りに商工ローン被害を取り上げるようになっていった。

1999年9月4日、大阪で全国クレサラ被害者交流集会が

1999年12月20日付け河北新報

開催された。メインテーマとして「商工ローン被害」が取り上げられた。本集会の取材に、「暴れん坊将軍」、「サンデープロジェクト」を放映しているテレビ朝日の取材チームが参加し、全体会では、取材班の大谷昭宏氏も発言し、「テレビ朝日では日栄によるテレビCMを継続するかについて社内で議論している」と報告された。後述の「目ん玉売れ」事件の後の1999年10月31日、「サンデープロジェクト」は日栄の松田一男社長を京都のスタジオに呼び、東京のスタジオから質問する形式の特集番組をつくり、翌11月からテレビ朝日は日栄のテレビCMを終了させた。

⒠　「目ん玉売れ」事件

1999年9月に発覚した「目ん玉売れ」事件は日栄の体質を表す事件であった。

日栄の中で営業社員から管理部に回され、当時日栄の子会社である日本信用保証株式会社に在籍していたこの社員は主債務者が手形不渡りを出したことから、その保証人に対して、「腎臓売れ、肝臓売れ、目ん玉売って支払え」との脅迫の電話をかけたものであった。1999年9月、このテープが報道され、同年10月22日、全国弁護団の主要メンバーである宇都宮健児弁護士（東京弁護士会所属）が恐喝未遂でこの社員を刑事告訴し、同月30日、日栄に対する家宅捜索、この社員の逮捕によって商工ローン被害は大きな社会問題となった。

実はこの社員は父親を早くに亡くし、昼は働きながら、ある私立大学の2部（夜間部）に通い、社会のために貢献したいとして、「中小事業者の支援」

という日栄の社是に感銘し入社したのであった。しかし、入社後営業成績が上がらず、管理部に回され、債権管理という名の「取立屋」をやらされていた。この社員の確定記録の中にあった彼の給料明細では3カ月分の給料が50万円程度で後はずっと下がっており、そして辞めていったこともわかった。彼は2カ月から3カ月はあのような取立てをして、疲れ果て辞めていったのだ。彼は管理ノルマを達成するため違法な取立てまでやらざるを得なかったのだ。私は彼も日栄商法の被害者なのだと感じた。

(F)　1999年の立法運動──「目ん玉売れ」事件で運動の天井が抜けた

　商工ローン被害の救済に取り組む中で、商工ローン業者は保証人を取って根保証という枠の保証で支払能力を無視した貸付けを行うこと、保証人に嘘や不正確な情報を与えて根保証契約をし、いったん保証を取ると根保証人に何の連絡もなく枠いっぱいまで追加融資を行っていることに大きな問題があり、法の抜け穴があることがわかってきた。

　我々は弁護団として出資法の上限金利の引き下げや保証制度の改善など貸金業規制法の改正を求めて1999年10月から国会議員要請を行った。

　私を含め、全国弁護団の中には日本弁護士連合会の消費者問題対策委員会に所属する団員もいて、私が主査として意見書案を作成し、消費者問題対策委員会で意見書を執行部に提出した。1999年10月、日弁連は「商工ローン問題についての意見書」を採択し、記者会見や国会要請を行った。日弁連の記者会見には50人を超えるマスコミが集まり本問題の関心の高さがうかがえた。

　秋の臨時国会は、まさに「中小企業国会」、「商工ローン国会」とまでいわれ、日栄の松田社長および商工ファンドの大島健伸社長が参考人、さらには証人として国会喚問も受け、商工ローン被害をどう解消するのかが国会の場で重

商工ローンの被害者救済

東北ネット結成

弁護士ら

2000年3月26日付け
河北新報

要な課題として議論されるようになった。

1999年12月の衆議院大蔵委員会での貸金業規制法改正などの審議にあたり全国弁護団の木村団長が参考人として、出資法の上限金利を利息制限法まで引き下げることや保証契約の前に保証内容を説明すること、根保証契約後追加の融資を行う場合は根保証人にその旨を通知することなどの改正を求めた。

(G) 「商工ローン国会」での法改正

国会では、1999年12月17日、出資法、貸金業規制法の改正法が成立した。

① 出資法の上限金利を年40.004％から29.2％に引き下げること

② 根保証人に、契約の前に説明書面を交付すること

③ 貸付けの都度保証人へ通知をすること

出資法の上限金利は不十分なものとなったが保証制度の改善では一定程度、全国弁護団、日弁連の意見を入れた改正が実現した。商工ローン被害は「人の生き死にの問題」と考える我々の思い・運動がマスコミを動かし、さらには国会をも動かした。

本改正は翌2000年6月から施行された。同年2月、金融庁は日栄に対し元社員の事件などで最長90日間の業務停止の行政処分を行った。

本改正において、附則が付され、3年後の見直し規定が設けられた。

(H) 多くの相談を法的救済へ

(a) 商工ローン業者との闘いは続く

商工ローン被害は国会をも動かしたが、具体的な被害救済の場面では、簡単に解決をみなかった。日栄との間では各地で担保に取られた手形が取立てに回され、利息制限法違反の金利を強制的に徴求されることから、利息制限法で計算した場合に支払済みの被害者については手形取立禁止の仮処分を申し立て、債務不存在の本案訴訟を提起することが可能であった。全国弁護団では、このような被害者について日栄、商工ファンドに対する集団提訴を呼びかけ、1999年11時点では258件の訴訟が係属していた（共同通信調べ）。

(b) 民事調停法12条による手形取立禁止命令

残債務があるケースについては、有効な解決策はなかなか見出せなかったが、2000年2月17日に施行された特定調停法により、活路が開かれた。同法は、

多重債務者の救済メニューとしてつくられた
ものであったが、同法による申立てと同時に
手形取立禁止の事前の措置（民事調停法12条1
項）の申立てをすることにより、利息制限法
で再計算しても残債務があるケースについて
も、手形取立禁止命令を受けることができる
ようになった。

　特定調停法による手形取立禁止命令という
手法が生み出された詳しい経緯については、
以下のとおりである。

　実は、前年（1999年）の秋頃、静岡の司法
書士から民事調停法12条が規定する事前の措
置によって手形取立禁止命令は出せないのか
との問合せがあった。仙台簡易裁判所に問い
合わせたところ、仙台簡易裁判所および東北

2000年6月21日付け河北新報

管内ではそのような取扱いはないとの回答を受けて諦めていた。

　しかし、2000年3月、東北の弁護団の連絡会議で山形の外塚功弁護士から、
「利息制限法による再計算で過払いであれば手形取立禁止の仮処分で救済を
図れるが、過払いでなければ手形の取立てを止められず、利息制限法での解
決はできない」と我々の取組みが不十分であるとの問題提起がなされた。私
は、丁度、日栄に対する手形額面1370万円、利息制限法で再計算しても487
万円程度が残っている事案の相談を受けていた。同年2月には債務整理を調
停で行う特定調停法が施行されることもあり、事前の措置としての手形取立
禁止命令申立てにチャレンジしてみたいと話した。

　そして、2000年4月5日、日栄に対する特定調停、および事前の措置の
申立てを行い、同月7日、仙台簡易裁判所は手形取立禁止命令を発出した。
事前の措置によって手形の取立禁止命令が出されたのは全国で初めてのこと
であった。

　当時、日栄との間では、地方裁判所での手形取立禁止の仮処分の決定を
ファックスして、日栄が手形取立ての依頼返却をするとの運用（手形の取立

てを依頼していた銀行に対し依頼を撤回して手形の返却を受けること。これによって手形不渡りが回避できる）ができていた。私は、これと同様に禁止命令を日栄にファックスした。担当者からは、「いつものとは違いますね」と確認の電話が入った。私は、「裁判所のお墨付きに違いはない」と返し、無事依頼返却を受けた。

この事前の措置による禁止命令が認められた意義は大きく中小事業者の救済の武器となった。ある月曜日、事務所に初めての方からの電話が入った。電話を代わったところ、青森の方で、日栄に振り出した手形の件で弁護士に相談に行ったところ、「今頃来ても無理、仙台の新里弁護士に連絡したらいい」と言われたとのことだった。手形の満期は明日と言う。今どこにいるのかと聞くと、弘前公園にいると言う。どうも嫌な予感（断ったら自殺をするのではないか）がして、事務所に来ることができるか確認したところ、すぐ来ることができるとのことであった。そこで、午後には打合せをして、その日に手形取立禁止命令を申し立て、翌日午前中に決定を得て、日栄にファックスをした。本当にギリギリのところで不渡りを回避した。事前の措置という手法があるからこそ、救えた命だったと考えている。

事前の措置の場合、保証金が不要である点で使い勝手がよかった。支払済みのケースの手形取立禁止の仮処分（この手続の場合は保証金が必要となる）においても、個人事業者の場合は法律扶助協会の援助を受けることができるようになり、救済のためのメニューが増えていった。

(I) 商工ファンドとの闘い

商工ファンドは債務者および保証人と契約する際に、複写式で、2枚目以降に公正証書作成嘱託委任状、根抵当権設定契約証書兼不動産登記法32条承諾書、私製手形まで含めていた。保証人にその内容を説明しないことから1999年以降大きなトラブルとなった。つまり、主債務者が支払いを怠ると、保証人に請求がなされ、保証人が請求に応

訴訟に違法手続き

商工ファンド

仙台 弁護団 地裁に調査申し入れ

1999年12月15日付け
河北新報

じないと、無断で徴求した契約書類を利用して法的手段に出るのである。

我々全国弁護団による業務停止の申立てを受けて、2000年9月、金融庁は株式会社SFCG（商工ファンドから商号変更）に対し、府中支店に90日、それ以外の全店に3日間の業務停止処分を下した。しかし、SFCGは、それ以降すべての案件でみなし弁済を主張するようになる。

全国の弁護団で、新潟の馬場秀幸弁護士が中心となって、元従業員からの詳細な聴取りを踏まえ、商工ファンドの騙しのテクニックをまとめた、「商工ファンド騙しの手口」を作成した。

(a) 仮差押えへの対応

まずは、銀行間での交換が予定される統一手形用紙ではない私製手形の悪用に対応する必要があった。支払期日を「一覧払い」、支払地を「東京」、支払場所を「株式会社商工ファンド」、額面額を保証の限度額としていた。手形交換所での交換を予定しない、保証人の給料等に仮差押えを行う武器であった。

2003年11月13日付け河北新報

2004年11月2日付け河北新報

私たちは、これを「おもちゃ手形」と呼び、おもちゃ手形による仮差押え、後述する公正証書による本差押えを「司法テロ」と呼ぶようになる。

それに対抗するノウハウの開拓および全国でのその共有が弁護団の焦眉の急の課題であった。

他方、2001年11月に開催された、仙台地方裁判所での「第1審強化地方協議会」での議題でも商工ファンド（SFCG）による仮差押申請の問題が取り上げられ、保全の審査において、手形のみならず基本契約書、取引履歴の提出

を求め、引き直し計算で過払いの場合は、取下げ勧告をすることが確認され、全国でその運用が定着していった。

(b) 手形訴訟は濫用で却下

SFCGは、支店ごとに複数の支配人を登録し、手形訴訟を多用していた。

東京地裁平成15年11月17日判決（判時1839号83頁）は、「手形制度及び手形訴訟制度を濫用（悪用）したものとして不適法」であるとした。この判決は、和田聖仁弁護士（当時東京弁護士会、現在大分県弁護士会所属）が担当し、手形訴訟を撃退することができた。手形訴訟を撃退できたのは我々にとって大きな成果であった。

(c) 公正証書による差押え

SFCGは、手形による仮差押えが各地の裁判所から事実上拒否されると、次に公正証書による差押えを多用していった。

これに対し、私たちは、公正証書が無断で作成された、あるいは利息制限法で再計算をすると過払い等として請求異議訴訟と強制執行停止、強制執行取消しの申立てで対抗していった。ここで問題になったのは、強制執行取消しには、保証金が制度上不可欠であり、その額は商工ローン被害者の方がすぐに用意できるものではないことだった。その低額化が大きな課題であった。2003年9月、仙台地方裁判所で利息制限法による再計算で過払いの案件について少額の保証金（請求額面の1％）で執行取消しが認められた。各地で情報交換し、いかに保証金を低額にし、多くの債務者がこの手続を利用できるようにするかが関心事であった。この事件は、当時私の事務所に所属していた佐藤靖祥弁護士と一緒に担当していたが、日弁連の消費者問題対策委員会に出席していた私のもとに、佐藤弁護士から電話があり、声を弾ませて、「先生、保証金5万円です」と連絡が入った。究極の低額の保証金額であり、弁護団の情報交換の勝利であった。

(d) 司法テロとの闘いに勝利

全国でのSFCGによる司法テロに対抗するべく、

2009年2月24日付け
河北新報

全国弁護団も当初の70人から300人以上に増え、各地に弁護団もでき、弁護団の活動として、各地で弁護団の研究会が開催され、配られる資料集には各地の裁判例が掲載された。勝訴判決は弁護団に勇気を与え、敗訴判決は分析がなされた。2003年7月18日の日栄に対する判決に続き、2004年2月20日にはSFCGに対しても最高裁判所での判決を迎えることとなった。

　弁護団として、SFCGの司法テロから、主債務者の事業、保証人の生活、さらにいえば、いつ自殺に追い込まれるかもしれない自営業者の命を守ろうとする強い想いがあった。

(J)　2003年7月18日日栄最高裁判決への取組み

(a)　日栄との法的論点

　日栄に対する訴訟における最重要の法的争点は、①利息制限法違反の利息を債権者の期限の利益を認めず即時に元本に充当することができるのか、②日栄が全額出資する子会社日本信用保証の徴求する保証料、事務手数料は利息制限法のみなし利息にあたるか、との2点であり、当初は日栄側の主張を認める判決が裁判実務の中で固まっていた。

　①の争点につき、我々は、サラ金整理で確立した充当方式が当然で、手形がその中に介在しても全く同様であるべきとした。日栄は、手形の支払期日に、手形決済資金を再貸付けしているから手形ごとに別個の融資であり、過払利息は元金に充当できず、累積した過払利息をまとめて最後に相殺すべきとし、その理論を補足するものとして、貸金業者には期限の利益があるのだと主張した。②の争点について、日栄は、保証料についても別会社が保証料を徴求し、日栄から代位弁済の要求があれば約定に従って代位弁済をしている、保証料は利息とは別であると主張した。この争点でも我々は、日栄と日本信用保証が同じ事務所で営業をしていて同じ電話が日栄だったり日本信用保証であったりでかかってきており、実態は同一であると主張していた。さらに、日本信用保証の保証料・事務手数料は、日栄の利息と合算しても出資法の上限金利年率40.004％を超えない金額・率とされていたのであり、日栄が、出資法を意識していたことは明らかであった。

(b)　全国弁護団で取り組む意味

　今でこそ、日栄の主張について「そのような主張は通るわけないだろう」

と思えるが、弁護団結成時点では日栄の主張を認める判決が山のようにあり、訴えを提起すると日栄から日栄の主張を認めた判決が出されそれを無批判に次の判決が受け継いでいくという悪循環に陥っていた。

そのような中、弁護団結成の直前である1998年12月17日に、札幌地方裁判所で、全国で初めて保証料は利息であり過払利息は即時に充当できるとの判決が出された。

さらに、翌年4月26日、横浜地方裁判所川崎支部でも同様の判決が出された。それぞれの判決は日栄から控訴され札幌高等裁判所、東京高等裁判所に係属されていった。

弁護団では2カ月から3カ月に一度全国を回って研究会を開催してきたが、その最重要課題が各地での日栄との訴訟の進行状況を確認し理論、実態から訴訟をサポートすることにあった。

横浜地方裁判所川崎支部の事件は、2000年3月29日に東京高等裁判所でも我々の主張を認める判決が出された。これで法的な問題も突破できると思った矢先、同月30日に福岡高等裁判所は、保証料も利息でない、充当も認めないとの逆転判決を下した。東京高裁判決が出され、ようやく「中小事業者を救済する法理が確立できる」と思った矢先の判決であり、思わず「何だこれは」と怒りが湧いてきた。事件の実態を知っている者からすれば、認められて当然の主張がどうして高裁には通じないのだろうかとの思いに駆られた。

こうして、弁護団の闘いは最高裁判所に移されることになり、「まだ最高裁がある」として、最高裁対策と高裁対策をどのようにするかという全体戦略の練り直しを行っていくことになった。

(c) 最高裁対策

(ア) 最高裁前での活動──被害の実態を伝える

じん肺事件、牛島税理士事件などで最高裁闘争を経験した福岡の椛島敏雅弁護士から、最高裁判所に対して補充書を提出するだけでなく、最高裁判所でのビラ配りをすることが提案された。私はこれまで最高裁判所での具体的な裁判闘争を経験したことがなかったことから法理論を提出することばかりに目がいっていたが、被害の実態を伝えようとの提案に目から鱗が落ちる思

いであった。そこで、最高裁に補充書を提出する際には全国から弁護団、支援者が集まり、朝8時30分から弁護団の茆原洋子、正道両弁護士が作成した被害の実態、被害者の顔写真入りのビラを配り、マイクを握って被害を訴えることになった。この手法は、商工ファンド、シティズに対する最高裁闘争に受け継がれ、弁護団として30回を超える最高裁前ビラ配りを行っていった。そのつど、北は札幌、仙台、南は九州から毎回20人程度が集まり、それぞれが被害の実態を最高裁に訴え続けた。

　　(イ)　刑事確定記録の威力

　そのような中、2001年（平成13年）に入ると日栄元従業員の刑事確定記録が手に入った。その中で、日栄自体が、保証料が利息にならないのかを顧問の弁護士に照会し、このままでは利息とみなされるとの報告を得ていたこと、さらに貸付けや管理に厳しいノルマが課され、手形の期日には「切り返し」と称して切り返し率を支店ごとに目標を定めて貸金関係を維持させるよう、貸金を返させないで継続させようとのノルマが課せられていた実態が内部資料という形で明らかになった。これは、すでに1999年に福岡での弁護団の研修会で、元支店長からの報告を受けていたが、社内通達という形でノルマが課されている実態が内部資料として明らかになったものであった。弁護団事務局では、2001年7月から確定記録の必要部分を書証化し、全国の弁護団に配信し最高裁判所にも提出した。

　各地の高等裁判所では、保証料についてはみなし利息と解するとの判断がようやく多くなってきたが、充当の場面では平成12年3月30日福岡高裁判決以降充当を認めない判決が続いていたことから、確定記録はこの流れを変える大きな武器となった。これまでは高等裁判所には十分実態が伝わらないことに焦りがあったものの、この確定記録によって、裁判所に実態が伝わり、我々の法理論も各地の高等裁判所に理解されていった。

　私も、実感として2001年後半から高等裁判所での判断が変わってきたのではないのかという印象をもっている。2002年になると今度は充当を認める判決が次々と出てきた。やはり事実の力だろうと思う。私自身も地元の仙台地方裁判所での日栄に対する集団訴訟で弁護団長をしていたので、その変化を感じ取ることができた。

　我々の最高裁判所への主張は、最終的には、「利息は利用可能金額と利用可能期間によって決まる」、「債務者は複雑な権利関係を望まない」というシンプルな結論になっていったが、その過程では徹底的に事件の実態にこだわり、その本質を明らかにして考える実態論が大きく作用していた。実態がわかり最終的に理論がシンプルに修練されていった。

(d)　最高裁第二小法廷平成15年7月18日判決

　法改正を実現し、各地の高等裁判所での不利な状況を逆転して最高裁判所まで闘争を行ってきた。商工ローンで苦しむ多くの中小零細事業者のために救済に足る判決を勝ち取りたいとの想い、最高裁判所は昭和39年以降利息制限法を遵守する基本的な態度をとっていることから、我々は最高裁判所は必ず主張を認めてくれると信じて、最高裁弁論に全力で取り組んだ。2003年（平成15年）6月6日に開かれた第二小法廷の弁論では各担当者が役割を担い、熱い弁論をした。

　そして、2003年7月18日に最高裁判所第二小法廷は我々の主張を全面的に認める判断をした。

(K)　最高裁平成16年2月20日判決──商工ファンドとの闘い

　2004年（平成16年）2月20日、弁護団は商工ファンドとの関係でも貸金業規制法43条のみなし弁済の適用を否定する最高裁判決を勝ち取った。

　これは、みなし弁済規定の厳格解釈の原則の確認と、契約書面（いわゆる17条書面）、受取書面（いわゆる18条書面）には法律の記載要件がすべて記載される必要があり、記載要件が満たされないと貸金業規制法旧43条のみなし弁済規定は適用されないとする画期的な判断であった。さらに、我々を感動させてくれたのは、滝井繁男裁判官の補足意見である。利息制限法違反の約定金利を支払わないと期限の利益を失うとの条項による弁済は、期限の利益を失い、遅延損害金を支払わなければならないという不利益を避けるためになされたものであって、債務者が自己の自由な意思に従ってしたものとはいえない、というものであり、任意性の要件を欠くとするものであった。これは次の株式会社シティズとの法的論点となった。

　シティズは中国地方から九州で被害事件を起こし、広島の板根富規弁護士、北九州の本田祐司弁護士が精力的に取り組んでいた。私はシティズの事件を

最高裁2004年2月20日商工ファンド判決後の筆者ら

取り扱ったことはなかった。

　SFCGとの訴訟は最高裁判所で勝利し、その判決日の懇親会の中で、ある弁護団員から、「滝井補足意見を次は法廷意見にしましょう」と、次の闘いの方針の提起があり、あっという間に次の方針が決まった。

　(L)　最高裁平成18年1月13日判決——シティズとの闘い

　そしてシティズとの間でも2006年（平成18年）1月13日、19日と、みなし弁済規定の適用を否定する最高裁判決を勝ち取った。これらの判決では、滝井補足意見が法廷意見となった。弁護団の総力をあげての最高裁対策が実った。

　高利の商工ローン業者に泣かされる多くの善良な中小事業者、保証人の存在が最高裁判所を動かしたのだと考えている。そして、これらの最高裁判決が、2006年12月13日に成立した「貸金業の規制等に関する法律等の一部を改正する法律」によって、出資法の上限金利を年29.2%から年20%に引き下げ、みなし弁済規定を廃止し、保証料をみなし利息とするなどの貸金業制度の抜本改正につながった。

　(M)　まとめ

　我々は、中小零細事業者が高利の商工ローンの餌食になり、さらに保証人をも巻き込んだ悲劇を何とかしたいと、被害に向き合いそれを社会に訴えそして裁判所、国会に訴えてきた。弁護団が一定の成果を勝ち取れたのは、被害と正面から向き合ってきたことを、マスコミ、裁判所、国会および国民にわかっていただけた結果と考えている。

「日栄」最高裁判決に至る道

弁護士　佐藤敏宏

◆はじめに◆

　株式会社日栄との裁判の主な争点は2つあった。1つは手形貸付けにおける過払い利息の充当計算方法で、もう1つが100％子会社による保証料・事務手数料のみなし利息該当性であった。どちらも利息制限法の趣旨から実質的に解釈すれば、残債務額は劇的に減り、過払いになっていることすら珍しくなかった。しかし、1998年（平成10年）当時の地方裁判所レベルでは、日栄の主張そのままの形式的解釈による判決が出続けており、日栄側はこれを証拠として他の裁判所にも提出し、各地の訴訟代理人を苦しめていた。このような事態を打開するため同年12月、日栄の本店所在地である京都において結成されたのが日栄・商工ファンド被害対策全国弁護団である。

　この弁護団が裁判活動以外に金利規制法の改正といった立法運動をめざすようになるのは当然の流れであったが、新里宏二弁護士は当初から立法運動の中心的リーダーであった。

◆「腎臓売れ！」録音テープの衝撃◆

　翌1999年（平成11年）2月、仙台では商工ローン問題に取り組む弁護士と商工業者が連携する「商工ローン対策会議みやぎ」（代表世話人：新里宏二・豊嶋清也）が結成され、同年5月12日には戦災復興記念館で「高利商工ローン被害救済の集い」が開かれた。この集会で弁護団員を役者とする演劇「奈落への招待」が上演されたが、新里先生は自ら「帝国ローンのセールスマン・アラサト」役を演じ、商工ローンの被害実態を世間に知らしめた。このシナリオ全文を本稿末尾で紹介しておく。

　この集会の当日、仙台地方裁判所に最初の集団訴訟を提起すると新聞

やテレビで大きく取り上げられた。その後弁護団では民放各社に日栄の
CM放映の中止を申し入れたり、金融監督庁・関東財務局・近畿財務局
に対し日栄に対する行政処分の申入れをし続けた。しかし、CMは流れ
続け、何らの行政処分もなされないまま新たな犠牲者は日々増え続けた。

　このような「世間」の対応に弁護団員が苛立ちを感じるようになって
いたまさにそのとき、東京の宇都宮健児弁護士のもとにある被害者から
1つの録音テープが送られてきた。日栄の社員が「腎臓売れ！　肝臓売
れ！　目ん玉売れ！」と怒鳴る声が録音されていた。この録音テープが
1999年9月に公開されると、新聞もテレビも待ってましたとばかりに
大々的に取り上げた。同年10月には恐喝未遂容疑で容疑者が逮捕され、
日栄本社の捜索が行われるとついにCMは流れなくなり、2000年（平成
12年）1月には金融監督庁と近畿財務局が日栄に対し貸金業法違反で90
日の業務停止処分を下した。「世間」はこのタイミングを待っていたの
だった。

◆国会も動き出す◆

　当時は金融機関による貸し渋りが問題となっており、その煽りを食っ
た中小企業が商工ローン業者の餌食になっているとの見方が国会議員の
中にも広がっていた。東京の和田聖仁弁護士が議員とのアポを取り、弁
護団長の木村達也弁護士と副団長の新里先生が与野党議員と水面下で接
触を続けていると、ついに国会が動き出した。1999年（平成11年）11月、
日栄と商工ファンドの代表者が参考人招致されたのである。そして同年
12月、新里先生らを随行員として木村団長が衆議院大蔵委員会で参考
人として各党の改正案に対する意見陳述をした。それから間もなく国会
では出資法改正法案が成立し、上限金利が年40.004％から29.2％に引き
下げられた。

◆手形取立てを止めろ！◆

　日栄による手形取立てにどう対応するかは喫緊の課題であったが、取
立禁止の仮処分の申立てに必要な担保となるお金を用意できるケースは

ほとんどなかった。この難題に新里先生は1つの解決策を見つけ出す。特定調停における事前の措置の申立てである。担保不要のこの決定手続に執行力はないが、日栄を躊躇させるには十分な効果があった。新里先生は自ら申立てマニュアルを作成し全国に配布した。その後、双方に代理人が就いた場合、手形は日栄の代理人が預かるようになったため、いきなり取立てに回されることはなくなったが、これも弁護団活動の成果の1つであった。

◆選ばれし事件◆

　1999年（平成11年）4月26日付けの横浜地裁川崎支部判決は弁護団の中心メンバーである茆原洋子・正道夫妻が被告代理人となっていたことから、東京高等裁判所の控訴審では全国から270名近い弁護士が被控訴人代理人として名を連ねた。この頃には札幌高等裁判所や広島高等裁判所でも弁護団と日栄ががっぷり四つに組んだ事件が係属しており、どちらも東京高等裁判所の判断待ちとなった。こうして川崎支部の事件は「選ばれし事件」と呼ばれるようになった。当初の判決言渡予定日より2日延びた2000年（平成12年）3月29日、東京高裁第三民事部は、弁護団側の主張の大部分を認める判決を下した。すなわち日栄の手形貸付けは、手形ごとの個別貸付けではなく一連の取引であって、従前の債務に対する支払いによって生じた過払金は次の借入れに当然に充当されること、そして保証料・事務手数料は、その実態からみてみなし利息としたのである。ところがこの次の日、福岡高等裁判所では、全く逆の日栄勝訴の判決が下されたのである。

◆最高裁前でのビラ配り◆

　「選ばれし事件」は絶対に負けることが許されない上告事件になった。しかし、弁護団の知らない対日栄事件が最高裁に係属し、こちらが知らない間に負けてしまう危険があった。そこで横須賀の呉東正彦弁護士は上告されている事件をすべて調べ上げ、その代理人と接触し弁護団と連携することで不測の事態を防いだ。こうして3つの小法廷にそれぞれ事

件が係属することとなった。

　上告後にやるべきこととして福岡の椛島敏雅弁護士が「じん肺弁護団」のビラ配りの経験を弁護団会議で披露すると、茆原夫妻が中心となって最高裁判所に入る人たちに向けたビラ配りと要請活動が始まった。そのビラには当事者や自殺した被害者の写真などが掲載され、本人や遺族の想いが添えられていた。2000年（平成12年）12月25日、最初のビラ配りが行われ、多くの人がそのビラを手にしてくれた。このビラは裁判の証拠としても提出された。ビラ配りはその後、何度も行われた。

　そして、運命の2003年（平成15年）7月18日、最高裁第二小法廷は、日栄の上告を棄却し弁護団の上告部分について原審を破棄し東京高等裁判所に差し戻した。弁護団側の完全勝利であった。

◆副団長・新里先生の役割◆

　ここに至るまでの間、弁護団内部ではさまざまな意見が交わされたが、新里先生はいつもその中心にいた。いつも前向きな考え方とわかりやすい言葉はみんなの拠り所となり、弁護団の結束を保ち続けることに大いに貢献した。この後、新里先生が貸金業規制法の改正を成し遂げた凄腕のロビイストとして活躍できたのも生来の誠実さと率直さという人のよさが一番の要因だったと思う。

5月12日戦災復興記念館　商工ローン
宮城対策会議企画ドラマ

「奈落への招待」

【登場人物】
　オノデラ酒店店主とその長女、長男ヨシオ、帝国ローンのセールスマン・アラサト、取立係・オカ、ヨシオの学校の同僚A
【ナレーション】
　ここは、仙台市内のとある酒屋さんで

す。主人のオノデラさんは、親からこの店を引き継ぎ、30年間経営してきました。

　オノデラさんは最近奥さんを病気でなくしたため、長女のミホさんがお店を手伝っています。

　しかし今、この店に暗い影が落ちようとしています。

（電話が鳴る）

主人：はい、オノデラ酒店です。

アラサト：どうも、いつもお世話になっています。帝国ローンのアラサトです。早速ですが、この間、割り引か

せていただいた、スズカク商店の手形なんですが、不渡りになっちゃったんですよ。

主人：えー、スズカクさんつぶれたんですか。調子のいいことばっかり言ってたのになー。じゃ払いますよ。

アラサト：どうですか、うちは、オノデラさん振出の手形でもお貸しできますよ。それでどうですか。

主人：いや、払いますよ。借りると返さないといけないから。

アラサト：お願いしますよ。うちは今、キャンペーン中なんです。お店まですぐ持っていきますから。どうか借りてやって下さい。いつでも用意できますよ。これから先いろいろと必要になると思いますよ。100や200じゃ足りないときもあるでしょう？うちは銀行と違ってすぐ対応しますから。どうです？お願いしますよ。

主人：うーん、しょうがないな、じゃ、明日来て。

（主人、電話を切る）

　こうして、オノデラさんは、自己振出の約束手形を担保として差し入れて、継続的に事業資金の貸付を受ける契約を、帝国ローンとの間で結ぶことになりました。その際、娘のミホさんも連帯保証人として名を連ねました。

（電話が鳴る）

主人：はい、オノデラ酒店です。

アラサト：帝国ローンのアラサトです。いつもお世話になっております。どうですか、景気の方は、お店の資金足りてますか。

主人：そうですねー、あんまりよくない

ねー。

アラサト：大変ですねー。今、銀行さんは貸してくれないでしょうからねー。どうですか、うちは、今月いっぱい、お客様のご要望にすぐにお答えできる貸出強化月間なんです。100万まですぐにお貸しできます。使ってもらえませんか。

主人：そうですか、でも、家を担保に銀行からも借りているから。あんまり借りても、返せないと困るからナー。

アラサト：だいじょぶ、だいじょぶ、利息だけ払ってもらって、手形、ジャンプすればいいんですよ。うちはそれでかまわないですよ。明日持っていきますよ。オノデラさんのところは、支払もきっちりしてるから、サービスさせていただきます。使ってやって下さい、お願いしますよ。

主人：はあ。（ちょっと、考える）ほんとに、間に合わなかったら、ジャンプできるんですか。

アラサト：ええ、もちろんです。うちはいつもそれですから。

　　　　ありがとうございます。じゃ、明日伺います。

（主人、電話を切る）

　こうして帝国ローンから手形貸付を受けるようになったオノデラさんは、その後期日に借入金を返済できないと、利息分だけを支払って、手形を書き換えるようになりました。いわゆる「手形のジャンプ」です。

　ところがいろいろな手数料を含めると、支払う利息は年利で40％近くにものぼります。

　オノデラさんは、これほどの利息をはらわなければならないとは説明されていませんでした。

　そのため、元金の返済はもちろん、利息の支払いでさえ、当初の予想よりも遥かに難しいものになっていきました。

　そうして、結局、帝国ローンから、ますます借入をするようになったある日のこと、オノデラ酒店の電話のベルが鳴りました。

（電話が鳴る）

娘：はい、オノデラ酒店です。

アラサト：どうも、アラサトです。

娘：はい、いつもお世話になっています。

アラサト：ちょっと、ご相談があるんですが。

娘：はい、なんでしょうか。

アラサト：実は、上の方から言われているんですが、オノデラさんのところは、貸出額も多くなってきたので、もう一人、保証人を立ててほしいんですよ。

娘：保証人といわれても、ちょっと、あてがないんですが。

アラサト：いや、弟さんでいいんですよ。確か、学校の先生でしたよね。

娘：でも、弟に相談してみないと。

アラサト：保証人はどうしても必要です。そうしないと、上の方からこれから先取引を続けられないと言われているんですよ。とても一括して返せる額じゃないでしょう。1000万なんて。でも、心配ないですよ。弟さんに保証人になってもらって、ちゃんと毎回返していけば何の問題もないんですから。

　オノデラさんは、いままで息子のヨシオさんに対して、店の経営に関する話をしたことがありませんでした。

　父親に突然「保証人になってくれ」と言われたヨシオさんは、どうしたものか戸惑いましたが、自分が生まれ育ったこの店をつぶすわけにも行きませんでした。

　借金は1000万円のはずなのに、保証契約書には「極度額1500万円」と書かれていました。不審に思ったヨシオさんがアラサトに尋ねると、「これは、お父さんが万が一期日までに返せないときに、新しく借入を増やす必要が出てくる可能性があるので、それに備えるためです」と説明されました。

　ところが、その後まもなく、もともと血圧の高かった主人のオノデラさんが心筋梗塞で倒れ、働けなくなってしまいました。

　手形の支払はすべてジャンプでしのぐほかありません。

　そして、ほどなく、利息分の決済に替えて差し入れていた手形を決済できなくなり、最初の不渡りを出してしまいました。

（電話が鳴る）

娘：はい、オノデラ酒店です。

オカ：（低く、ドスの利いた声で）帝国ローンのオカですが。旦那さんはいますか。

娘：いま、入院していますが、なんでしょうか。

オカ：（突然、怒鳴るように）なんでしょうかじゃねえよ、てめえ、どういうつもりだ！！！！　手形だよ、どうなってんだ、踏み倒すつもりか。

娘：はあ、すいません。父が入院してしまって、どうしても間に合わなかったもので、アラサトさんにはお伝えしておいたんですが。

オカ：明日取りに行くから、用意しとけ。用意できなかったじゃすまねえからな。

（オカ、一方的に電話を切る）

　お金を用意しなければ何をされるかわからないという恐怖を感じたミホさんは、その日のうちに親戚縁者に無理を言ってなんとか利息分のお金をかき集め、翌日やってきたオカに渡しました。

　オカは、当たりの柔らかかったアラサトとは、全く違うタイプの人間で、とても堅気とは思えませんでした。また、アラサトは、これ以後連絡してこなくなりました。

　もはや帝国ローンは手形のジャンプに応じてくれません。その後オノデラさんたちは、生命保険を解約したりして、何とか手形の決済を試みたのですが、ついに力及ばず、2度目の不渡りを出してしまったのです。

（電話が鳴る）

娘：（ちょっと、間をおいて、こわごわと）はい。

オカ：帝国ローンだが、また不渡り出しただろ、どういうつもりだ。

娘：（沈黙の後）すいません……。父が倒れてから、もう、どうにもならなくなって……。

オカ：（怒鳴り声で）すいませんですむか、このドあほが！　最初からだますつもりだったんだろ、えー。詐欺だぞ、これは。

貸してくれって言うから貸してやってんのに、どうにもならねえだと、ふざけんな、ただですむと思ってんのか！！！

おまえも保証人だろが。おまえが返せ、親父が倒れようが、死のうが、おまえは返さなきゃなんないんだよ。

娘：（泣きながら）わ、私は、全然お金なんかないんです……。

オカ：（怒鳴り声で）ふざけんな、てめえ！！！！

泥棒だぞ、これは。刑務所行くか、てめえ！！！

この間は、親戚に行って金作ったじゃねえか。

俺がおまえの親戚に電話してやるから、もう一回頼め。

娘：親戚は関係ないじゃないですか。親戚には電話しないで下さい。お願いします。それに、もう頼めません。

オカ：（怒鳴り声で）関係ねえわけねえだろ！！！　身内の借金を親戚、兄弟が払うのは当たりめえじゃねえか！！！　これから電話するからな。おまえの方からも頼んでおけ。

それから、弟は今どこにいる。

娘：弟は、ここにはいません。もう親戚には電話しないで下さい、お願い……。

オカ：じゃ、学校の方だな。

オカ、一方的に電話を切る。

（学校の電話が鳴る）

教師A：はい、職員室です。

オカ：（低く、ドスの利いた声で）オノデラ・ヨシオさんお願いします。

教師A：（不安げに）どちらさまですか。

オカ：（めんどくさそうに）帝国ローンのオカといいます。オノデラさんのお父さんが借金1000万円を返してくれなくて困ってるんですよ。息子さんもその保証人になっているんですがね。全く、どういう親子なんだか。借りた金は返すのは当たり前でしょう。ねえ。

教師A：（困惑して）オノデラ先生は、今、授業中でして、こちらからお電話するようにお伝えしておきます。

（オノデラ・ヨシオ、電話をする）

ヨシオ：（かなり困惑して、周りに気を使って）もしもし、オノデラですが。オカさんいらっしゃいますか。

オカ：あー、オカですが。オノデラ酒店ね。手形不渡り出したんですよ。お宅、保証人でしょう。残りの1000万、返して下さいよ。

ヨシオ：（小さい声で）仕事場にまで電話されては困ります。父は、今入院していて、今すぐお答えできません。

オカ：（突然、怒鳴り声で）ふざけんなこの野郎！！

何だその態度は。下手に出てりゃつけ上がりやがって。

てめえの親父が借りた金返さねーからこういうことになったんじゃねえかよ！。

わざわざこうやってこっちから電話してやってんのに、なんだてめえは！！

（あまり声が大きくて、周りに聞こえるのではないかと不安になるヨシオ）

オカ：てめえは、保証人だぞ、いつ返してくれんだよ。

ヨシオ：今すぐは無理です。とにかく、夕方、こちらからまた電話しますから、ちょっと待って下さい。

オカ：退職金前借りすりゃ、すぐだろうが。今月いっぱい待つから、用意しとけ。

ヨシオ：とても無理ですよ。今月中なんて。

オカ：じゃ何か、あんた、保証人として、ちゃんとはんこ押して、契約しといて、払わねえっていうのか、そりゃ、詐欺だな。

（ものすごい怒鳴り声で）てめえ、告訴するぞ！！！！

えー？　そうすりゃ、学校辞めることになるんじゃねえのか。借りたもんは返す、学校の先生がそれできなくてどうすんだよ！！！！。必ず用意しとけよ。

払わなかったら、てめえ、学校にいられなくしてやるからな。

（オカ、一方的に電話を切る）

（ヨシオ、実家に電話をする）

ヨシオ：あ、俺だけど、今、帝国ローンのオカから電話があった。今月中に1000万用意しろって言うんだ。いったい、どうなってんの？

長女：（ため息をついて）もう、どうにもならないよ。あー、もう死ぬしかないよ。

思えば、手形貸付けも手形のジャンプも、資金繰りのためには、初めはありがたく感じたオノデラさんでした。

しかし、オノデラさんは、なぜこうした状況に追い込まれてしまったのでしょうか。

しつこい融資の誘いと、不十分な説明。

元になる借入金との関係がわからなくなるほどの担保手形を言われるままに差入れ、気づけば「連帯根保証」という何やらよくわからない契約を結ばされる。

そして、オノデラさんを待っていたのは、実質上出資法の上限ギリギリという高金利と、連帯保証人を巻き込んだ強引な取立てでした。

こうした被害の問題点を理解して、被害の防止や救済の道を探る必要がありそうですね。これが、今日みなさんにお集まりいただいたこの集会の趣旨なのです。
【商工ローン被害対策弁護団・弁護士　佐藤　敏宏（仙台弁護士会）】

闘いを振り返って

商工ファンドとの闘いと終焉

弁護士　佐藤靖祥

◆はじめに◆

株式会社商工ファンド（後の株式会社SFCG。以下、「商工ファンド」という）の、利息制限法を超過する高金利での、多数の連帯保証人を徴求することによる貸付けが、国会で取り上げられるなどして社会問題となったのは、1999年（平成11年）のことであった。しかし、私は、2001年（平成13年）10月に新里宏二弁護士の事務所に雇用され、弁護士となったという若輩者（？）のため、同月以降の事情しかわからないので、以下ではその範囲での、商工ファンドとの闘い、そしてその終焉までを振り返りたい。

◆2001年当時の状況◆

私が弁護士登録をした2001年10月頃は、新里先生を団長とする日栄・商工ファンド対策仙台弁護団（以下、「仙台弁護団」という）では、どちらかというと、日栄の手形不渡りをいかに回避するか、強圧的な取立てにどのように対応するか、手形貸付けについてどのように利息制限法を適用するか、などが主に議論されており、商工ファンド案件については、あまり重視されていなかった。仙台弁護団に関する商工ファンド案件と

しては、多数の連帯保証人を徴求する商工ファンドの商法において、保証債務を否認する集団訴訟と、過払金の返還を求める訴訟が提起されていた程度であった。

　商工ファンドの金銭消費貸借契約書（兼根保証承諾書）は、連帯保証人の責任につき、当該契約書に基づき主債務者が借入れをする金額の 1.5 倍程度を根保証するというものとなっていた。したがって、主債務者が支払不能となった場合に、連帯保証人には、契約時に目の前で主債務者が商工ファンドから受領した金額よりも多額の請求がなされ、争いになるというものであった。中には、十分な説明がなされず、連帯保証をした記憶もないという案件もあるなど、資金繰りに窮した中小事業者が、なりふりかまわず商工ファンドから借入れをする実態を垣間見る状況であった。このように、2001 年当時の商工ファンドの状況は、請求がなされたときに、裁判でじっくりと争えばよい、というものであり、日栄の手形から比べると、緊急性のない紛争となっていた。

　ところが、そのような牧歌的時代は、瞬く間に変容していく。

◆手形帳もないのに手形訴訟？◆

　商工ファンドは、金銭消費貸借契約（兼根保証承諾書）を徴求するにあたり、複写式にて、公正証書作成委任状、（物件表示のない白紙の）根抵当権設定仮登記承諾書を作成させ、あわせて私製手形にも署名押印を求めた。連帯保証人からすれば、言われるがままに署名を行い、場合によっては商工ファンド従業員から「間違うといけないから」などと言葉巧みに実印を渡すように仕向けられ、これらの書面が次々と作成されていったのである。

　商工ファンドは、まず、この連帯保証人から徴求していた私製手形を、主債務者が支払いを滞るや、提示した扱いとして、その支払いがないことをもって支払拒絶があったものとした。そして、これを被保全債権の存在および保全の必要性の疎明資料として、連帯保証人の給与債権などの仮差押えをしたり、手形訴訟を提起して仮執行宣言付き手形判決を取得して直ちに連帯保証人の給与債権を差押えしたりするようになった。

すなわち、給料生活者で、手形帳などを持っていない連帯保証人が、手形不渡りを出した扱いとされて給料債権を(仮)差押えされるようになったのである。

このような手法については、個別具体的案件においては、保全の必要性を欠いているという理由にて、保全異議にて対応を図りつつ、そもそも、裁判所において、かかる仮差押えを未然に防止できないかが検討されるようになった。この点につき、新里先生の発案で、第一審強化方策仙台地方協議会の議題としたうえで、連帯保証人が仮差押えされると生活への影響が大きい案件については、事前に当該連帯保証人に対し仮差押えの申立てがあったときには、過払いとなっていないか十分に確認されたいとの申入れを裁判所にしてみたらどうか、ということとなった。

当時、弁護士となって2年目であった私は、さすが経験豊富な先輩弁護士の発想は違うとその発案に心酔し、直ちに上申書を作成して裁判所に申し入れたものの、裁判官(私の民事裁判の指導担当裁判官)から秒で呼び出しをくらい「キミねぇ……、申し立てられてもいない、事件番号も決まっていない案件で、正当な手続も踏まずに裁判所にどうにかしろって……。今まで何を勉強してきたのかい?」とため息交じりにたしなめられてしまったものである。しかし、この呼び出しの際に、裁判官からはあわせて「先生方の問題意識はわかった。裁判官として、被保全権利の存在、保全の必要性については慎重に検討をしているので、ご懸念には及ばない」との発言を引き出すことができた。これまで過払金の発生している案件(過払案件)でも仮差押命令を散々発動してきた裁判所から、「慎重に検討をしている」と言われても、違和感をもたざるを得なかったが、それ以降は慎重に検討してくれる、という前向きな意味でとらえていくこととした。

一方で、このような私製手形を用いて請求をする行為自体が手形訴訟制度の濫用であると判断した裁判例が出現(東京地裁平成15年11月17日判決(判タ1134号165頁))するなどしたため、次第に私製手形を用いた取立ては主流ではなくなっていった。

この私製手形問題は、商工ファンドがなりふりかまわず連帯保証人の

給料を（仮）差押えすることにより、連帯保証人の生活が脅かされた事案であった。

　しかし、この私製手形による取立ては、商工ファンド被害の序章にすぎなかった。

◆そんなのに判子ついてない！◆

　このような私製手形を使った回収については終息していったが、次に商工ファンドが行ったのは、連帯保証人に対し、複写式で知らぬ間に作成させていた公正証書作成委任状を用いて作成した公正証書により、給与や売掛金の差押えをすることであった。

　商工ファンドによる公正証書作成委任状の徴求のからくりは、巧妙極まりないものであった。すなわち、複写式の1枚目は、金銭消費貸借契約書（兼根保証承諾書）となっているが、2枚目以降は、公正証書作成委任状と根抵当権設定仮登記承諾書など、全く別の内容の書面となっていたのである。したがって、主債務者や連帯保証人は、そもそも公正証書を作成する意思など全くないまま、ただ形式だけ公正証書作成の委任の意思があるかのような書面が作り上げられていったのである。さらに、委任状による公正証書作成のため、主債務者らは公証人役場に行くこともなく、見ず知らずの者が自らの代理人となって、知らぬ間に自らが執行認諾をした公正証書ができあがっているのである。

　商工ファンドは、このようにして作成した公正証書（執行証書）を用いて、連帯保証人の給与債権や売掛金債権を差し押さえるようになった。2003年（平成15年）頃のことである。

　公正証書に基づく差押えの場合は、仮差押えのときのように、被保全債権の存在を裁判所に疎明させ、少なくとも過払案件では発令前に慎重な検討を求めるという手法が使えないため、請求異議訴訟に頼るしかないこととなる。しかし、商工ファンドは、公正証書に基づく差押えをする場合には、将来分の請求については、年利15％、遅延損害金21.9％の範囲、申立て以前の取引については、みなし弁済の適用を前提に約定残金を残元金として請求をしてくるので、結局は、みなし弁済の成立につ

き請求異議訴訟で争わなければならないものと考えられた。当時の裁判
例では、みなし弁済の成否についてはどちらに判断されるかわからない
状況であったため、強制執行の取消しや停止を申し立てても、高額な担
保金を要求されることは必至であり、日栄・商工ファンド対策全国弁護
団（以下、「全国弁護団」という）も解決に頭を悩ませる日々が続いた。

◆公正証書に15％って書いてあるんだから！◆

　私も、商工ファンドの公正証書に基づく差押えには、ほとほと困り
果て、雇用主である新里先生に相談を持ちかけた。新里先生も、最初は
考えあぐねていた様子であったが、突然「公正証書には15％って書いて
あるんだから、執行だって15％でしかできないはずだろう？」と言って
きた。……はぁ……、利息制限法を超えるような差押命令を裁判所が出
すはずないじゃん、差押えの時は年利15％しか請求してこないんだか
ら、そこの問題じゃあないんだよ、こんな内容のわからない人と議論し
ても無駄だったな、と半ば呆れ気味に商工ファンドによる差押えの実務
を説明した。すると、新里先生は、「いや、そういう意味じゃなくて、
15％って書いてある公正証書で差押えをする場合、それまでの利息につ
いて、みなし弁済を前提に計算した残額なんか請求できないんじゃない
のか」と言い放った。最初は、何を言われているのか理解に苦しんだが、
新里先生の発想は、将来分の話ではなく、これまでの弁済についても
15％で計算した範囲内でしか執行できないのだ、という意味であること
が理解できるようになった。

　言われてみればそうであると恥じ入りながら、早速、連帯保証人が公
正証書により売掛金債権全額を差し押さえられた案件で、新里先生の理
論構成で請求異議訴訟および強制執行取消しを求めて仙台地方裁判所に
提訴をした。あわせて、担保金について裁判官と協議をするべく、裁判
官面接を求める上申書を提出した。その裁判官面接の冒頭で、裁判官か
ら、「公正証書による差押えですからねぇ。本件の事案に鑑みても請求
債権額（約400万円）の３割くらいは必要かと思います」などと言われた。
これに対し、私のほうからは、債権もないのにどうして執行ができるの

か、みなし弁済の成立の余地があるのかもしれないが、公正証書による執行の場合には15％で計算する以外はないはずだ、という新里先生の理論構成を真正面からぶつけてみた。議論の結果、追って裁判官から担保金についての連絡が入ることとなった。

　事務所に戻って待っていると、裁判官から電話が入り、確か30万円程度の担保金で、というようなことを言われた。この時点で、差押えから解放できる、という喜びがあったので、二つ返事で応諾しようとしたが、いったん電話を切り、日弁連の委員会活動のために東京に出張していた新里先生に一報を入れた。すると、意外なことに、新里先生は「もうちょっとなんとかなんないのか」という。え？　400万円の請求債権を30万円で解放できるんだよ？　もうちょっとって、現実的じゃないよ……、と思いつつ、ダメでもともとの精神で、担当裁判官に電話を入れた。私は、交渉が不調に終わっても、30万円の担保金を積めば依頼者が差押えから解放されるという安心感から、このときは非常に強気となり、公正証書の記載どおりに計算をすると債権がないことが明らかな案件で、商工ファンドには担保しなければならない利益はない、担保はなしで決定されるべきだ、と勢いをつけて言い放った。

　この勢いに押されたのか、その後、担当裁判官から電話があり、「よくわかりました。10万円でどうでしょう」というので、私は、「いいやゼロだ、担保は不要だ」と繰り返したところ、担当裁判官から「取消しをする場合は必要的担保ですよ」と指摘され、頭をかきながら、「じゃあ5万円でどうでしょうか」と提案したところ、これが認められた。

　私は、画期的な成果に心を弾ませ、会議中であることを認識しつつも、新里先生に担保金5万円での強制執行取消決定を得たことの報告をしたものである。

　後に「平成15年9月12日の歓喜」と私自身が勝手に名付けた事件であった。

◆十八番の500円マニュアル◆

　このような成果を得た新里先生は、この手法を、全国の誰にでも使え

るように、簡単なマニュアルを作成して、500円で販売するという、日栄の手形に関する特定調停の事前の措置と同様の手法で広めようと発案した。

　私も、全国に先駆けての大勝利を得たことに気をよくしていたので、資料の収集、簡単なQ＆Aの作成を行ったうえで、請求異議訴訟の書式等を掲載した定価500円のマニュアル「商工ファンド撃退マニュアル」を作成し、販売を開始した。値段が安価なこと、全国で商工ファンドが同種被害を多数巻き起こしていたことから、このマニュアルは飛ぶように売れ、その後、数度にわたりバージョンアップを繰り返しながら、版を重ねていった。

　私自身も、各所で商工ファンド対策の講師として招かれるようになるなどして、各地で対策がとられるようになっていった。

　このようにして、新里先生の十八番の500円マニュアルは、対商工ファンドにおいても、劇的な効果を生んだものであった。

◆大島健伸社長への反撃◆

　このように、勢いが増していった仙台弁護団では、公正証書による差押えを排斥するだけでは十分ではなく、本来差押えのできないはずの公正証書により差押えをする行為の違法性を問うべきではないかとの議論が巻き起こった。

　そこで、新里先生をはじめとする仙台弁護団の有志で、2003年（平成15年）11月12日、過払いであったにもかかわらず、商工ファンドが、公正証書を用いて給料や売掛金を差し押さえた行為が不法行為を構成する、そして、商工ファンドのワンマン社長である大島健伸社長も、（共同）不法行為責任を負う、との理論構成で、商工ファンドおよび大島健伸社長に対して、原告6名で合計1320万円の慰謝料請求訴訟を、仙台地方裁判所に提起した。

　この訴訟は、商工ファンドによる公正証書の悪用に歯止めをかける、という目的で提訴したものであったが、次第に、大島健伸社長を、仙台地方裁判所の法廷に当事者本人として出廷させ、商工ファンドビジネス

の実態を解明することが主目的となっていった。実際、大島健伸社長の尋問申請をしたところ採用され、2004年（平成16年）10月18日、尋問が実現されることとなった。

　当日は、関心をもった全国弁護団の団員が、全国津々浦々から集まり、傍聴席を埋め尽くした。私も、これまで勝手に最大の敵、と銘打ち「ああ、大島健伸、君のことを思うと夜も眠れない」という日々を過ごしてきた。その張本人である大島健伸社長と相まみえることとなり、朝からテンションバリ上がりで法廷に出廷した。

　ところが、被告側の席には、代理人弁護士が複数いるものの、夢にまで見ていた大島健伸社長の姿がなかった。どこかで控えているのか、などと楽観的に考えようにも、どう考えても出頭していないとしか思えない。何が起こるのか、不安に感じながら、開廷を待った。

　開廷をするや、被告代理人の口から「請求を認諾します」との発言がなされた。「は？認諾？　お金払うの？　どうやって？　あれ？　そうすると尋問ないの？」などといろいろなことが頭を駆けめぐり、思考停止状態になっていたところ、被告代理人から、「請求額については遅延損害金を含めて小切手を持ってきた」と言われ、泣く泣くこれを受け取り、訴訟は終結した。返す返すも、残念な一幕であった。

◆最高裁勝訴判決とみなし弁済の否定◆

　上記、請求の認諾の背景となったものと思われる判決が、最高裁平成16年2月20日判決（民集58巻2号475頁）である。

　商工ファンドは、みなし弁済の成立を主張し、数としては多いとは言えないが、一部勝訴判決を得ることがあった。その結果、商工ファンドは、過払案件では返還すべき金額を値切ったり、残あり案件（利息制限法に引き直した計算をしても過払いとはならず債務が残る案件）では多額の支払いを求めたりしてきた。特に頭を悩ませたのが、残あり案件である。商工ファンドは、みなし弁済の適用を前提とした和解に固執するため、なかなか和解が決まらず、その間も、年利21.9％の遅延損害金が日々発生してしまうためである。そのため、迅速かつ適切な事案解決をするた

めには、商工ファンドの書式や書面の交付の仕方では、みなし弁済の適用はないとの統一的な判断が求められていた。

そもそも、商工ファンドの契約書面（17条書面）は、どこにどの要件が書いてあるのかを探すのに一苦労であり、まるでパズルをしているかのようなわかりづらい書式であったことに加え、領収書類（18条書面）に至っては、弁済から20日くらい経過してから請求書兼領収書として郵送されてくるので、請求書なのか領収書なのかすらわかりづらい内容であった。にもかかわらず、いくつかの裁判所においては、みなし弁済が認められていたのである。

最高裁判所での弁論については、私も同席をさせていただいた。全国弁護団から、口頭弁論を行う弁護士5名を選定した際、光栄なことに、私にも打診をしていただいた。しかし、当時は弁護士登録から、ちょうど2年が過ぎようとする時期であり、そのような未熟者がこれまで商工ファンドと長年にわたって闘ってきた諸先輩方を差し置いてできるはずもなく、これについては丁重に断らせていただいた。実際になされた口頭弁論はすばらしいものがあり、後に、補足意見を書いた滝井裁判官も賞賛をしていたほどであったので、私が引き受けなくて本当によかったと今でも思っている。

この論争に終止符を打った上記最高裁判決により、商工ファンドによるみなし弁済の主張については、一定の解決をみるようになった。そして、このような最高裁判決が下されたことによって、大島健伸社長も、上記損害賠償事案にて賠償をする方向で検討することとなったものと思われる。

◆そして倒産へ◆

その後も、商工ファンド案件については、過払いとなっている案件では、執拗な減額交渉がなされてなかなか支払いがなされず、また、残あり案件では、なかなか分割和解がまとまらないなど、苦しい交渉が続いたものの、以前のような強引な法的回収はとられなくなっていった。

ところが、リーマンショック以降、リーマン・ブラザーズグループか

らの多額の資金融資を受けていた商工ファンドは、途端に極端な貸し剥がしを行うようになり、トラブルが続出した。そのため、仙台弁護団でも相談体制の強化の必要性を感じ、2008年（平成20年）9月、新里先生の事務所を窓口として、相談ダイヤルを設置して、貸し剥がしの被害者の相談を受け付けることとなった。

このような混乱が続く中、2009年（平成21年）2月23日、商工ファンドは、東京地方裁判所に民事再生の申立てを行った。その直前である2008年（平成20）年8月頃から、大島健伸社長に対する役員報酬額が、月額2000万円から9700万円に引き上げられたのみならず、関連会社に資産の流出がなされていたことが次第に明らかになっていった。

その結果、民事再生手続は廃止となり、商工ファンドは破産をすることとなった。

全国弁護団では、大島健伸社長の特別背任、民事再生法違反などでの告発を続ける一方で、大島健伸社長についての破産手続開始決定の申立てを行うなどして、資金の流れの解明を求めるなどの活動を行った。

このときは、ほぼ1週間に1回の割合で会議を開いていたが、今のようにウェブ会議が浸透していなかったことから、多人数が参加できる電話システムを用いた会議を行って、全国弁護団として迅速に行動に移していった。

大島健伸社長については、会社法違反、民事再生法違反については無罪となってしまったが、公正証書原本不実記載罪などでは有罪となった。また、破産手続については、十分に資金の流れを解明することはできないまま、終結をしている。

こうして、大島健伸社長を頂点とする、商工ファンドとの闘いは終結した。私は、弁護士登録後から間もなく、新里先生の指導の下、商工ファンドの問題に取り組むようになり、絶えず闘ってきたので、商工ファンドという最大の敵がなくなったことについては、喜ばしいとは思う反面で、物足りなさを感じているのが正直なところである。

それはさておき、新里先生は、壁にぶつかっても、必ず何らかの解決の糸口を提供してくれ、それが全国に広がっていく様を間近で見ること

により、私自身の法律家としての知見の広がりに計り知れない影響を与えたことは紛れもない事実である。

　今後、商工ファンドほどの被害事案が出てこないことを祈るばかりではあるが、もし、出てきたときには、また、新里先生の指導を仰ぐこととなろう。その日が来るまで、常に現役で、にこやかに業務を続けてくださることを祈ってやまない。

(2)　武富士との闘い

(A)　消費者金融、武富士とは

1960年代より「団地金融」として、サラリーマン層を対象とした貸付けが始まった。

　それを牽引したのが、「武富士」（創業者：武井保雄）であった。当時は、刑罰金利である出資法の上限金利は年利109.5％とされていて、その上限で貸し付けていた。

　1973年（昭和48年）の第一次オイルショックの後、貸出先が減少した銀行からサラリーマン金融（サラ金）業者が潤沢な資金を借り入れ、支払能力を起える高利で過剰な貸付けを行い、支払いを怠るや過酷な取立てを行う、サラ金三悪（高金利・過剰融資・違法な取立て）と呼ばれた。

　1983年（昭和58年）のサラ金二法（貸金業規制法の制定、出資法の改正）の施行以降、規制強化によって貸金業者の倒産が相次ぎ、「サラ金冬の時代」を迎える。

　しかし、1994年（平成6年）頃から「サラ金冬の時代」を脱却し、「サラ金」は「消費者金融」として、無人契約機とテレビ広告を多用し、融資残高を伸ばしていく。

　業界トップの武富士も、レオタード姿の武富士ダンサーズによるテレビ広告と「￥むすび」という無人契約機により、「誰にも会わずに借りられた」をキャッチフレーズとして融資を大幅に増加させていった。武富士は、2002年（平成14年）の貸付残高が過去最高の1兆7666億円、経常利益は2316億円

に達し、日本企業の中で 9 番目となり、日本のトップ企業に躍り出た。

(B)　「武富士被害対策全国会議」結成以前の状況

　1999年（平成11年）12月、上限金利を年利40.004％から年利29.2％へ引き下げる内容の出資法の改正が実現するが（当時、商工ローン国会と称された）、その後も、私は、日栄・商工ファンド対策全国弁護団の副団長として、全国を飛び回っていた。

　出資法改正には、附則で「 3 年後見直し」との規定が入り、私たちは、 3 年後に出資法の上限金利を利息制限法の基準まで引き下げることを次の目標としていった。

　しかし、出資法改正後も、個人の自己破産の申立件数は、1999年（平成11年）は12万2791件、2000年（平成12年）は13万9280件、2001年（平成13年）は16万0457件、2002年（平成14年）は21万4638件、2003年（平成15年）は24万2357件と急増した。つまり、出資法改正時点において、すでに大手の消費者金融業者は、29.2％以下での貸付けを行っていて、そのため年利40.004％から年利29.2％への上限金利の引下げには、多重債務者を減少させる効果はなかった。

　2000年代に入り、業界の雄である武富士の異常なノルマ体質等、多重債務者を食い物としている実態が明らかとなってきた。当時、釧路の今瞭美弁護士は、自身のウェブサイト上に、「由利弁護士の部屋」というページを開設し、そこでは武富士の現職を含む従業員から武富士のサービス残業、貸付け、債権回収のノルマ漬けの生々しい実態が多く寄せられてきていた。

　武富士は貸付残高を伸ばしているものの、口座数（借主）は頭打ちで、 1 人への融資残高が平均60万円以上となり（アコムでは50万円）、口座数の伸び悩みを 1 口座あたりの融資残高増に頼っていった。無理な貸付け、回収のノルマ設定は顧客への支払能力を無視した貸付け、支払義務なき親族への請求として現れてきた。また、顧客から回収できなくなると、不正貸付けをしたと支店長らが従業員に難癖をつけ、顧客の親族に連帯保証をさせるよう強く求めているという事実も明らかとなってきた。

(C)　武富士との闘いの開始

　2002年（平成14年） 4 月26日、クレサラ対協所属の弁護士 7 名（宇都宮健児、

木村達也、今瞭美および新里宏二など）が武富士の監督官庁である関東財務局に対し、同釧路支店等で組織ぐるみで債務者の親族など支払義務のない第三者に請求を繰り返したとして業務停止の申立てを行った。

全国各地では、武富士が取引履歴を開示しないとして、慰謝料・過払金返還を求める訴訟が提起されていた。株式会社商工ファンドなど商工ローン業者では、みなし弁済の適用を主張したが、武富士を含む消費者金融業者はみなし弁済の主張をすることなく、取引履歴の開示を拒み、あるいは一部しか開示しないことから、各地で開示を求める訴訟が提起されていた。

2002年（平成14年）7月9日、衆議院財務金融委員会で、武富士釧路支店で行われた支払義務のない親族に請求を行った案件が取り上げられた。村田吉隆・内閣府副大臣の答弁は、「ご指摘のようなことが事実であって、貸金業（規制法）21条として該当するような事が仮にあるとすれば、私どもとしては適切に処置しなければならない」（括弧内引用者）というものであった。

(D) 対策会議結成へ

2002年（平成14年）8月頃には、クレサラ対協の中で、武富士対策弁護団などの組織をつくろうと議論し、同年9月に準備会を東京で開催した。準備会の後、結成に向けた記者向けのレクチャーを行った。私自身は、「武富士」という巨大企業で、かつ、暴力団との関係もとりざたされる企業であること等を踏まえ、我々クレサラ対協の総力をあげて闘う陣営、具体的には共同代表として西の木村達也弁護士、東の宇都宮健児弁護士、事務局長として私が総力戦に挑む体制を考えていた。

しかし、会見の席上、記者から「代表は誰が就くのですか」との質問に、木村弁護士から、「新里さん」と声が出て、私が代表になることが事実上決まった。ここで、武富士の違法営業の実態を暴き、被害者の救済とさらなる金利引き下げに突き進む覚悟を決めた。事務局長は、ニシキファイナンス事件で一緒に闘った大阪の尾川雅清弁護士に引き受けてもらった。

(E) 全国会議の活動と社会の動き

2002年（平成14年）10月25日、武富士被害対策全国会議（以下、「全国会議」という）の結成式は弁護士会館クレオで開催した。前日、我々は、関東財務局に対し、新たな37件の業務停止事案の申告を行った。

　当時、武富士の元従業員からの内部情報によって、同社の貸付けおよび取立てに関するノルマ体質が明らかになりつつあり、私は、それが過剰与信や違法取立てを生む根本原因となっていると考えた。結成にあたって、私は、「武富士元従業員による告発は、日本のトップ企業による従業員への人権無視の実態を明らかにし、多重債務者が業者によってつくられることを明らかにしている」として、「元従業員による未払い残業代請求、違法取立てを受けたことによる損害賠償請求や、出資法の上限金利引き下げ運動、サラ金業者によるテレビ広告の中止の運動等、高利貸し被害をなくす運動を行おう」と呼びかけた。

　2002年（平成14年）12月、再度、武富士に対する業務停止を求める申告書を関東財務局に持参し、意見交換も行った。関東財務局の積極姿勢も感じられた。私たちは、徹底的に被害の事実を監督官庁に申し出る方針をとった。前述のとおり、国会で担当副大臣が答弁したことが、関東財務局が動きやすい状況をつくったともいえる。

　当時、すでに、関東財務局による武富士本店、支店への異例ともいえる長期の（2002年（平成14年）11月から2003年（平成15年）3月まで）立入調査が行われていた。

　動き出したのは、関東財務局だけではなかった。2001年（平成13年）7月、武富士の元支店長への残業代未払いという労働基準法違反事件について、2003年（平成15年）1月9日、大阪労働局等が武富士本社・大阪支社など7カ所を家宅捜索した。この元支店長によって提供された、武富士の「伝達画面」や「悲報」は、衝撃的であった。武富士では、各支店が貸付けや回収についてノルマを課せられ、本店に毎日報告された支店ノルマの達成状況を集計していた。「伝達画面」とは、ノルマ達成状況を集計表示した画面のことであり、月末等の締め日などに、ノルマ非達成が判明すると、伝達画面上に「悲報」と表示され、支店長の降格処分等懲罰が課されるという実態が明らかとなった。後述する『武富士の闇を暴く』にも、「元支店長の告白手記　誰もかけなかった武富士の正体」として掲載させていただいた。

　巨悪との闘いを挑む我々の運動も手応えを感じることができるようになっていった。

⒡ 『武富士の闇を暴く』の出版へ

2003年（平成15年）1月、松が開けた頃、大阪の木村達也法律事務所に武富士問題に取り組んでいるメンバーが集まった。出版内容の検討とともに、誰が出版するのかも重要な課題であった。つまり、武富士は巨額の広告費を使い、マスコミの批判を封じ、他方、一部の批判記事に対しては名誉毀損に基づく高額な損害訴訟を提起して言論を封殺することがわかっていた。証拠に基づき批判の出版をしたとしても必ず訴えられる。それを前提に出版を考えることになった。それで出した結論は、訴えに耐えられる組織が出版すべきであるとして、全国会議が発行することが決まった。私が武富士から訴えられることはこの時に決まったといってよい。

⒢ 武富士批判の報道

2002年（平成14年）11月、フリーライターの山岡俊介氏により、自ら武富士から盗聴されたとする記事が会員制雑誌ベルダ、同年12月1日、サンデー毎日に掲載された。年が変わって、月刊誌創、週刊プレーボーイにも、山岡氏への盗聴、武富士と警察との癒着の記事が出され、それぞれ武富士から名誉毀損の訴訟が提起された。武富士は新宿警察署の警察官から武富士従業員の犯歴などの個人情報の提供を受け、その見返りに多量のビール券等を配っていた。

2003年（平成15年）2月24日、同年3月7日、フリージャーナリストの三宅勝久氏による、「武富士社員残酷物語」が週刊金曜日に掲載された。同年3月14日、すかさず武富士は5500万円の名誉毀損に基づく損害賠償請求訴訟を提起した（続報の記事を受け、訴額は1億1000万円に拡張された）。

⒣ 『武富士の闇を暴く』の出版

2003年（平成15年）4月1日、『武富士の闇を暴く――悪徳商法の実態と対処法』（武富士被害対策全国会議、2003年）を出版した。

同書の「はじめに」で、私は以下のように現状の問題点を要約した。

　　ここ数年、サラ金業界大手の武富士は債務者への取引履歴の開示を拒否し、その開示を求める訴訟が相次いでいる。さらに、債務整理の現場で「どうしてこの人に、100万円も貸すのだろうか」と首を傾げるよう

な事案が頻繁に発生するようになった。また、業界トップというのに、親族請求を行い、各地でトラブルを発生させている。

　我々は、なぜこのようなことが起こるのか、武富士は一体どうなっているのか疑問を持ち、調査してみた。そこから分かった事実は、「消費者金融」業界及び日本のトップ企業としては到底考えられない業務内容であった。

　支店への貸付けのノルマ、罵声、吉報、悲報のくり返し、全社的なサービス残業、不正貸付けと称して従業員に多額の債務保証をとるやり方、回収ノルマ達成のために債務者の親族を含めた第三者請求。

　過酷な労働環境が、ひいては債務者に過剰融資を迫り、第三者請求に及んでいる実態が、元従業員からの事情聴取で浮かび上がってきた。多重債務者は業者によってつくられているのだと実感する。

　予想どおり、2003年（平成15年）4月26日、武富士は、東京地方裁判所に対し、出版社である同時代社と執筆者であるフリーのライター、宮田尚典弁護士（宮崎弁護士会）、今弁護士、私に対し5500万円の名誉毀損による損害賠償請求訴訟を提起した（以下、「武富士の闇を暴く訴訟」という）。武富士の代理人は、刑事弁護で高名な弘中惇一郎弁護士であった。

　私が編集責任者として細心の注意を払ったのは、山岡氏による、「経済ジャーナリストの戦慄告発　私は盗聴された」および元支店長の告発記事であった。ところが虚偽の記載によって名誉が毀損されたとの指摘部分は今弁護士が自分の依頼者の被害を書いた部分であった。

　すでに述べたとおり、今弁護士は自身のウェブサイトに「由利弁護士の部屋」というページを開設し、武富士の現職の従業員からの相談を含む武富士の問題の相談の受け皿となっていたのであり、今回の潰しのターゲットは今弁護士であることは明らかであった。

⑴　反転攻勢──2003年6月13日、運動を集約

　我々の強みは、武富士の元従業員から内部情報が入ってくることであった。残業代請求については、2003年（平成15年）1月19日大阪労働局による労働基準法違反事件の家宅捜査後、武富士は35億円の残業代を支払った。しか

し、支店長等には、労働基準法上、管理監督者であるとして、支払いを行わなかった。すでに前年（平成14年）10月には元支店長による残業代請求の先行訴訟が東京地方裁判所に係属していたが、全国各地で訴訟の提起が検討されていった。

さらに、山岡氏への盗聴事件が新しい展開を迎える。2003年（平成15年）5月11日、新宿警察署は武井保雄の指示で盗聴を業者に依頼した武富士元従業員を、別の恐喝未遂で逮捕する。71本の盗聴テープと、武富士の指示で盗聴を行った探偵社からの領収書、盗聴費用に関して武井保雄の印鑑が押印された出金を認めるメモ等、盗聴の物証が新宿警察署によって葬り去られることが懸念された。

山岡氏は2003年（平成15年）5月29日に武井保雄を電気通信事業法違反（盗聴容疑）で刑事告発し、翌日、記者会見をした。しかし、武富士も、山岡氏を「ブラックジャーナル」などとして反論し、我々の新宿警察署で事件が握り潰されるのではないかとの懸念は深まった。

元従業員は、逮捕・勾留は違法であるとして、東京地方裁判所に勾留理由の開示を求め、2003年（平成15年）6月9日、元従業員は、勾留理由の恐喝未遂は身に覚えがないとし、他方、武井保雄に命じられ盗聴を探偵会社に依頼し行ったことを詳しく陳述する。武井から指示を受け盗聴した期間は、2000年（平成12年）8月から2001年（平成13年）8月まで、対象も山岡氏のみではなく、武富士の役員、反抗的な従業員、フリーのジャーナリストなど5名と述べた。物証としても、71本のテープ、領収書、メモの存在を明らかにした。司法手続の中で盗聴の事実およびその証拠が実在することが明らかとなった。

同年6月13日午前中は、宇都宮弁護士など7名の弁護士（木村達也、新里宏二、伊澤正之、木村裕二、三上理、および酒井恵介）が、勾留理由開示手続における調書を証拠化し、東京地検特捜部に武富士および武井保雄、探偵社を電気通信事業法違反で告発状を提出し、担当検事との面談も実現した。

また、同日午後は、武富士の闇を暴く訴訟の第1回口頭弁論期日であり、私は、本訴訟が単なる名誉毀損事件ではなく、貸金業界最大の事業会社による言論弾圧であり、弁護士業務妨害であることを訴えた。さらに、同日、福岡、

大阪、東京および仙台地方裁判所に元支店長24名が未払い残業代として総額2億円の支払いを求める訴訟を武富士に対して提起した。そのうち15名は、ノルマ体制の中で、ノルマ未達を理由に元上司から受けた暴力や回収できない顧客の債務の保証を強いられたことについて慰謝料の請求も行った。

　午前から午後にわたる東京地方裁判所での弁論、検察官面接を終え、弁護士会の控室に戻ったとき、大阪での残業代請求訴訟提訴後の記者会見の様子がNHKの全国ニュースで放映されていた。尾川弁護士が、記者会見で武井保雄の次男である武井健晃営業統括本部長の音声録音を再生し、同本部長の「全然足りねーじゃん！」という罵声がテレビに流れていた。本部長が従業員に対し貸付額や回収額が営業目標に足りないことをなじるこの所作を、我々は「罵声による激」（略して「バキ」）と称していた。本部長が貸付けおよび回収額が「全然足りねーじゃん！」と、聞いているほうが震え上がるほどの罵声を浴びせ、従業員が必死の声で「申し訳ありません」と謝罪するといったことが繰り返されている。これが「一部上場企業」の姿かと耳を疑うものであった。

　2003年（平成15年）7月27日、武富士の労働基準法違反事件が書類送検された。同年8月1日、関東財務局は武富士守口支店の従業員が、同支店の顧客が支払方法を合意するための調停を申し立てていることを知りながら複数回取立てを行った事案について、同支店に15日間の業務停止処分を行った。武富士に対する業務停止処分は初めてであった。

　メディアの協力を得て被害を社会に顕在化させる手法は商工ローン問題において積極的に使われたが、この手法は武富士との闘いでも機能したといってよい。中小事業者向けの商工ローンだけでなく、消費者向け金融においても、債務者を多重債務へ落とし込む業界の問題性をクローズアップすることができた。さらに、被害の本質がグレーゾーン金利による利息制限法を超える高利（年利29.2％）の徴求にあるということを明らかにしたといえる。

（J）　盗聴事件の進展

　2003年（平成15年）11月14日、警視庁は、武富士に対する電気通信事業法違反容疑で武富士本社などの家宅捜索を行った。翌日、武富士に訴えられているメディア側と弁護士グループが東京の四谷で会合を持ち、今後も共同戦

線を張っていくことが確認された。

2003年（平成15年）12月2日、武井保雄は逮捕され、数日後、盗聴容疑を全面的に認めた。

盗聴にかかわる記事への名誉毀損事件については武富士側から和解の申出があり、さらには請求放棄、反訴の認諾などで大きく動いた。しかし、業務の違法を問う週刊金曜日と武富士の闇を暴く訴訟は除外され訴訟は続くことになった。

我々は、2003年（平成15年）12月19日、新宿にある武富士本社をめざしてデモを行った。デモにおけるシュプレヒコールでは、前述の従業員に対する「バキ」に対する皮肉の意味を込めて、「足りねーじゃん。足りねじゃん。○○（例：武富士、捜査）が足りねーじゃん」、「もうしわけ、ございません！」と声を張り上げ、さらに「武井の耳はロバの耳」などと盛り上がった。ここで、「耳」とは、武井と元従業員との間で盗聴を指していた暗号である。

フリーライターの意地と多重債務問題を闘ってきた弁護士グループの共同作業であり、武井の逮捕は運動の成果であり我々に一定の満足感が漂った。

(K) ヤミ金の跳梁跋扈が次の課題に

商工ローン被害を受けた1999年12月の出資法改正の前後から、多重債務者を狙うヤミ金業者（無登録業者、あるいは、出資法の上限金利を無視した貸付けを行う者）が跳梁跋扈する。商工ローン、消費者金融さらにヤミ金との闘いも並行して行うこととなる。

ヤミ金との闘いは、後記(3)で述べる。

(L) 武富士の闇を暴く訴訟

(a) 大勝利判決

2005年3月30日、東京地方裁判所で、私たち（弁護士3名と出版社）が、消費者金融大手の武富士および元代表者であった武井保雄に対して提起していた損害賠償請求事件で、原告ら勝訴の判決が言い渡された。我々は、武富士から我々に対する損害賠償請求を争うとともに、この訴訟が不当提訴であるとして、武富士と武井保雄に対し原告4名で合計3000万円の損害賠償訴訟（反訴）を提訴していた。判決は、武富士の本訴請求を棄却し、我々の反訴請求を認容したのである。

　判決において、藤山雅行裁判長は、『武富士の闇を暴く』で指摘されている親族への請求などについて、社会的非難に値する事実があったとし、そもそも、本提訴は行うべきでなく、本提訴は、言論封殺のための不当なものとし武富士の不当訴訟についての責任を認めた。提訴当時の代表者の武井保雄についても、名誉毀損訴訟の提訴にかかわったか否かについての立証のために、尋問が採用されながら、正当事由がないのに出頭しなかったとして、民事訴訟法208条により責任を認めた。不当提訴による損害賠償額も1人について120万円、合計480万円という過去最高額であり、まさに大勝利判決であった。

　この全面勝訴は、仙台弁護士会の多数の会員からカンパをいただき、さらには多くの仲間に訴訟代理人に就任して、実質的に本訴訟を担っていただいたこと、その支援があったからこそ得られた結果であった。

(b)　本判決の意義

　当時、最高裁判所が、与党の意向、批判を受け、名誉毀損訴訟の賠償額の高額化に踏み出し、他方で、違法性阻却事由（真実性、相当性）の立証のハードルを上げたといわれており、高額な慰謝料が認められるケースも現れてきていた。それに便乗して大企業が言論封殺の目的で悪用していると考えざるを得ないケースも出てきた。武富士の闇を暴く訴訟もそのようなものと位置づけられる。この判決は、言論封殺目的に名誉毀損訴訟を悪用した場合には、経営のトップも責任も負わざるを得ない場合があるということを示したことになり、名誉毀損訴訟の負の影響に風穴をあけるものと自負している。

　ただし、支えてくれる仲間がいなければこの大勝利もあり得なかったことはいうまでもない。

　その後、2005年3月30日、東京高等裁判所は控訴を棄却し、判決は確定した。

　我々と同様、武富士から訴えられた、三宅氏、週刊金曜日についても、2004年9月16日に勝訴し、その後、不当訴訟を理由に武富士に対して提起していた損害賠償請求の訴えも認められた（いずれも確定）。

(M)　武富士の破綻

　2006年8月、武井保雄が肝臓がんで死亡し、武富士自身も2010年8月に東京地方裁判所に会社更生手続開始の申立てを行い、事実上倒産した。

闘いを振り返って

『武富士の闇を暴く』に関する弁護団の活動

弁護士　岩渕健彦

◆概要および争点◆

　新里宏二弁護士が代表を務める武富士被害対策全国会議は、2003年4月、『武富士の闇を暴く——悪質商法の実態と対処法』（武富士被害対策全国会議、2003年）を発刊した（以下、同書を「闇を暴く」という）。

　同書の記載が株式会社武富士（以下、「武富士」という）の名誉を毀損するとして（以下、当該記載を「名誉毀損部分」という）、武富士は、『闇を暴く』の出版社とともに武富士被害対策全国会議の代表を務める新里先生と名誉毀損部分の執筆者である今瞭美弁護士（釧路弁護士会）、宮田尚典弁護士（宮崎県弁護士会）を被告として、不法行為を理由とする5500万円の損害賠償請求訴訟を東京地方裁判所に提起した。

　これに対して、武富士による被害の回復に取り組んでいた東京の弁護士と仙台の有志の弁護士が中心となって弁護団を結成し、このような名誉毀損訴訟は、弁護士による正当な社会活動を不当に脅かすための不当訴訟であり、正当な言論を妨害しようとするスラップ訴訟であるとして1人あたり750万円の損害賠償請求訴訟を反訴にて提起した。

　第一審においては、武富士の請求は棄却され、被告らの反訴については1人あたり120万円の請求が認容された。これに対して、武富士および被告の双方が控訴したが、控訴審は1回の口頭弁論期日で結審し、それぞれの控訴を棄却して第一審判決は確定することとなった。

　本件の争点は、本訴については、『闇を暴く』の出版に関して公共性や公益目的は当然認められることを前提に、その名誉毀損部分について真実性の抗弁が認められるかという点にあり、反訴については、武富士が事実的・法律的根拠を欠くことを知って本訴を提起したといえるかという点にあった。

　なお、我々は、武富士が本件以外にもジャーナリストらを被告として、いわば言論封殺を目的としている訴訟を提起しているという認識を有していたため、本件もその一環としてのスラップ訴訟であると確信をもって弁護活動をしていた（ただし、本件訴訟が提起された頃はまだ「スラップ訴訟」という言葉は定着をしていなかったと記憶している）。

◆仙台弁護団の当初の活動◆

　私が、新里先生が武富士から5500万円の損害賠償を請求されたこの訴訟にかかわることになったのは、酒の席での会話がきっかけであった。

　私は弁護士になってしばらくは新里先生に誘われてニシキファイナンス被害対策弁護団、オレンジ共済被害対策弁護団、ココ山岡被害対策弁護団に参加し、消費者被害回復の支援のための活動に精力的にかかわっていたつもりであったが、商工ローン被害の拡大の時期以降は、当時自分が注力をしていた業務分野に集中したこともあって、新里先生を中心とする被害救済の支援活動から少し距離を置いていた。そのような状況の下、ある懇親会の席上、友人の弁護士から新里先生が武富士に5500万円の損害賠償を求めて訴えられたこと、そのために何かできないかという相談を受けたことを端緒として、（酒の勢いも手伝い）その場で新里先生とも話をして仙台で弁護団を結成することとなった。そして仙台弁護団の立ち上げを自ら言い出したということもあり、そのまま私が事務局長を務めることとなった。

　事務局長として最初にやるべきことは組織づくりと資金づくりであった。

　組織のリーダーに誰が就くかは、今後の組織の活動を大きく左右することとなるので、新里先生の希望をお聞きし、労働事件で全国でも著名な実力派として名を馳せていた山田忠行弁護士にお願いすることとなった。また、本件が仙台弁護士会の消費者被害救済の支援活動の第一人者というべき新里先生を被告としている訴訟であるということと、5500万円もの巨額の訴訟を提起することにより言論を封じ込めようとする訴訟を許してはいけないという問題意識はすぐさま共有されることとなり、

それまで仙台で結成されていた複数の消費者被害の対策弁護団の事務局長クラスの方には軒並みこの弁護団の構成メンバーとなっていただくことができた。

また、弁護団結成後、我々は直ちに仙台弁護士会の会員を中心に弁護団の実費についての支援をカンパという形でお願いしたところ、新里先生の人望もあったとは思うが、弁護活動や言論弾圧に抗して活動する意義を理解していただけたこともあり、短期間のうちに驚くほど多額のカンパをいただくことができた。

このような経緯で仙台弁護団の立ち上げと資金集めは極めて順調に進んだ。しかし、一方、本件の訴訟が東京地方裁判所に係属していたこと、そしてすでに東京弁護団の活動が先行していたこと等の事情もあり、仙台弁護団としては、当初は、東京弁護団の活動に依存ないしは甘えようとしていた部分がないとはいえなかった。

弁護団会議において、その空気を読み取って、活を入れたのは、吉岡和弘弁護士であった。その言葉は耳に痛かったこともあり、今でも記憶に残っている。吉岡弁護士は弁護団全員に対して、「で、何かい、君らはカンパを集めてそれで終わりかい？　東京に任せるんじゃなくて、自分たちでやらなきゃダメなんじゃないの？」と言い放った。

仙台弁護団はこの吉岡発言を契機として、この件に主体的に取り組むこととし、逆に東京には報告や相談をしていくというスタンスをとるという方向に軌道修正をすることとした。なお、吉岡弁護士がこの弁護団会議に参加したのは、後にも先にもこの１回だけであったが、結果的にはその役割は極めて大きなものとなった。

◆訴訟の進行と人証の採否◆

この裁判の原告代理人の中心人物は、名誉毀損訴訟における第一人者といわれる弘中惇一郎弁護士であり、被告側としてもその主張に対する認否・反論に大変神経を使うこととなった。

特に名誉毀損訴訟においては、全国各地の被害者からの聴取内容が真実ではないと主張されているため、認否段階では当該被害者からの聴取

を行った弁護士からのヒアリングのみに基づいて対応することとしても、念のため再度、弁護団としても、独自に被害者自身からのヒアリングが必要ではないかと考えた。

　しかし、そのために全国の被害者と連絡をとってみてあらためて感じたのは、それぞれの被害者からスムーズに協力してもらうことの困難さであった。いうまでもなく、サラ金の被害者にとっては、武富士からの借金の話は思い出したくない話である。それについて、当方の都合で再度、しかも比較的詳細に事実確認をすることは、被害者らからすると大きな負担を感じているように思われた。そのような中で、弁護団として各地の被害者について、精神的な負担をかけないように配慮しつつ、事実確認を行ったが、その結果、弁護団としては、本件の記載は、真実ではあるが、その真実性の証明のために被害者に証言をさせることは避けるべきであると考えることになった。

　そこで弁護団としては、被告側の人証としては、まずは名誉毀損訴訟において真実ではないとして訴えられた部分のヒアリングと執筆を担当していた今弁護士のみを申請することとし、それぞれの記載部分における被害者の人証申請はしないこととした。尋問に慣れていない被害者を人証申請をした場合の反対尋問リスクを考えたとき、このサラ金の被害者を前面に出さないという判断は正しかったと今でも考えている。

　そのうえで弁護団としては、武富士の代表取締役である武井保雄本人の尋問申請を決断した。

　弁護団としても、もちろん、武井保雄が、名誉毀損部分に記載された武富士の違法行為の 1 つひとつを知っているとは考えていなかった。しかし、弁護団が入手していた武富士という会社の体質についての情報、特に同社はすべからく創業者の武井保雄の意思の下に動いていることを示すさまざまな資料等を考慮すると、本件はコンプライアンスの欠如によって武富士という会社のそれぞれの支店が違法行為に及んでしまったという事案ではなく、武井保雄を頂点とする指揮命令下にある武富士の体質そのものを原因として、武富士が組織的に債務者以外の第三者請求を含め違法行為を行っているといわざるを得ないと考えるに至っていた。

　特に当時、武富士は、名誉毀損を理由として、2002年12月に「サンデー毎日」の記事に関して1億1000万円の、2003年3月に「週刊金曜日」の記事に関して1億1000万円の、同年5月に「週刊プレイボーイ」の記事に関して2億円の、同年7月に「月刊ベルダ」掲載の記事に関して1億円の、同年8月に「月刊創」の記事に関して3500万円弱の、それぞれ損害賠償請求を提訴していたが、弁護団としては、このような一連のスラップ訴訟が、武富士の頂点にいる武井保雄の意思に基づかずに提起されることなどあり得ないことは明々白々であると考えていた。

　もちろん、武富士としては、武井保雄の人証の採用に最後まで抵抗を示したが、裁判所は弁護団の主張を受け入れ、武井保雄の人証申請を採用した。

　なお、人証としては、弁護団申請に基づき被告本人である今瞭美弁護士、原告代表者である武井保雄以外に、武富士の申請に基づいて、名誉毀損部分に関連する原告の担当者や武富士のもう1名の代表者である近藤光専務取締役についての尋問が採用された。

◆原告代表者武井保雄尋問◆

　弁護団は、武富士の創業者である武井保雄の尋問は極めて重要であり、「武井尋問なくして実態解明はあり得ない」を合い言葉に一貫して対応し、裁判所もこれを採用するに至った。

　しかし、武井保雄は尋問を欠席するのではないかとの疑念を払拭できなかった。そこで、弁護団は武井保雄が欠席する場合に備えた準備活動、具体的には民事訴訟法208条を利用した事実認定をめざした準備活動を行った。民事訴訟法208条は「当事者本人を尋問する場合において、その当事者が、正当な理由なく、出頭せず、又は宣誓若しくは陳述を拒んだときは、裁判所は、尋問事項に関する相手方の主張を真実と認めることができる」と定める。そこで、通常であれば尋問事項を詳細に記載しすぎることは尋問を効果的に行ううえで好ましくない場合もあると思いつつも、本件では武井保雄が欠席する可能性が極めて高いと予測し、民事訴訟法208条による認定を得るべく、尋問事項を一問一答のごとく詳

細に作成した。仮に同人が欠席した場合には、本件の名誉毀損部分の前提となる武富士の体質に始まり、不当訴訟に関する本人の関与まですべて認定を受けられるように尋問事項書を作成し、証人尋問前に詳細な尋問事項書を提出した。

そして、予想どおりというべきか、武井保雄は欠席した（なお、人証調べは 2 日間にわたって行われ、武井保雄への尋問は 2 日目に行われることとなっていたが、武富士代理人は被告側弁護団からの問合せがあったにもかかわらず、初日の尋問が終わっても翌日の欠席予定を伝えることはなかった）。

このような経過と後述の武富士のもう 1 名の代表取締役専務への反対尋問により、武井保雄を頂点とする武富士による指揮命令系統、そして同人がスラップ訴訟に主体的に関与していたことについての立証を行うことができたと考えている。

◆原告代表者近藤光尋問◆

上記のとおり、弁護団は、原告代表者武井保雄の尋問の実現にこだわったが、武富士は専務取締役である近藤光氏が『闇を暴く』に関する名誉毀損訴訟についての責任者であるとして同人の尋問申請を行い、これが採用された。

近藤氏の尋問は、武井保雄の関与をいわば「薄めつつ」、『闇を暴く』の出版に関して損害賠償請求を提起するに至った経緯等が適正な手続に則っていることを証言することにより、本件の損害賠償請求訴訟がいわばスラップ訴訟ではなく、正当な権利行使であるということを立証しようとしているものであると思われた。

弁護団は、事前準備の中でいくつかの獲得目標をもっていたが、尋問の内容は予想を超えた結果となった。

元々山田弁護団長は、「近藤は自分がやったことについての理由は準備しているので答えられるに違いないが、やっていないことについての理由は答えられないに違いない」、「訴えた名誉毀損部分を選んだ理由は答えられるかもしれないが、訴えなかった部分は答えられないのではないか」、武富士が目の敵にしていた「今瞭美弁護士を訴えた理由は答え

られるだろうが、名誉毀損部分のその他の執筆者を訴えていない理由は答えられないに違いない」と考え、実際にその部分を尋問したところ、同氏は予想に違わずほとんど答えることができなかった。弁護団は、通常の名誉毀損訴訟であれば、武富士の名誉を毀損していると考えられるところは全部取り上げ、そのうえで名誉毀損部分の執筆者全員を訴えるのが当然であるにもかかわらず、執筆者の中の一部の者を被告として選定し、その選定の理由を合理的に説明できないということ自体がスラップ訴訟を基礎づける重要な事情であり、近藤氏がその点について回答できなかったことは極めて重要な尋問結果であると考えたが、被告である新里先生の次のような質問で、我々はさらに驚くこととなった。

新里先生が、（名誉毀損部分の直接の執筆者ではない）「私が訴えられたというのはどういう理由なんですか？」と質問をしたところ、『闇を暴く』に関する名誉毀損訴訟についての責任者ですと言って証言台に立った武富士の専務取締役である近藤氏は次のように答えた。

「先生の（訴えられた）件については私は直接は認識しておりません」。

結局、武富士の専務取締役であり、『闇を暴く』に関する名誉毀損訴訟の提起について武井保雄の決裁を受けておらず、その責任者は自分であると主張していた近藤光氏は、名誉毀損部分の執筆者の一部を被告から外した理由を説明できないどころか、なぜ、新里先生を被告にしたのかも答えられなかったのである（なお、この質問に対する模範解答を述べるとすれば、「新里宏二先生は、『闇を暴く』を出版している武富士被害対策全国会議の代表者でしたので訴えました」となるのだろうと思われるが、近藤氏はその点について答えられなかったということである）。

この証言により、武富士による名誉毀損訴訟が武井保雄の意思に基づくものではなく、近藤氏らの判断によるものであるとする武富士の主張が事実ではないことはほぼ明らかとなったと弁護団は考えた。

◆被告今瞭美尋問◆

『闇を暴く』訴訟の名誉毀損部分の多くの部分は今弁護士が担当している部分であり、弁護団は被害者１人ひとりについての尋問は行わず、

今弁護士への尋問のみで基本的な立証を終えるというスタンスであったので、その準備には大変気を遣うこととなった。

　もちろん、武富士側の申請の担当者についての反対尋問によって、個別の名誉毀損部分についての武富士側の主張も相当程度を弾劾できるのではないか、武井保雄尋問、近藤光尋問により、武富士の全体の問題点を明らかにすれば、個別の名誉毀損部分についての弁護団の主張も相当程度立証できるのではないかと考えていた。しかし、名誉毀損部分の真実性の立証を今尋問で行う以上、同人について丁寧な尋問が要求されるのは当然であった。

　しかし、今弁護士を知っている弁護士にとっては周知のことであるが、今弁護士は大変よく話をする弁護士であり、そのため主尋問に対してストレートに回答しなかったり、聞かれていないことを蕩々と話し続けたりすることで裁判所の印象を害することになるのではないか、反対尋問の場面で挑発に乗ってしまうのではないか等ということが弁護団の事前準備においては懸念材料として取り上げられていた（なお、それ以外にも武富士の特定の代理人からの質問に対しては答えたくないと述べていらした）。

　そのような中で本番を迎えることとなったが、今弁護士の証言はすばらしいの一言であった。

　今瞭美弁護士は、弁護団からの質問の1つひとつに丁寧に答えた。

　そして、名誉毀損部分の真実性の立証に関して、「親の債務を子どもに請求している」という記載に関する尋問の中で次のような内容を証言した。

　「私は多重債務者の問題というのは幼い子どもさんに取り返すことができない被害を与えるのではないかと思っている。小さい子どもは親の愛情の中で好きに生活している。しかし、お母さんが多重債務者になると子どものことなんか構っていられない。子どもが危ないことをしたってほったらかし。子どもは何とかして親の注意を引こうとしてわざといたずらしたりする……。（サラ金業者から）電話がかかってたら小さい子どもに電話に出させて、お母さんがそこにいるのにお母さんがいないと言わせる。そういう中で、元気の明るい子だったというその長男がうつ

病だとかになる、そして家庭が崩壊していく（自分としてはそれが許せない）」。

　今弁護士は涙を流しながら証言をした。このとき、私の目からは、裁判長は表情を変えなかったものの、そっと目尻に手をやり、涙を拭ったように見えた。

　もちろん、このことが裁判の帰すうにどの程度の影響を与えたかはわからない。しかし、それでも『闇を暴く』の執筆者の想い、特に多重債務者の真の被害者である子どもを守りたいという想いは裁判所に伝わったものと思ったし、それはなにがしかの影響はあったのではないかと思いたい（なお、当日、今弁護士にあのときの涙に感動したと述べたところ、照れくさかったためか、「女の涙に騙されるようじゃ、あなたもまだまだねぇ」と笑って誤魔化されたことが印象深く残っている）。

◆おわりに◆

　この『闇を暴く』に関する名誉毀損訴訟の特徴は、他の被害者支援活動と異なり、新里先生自身が被告となっているところにあった。

　弁護団の活動を通じて感じたのは、いつも冷静な新里先生もこの名誉毀損訴訟により5500万円もの損害賠償を請求されていることが精神的な負担となっているということであった。

　そのような中でも新里先生は、この名誉毀損訴訟において本訴棄却、反訴認容という成果を上げただけでなく、本件以外の多くのスラップ訴訟においても代理人としてかかわり、最後まで武富士の不正な行為を訴え続け、さらには高金利についての社会的な運動も巻き起こし、最終的には武富士に対する会社更生手続開始決定という結果が生じることとなっていった。

　もちろん、そのような「結果」が新里先生1人の成果であるとは思わないが、それでも一時代を築いた消費者金融の最大手であった武富士という企業の消滅に新里先生が強くかかわったことは間違いない事実であると考えている。

闘いを振り返って

私と新里先生

弁護士　今　瞭美

　私が初めて新里宏二弁護士に会ったのは、大阪で行われたサラ金問題対策協議会（略称「サラ対協」）の総会であったと思う。

　しかし、そのときには、新里宏二弁護士という先生を認識したことはなかったと思う。私は、その会議で、「サラ金業者が無収入の主婦に100万円もお金を貸すのは贈与だ」という発言をし、失笑を買ったと思う。

　新里先生と初めて言葉を交わしたのは、私の記憶では、吉岡和弘弁護士を団長として、新里先生ほか数名の仙台弁護士会の弁護士が原野商法の被害者の代理人として、釧路に来られたときだったように思う。原野商法で土地家屋調査士兼司法書士の責任を問う訴訟を提起されたのは、この事件だけではないかと思う。

　その後は、もっぱら、サラ対協の会員としての「付き合い」と日本弁護士連合会の「消費者問題対策委員会」での付き合いであった。

　サラ対協は、その後、クレジットを含めた被害者問題に対応するため、「クレ・サラ対協」（略称）となった。クレ・サラ対協となるときは、大きな組織変更ということで、議論沸騰であったが、その後は、「武富士被害対策全国会議」、「日栄・商工ファンド被害対策全国会議」等々の多数の消費者被害に対する組織が結成され、それらの被害対策について新里先生が大きな役割を果たされた。

　私が、最も、新里先生に「ご迷惑」をかけ「ご心配」をかけたのは、『武富士の闇を暴く──悪質商法の実態と対処法』という本の出版に際して、武富士が、この本の出版を引き受けてくれた出版社と、武富士被害対策全国会議の代表であった新里先生と、武富士の被害者としてかかわった原稿を掲載した宮崎の宮田尚典弁護士と筆者に対して、武富士が総額5000万円の慰謝料を払えという訴訟を提起した事件であった（訴訟提起

は2003年（平成15年）4月）。本来ならば着手金を支払わなければならないが、私は5000万円もの請求に見合う着手金を支払う余裕はなく、全く、弁護士費用を支払わず、支援していただいた。訴訟期日には、多くの弁護士や司法書士、被害者の会の方が傍聴してくださった。感謝しても感謝しきれないほど感謝している。

　この事件は、全国のクレ・サラ対協の会員弁護士の支援を受けて対応していただいたが、裁判所に提出する準備書面等の作成には、仙台弁護士会の多数の先生方が弁護団を結成してくださり、本当に骨身を惜しまず献身的に対応してくださった。弁護団の結成には、仙台弁護士会の会員の先生が、多額の資金を出していただいたと聞いている。私の同期の仙台弁護士会の弁護士は、40万円を拠出させられたと笑いながら話してくださった。

　私は、「被告本人」ということで、「被告本人尋問」を受けることになり、修習生を連れて仙台弁護士会に打合せに行った。仙台弁護士会の先生方（20名くらいの先生方だったと記憶する）が、一問一答でリハーサルをした。私は、「原告代理人（武富士の顧問弁護士）の質問には答えない」とジャジャをこねた。仙台の代理人弁護士、私よりはるかに年下の弁護士が、「訴訟なのだから、どのように思っていても、原告代理人弁護士の質問には答えてもらわないといけない」としつこく説得した。私は、断固として、答えられないと突っぱねた。私だって訴訟なのだから答えるしかないとは思っていたが、私に対し懲戒申立てまでしていた武富士の顧問弁護士の質問に答えねばならないということは、「腹の虫」が収まらない思いだった。幸い、被告本人尋問でその弁護士は質問しなかった。

　また、仙台の代理人弁護士は、私に、「質問にだけ、簡単に答えるように」としつこく言った。私は、もちろん、そうしないといけないとは思ったが、裁判官にわかってほしいこと、聞いてほしいと思うことは山ほどあり、言いたいだけ答えたいと思う心を抑えることは困難であった。

　この訴訟は、本当に、新里先生と仙台弁護士会の先生、全国のクレ・サラ対協の会員の弁護士の先生方のご努力で、歴史に残る立派な判決をしていただいた。第一審判決について、武富士が控訴したが、控訴審判

決は、第一審判決を上回る内容の充実した判決であった。

　さらに、名誉毀損の反訴については、武富士への請求を認める判決をもらった。しかし、名誉毀損で認められた金額は、被告会社・被告となった弁護士1人あたり100万円と弁護士費用20万円であった（総額で480万円）。

　武富士の請求額が5000万円であったことと比較してあまりにも少ないのではないかと思った。

　私は、新里先生には、これらの問題以外にも、夜10時を過ぎた頃に、何回も電話をして先生の安眠を妨げた。新里弁護士は、「またか！」と舌打ちされていたのではないかと思う。老い先短い私であることを考えていただき、新里先生と先生の連れ合いの鈴木裕美弁護士には、本書をもって、心からお詫びしたい。

　新里先生は、これからも元気で何年も第一線で活躍されることを「最果ての駅に降り立ち雪明かり」と石川啄木が歌った最果ての土地から祈念しております。

【編者注】今弁護士の原稿のうち、『武富士の闇を暴く』訴訟における同弁護士の尋問については、岩渕健彦弁護士が執筆する「『武富士の闇を暴く』に関する弁護団の活動」（93頁以下）とあわせて読むと、今弁護士の本人尋問に向けたやりとりや尋問当日の法廷での姿をより詳しく知ることができます。

⑶　ヤミ金との闘い

㈎　ヤミ金の跋扈

　1983年、サラ金二法の成立によって、サラ金冬の時代を迎えるが、1990年代に入り、テレビ広告と無人契約機を用いたサラ金業者が、サラ金業者から脱皮したとして、消費者金融と名乗り融資を大幅に増加させていく。それに比例するように多重債務者、端的にいうと自己破産者が急増した。

　1999年出資法改正前から、多重債務者のリストを入手して、多重債務者を狙い撃ちした「ヤミ金」による被害も多発するようになった。「090金融」ともいわれ、携帯電話で勧誘し、借主の口座へ送金し、2万円を貸して10日後に3万円の返済が求められるなど、10日で5割の金利（トゴ）等の暴利金融であり、電話などによる暴力的取立てが横行した。

　しかも、代理人弁護士になりすまして多量のピザ、寿司を注文して送り付けたり、弁護士事務所、被害者の会へ「火事だ」として消防車を出動させるなど、無法の荒しが駆けめぐった。まさに、全国的にヤミ金業者（無登録業者、あるいは出資法の上限金利を無視した貸付けを行う者）が跋扈した。出資法違反で刑事罰の対象であるのに、警察は「民事でしょ」と言って全く動かなかった。

(B)　ヤミ金とどう闘うか

　2000年9月のある集会で、故中坊公平弁護士の話を聞く機会があった。「警察は動かない。警察や官僚を動かせるのは国会議員。では、国会議員は何で動くのかというと、世論で動く。世論とは結局メディア。じゃあメディアが動くのは何かというと被害だ。被害を突きつけることによって社会は変えられるのだ」との言葉があった。この言葉は、ヤミ金被害への対応で疲弊していた私だけでなく、ヤミ金問題を取り扱う仲間に勇気を与えてくれた。

(C)　ヤミ金被害と相談対応

　2000年12月、クレサラ対協の関連団体として、全国ヤミ金融対策会議を結成する。代表は宇都宮弁護士、事務局長は木村裕二弁護士（現聖学院大学特任教授）。私たちは全国的にヤミ金告発運動を展開した。

　私の事務所にも多くのヤミ金業者の取立てに追われた被害者から連絡があった。200社からもの債務を抱え、精神的に極度に追い詰められて歯の根が合わない状況となり、家族に抱えられてようやく事務所にきた40歳代男性（団体職員）もいた。

　相談者から受任した場合、ヤミ金業者に受任通知をファックスで送信するのだが、ファックスがないところには電話がけをした。法律事務所では大仕事であり、私の事務所ではベテラン事務職員の志田が中心となって3人の事務職員が一斉に電話かけをした。必ず言われるのは、「元金だけでいいから払ってくれ」、「俺のところから借りた金が先生の着手金だろ。それを返して

くれよ」ということだった。これに対しては、ヤミ金についての契約は暴利行為で無効だからヤミ金業者には一切の金員を支払わないとの方針で一貫した。というよりも、払える金員を持っている人はほぼ皆無であった。

(D)　ヤミ金に対する提訴

弁護士業務としてもヤミ金の対応は苦労させられた。2002年10月頃、女性からヤミ金の整理の依頼を受けた。女性は同年4月に2万円（手取り金額1万5000円）を借りた。その7日後に3万円を返済するといったことを繰り返していた。年利に換算すると5214％、同人の借入金額は合計10万円、すでに10万円は支払っている。電話での取立てが厳しく、夫の職場にも取立ての電話がかかり、家庭崩壊しかねないとの相談であった。

私は、受任通知をヤミ金業者にファックスし、取立てをやめるよう電話をした。このヤミ金業者は、エフエフ信販と名乗る東京都に登録したトイチ（都1。第1回登録後更新前の業者を指す）の貸金業者であった。

担当者は「くらき」と名乗り、「貸した元金は返せよ、本人に取立てに行くからな。警察にも相談してみい、かえって返せと言われるだけだぞ」と述べ、弁護士、警察を全く意に返さない。

私が不在のときにも事務所に頻繁に電話がかかり、「弁護士逃げてんのか、弁護士にお前が返せと言っとけ」と言っていたともいう。どうも弁護士事務所を脅し、仙台の弁護士を介して借主から支払わせたとも言っていたとのことだった。

私が、事務所に帰ってきて、「支払った10万円を返せ」と電話すると、もう1つの電話で夫の勤務先に電話をして、夫に対し、「金返せよ、弁護士に頼んでも解決しねえんだよ」と、その取立ての電話を私に聞かせた。この頃、警察に被害届をしても警察が動くような状況ではなかった。

そして翌日、こちらから裁判に打って出ることにする。朝一番で、エフエム信販に電話をして、「くらき」に対し、会社と「くらき」に対し損害賠償の訴えを起こすことを伝え、くらきに対し「フルネームを教えてくれ」と話したが、「くらきでええがな」と話すのみであった。電話を切り、訴状をつくり、みやぎ青葉の会の世話人・弁護士に声をかけ訴訟代理人を募ったところ9人の弁護士が名前を出してくれることとなった。そして、当日、16時から仙

台地方裁判所内の司法記者クラブに記者会見の予約を入れた。訴状は15時頃に提出し、事務局が受理証明を持ち帰るのを待っていたところ、くらきから電話がかかってきた。事務局に合図し、電話を録音する。「弁護士、裁判出したのか」と聞かれ、私は「訴状は出して、受理証明を事務員が持ち帰るのを待っているところだ。すぐそっちに受理証明を送るから」と私が話すと、「おい弁護士、送らせていただきますだろ」と威圧的に話した。私は、「今の話も録音している。これから記者会見をするからな」と話し、電話を切り、会見場に向かった。記者会見では、これまでの経過および録音した会話の内容も明らかにした。記者は会社側にも確認したと思われる。この記者会見はテレビでも新聞でも大きく取り上げられた。

翌日午前9時過ぎ、「くらき」から、電話がかかってきた。少し緊張するも、くらきは、「金主から懲罰を受けた。訴状を取り下げてほしい。金は払うから」と言った。初めて、殊勝な言葉をくらきから聞いた。私は、「もう遅いんだよ。取り下げることはないから」と返した。それ以降、くらきからの取立ては終了した。確か30万円が送金されてきた。

数日後、エフエム信販の別の女性事務員から連絡があった。自分も、くらきから、軟禁状況で仕事をさせられているという。そこで東京の木村裕二弁護士を紹介した。エフエフ信販はその後、廃業に追い込まれた。

(E) ヤミ金対策法の提案

2002年7月頃、日本弁護士連合会の消費者問題対策委員会（以下、「消費者問題対策委員会」という）で貸金業規制法の見直しの議論が始まった。当時の委員長は木村達也弁護士であり、毎年7月に京都で同委員会の夏合宿が行われ、その終了後に委員会内の多重債務部会が開かれた。木村弁護士は、1999年12月の法改正で3年後に法律を見直す旨の規定が定められていたことから、日弁連として同法の見直しの提案をしようと考えていたと思われる。しかし、我々の喫緊の課題は、一方で武富士を中心とする消費者金融の過剰与信をどうやめさせ、出資法の上限金利を利息制限法の水準まで引き下げさせるかであり、もう1つは無法を極めるヤミ金業者とどう闘うかということであったことから、俯瞰的に貸金業規制法の見直しを提言できるだけの力はないのが実情であった。

　武富士問題については、クレサラ対協関連団体として武富士被害対策全国会議を結成することが準備されていて（私が代表を引き受けることは、その時点では全く考えていなかった）、日弁連としてはヤミ金対策の強化のほうが課題であった。2002 年 9 月には、消費者問題対策委員会が開催されることから、ヤミ金対策について検討することとし、それを私が担当することとなった。東北では秋田の江野栄弁護士と私が双璧で非常に多くのヤミ金事件を受けていた。警察も動かない中で、このままでは事務所も自分ももたないと思っていた矢先であり、この状況を何とか打開しなければと思い、自分から手を上げた。しかし、特に妙手があったわけではなかった。

　2002 年 8 月、仙台でみやぎ青葉の会が主催して、「ヤミ金 110 番」を実施した。その後の懇親会の席で、私が、ヤミ金対策のたたき台をつくり、同年 9 月の消費者問題対策委員会の多重債務部会（以下、単に「多重債務部会」という）で提案することを話した。参加していた石井慎也弁護士は、「先生、ヤミ金には金を払わなくてもよいという法律をつくってほしい。公序良俗に反し無効というより、『お前らヤミ金には金を払う必要がないという法律があるのを知らないのか』と啖呵を切ってやりたいんだ」と話した。みんなヤミ金事件で疲弊しているのだろう、そのような法律があったらよいなと私も思った。

　過去の裁判例を調べても、利息制限法に違反する金利の定めがあったとしても、貸金契約自体を無効にした判例は見つからなかった。

　2002 年 9 月の多重債務部会の会議に、①出資法違反の契約は貸金契約自体も無効とし元金の支払義務はない、②出資法の刑罰金利を厳罰化する（当時 3 年以下の懲役）、③ヤミ金業者の広告・勧誘等準備行為を刑罰の対象とするとの案を提案した。

　しかし、出資法違反の契約が無効ということには法理論として無理があるのではないかということで部会員からは賛同がもらえず、再検討することとなった。

　そこで、どこかに糸口はないのかと文献を探した。そうしたところ、「月 1 割の利息及び損害金を支払う旨の消費貸借は公序良俗に反するか」について判断した 1954 年（昭和 29 年）11 月 5 日の最高裁判決（原審は仙台高等裁判所）が目に止まった。この「商人の営業資金貸付に供する消費貸借契約は、特段の

事情がない限り、公序良俗に反し無効である
ということはできない」とした判決について、
何かヒントはないかと再度調査することを考
えた。そうすると、同判決の最高裁判所調査
官（三淵乾太郎）による解説の最後の部分で、
1954年に公布された出資法5条は、「金銭の
貸し付けを行う者が、100円に月1日30銭を
超える割合による利息（債務の不履行について
予定される賠償額を含む）の契約をし、又はこ
れをこえる割合による利息を受領した時には
罰則を以て望むこととなったので、今後は日
歩30銭が公序良俗に反するか否かの一基準と

2002年9月21日付け河北新報

なろう」という記載を見つけた。目からうろこであった。解説を書いた最高
裁調査官も私と同じことを考えていたのかと思うと本当にうれしかった。こ
れでみんなを説得できると思った。

　この調査官解説が追い風となり、2002年11月の多重債務部会、消費者問
題対策委員会の全体会でも、出資法違反の契約は無効で、元金の支払義務を
負わないこと、罰則の強化を含む、「ヤミ金融対策法の制定を求める意見書」
が承認され、同月22日開催の日弁連の理事会も通過し、公表された。

　(F)　ヤミ金対策法の成立

　国会でも、ヤミ金問題が取り上げられるようになっていった。2003年1月、
法務省と日弁連との協議でも、出資法違反の契約を無効とする規定を盛り込
むことについてあまり異論が出ず、刑罰についてはさらなる罰則強化の可能
性もあるとの認識が示された。

　2003年の通常国会で、ヤミ金対策法の議論の中で出資法違反の契約を無
効とする規定を盛り込むことに否定的な意見が出され、立法作業が一時停滞
する。同年6月、大阪・八尾市の老夫婦が電車に飛び込み自殺をした。警察
に相談するも、ヤミ金の取立てがやまず、本人だけでなく2階建てアパート
の上、右左の住人に取立ての電話が入り追い込まれての自殺であった。

　この事件が大きく報道され、私たちの運動も今国会で何とかヤミ金対策法

を通そうと奮い立った。そのときのみんなの想いは、警察が頼りにならないのなら、被害者が自分でヤミ金と闘うための武器をくれ、というものであった。契約が無効で支払わなくてもよいのであれば警察が動かなくても自分で闘える。「被害者に武器を」を合言葉にして、とうとう、2003 年 7 月、ヤミ金対策法（出資法違反の刑罰金利を 3 年から 5 年以下の懲役へと強化し、無登録業者の広告・勧誘への刑事罰を導入し、業として年利 109.5 ％を超える貸付契約を無効（貸金業規制法 42 条の 2 ）等とする貸金業規制法および出資法の一部改正法）が成立した。

2003 年 4 月 18 日付け河北新報

(G)　法成立後も続くヤミ金被害

　そして、翌月（2003 年 8 月）、指定暴力団山口組系五菱会（ごりょうかい）の梶山進が逮捕され、1000 社以上のヤミ金グループが壊滅した。それ以降、全国の警察本部にヤミ金対策本部が設置されヤミ金業者の取締りにあたるようになり、大きく、ヤミ金撲滅に動き出すことになった。しかしそれでも各地でヤミ金による被害がなくなることはなく、ヤミ金との闘いは続いた。

　ヤミ金業者と交渉する弁護士への業務妨害も続いた。2004 年 8 月、仙台弁護士会の鎌田健司弁護士への業務妨害は特に悪質であった。同月 11 日午後 5 時頃、鎌田弁護士の法律事務所が入っているビルに多数の消防車が相次いで到着し、周辺一帯が一時騒然とする事態が発生した。消防署に確認したところ、消防車が出動したのは、外線から消防署の受付に当該法律事務所で火事が発生した旨の虚偽の通報がなされたためとのことであった。この事件の直前、鎌田弁護士は、ヤミ金業者と電話でやりとりをしていたが、ヤミ金業者から、「ぶっ殺すぞ」、「出前届けてやるよ。今日の晩飯は何がいい」などの脅迫的な言動が発せられていた。その直後から、同弁護士の事務所には、

嫌がらせの電話がひっきりなしにかかる状態が30分以上にわたって継続し、間もなく上記の事態に至ったものである。また、同日午後4時30分頃には、配車の発注があったとしてタクシー5台が同弁護士の事務所のあるビルに到着したり、午後5時過ぎ頃には、仙台中央警察署の警察官が同事務所を訪れるという事態も起こっていた。

この件では仙台弁護士会が会長声明を発し、会員が代理人に就任して、業務妨害による事実上の刑事告訴をした。

ヤミ金業者の背後には暴力団関係者がいるケースが多く、200万人を超える多重債務者を狙い暴利を上げられる構造を断たない限り、ヤミ金撲滅ができないことを思い知った。

(H) 「ヤミ金特区」構想との闘い

他方、1999年の法改正によって、出資法の上限金利を年利40.004％から年利29.2％に引き下げたことにより正規の貸金業者から借りられなくなった多重債務者がヤミ金から借りるのであり、金利を引き上げるべきとの議論もなされた。2004年にあった宮城県内での「ヤミ金特区構想」もその動きの1つであった。社団法人宮城県貸金業協会（以下、「協会」という）は、2005年6月23日、内閣官房構造改革特区推進室に対し、政府が地域の特性に応じた規制緩和の特例措置を設けて経済活性化をめざす構造改革特別区域制度に基づき、「ヤミ金融回避特区」の提案（以下、「本件提案」という）を行った。

同提案は、上限金利規制を緩和し、資金需要者に対し健全な貸金業者による資金供給を可能とさせることでヤミ金による被害を抑制できるとの考えに基づいて、この特区内においては、貸付金額と貸付期間の上限その他の制限を定めることを条件として、出資法の上限金利を緩和して年40.004％まで認めるようにする、というものであった。

しかしこの提案は、①2000年の出資法改正により上限金利が引き下げられたことにより、貸金業者が貸付けを抑制するようになり、資金需要者が貸金業者から貸付けを受けることができなくなった結果、ヤミ金を利用するようになった、したがって、②上限金利を緩和し貸金業者が資金需要者に対して貸付けを行いやすくすることがヤミ金被害の防止につながる、との誤った事実認識に基づくものであった。出資法の上限金利の引き下げそのものがヤ

ミ金被害の増加を招いたなどという社会的事実は存在しないのである。

　ヤミ金は出資法の改正がなされた2000年に先立つ1998年頃には、その跋扈がすでに大きな社会問題となっていた。たとえば、東京の有志の弁護士等のグループは、1999年7月には、ヤミ金245業者について警視庁に対し事実上の刑事告発を行うに至っていた。何より、2000年の出資法改正以降も、消費者金融業者の貸付残高は年1兆円規模で増加を続けていたのであり、上限金利の引き下げが貸付けを抑制的にさせていたという事実もない。そもそも、ヤミ金が跋扈した大きな要因は、ヤミ金業者が狙う多重債務者が近年急増したことと、出資法違反に対する取締りが不十分であったことにある。2005年7月20日、仙台弁護士会は、協会による本件提案に反対する意見書を公表した。この特区構想は、金融庁が、出資法の上限金利の見直しなど国の制度改善を検討しているにもかかわらず金利の緩和を地域単位で行うのは制度趣旨に反するとして反対し、不採択となった。

　2006年に向けての貸金業制度の改革の中でも、金利を引き下げるとヤミ金が跋扈するとの主張が坂野友昭早稲田商学部教授らからまことしやかに主張され、同改正での1つの大きな論点となった。この点は、貸金業制度の大改正の箇所（後記(4)）でさらに述べることとする。

(4)　勝ち取った貸金業制度の抜本改正

(A)　貸金業規制法および出資法の段階的改正と3つの最高裁判決

　2006年12月、出資法の刑罰金利（上限金利）の年29.2％を利息制限法の制限金利年20％まで引き下げる等、貸金業制度の大改正が実現した。

　この大改正は、出資法の段階的法改正と最高裁判決の積み上げを受けて、被害者運動をつくって行ったことによって実現したものである。

　出資法の段階的改正とは、商工ローン問題を契機に出資法の上限金利を年利40.004％から年利29.2％に引き下げる等とした1999年12月の同法改正（金利引き下げは2000年6月から）、ヤミ金問題を契機に業として年利109.5％を超える契約の無効などを定めて2003年7月に成立したヤミ金融対策法である。2006年の出資法改正は、それに次ぐ一連の改正の最終段階としてのものであった。

　最高裁判決の積み上げというのは、以下のことを指す。最初は、日栄・商工ファンド対策全国弁護団が株式会社日栄から勝ち取った最高裁2003年7月18日判決（日栄の書き替えを繰り返す手形貸付けにおける過払計算方法について借主の主張を認めかつ保証会社の保証料も利息にあたるとの判決）、次に、株式会社商工ファンド（株式会社SFCG）との間の最高裁2004年2月20日判決（みなし弁済規定の適用において、貸金業規制法の厳格解釈の原則を確認する判決）を得た。さらに、株式会社シティズとの間の最高裁2006年1月13日判決（みなし弁済規定の適用において、「利息制限法を超える約定利息の支払いを怠ると期限の利益を喪失するとの特約による支払いは特段の事情がない限り、債務者が自己の自由な意思によって制限超過部分を支払ったものということはできない」として、支払いの任意性を否定し、みなし弁済（貸金業規制法43条）の適用を否定する判決）を勝ち取った。この3つの判決によって、利息制限法の原則が確認され、我々の、「出資法の上限金利を利息制限法まで引き下げる」との運動の正当性が確認されたといってよい。

(B)　多重債務者の置かれた状況

　2006年当時、消費者金融の利用者は1400万人、貸付残高は14.2兆円（2006年3月現在）、5社以上の借入れを有する多重債務者は230万人、自己破産者は約18万4000人(2005年)、経済・生活苦を理由とする自殺が年間約7800人(2006年)に達するなど、多重債務問題が深刻で、まさに命の問題となっていた。

　消費者金融の利用年数は10年以上が3割、全体平均6.5年（『2004年版消費者金融白書』）であり、業界側は短期小口での利用にニーズがあるとしていたが、借金漬けの実態が明らかとなった。さらに、弁護士事務所への相談者から聴き取った借入れの理由をみると、借入れの初めの頃は「収入の減少」が25.6％、「低収入」が20％、「借金返済」が19.2％であるが、返済が困難となる時期では、「借金返済」が51.5％とトップになっていた。ギャンブル費を理由とする借入れについては、借入れの初めの頃は13％、返済が困難な時期で12％とされており（独立行政法人国民生活センター「多重債務問題の現状と対応に関する調査研究」(2006年1月)）、ともするとギャンブルや遊興費のために借入れをしているようにいわれていたが、実態はそれとは異なっていた。

(C)　改正に向けた市民運動の開始

　2003年7月に成立したヤミ金融対策法の附則では、その後の貸金業制度の見直しについて規定されたが、2007年1月がその時期にあたっていた。

　2000年12月、出資法の上限金利を利息制限法の水準まで引き下げ、多重債務問題を解決することを目的とする高金利引き下げ全国連絡会（以下、「全国連絡会」という）が結成された。共同代表は甲斐道太郎大阪市立大学名誉教授、宇都宮健児弁護士であり、途中から私も共同代表に就くことになった。事務局長は井口鈴子司法書士であり、埼玉の「夜明けの会」の代表でもあった。

　全国連絡会は、2005年2月26日、東京で、決起集会「今こそ高金利社会を打破しよう！」を開催し、法改正に向けて高金利引き下げ100万人署名を行うことを確認し、署名活動を開始した。といいながら「100万人署名」との目標はすんなりと決まったわけではなかった。最初、私が運動方針として10万人署名を提起した。しかし、その後の意見交換で関西を中心に被害者運動をリードしてきた「尼崎あすひらく会」の田中祥晃氏から、「新里さんな、10万署名で国会を動かせるんか」と詰められた。私は「じゃ、いくらなら動かせるのか」と問い返した。私自身10万人署名で国会を動かせるのかと問われると心もとない。我々の力量としてどこまでならできるのかという問題もあり、実現可能な10万人署名を提起したのだった。しかし、議論の末、できるかどうかではなく、やらねばならない目標として100万人署名にしようということで目標が上方修正された。

　司法書士グループの取組みによって、石川県、長野県の県議会での「高金利引き下げ意見書」の採択が実現し、これを受けて、2005年秋からは、全国的に地方議会での意見書採択運動も開始した。

(D)　金融庁での改正に向けた動き

　2005年3月、金融庁は「貸金業制度等に関する懇談会」（以下、「懇談会」ともいう）を設置し、有識者による貸金業制度、出資法の上限金利の見直しの検討を開始した。同年4月27日、同懇談会で、日本弁護士連合会（日弁連）へのヒアリングが行われ、当時の日弁連・消費者問題対策委員会委員長三木俊博弁護士、同委員の木村達也弁護士、宇都宮健児弁護士および私も参加した。

　私は、日栄・商工ファンドによる借主のみならず保証人を巻き込む被害や

武富士による過剰貸付け・第三者請求などの深刻な被害の実態や、海外での
金利規制の状況、加えて、隣国の韓国において、1997年の経済危機から国際
通貨基金（IMF）体制に組み込まれ、民事および刑事罰による金利規制を定
めた利子制限法が停止されたことによって、「私金融・サチェ」（日本でいうヤ
ミ金）が跋扈し、支払いができなくなった債務者の臓器売買、女性の人身売
買などの悲惨な被害が多発していることなどを報告した。

　その後も、同懇談会では埼玉の「夜明けの会」、「熊本クレジット・サラ金・
日掛け被害をなくす会」のメンバー、さらには、商工ローンの被害者からも
ヒアリングを行い、被害者側の意見をも取り入れるようになっていった。当
時、金融庁信用制度参事官室課長補佐は弁護士から金融庁に任官した森雅子
氏（後に参議院議員、法務大臣などを歴任）であった。森氏は、ココ山岡事件
の東京弁護団にも属し、その後アメリカに留学し、金融庁に入った、信頼で
きるパートナーでもあった。また、信用制度参事官は大森泰人氏であり、近
畿財務局在任中に日栄に業務停止を行った担当者でもあった。また、2004
年1月以降、同懇談会には、後藤田正純金融担当政務官も参加するようになっ
た。

㋑　労働福祉団体である中央労福協との連携

　2005年12月、労働者福祉中央協議会（中央労福協）を事務局とする「クレサ
ラの金利問題を考える連絡会」（代表幹事：宇都宮健児弁護士、菅井義夫中央労
福協事務局長）が結成され、私もそのメンバーとなった。ここで、「たこつぼ
運動」（これまでの運動が弁護士、司法書士、被害者の会という限られた範囲にと
どまっていたことを指す）と揶揄されていた我々の運動において労働福祉団体
との連携ができあがり、大きく運動のウイングを広げることになる。中央労
福協とは、連合の関係団体であり、社団法人全国労働金庫協会（労金協会。
2013年より一般社団法人）、日本生活協同組合連合会（日本生協連）も加入する
労働福祉団体である。当時の会長は日本労働組合総連合会（連合）元会長の
笹森清氏であった。事務局長の菅井義夫氏は、連合傘下の組合でも多重債務
で苦しむ組合員もあることから高金利引き下げ運動に組織として取り組む決
断をした。労金協会の千原氏、勝又氏が菅井氏と宇都宮弁護士との橋渡しを
したという。中央労福協の菅井氏とは、これ以降、割賦販売法改正および司

法修習生の給費問題にも一緒に取り組むこととなった。菅井氏は、労働運動にとどまらず社会運動をも担い切れる出色な闘士であり、人生の先輩である。

(F)　日弁連内に上限金利引き下げ実現本部の設置

　多重債務問題は、日弁連内では消費者問題対策委員会の多重債務部会で取り扱っていた。2005年11月19日、東京の弁護士会館で、「サラ金、クレジットの高金利を考える」というシンポジウムを開催した。午前中の打合せの際、少し遅れてきた宇都宮弁護士から、「シンポをやって金利が引き下げられるのか」と少し辛辣な発言がなされる。シンポを精力的に準備してきた我々に対しては少し失礼な話ではあるものの、よいところを突いている。

　シンポ後の懇親会で宇都宮弁護士の発言を受け、私が、酔った勢いもあり「日弁連に本部をつくろう、そして決戦の山場で1000人デモを仕掛けよう」と発言したところ、宇都宮弁護士は「決戦では国会を3000人の人の輪で包囲しよう」とヒートアップした。この話は、私が、「では、2000人のデモを仕掛けよう」と引き取った。2000人、3000人とぶち上げたものの、その時点では夢のような話で、実現可能なものとは考えてはいなかった。

　日弁連内に本部を設置することについては、消費者問題対策委員会から本部設置を求める意見書を執行部に提出し、2004年2月、日弁連内に「上限金利引き下げ実現本部」の設置の方向性が決まり、同委員会としては、本部長代行を宇都宮健児とし、事務局長を私とすることを考えていた。しかし、本部長代行および事務局長人事について私は執行部から呼び出しを受けた。理事会内に設置される本部の本部長代行は、これまでの慣例では日弁連副会長経験者が就くことになっていた。宇都宮弁護士は副会長経験者ではない。また、事務局長には、速やかな国会対応が求められることからすると、仙台に在住する私は不適任ではないかと指摘された。しかし、私は、本部長代行は宇都宮弁護士以外に考えられない、事務局長はもし私が難しいのであれば東京弁護士会の釜井英法弁護士でお願いしたいと話した。釜井弁護士は、後に2020年度、2021年度に日弁連消費者問題対策委員会委員長に就く人物で、運動において最も頼りにする弁護士であり、私以外であれば事務局長は釜井弁護士しかいないと考えた。その後、本部長代行の人事については、弁護士報酬敗訴者負担問題対策本部の本部長代行に副会長を経験していない大阪の

辻公雄弁護士が就任していた先例があることがわかり、次年度の平山正剛会長がこの金利引き下げ問題に積極的に取り組む意向を示してくれたこともあり、私の事務局長人事も含めた、当初の人事案が無事決まった。

私自身は、市民運動の共同代表および日弁連対策本部事務局長の両方を務め、それぞれの役割を臨機応変に使い分けることとなった。

⒢　改正に向けた大きな運動の火蓋を切る

2006年3月5日、全国連絡会は、東京で、「高金利社会を打破しよう」との大集会を実施する。当日は連合傘下の全日本運輸産業労働組合連合会（運輸労連）から旗竿250本もの寄贈を受け、さらに会場で運輸労連側が旗竿を組み立てるなど被害者団体と労働団体との協力関係が築かれていった。運輸労連の主力はヤマト運輸株式会社の労働組合であり、多重債務に悩む組合員の存在があったという。

集会には、民主党参議院議員の前川清成氏、共産党参議院議員の大門実紀史氏が参加して激励のメッセージをいただいた。前川議員は民主党の貸金業制度改正の取りまとめの責任者であり、2006年9月20日民主党の取りまとめに大変尽力していただいた。大門議員はこれ以降情報交換をし、一緒に運動をつくった仲間のような存在であり、カジノ反対運動でも一緒に闘うことになった。

集会参加者は570名に達し、集会終了後、霞が関から東京駅まで連合の街宣車を先頭にデモ行進を行った。3月の時期に500人以上の動員ができたことが、今後の運動の成功を予感させた。2006年3月という時期は、金融庁の貸金業制度に関する懇談会が終盤を迎えており、かつ与党による法案の議論検討の前段階であり、間もなく貸金業制度改革の方向性が決まるという極めて重要な段階だったからである。そして、金融庁の懇談会は、同年4月24日、後述のとおり画期的な中間整理を行う。

⒣　貸金制度等に関する懇談会への参加

2005年3月からは、金融庁の懇談会に、日弁連から上限金利引き下げ実現本部の宇都宮健児本部長代行もオブザーバーとして出席するようになった。懇談会の委員の弁護士が1カ月程度海外出張になるということで、その代理で出席が可能となった（当初はその委員不在の間だけということだったが、図ら

ずも、その後も宇都宮本部長代行が出席できた）。

　貸金業界側は「金利が下がると審査が厳格化し、低所得者等のハイリスク層は借りられなくなり、借り入れできない人がヤミ金に流れるため、ヤミ金が跋扈する」との主張を行った。2004年4月初旬の懇談会でヤミ金問題が議論の中心となった。宇都宮弁護士は、韓国では刑罰金利の廃止によって私金融・サチェが跋扈していることや、指定暴力団山口組系五菱会・梶山進の刑事事件の分析から、2000年6月の金利引き下げ前から1000社以上のヤミ金業者が組織されていて、多重債務者の名簿を消費者金融の従業員が退職時無断で持ち出し、名簿屋に売却し、その名簿に基づきヤミ金が多重債務者を勧誘している実態を明らかにした。必要なのは、金利引き下げなどの多重債務者を発生させない対策と取締りの強化であると訴えた。宇都宮弁護士の発言に、参加していた貸金業者側は反論しなかった。貸金業界側はこれまで坂野友昭早稲田大学商学部教授の論文を引用するなど金利引き下げを行えばヤミ金が跋扈すると主張していたのに、懇談会の場では沈黙を守った。後藤田政務官が、「日弁連さんの主張に反論はないか」と貸金業界側に再度確認したのに対しても反論がなされず、金利規制強化の方向が事実上決まった。決め手となったのは五稜会・梶原の刑事記録に基づく資料であるが、これを謄写し、分析し、資料化したのは、当時宇都宮弁護士と同じ事務所に所属していた木村裕二弁護士であった。消費者金融白書には、消費者金融利用者について「平均利用期間が6年5ヶ月」と記載されていた。木村弁護士が、年利29.2％で5年間利息のみを支払うと5年経過時点で利息制限法に基づき再計算すると元金はゼロとなるということを実証し、資料化したことにより、消費者金融の平均的利用者は、利息制限法上元金がないのにそれと知らずに支払い、さらには自殺にまで追い込まれているという不条理が明らかにされた。日弁連のプレゼンテーションの資料は、ほとんどが木村弁護士に依拠していたといってよい。

　懇談会は金利規制に向け大きな山を越した。

　2006年4月14日、金融庁は、大手サラ金業者の株式会社アイフルによる違法な取立てに対し業務停止を行うと発表する。チワワ犬のテレビ広告でソフトなイメージをつくっていた同社に対する処分はワイドショーでも大きく

取り上げられ、規制強化の世論形成に大きく寄与した。これも、クレサラ対協傘下に結成されたアイフル被害対策全国会議が、情報を集約して違法事案を多数告発してきた地道な取組みが功を奏したものであった。

2006年4月21日、懇談会は、「出資法の上限金利を利息制限法の水準に向け引き下げるべき」との画期的な中間整理を取りまとめる。ここにおいて、我々の懇談会対策が結実した。

この中間整理の取りまとめの後、検討の中心は各政党、特に与党・自由民主党（自民党）に移っていった。

(I) 国会議員への対応

2006年5月16日、日弁連は全国連絡会と共催して、衆議院・参議院議長宛てに高金利引き下げを求める約18万筆の署名を提出し、同時に院内集会を実施した。同集会には自民党貸金業制度等に関する小委員会（以下、「自民党小委員会」という）委員長の増原義剛衆議院議員を含め10人以上の与野党国会議員が参加した。同月18日には中央労福協が主催して「高金利引き下げ国民代表者会議」を開催した。この集会は立ち見が出るほどの大盛況であり、全政党の議員が参加して挨拶を行った。我々は改正論議の前哨戦を制した。

(J) 与党による「貸金業制度等の改革に関する基本的考え方」の取りまとめ

2006年5月および6月、自民党小委員会は精力的な議論を行い、日弁連や全国連絡会は、地元の議員中心に高金利引き下げの要請を地元の議員事務所を訪問して行った。同年6月27日まで、自民党小委員会に、宇都宮弁護士と私が出席し、「金利引き下げの必要性」、「金利を引き下げてもヤミ金が跋扈しないこと」、「金利引き下げは低所得者に対する与信を排除せず、借入れができなくなるのは多重債務者であり、多重債務者に対しては相談体制の充実が必要であること」等をデータに基づいて訴えた。

自民党小委員会の議論の中で、全国信用情報センター連合会（全情連）からサラ金の利用者のデータが開示された。約1400万人がサラ金を利用し、そのうち、5社以上から借り入れ、平均借入額が200万円を超えている人の数が、229万人にも達し、さらに、支払いを3カ月以上怠り、信用情報に「延滞」との事故情報登録がなされている人が268万人にも達すると報告された。

多重債務者が利用者の2割との衝撃的な事実も明らかになり、これにより、規制強化の議論が加速されることになった。そのデータが情報機関側から報告されたとき、参加していた議員から驚きのどよめきが漏れたのが今でも記憶に残る。「多重債務は本人の不心得」すなわち自己責任の問題ではないことが明らかとなったといってよい。利用者の2割が多重債務に陥るのは、制度に問題があることを明らかにしたのであり、まさしく自己責任論をデータが打破した瞬間であった。

2006年6月15日、日弁連は、「クレサラ商工ローンの高金利引き下げを求める」との集会を開催し、集会には定員を超える650人が参加し、与党を含む各政党から来賓の国会議員が参加し法改正に向けた決意表明を行った。

自民党内の議論では、若手議員中心に金利の引き下げを主張し、業界寄りと目される議員などが引き下げに慎重な意見を表明して鋭く対立したが、最終的に自民党小委員会は、2006年7月5日、大激論のもとに「出資法の上限金利を利息制限法まで引き下げる」との画期的な取りまとめを行った。翌6日、自民党、公明党が共同で、「セーフティネット貸付けの充実」（低利で安心して受けられる融資制度）を盛り込み、基本的に自民党小委員会案を承認して「貸金業制度等の改革に関する基本的考え方」を取りまとめた。何点かの検討課題が残され、その検討は金融庁に戻されたが、検討課題の中には個人、事業者の特例高金利や利息制限法の金額刻みの引き上げに言及する箇所もあり、不透明さを残していた。

⒦ 日弁連が業界団体と対峙

時間を少し遡るが、自民党での議論が進んでいた2006年6月、自民党の有力議員から日弁連の執行部を通じて、社団法人全国貸金業協会連合会と日弁連側の懇談の場をセットするとの連絡が入った。当時の状況は懇談会の中間整理により、高金利引き下げの流れができつつある状況であった。

呼び出された用件は、2006年3月29日、大手新聞各社に掲載された大手貸金業7社が記者会見を行ったとの記事に関連した。大手7社は、「消費者金融健全化策」を公表し、年間50億円、5年間で250億円を拠出して多重債務者救済機関をつくるなどとし、過剰貸付けの抑制を「借りすぎキャンペーン」を実施し啓発のテレビ広告を放映することで行おうとした。金利引き下

げに反対し、アコムの木下盛好社長は、かえって利息制限法の制限金利を「リスクにあった金利」として出資法の上限金利、年利29.2％に上げるべきであることなどを記者会見で表明したと報道された。多重債務問題は自己管理能力のない者の責任であり、多重債務問題をカウンセリング機関設置で対応するとの方向を提示していた。

　日弁連執行部としても、恩義のある議員のあっせんであり、拒否はできない一方で、執行部のメンバーが同行した場合、日弁連としての言質を取られかねない。また、上限金利引き下げ実現本部の本部長代行の宇都宮弁護士が同行した場合、けんか別れになりかねない。そこで同本部事務局長の私と本部員が対応することになった。緊張感が漂った。

　2006年6月7日15時、永田町の憲政記念館で会議が開かれた。議員側が真ん中に座り、議員に向かって、左側が全国貸金業協会連合会であり、会長以下、副会長などそうそうたるメンバーが出席した。日弁連は議員に向かって右側であり、同本部事務局長の私、同本部事務局次長の釜井英法弁護士、同木村裕二弁護士、本部員伊澤正之弁護士（栃木県弁護士会）、和田聖仁弁護士（東京弁護士会）などが参加した。いずれも、日栄・商工ファンド対策全国弁護団の闘士たちであった。

　日弁連側から、金利引き下げが必要であるとのプレゼンテーションを行い、業界側からカウンセリング構想の説明がなされた。議員側から、日弁連として、カウンセリング構想に協力してほしいとの発言があり、予想していたとおり日弁連側に回答が求められた。私は、「現在、自民党内で金利引き下げの議論が行われているが、金利引き下げになっても250億円拠出する構想は維持されるのか」と問うと、貸金業協会側は沈黙した。議員は、「金利引き下げになると貸金業界は倒産に追い込められる。金利が引き下げられたら、この構想は成立しない」と業界を代弁した。即座に私は、「今、自民党内で金利引き下げの議論がなされていること

グレーゾーン金利廃止

東北の貸金業者

大手寡占で廃業続出必至

「ヤミ金利用者増える」

日弁連「消費者保護が筋」

2006年6月27日付け
河北新報

から、その議論が決まってから必要な議論をさせていただく」と述べ、会議を終了した。帰途につき極度の緊張が解けた。

(L)　本部の専用事務所の開設

2006年7月21日、東京弁護士会の510号室を日弁連が借り上げ、本部専用事務所が開設され、開設式には、中央労福協、日本司法書士会連合会（日司連）、全国クレ・サラ被害者連絡協議会（各地のクレサラ被害者の会による全国組織。以下、「被連協」という）、さらには、聖学院大学の柴田武男教授やその学生さんも参加した。柴田教授とはそこからカジノ反対などの運動を共にする仲間となった。この事務所が、日弁連だけでなく高金利引き下げに取り組む我々の作戦本部の拠点となった。20人ほどの会議ができるスペースと、プリンター等最低限の機材があるのみだった。壁には日本地図が貼られ、自治体の議会における意見書の採択状況および署名の数が張り上げられた。私の名前（宏二）にちなんで、「コージハウス」と呼ばれるようになった。

(M)　近畿キャラバンから全国キャラバンへ

高金利引き下げ運動は世論喚起が重要との観点から、2006年5月14日、近畿キャラバンが奈良から開始される。同年8月6日の滋賀での終了式後、全国連絡会が全国に働きかけ、近畿キャラバンのキャラバンカーが西回りのキャラバンを、同年8月16日に埼玉から東回りのキャラバンカーが出発して、炎天下の中、全国すべての都道府県をキャラバンカーが回ることとなった。キャラバン活動にあわせ各地で集会やデモが企画され、そのことが高金利引き下げ署名、地方議会での意見書採択につながっていった。各地で開催された集会はそれぞれ予想を上回る参加者を集め、集会を重ねるたびに我々の熱気が増幅されていった。

私は常々、「夏の汗かき、がんばりが、秋の実りにつながる」と話しているが、まさしくそれが実現された。

(N)　全国の怒りが爆発

2006年9月5日、金融庁から自民党に示された「提案内容」には、与党で取りまとめられた「貸金業制度等の改革に関する基本的考え方」で検討課題として残された、「特例高金利として年利28％」、「利息制限法の金額刻みの引き上げ」が含まれ、出資法の上限金利を利息制限法の水準まで引き下げる

まで9年を要するものであった。金額刻みの引き上げとは、現行の利息制限法が、元本が10万未満の場合は年利20％、元本が10万円以上100万未満の場合は18％、元本が100万円以上15％を超える場合は金利の定めを無効と定めているが、金額刻み、つまり、10万円を100万円とし、100万円を500万円に引き上げるものであり、貸付金額の一番多い10万以上50万円のところを年利20％でまで引き上げるというものであり、実質的に金利引き上げの提案であった。

翌6日、後藤田政務官が抗議の辞任をし、全国連絡会や日弁連もすぐさま抗議の声明を発表し、さらに金融庁や自民党本部前での抗議のビラ配りを行った。マスコミもこぞって批判をし、金融庁に対しても抗議の電話が殺到した。自民党若手の大塚拓（東京）、牧原秀樹（埼玉）、木原稔（熊本）、土井亨（宮城）各議員なども反発した。自民党は、同月15日、金融制度調査会等の合同会議で「貸金業法の抜本改正の骨子」を取りまとめたが、同骨子では、出資法の上限金利が利息制限法の水準に一本化するまでの期間が5年と短縮され、特例高金利も年28％から年25.5％まで行き下げられたものの、特例高金利および利息制限法の金額刻みの引き上げは残り、到底容認できるものではなかった。我々は、自民党の専門部会が開かれた同年9月15日の朝8時から約100人が永田町の自民党本部前に集結し抗議のビラ配りを行い、マスコミも殺到した。

翌16日、横浜弁護士会・日弁連共催の緊急抗議集会が開催され、特例高金利に隠れて利息制限法の金額刻み（実質的金利の引き上げ）の問題がメディアなどで取り上げられなかったことから、同集会では意識的にこの点も大きな改悪であることをアピールした。翌17日の朝日新聞の全国版の一面に、利息制限法金額刻みの引き上げの問題点が横浜のシンポの報告という形で大きく報道された。

(O) 民主党、公明党の動き

2006年9月17日、日弁連の上限金利引き下げ実現本部の専用事務所（通称コージハウス）で、民主党で検討してもらう貸金業制度改正の骨子案をつくり、民主党の取りまとめ責任者の前川清成参議院議員の事務所へ送付した。同月18日、民主党の菅直人党首が大阪での記者会見で金利引き下げに言及

した。私は、その日、地元仙台に戻り、公明党の当時の政調会長であった井上義久衆議院議員に、特例高金利および利息制限法の金額刻みの引き上げについて公明党として反対してほしいと説明し、要請していた。

　翌19日、私は東京に戻り、中央労福協の菅井事務局長と民主党議員回りをし、同様の要請を行った。他方、自民党政務調査会は「貸金業制度の改正骨子」を了解したものの、同日、与謝野馨金融担当大臣は「金額刻みの点などまだ決着すべき課題が残されている」と発言し、自民党、政府部内でも異論がくすぶっていた。

　翌20日、民主党はネクストキャビネット（次の内閣）で特例高金利、利息制限法の金額刻み引き上げ反対を含む要綱をまとめた。翌21日、公明党は特例高金利、利息制限法の金額刻みの引き上げの点を留保して自民党の「貸金業制度改正の骨子」を承認した。民主党、公明党をとどまらせたのもマスコミの批判と我々の運動の盛り上がりであった。この骨子は、自民党、金融庁が最終的な落とし所と考えた案であったように思われるが、我々はさらなる前進、抜本改正を求めることとなった。

　⒫　340万署名の提出、2000人請願パレード

　2006年10月11日、中央労福協、日弁連および全国連絡会は共同で340万筆（中央労福協286万8273筆、日弁連23万4187筆、全国連絡会29万8495筆）の高金利引き下げ署名を衆議院・参議院議長に提出した。当初の目標であった10万筆から100万筆に目標を引き上げ、中央労福協の大きな力もあり目標の3倍以上の署名を提出することができた。日弁連副会長、宇都宮弁護士が横路孝弘衆議院副議長へ署名を直接手渡すシーンがテレビニュースでも報道され、我々の活動内容がマスコミでも好意的に取り上げられた。

　同日の院内集会では高金利引き下げを求める地方議会の意見書採択について、43都道府県、1834の市町村議会のうちその6割を終える1136議会で採択されたことが報告された。消費者団体が全力で取り組んだ製造物責任法（PL法）制定運動を圧倒的に上回るものであった。それだけ全国的な運動ができたことの象徴的な数字であり、住民と接している自治体で多重債務の問題が切実であることをも表していた。

　さらに2006年10月17日、日弁連が主催し、中央労福協、日本司法書士会

連合会（日司連）、全国青年司法書士協議会（全青司）、全国消費者団体連絡会（全国消団連）および全国連絡会が後援して、東京の日比谷野外音楽堂で高金利引き下げ総決起集会が開催された。この集会に先立ち、全国連絡会、埼玉の弁護士および夜明けの会の企画により、同月13日から秩父の椋神社から日比谷の集会会場まで高金利引き下げリレーマラソンを行っていた。その最終ランナーは、被連協の澤口宜男会長、本多良男事務局長そして私が務め、総決起集会に檄文を携え到着し、集会を盛り上げた。なお、このマラソンリレーには延べ200人以上が参加し、さらには自民党の牧原議員も飛び入り参加するなど大いに盛り上がった。

　集会終了後、連合の街宣車を先導とし、日弁連主催で「特例高金利・利息制限法の金額刻み反対」の横断幕を先頭に、日弁連の平山会長ほか副会長も参加して、「金利引き下げ2000人請願パレード」を実施した。中央労福協、連合関係だけでも参加者は1000人を突破し日弁連主催の請願パレードとしては過去最大の規模となった。要請書を手渡す議員面会所には与党から公明党議員10人以上が並び、さらに野党各党からも議員が参加し、日弁連作成の請願書のみならず、椋神社から携えてきた「檄文」も手渡すことができた。前年（2005年）11月19日に開催された日弁連シンポの後の懇親会での「2000人のデモを仕掛けよう」という夢のような話が現実化したといえる。当初の我々の予想を大きく上回る運動ができた。

　パレード終了後に衆議院会館で院内集会が開催され、会場には定員をオーバーする150人以上が参加した。自民党からは後藤田正純、加藤紘一、牧原秀樹、小野寺五典各衆議院議員、民主党からは峰崎直樹、小宮山洋子、前川清成各参議院議員、共産党からは佐々木憲昭、大門実紀史、仁比聡平の各議員、社会民主党（社民党）からは阿部知子議員、国民新党からも荒井広幸議員が出席して、それぞれ特例高金利、利息制限法の金額刻みの引き上げに反対の意見を述べた。被連協の澤口会長がこの集会の中で、椋神社から携えてきた「檄文」を牧原議員（埼玉選出）に手渡した場面は極めて感動的であった。

　⑫　平成草の乱に倣い

　1884年（明治17年）11月1日、当時の高利貸しや明治政府の横暴に秩父の農民等約3000人が秩父吉田の椋神社に集結して武装蜂起し、秩父事件が発

生した。数日で明治政府に鎮圧され首謀者の田代栄助以下7名が死刑判決を受けた。この武装蜂起で発揮された秩父農民（秩父困民党）の楽天性や高揚したエネルギー、それと、よりよい未来をめざした志は、2004年、映画「草の乱」として公開され、「120年前の日本にすごい奴らがいた」と多くの人々に感銘を与えた。我々の運動に「草の乱」を取り入れるよう提案したのは被連協の本多事務局長であり、本多氏は、法律事務所の事務局を長く務め、東京の被害者の会・太陽の会の事務局を務めていた。青木ヶ原（樹海）に看板を立て自殺防止を訴える運動にも力を注ぎ、被害者運動を長年支えていただいた（2014年5月14日、本多氏は永眠された）。

　我々は、この現代において秩父の農民などの意思を受け継ぎ、「平成草の乱」として合法的に高利貸しの打倒、「高利貸しのない社会」を求めて、高金利引き下げ運動を展開した。埼玉の被害者の会・夜明けの会の発案による椋神社からのリレーマラソンを敢行し、終着点の日比谷野外音楽堂での集会に檄文を届けた。集会の主催者（日弁連）の立場にある私も明治時代の農民の装束をまとい、最終走者を務め、檄文を読み上げた。今となってはよくそんなことまで日弁連が許したものだと笑ってしまう。

⒭　与党による「貸金業規制法等の一部を改正する法律」案の策定

　2006年10月22日㈰にTBS系で放映された番組「報道特集」で高金利被害が取り上げられた。被連協の澤口会長自身の被害体験（同人への押し付け融資の実態や投身自殺を考えさまよっている際に家族からのメールで思いとどまることができたことなど）、また、利息制限法による金利規制が全く知られていないため支払う必要のない借金に追われて自殺に追い込まれる不合理な実態が明らかにされた。この報道番組は、さらに、椋神社からのリレーマラソン、秩父事件を題材にした映画「草の乱」や秩父事件の紹介とともに高金利引き下げ運動や法改正の議論状況、特に「利息制限法の金額刻みの引き上げがいかに負担を債務者に強いるか」を具体例から紹介するものであり、まさにホットな情勢にマッチした、我々の法改正に対する想いを代弁する内容であった。番組を担当する吉田ディレクターは、改正の議論が与党に移った5月頃から積極的に被害現場の取材を行い、あるときは私たちにアドバイスをしてくださる関係であった。特に、金融庁からの提案が大きくぶれたときには、「弁

護士が抗議の記者会見をするより当事者の声が何よりも大事だ」とアドバイスももらった。吉田氏は、その後も司法修習生の給費制問題等でも、現場に基づく報道を徹底してくれた。

2006年10月24日、この問題を精力的に追っていた記者から、「特例高金利を見送るようだ」との第一報があり、裏を取るために他の記者に確認をすると「利息制限法の金額刻みの引き上げも撤回するようだ」との情報が入ってきた。宇都宮本部長代行に連絡すると、すでに記者から撤回についてのコメントを求められ、「あまりの喜びでしばし絶句した」とのことであった。この情報が本物であることが確認できた。まさに我々の運動、世論の勝利であった。

翌25日11時、自民党本部の会議室で、金子一義自民党金融制度調査会会長から日弁連、全国消団連、日司連に対し、法案の内容の説明がなされた。日弁連からは木村清志担当副会長と私が参加した。説明された法案の中には特例高金利、利息制限法の金額刻みによる金利の引き上げはなく、内閣官房に多重債務者対策本部を設置することや、これまで自民党案に盛り込まれていなかった、①自殺を死亡原因とする生命保険の禁止、②利息制限法違反の契約における公正証書作成の禁止、貸金契約時の公正証書作成委任状の取得の禁止、③貸金業法17条書面、18条書面のIT化について、利息制限法に違反する貸付けは対象外とする等が盛り込まれていた。木村副会長は、「今回の改正法案を高く評価している。臨時国会でぜひ成立させていただきたい」と謝辞を述べた。

同法案は同月31日に閣議決定された。衆議院で教育基本法の審議が中断されたあおりで、この法案の審議が中断するのではないかと気をもんだものの、同年11月30日に衆議院、同年12月13日に参議院において全会一致で可決され、法律が成立した。衆議院財務金融委員会には宇都宮弁護士、本多良男被連協事務局長が、参議院財政金融委員会には私と吉田洋一被連協副会長が参考人として意見を述べた。

参議院の参考人については、大森参事官から参考人として出席してほしいという要請があった。私が新幹線で東京から仙台に戻っている時、携帯電話に大森参事官から連絡が入った。「僕でいいの」と聞いたら、「新里さんしかいないでしょう」と言われた。大森参事官とは対立したことも一時はあった

が、法律をまとめていった同志でもあり、うれしく、これまでの取組みが認められたようで少し涙が出た。

(S) 法律の成立は金融庁の中で聴く

2006年12月13日、午前の参議院本会議で法案の採択の時、私自身は金融庁で大森参事官と、金融担当大臣を本部長とする多重債務者対策本部の体制およびその取組みなどについて協議していた。その時点で日弁連は、これら多重債務者対策の腹案をつくっていて、それをたたき台として議論していた（その後、同本部の下に有識者会議が設置され、日弁連の腹案は、翌年4月、「多重債務問題解決プログラム」のたたき台となっていった）。

大森参事官から、そろそろ採決時間だからと言われ、金融庁の中で国会中継を見ながら、少し造反者が出るかと心配していたが、「賛成233、反対0」との電子表示が出て、すぐ庁内アナウンスで、「ただいま貸金業法の改正案が全会一致で成立しました」と流れると大きな拍手が起こった。大森参事官と固い握手を交わした。

(T) 貸金業制度の抜本改正の概要

この改正では、法律の名称を、貸金業規制法から貸金業法と改め、①貸金業への参入規制強化（純資産要件の段階的な引き上げ）、②行為規制の強化（日中の執拗な取立ての禁止や公正証書作成の制限等）、③指定信用情報機関の設置と過剰与信規制の実効化、④貸金業協会を認可法人とし、自主規制基準の策定とその基準も金融庁の認可を求めるなどの貸金業協会に対する監督強化と同協会の機能強化など、総合的対策の導入がなされた。貸付けの総量規制がなされ、年収の3分の1以上の貸付けを禁止することが定められたことが特筆される。

そして最重要の金利規制の強化では、おおむね3年後に出資法の上限金利を利息制限法の年20％に引き下げ、みなし弁済規定（貸金業規制法43条）を廃止し、貸金業者に利息制限法の制限金利（年15％〜20％）を超える貸付けを禁止し、その違反には行政処分を課すこと、日賦貸金業、電話担保ローンの特例金利の廃止および保証料を利息と合算して利息制限法を超える取得を禁止し、刑事罰を科すこととするなど、我々が求めてきたことが実現した。

さらに、政府に総合的な多重債務対策を求める経過措置も導入され、早期

に首相官邸に多重債務者対策本部（仮称）が設置されることになった。

(U)　有識者会議の設置および多重債務問題改善プログラムの策定

2007年1月、多重債務者対策本部の下に、有識者会議が設置され、その委員として宇都宮弁護士、本多氏が選任された。同年4月には、多重債務の現場からその対策を提起した、「多重債務問題改善プログラム」が策定された。①丁寧に事情を聴いてアドバイスを行う相談窓口の整備・強化、②借り入れられなくなった人に顔の見えるセーフティネット貸付けの提供、③多重債務者発生予防の金融経済教育の強化、④ヤミ金の撲滅に向けた取締りの強化、が定められた。

(V)　2010年6月完全施行

2010年6月、段階的施行で残されていた出資法の上限金利の引き下げおよび総量規制が実施された。金利引き下げは多くの貸金業者で前倒しで実施されていて大きな混乱はなかった。最大24万件にも及んだ自己破産者数も大幅に減少し（2020年には約7万件）、ヤミ金も、撲滅できてはいないものの、抑え込むことができている。多重債務者の減少の事実が、我々の求めた法改正の方向が間違っていなかったことを明らかにしている。

私自身は、多重債務者対策本部の下に設けられた有識者会議の後継会議と位置づけられる、「多重債務問題及び消費者向け金融に関する懇談会」の委員も務め、多重債務問題にかかわり続けている。

(W)　最後に――規制緩和社会の再規制に向けて

(a)　「被害者の声が社会を変える」との信念

我々は、これまで、商工ローン被害解決のため2000年6月の出資法の上限金利引き下げを勝ち取り、ヤミ金被害を告発して、2003年7月にヤミ金融対策法を成立させ、さらに、2006年貸金業制度の大改正へとつなげた。

我々は、これまで、被害実態が法制度を変える大きな力となる（言い換えれば「被害者の声が社会を変える」）という信念に基づき、被害実態を突き付ける正攻法で大きな運動をつくってきた。商工ローン、武富士、アイフル等の被害の告発などで行ってきた地道な活動に加え、メディアの協力や、金融庁、国会などに人を得たことなどの幸運も味方したと思う。最高裁判決が大きな決め手となったが、これも、被害実態が最高裁判所を動かしたのだと思

える。

(b)　誰と闘ったのか

今回の法改正を振り返ってみると、我々は単に貸金業者と闘ったのではなかった。アコム、プロミス株式会社などは銀行資本であり、さらに、アメリカのシティバンク系のCFJ合同会社、レイクを買収したGEキャピタルなどそもそも外資系の貸金業者である。さらには海外の投資ファンドも貸金業者の株式を保有している。結局、貸金業者への規制強化を求めたこの闘いは、銀行、アメリカの金融機関、投資ファンドとの闘いであった。市民、被害者運動がこれらに堂々と渡り合い勝利を収めることができたのである。

(c)　何と闘ったのか

2006年4月、金融庁の貸金業制度等に関する懇談会の中間整理の取りまとめにあたって、委員の一人の田中直毅氏は「日本は10年間にわたって規制緩和を進めてきたがその矛盾が至る所に出てきた。この消費者信用の分野も同様です。再規制をかけて日本の社会を軟着陸させましょう」と述べていた。田中氏は当時の小泉純一郎内閣総理大臣のブレーンともいわれ、その田中氏の発言は極めて重いものがあった。我々の貸金業制度の抜本改正の運動はまさに規制緩和、新自由主義経済によってずたずたにされた日本社会を市民の目線で変えていこうという運動の出発点であると位置づけられる。

(d)　その後の運動の広がり

多重債務問題の背景に貧困問題があるとして貧困問題に取り組む方向へも運動が展開した。

さらに、貸金業制度改正をホップ、割賦販売法改正をステップ、そして消費者庁設置をジャンプとして、消費者の視点からの法改正、制度改正が連続的に取り組まれそれぞれに大成功を収

2010年9月28日付け河北新報

めることになる。

また、司法修習生の給費制の維持の活動などの、自己責任原則・応益負担原則など規制緩和社会を前提とした司法制度改革の問題についても我々の活動分野が広まっていくことになる。

3 大規模クレジット事件と法改正（1997年〜2009年）

(1) 頻発する集団クレジット被害

1960年代以降、大量生産、大量消費時代を迎え、クレジットが社会の中で重要な与信のしくみとなった。1961年には、割賦販売法による法規制が始まった。

1984年の法改正で、抗弁の対抗の規定（割賦販売法30条の4）が導入された。それまで、クレジットを利用して売買契約を結んだ場合、商品が手に入らなくとも、売買契約とクレジット契約は別個のものと扱われ、購入者はクレジット代金の支払いを拒むことは困難だった。それが、裁判例の動向を踏まえ、支払いを拒むことができるとする規定が整備された。

しかし、1990年代後半から、大型クレジット被害が多発した。ココ山岡事件、ジェイ・メディア事件、アイデック事件等、全国で統一的な被害救済が図られていった。

また、宮城県のローカルな消費者事件としても今野農機による名義冒用、名義貸し事件が起こった。このような大型の被害が相次いだことで、クレジット関連の法規制が不十分であることがより明らかとなっていった。

(A) ココ山岡事件

(a) 事件の概要

1997年1月、横浜に本社を有し、100万円から200万円のダイヤモンドを5年後買戻特約付きで販売していた株式会社ココ山岡宝飾店（ココ山岡）が、横浜地方裁判所で破産宣告を受け倒産した。同社は1981年1月頃より買戻商法を営んでいた。

ココ山岡の被害は10万人にも及んだ。ショッピングモール、デパート内での店舗で、女性従業員が店舗の前などを通りかかった若者に「アンケート

をお願いします」と声をかけ、若者たちを店舗の中に引き入れた。突如店舗に引き入れられた若者たちは、落としのプロに囲まれ、言葉巧みなセールスを受け、「5年後に購入金額が戻ってくる」、「クレジット代金は5年間の使用料と考えたら安いもの」などと説明され、断り切れずに、クレジットで商品を購入させられた。勧誘は数時間に及ぶケースもあった。

このような被害に対し、全国のほとんどすべての都道府県に弁護団が立ち上がり、各弁護団は、各地の裁判所にクレジット代金の債務不存在確認と既払いのクレジット代金の返還を求める訴訟を提起した。各地の裁判所で複数（全国で9社）の信販会社を被告とした審理が行われたが、最初の訴え提起から3年ほどが経過した2000年（平成12年）7月6日、全国一斉の統一的な和解が成立し、未払いのクレジット代金の全額放棄、既払金の42％の返還を実現するという内容で、全面解決が実現した。

(b)　宮城県内での被害救済に向けた取組み

ココ山岡の店舗は、仙台駅の商業ビルをはじめ宮城県内にも複数設置されていたことから、宮城県内でもその被害は深刻であった。宮城県では、仙台弁護士会と宮城県消費生活センターおよび市町村の消費者相談窓口との間では、年に2度、情報交換のための「県内相談機関との意見交換会」を継続的に開催して協力体制ができていたことから、相談機関から弁護士会に速やかに被害の情報が寄せられた。ココ山岡の倒産から1カ月ほど後の1997年2月26日に開催された意見交換会の中でも、ココ山岡商法の問題点が指摘され、宮城県内でも数年前から苦情相談が多く寄せられていたことが報告された。

全国各地では、弁護士会、弁護団が主催して被害者説明会が開かれた。宮城県内では、1997年2月28日、被害対策弁護団（団長：鈴木裕美弁護士）による被害説明会が開催された。

さらに、1997年3月15日、宮城県消費生活センターが入っている婦人会館を利用して、同センターの協力を得て被害説明会および第1回受任会が開催された。会場に入り切れないほどの被害者が参加し、仙台弁護団は200人を超える被害者から受任を受けた。店頭でのキャッチセールスで、ダイヤモンドなどを購入する気持ちが全くないのに断れず、5年後に買戻しができるのを自分への言いわけ（実際買戻しをしようとして）として契約させられた被

害者の悔しい思いを聴き取った。仙台弁護団では、この声を被害救済の議論に反映させようという想いは強かった。さらに、「キャッチセールス」の実態からすると、5年後に買戻しが多くなることは当然であり、まさに破綻必至の詐欺商法であって、勧誘手法も店舗に囲い込んで承諾するまで返さないという悪徳商法そのものだった。

　この事案の解決として、買戻しができなくなったとして割賦販売法30条の4で抗弁対抗として残ったクレジット代金の支払拒絶が認められるだけでなく、支払ったクレジット代金を信販会社から返還させる事案、つまり、ココ山岡とクレジット会社の共同不法行為として損害賠償ができなければおかしいと考えられた。そのためにも、さらに、多くの被害者からの聴き取りと、これまでのココ山岡商法の検討が不可欠で、早々にクレジット残代金の放棄のみでの解決の方向を決めるべきではないとも考えた。

(c)　全国弁護団連絡会の結成

　1997年3月29日、弁護士会館で日本弁護士連合会消費者問題対策委員会主催で、ココ山岡問題について、破産法学者と民法学者による勉強会が開催された。

　その後、同じ会場で、弁護団の結成準備会が開催された。意見交換の中で、横浜、東京、大阪および仙台から4人の共同代表が決まり、事務局長は東京の千葉肇弁護士が就任することが決まった。仙台からの共同代表は鈴木裕美弁護士が選任された。

　私もその会議に参加したが、今後の方針についての議論が白熱した。この間、相談窓口との意見交換、被害者説明会および受任会での被害の実態、被害者側の声を聴いていただけに、既払金返還も射程とした方針が不可欠と考えて臨んだ。他方、10万人にも及ぶ被害者の早期の解決のため早期にクレジット会社との話し合いで解決をめざすべきとの意見も出され激論が繰り返された。

　そして、弁護団の方針として、

①　破産管財人に対し、購入被害者を債権者として認めさせること。

②　信販各社に対して、未払金放棄の要求を行うこと、支払督促・早急な訴えの提起をしないこと、事故情報の登録をしないこと、銀行口座から

の引落しを中止することを要求すること。

③　通商産業省（通産省）に対し、信販会社に対し②の指導勧告を行うことを要求すること。

④　神奈川県警察に対し、ココ山岡商法を告発すること。

⑤　抗弁権の接続と共同不法行為について、資料・証拠を集めること。

が盛り込まれた。

⑤にあるとおり、共同不法行為について、資料・証拠を集めることも方針となった。

(d)　ココ山岡被害の調査・証拠保全等

宮城県内の弁護団の受任者は400人を超えた。依頼を受けた被害者らが契約をした信販会社ごとのデータを分析をすると、1997年1月で株式会社ライフとの契約がなくなっていた。ライフは、何らかの異変を感じ、この時点でココ山岡との加盟店契約を打ち切るなどして撤退した可能性が推認できた。

信販会社との交渉の中で、クレジット残代金の債務については、信販会社側が売買契約と5年後買戻し契約は別個として、抗弁の対抗を認めないとの立場を変えることはなかったが、交渉の中で、事故情報に掲載しないことまでは勝ち取ることができた。

しかし、仙台弁護団では、既払金返還請求の可能性を指摘した以上、破綻に至る経過および信販会社の認識可能性の解明が急務であった。

そこで、仙台弁護団は、まず未払金について債務不存在確認訴訟を起こし、資料を分析しデータを整えたうえで第2弾として既払金の返還を請求する方針を採用し、1997年5月の千葉県弁護団の提訴の後、同年6月17日、約410人を原告として、加盟店契約の時期にあわせる形で、株式会社オリエントコーポレーション、日本信販株式会社および東京総合信用株式会社（東総信）・ファインに分けて、仙台地方裁判所の3カ部に、残クレジット代金の債務不存在確認訴訟を提訴した。

仙台弁護団の会議の中で、司法修習第34期で豊田商事事件、先物取引事件等消費者事件の先達である吉岡和弘弁護士から、万が一ココ山岡の代表者などの旧経営陣が海外に逃亡する可能性があるなら、証拠保全として、証人申請しておくべきではないかと提案がなされた。この証拠保全の提案が、証

〈図〉 信販会社ごとの与信率

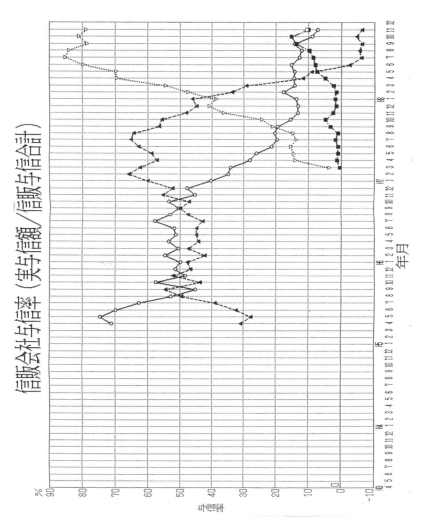

人尋問より、既払金に踏み込むことか
らすると信販会社の内部資料を証拠保
全として収集する必要があるとの方向
に進んでいった。そこで、月1度は開
かれる全国弁護団連絡会（全国連）で、
信販会社への証拠保全の提案をした
が、東京地方裁判所の証拠保全の運用
は厳しく、採用されない可能性が高い
との意見が出され、証拠保全の方針は
直ちには採用されなかった。

1997年6月12日付け河北新報

　1997年6月4日、第1回債権者集会が開かれ、破産管財人から、ココ山岡
は1993年（平成5年）1月、ライフから加盟店契約の解除を通告されていた
ことが確認できた。その時点で信販会社としてはココ山岡の破綻が容易に知
り得たのではないか、ライフへの証拠保全はその点が中心論点となっていっ
た。

　これを受けて、1997年8月、仙台弁護団が責任をもって証拠保全の申立
てをすることとして、7信販会社へ証拠保全を行った。ライフへの証拠保全
は同年10月6日に実施された。1993年（平成5年）1月のライフの常務会で、
「ココ山岡についてはキャンセル・中途解約が増大し、今後5年買戻しの増
加も考えられることからすると、会社が破綻しかねない。その場合、抗弁の
対抗だけでなく、大きな社会問題となり、信販会社として、社会的責任が問
題となる」と書かれていた。

　これは、証拠保全に立ち会った管理担当者の手帳（したがって証拠保全の対
象ではない）の記載であり、ココ山岡の事件が発生して、同問題についての
信販会社間の会議でライフが説明した内容のメモであった。管理担当者は、
「わが社はきちっと加盟店管理をしていたのだ」と言いたくて、そのメモを
わざわざ我々に見せたのだろう。後に、刑事記録の中からこの記載の元となっ
た1993年1月のライフの常務会議事録が出てくるが、当時、このメモ書き
からして、信販会社は同年時点でココ山岡の破綻可能性の認識があり、それ
なのに5年買戻し商法を加盟店として推進したのだということがわかった。

このようにして、宮城の被害者の分析が、1993年1月のライフの撤退に行き着き、その理由まで明らかとなった。この時点で、仙台弁護団は共同不法行為で勝てると確信した。少なくとも楽天的といわれる私は、「いける」と確信した。

(e)　全国統一提訴

そして1997年10月16日、全国一斉提訴に至る。全国連を中心に、被害者の声と証拠に基づき議論をし、全国統一して提訴の方針を出せたことがこの事件の解決の1つの鍵・肝であったと思う。しかも、全国ではこの日に提訴することを決め、その内容（債務不存在、既払金返還・共同不法行為）については各地の独自性を重んじることとした。仙台弁護団は6月提訴の債務不存在に加え、全国一斉提訴にあわせて共同不法行為による既払金返還の訴訟を提起した。

ココ山岡の決算書の分析を、神奈川弁護団のルートで公認会計士桜庭周平氏にお願いし、勉強会で説明を受けた。まさしく、1993年（平成5年）3月期で、大幅な資金不足で破綻に瀕していたことが財務上も明らかとなった。

1997年10月16日の一斉提訴によって、最終的に38地裁、約9000人が9信販会社を相手に集団訴訟を提起していくこととなった。

(f)　被害者の会の役割

各地で被害者が横の連絡を取り合い、それぞれ被害者の会をつくっていたのもココ山岡被害の特徴であったように思う。仙台では、被害者の会が被害体験ビデオを作成し、証拠申請をした。当事者の活動が被害の実相を伝え裁判所にも解決を促したといってよい。

(g)　刑事事件への進展

1997年12月には、ココ山岡の役員は、訪問販売法違反で捜索・差押えを受け、刑事事件の捜査の端緒も開かれた。弁護団の集団的な取組みが刑事事件の捜査をも後押ししたように思う。そして、約1年後の1998年10月、神奈川県警察がココ山岡の代表取締役本間夏樹および役員の森下展男らを、当初は特別背任罪、そして同年11月には詐欺罪で逮捕した。

(h)　仙台地方裁判所での訴訟の進行

仙台地方裁判所での審理は、3カ部で同時並行して進行を早めた。ココ山

岡の被害者の中心は若者であり、時間をかけるにつれて連絡が取れない原告が増えることが危惧され、特に仙台では「3年で解決を」を合言葉に訴訟に挑んだ。これは私も複数の弁護団の一員として取り組んだ細倉じん肺損害賠償請求訴訟において「命ある間の解決を」とのスローガンの下、3年で解決するとの方針を実現させた経験によるもので、ココ山岡事件にもこれを活かそうと考えたものであった。

(i)　全国統一和解へ

1999年9月、東京地方裁判所で争点整理案が示され、和解協議が始まった。全国弁護団では中央交渉団をつくり、4代表の弁護団を中心に和解協議に応じた。

他方、仙台地方裁判所では、1998年4月から原告尋問を始め、1999年2月にはココ山岡仙台支店長の証人尋問、東京での和解協議の開始後の同年11月、2000年1月には、ココ山岡の役員森下の尋問を実施し、東京地方裁判所での和解協議を横からサポートした。

そして、2000年6月に東京地方裁判所で基本合意が成立した。被害総額92億円のクレジット債務の免除、クレジット会社側から25億円の支払いを受けるというものであった（既払金の約42％）。

原告・被害者からも、ここまでの解決ができるとは思わなかったと、一部既払金が返ってくることに大いに感謝された。

ココ山岡での統一和解は、抗弁の対抗にとどまらず、割賦販売法を越えて既払金返還への道筋をつけたというべきで、その後に続く、割賦販売法の対象外の商行為除外に該当する大型クレジット被害への解決、2008年の割賦販売法改正へのステップを切ったといってよいと思われる。

(j)　本解決に至った要因

弁護団は、本件は、被害者が10万人に及ぶ巨大被害であり、被害者の声を踏まえ、被害の実情に見合った責任追及として、既払金返還に踏み込むべき事案だと確信して取り組んだ。その確信が、警察を動かし、東京地方裁判所をも動かしたのであろう。東京地方裁判所の裁判長であった福田剛久判事は、武富士の名誉毀損訴訟で週刊金曜日およびフリージャーナリストの三宅健一氏が名誉毀損で訴えられた事件の裁判長も務め、請求棄却の判決も書い

ている。裁判官にも恵まれたと思う。

　さらに、解決に向けては、信販会社の代理人側も本件被害を真摯に受け止め解決に向けての話し合いができる関係をも築くことができた。

　私は、仙台弁護団の一団員ではあったが、仙台では2年前のニシキファイナンス事件（前記1⑴(B)参照）に取り組んできた弁護士の多くがココ山岡事件の弁護団に参加し、ニシキファイナンス事件において困難事件を切り開いてきたエネルギーがココ山岡事件でもいかんなく発揮された。仙台弁護団は団長である鈴木裕美弁護士をサポートし、全体解決のためのアイデアの提供と証拠収集に全力を傾けた。

⒦　ココ山岡事件での集団訴訟の意義

　大型クレジット被害の発生は、法規制の不備を現しているといってよい。当時の割賦販売法には、抗弁対抗規定しかなく、信販会社に加盟店を調査し不正を行う加盟店を排除する法律上の義務（加盟店調査義務）もなかったため、販売店に問題があることが発覚しても、信販会社は未払金が回収できなくなるだけで、発覚時までに得た既払金はそのまま保持することができた。我々は、既払金の返還が求められないこと（悪徳商法による収益を分け合うことができること）が、信販会社の悪徳商法への加担・大規模クレジット被害の発生の要因であると考えられた。信販会社に、問題ある加盟店を排除しようというインセンティブを与えるためには、既払金の返還を認めさせる必要があると考えて、本件事件に取り組んだ。仙台弁護団は、販売店との共同不法行為を理由として集団訴訟を提起し、上記のとおり、既払金を返還させる全国統一和解が実現した。

　集団訴訟を行うことの意義は、現行の、たとえば、割賦販売法上では救済できない被害を、被害を顕在化することによって、メディア、警察をも動かし、新しい解決の仕組みをつくっていくということであり、言い換えれば法創造機能を発揮し解決に導くことにあるように思う。そして、その解決（和解・判決）を、法改正などの制度改善に活かすことにあるといえる。弁護士冥利に尽きる活動といえる。

闘いを振り返って

ココ山岡被害対策弁護団の活動

弁護士　小野寺友宏

◆被害の発生◆

　横浜に本店を置く株式会社ココ山岡宝飾店（以下、「ココ山岡」という）は、貴金属、宝石、真珠等の販売を目的とする会社であり、1997年（平成9年）当時、全国に98の店舗を開設していた。店舗のほとんどは繁華街の若者が集まるショッピングビルや駅の地下街などに置かれ、テレビ番組等でも名の知れた企業であった。このココ山岡が、1997年（平成9年）1月10日、突然横浜地方裁判所から破産宣告の言渡しを受けた。このニュースが新聞やテレビで報道されると、各地の消費生活センターに若者を中心とする多くの消費者から「5年後に買い戻してもらえる約束でダイヤモンドを購入したのに、倒産したらどうなるのですか」、「信販会社に毎月代金を支払っているのですが、倒産しても支払い続けないといけないのですか……」等の問合せが殺到した。

　このような多くの深刻な問合せを受け、ココ山岡の倒産が単なる宝飾品販売会社の倒産ではなく、集団消費者被害につながる大事件に発展するのではないかという懸念が広がっていった。

◆被害の実態◆

　ココ山岡は、1981年（昭和56年）1月頃から、「5年後買戻特約」付きでダイヤモンドを販売する商法（いわゆる「5年後買戻商法」）を始めていた。これは、90万円以上のダイヤモンドを購入すれば5年後にはその販売価格でココ山岡にダイヤモンドを買い戻してもらえるという特約を付けたダイヤモンドの販売である。

　5年後に販売価格で買い戻すという商法は、計算上、将来的には破綻することが必至な商法であるように思えるが、ココ山岡は、アンケート

等を口実に若者を店舗に連れ込んで執拗な勧誘をし、あたかも将来にわたり買戻しが実現できるかのように説明して若者を信用させ、ダイヤモンドを販売し続けていたのである。

　このような破綻必至の商法を助長したのは、ココ山岡を加盟店とし、ココ山岡の顧客との間でクレジット契約を締結していた複数の信販会社である。ココ山岡は、倒産までに9つの信販会社と加盟店契約を締結していた。本来であれば、信販会社は、ココ山岡の商品や契約内容、販売方法などに問題がないかをチェックし、顧客との間でトラブルが発生するおそれのある契約や販売方法についてはクレジット契約を利用させないよう監督すべき加盟店管理義務を負っているが、ココ山岡を加盟店としていた各信販会社は、ココ山岡の詐欺商法や悪質な勧誘に気づいていながらも漫然とクレジット契約を利用させ続け、膨大な利益を上げていた。

◆仙台の被害対策弁護団の結成と仙台での初動◆

　ココ山岡倒産のニュースを受け、ココ山岡でダイヤモンドを購入していた若者たちからの苦情や相談の電話が、独立行政法人国民生活センターや全国各地の消費生活センター等の消費者相談窓口に殺到した。

　宮城県においても、ココ山岡倒産から1カ月ほど経過した頃に、県内の消費生活センターから仙台弁護士会消費者問題対策特別委員会の委員らに、ココ山岡に関する苦情相談が相次いでいるとの情報が寄せられた。そこで、新里宏二弁護士や鈴木裕美弁護士が中心となって働きかけ、ココ山岡被害対策仙台弁護団（以下、「仙台弁護団」という）が結成され（鈴木裕美団長、小野寺義象副団長、小野寺友宏事務局長）、1997年（平成9年）2月に、被害者説明会が開催された。

　被害者説明会では、多くの若者たちから、買戻しを信じたのに守られないことのショックや今後のクレジットの支払いへの不安など切実な声が寄せられた。仙台弁護団は、被害者らの不安を軽減するためにも速やかに受任の機会を設けるのが相当と考え、翌3月に宮城県消費生活センターの協力を得て、弁護団による受任会を兼ねた第2回被害者説明会を

開催した。説明会には200名を超える被害者が訪れ、あらためて被害規模の大きさや深刻さを実感することになった。

　ココ山岡商法の被害の実情からすると、売買契約と密接な関係のある買戻しの約束が守られなくなったのに残りのクレジット代金を払わなくてはならないというのは被害者らにあまりにも酷であった。そこで、弁護団がまず考えついたのは、割賦販売法の抗弁対抗規定によってその支払いを拒絶するという救済の仕方であった。しかし、当時は、未払金の支払拒絶を超えて既払金の返還を認めるような法律上の明文規定や裁判例は存在しなかったこともあり、既払金返還を目標とすることが現実的かは、弁護団内でも考えがまとまってはいなかった。

　そのような中で、新里先生は、ココ山岡を加盟店としていた信販会社もココ山岡と共同不法行為の関係に立ち損害賠償請求の対象となるはずとの考えを示し、まずはこれまでのココ山岡商法と信販会社の関与の実態の検討をすべきであり、未払金の放棄のみの決着を目標と掲げるのは尚早であるとして、弁護団の方針をリードした。

◆全国弁護団の結成と取組み◆

　以上のような動きの中で、全国36の都道府県で、相次いでココ山岡被害救済のための弁護団が結成され、弁護士が被害者から委任を受ける手続が行われた。このように被害が全国に及んでいることから、1997年（平成9年）3月、東京・霞が関の弁護士会館で、全国弁護団の結成準備会が開催された。

　この会議で、被害救済のための全国組織として、ココ山岡被害救済全国弁護団連絡会（全国連）を結成すること、その代表を、横浜（山本安志）、東京（犀川千代子）、大阪（藪野恒明）、仙台（鈴木裕美）の4弁護団から選出し4名の共同代表制とすることなどが決定されたが、具体的な解決に向けた方針については、各弁護団からいろいろな考えが示された。中でも、当初強く主張されたのは、大量の被害を早期に解決するために信販会社と話し合いをして未払金の減免での解決をめざすべきとの意見であった。これに対し、全国弁護団の会議に参加していた新里先生は、被

害者説明会で聞いた被害者の声や信販会社の強い関与が疑われる被害実態などから、既払金の返還を射程に入れた方針を採用すべきことを強く訴えた。

このようなやりとりの結果、同日の会議では、現時点では未払金放棄のみを目標にする方針はとらないこと、信販会社のココ山岡商法への関与を明らかにするために関係各所からココ山岡関連の資料収集を行うことなどが全国弁護団の方針として確認された。

◆被害救済に向けた具体的な方針──実態調査・証拠収集◆

仙台弁護団では、新里先生から、信販会社の関与を明らかにするためには、被害の全体像や時間経過による取引の推移などを把握することが重要であることが指摘された。そこでまず、仙台弁護団が受任した約500名の依頼者らの契約時期、契約件数、契約金額の総額をグラフ化することを試みた。すると、関与した信販会社のうち、株式会社ライフ（以下、「ライフ」という）が途中撤退し、日本信販株式会社（現在の三菱UFJニコス株式会社）、株式会社オリエントコーポレーション（以下、「オリコ」という）が急激に与信を絞る中で、東京総合信用株式会社（のちの株式会社クォーク）が参入して売上げを支えているという各社の動向が明らかになった。この初期の分析から、仙台弁護団では、問題に気づいた信販会社からココ山岡との距離をとるようになったこと、各社は買戻商法の実態を知っていたはずであることなどを確認し、クレジット未払金請求に対する抗弁対抗のみならず既払金返還を基本とする方針を立てた。

このような中で、1997年（平成9年）5月に、千葉県の弁護団がいち早く信販各社に対して、クレジット未払金の債務不存在確認訴訟を提起した。仙台弁護団もそれに続いて、同年6月17日に、債務不存在確認訴訟を仙台地方裁判所に提起した。

本丸の既払金返還請求については、仙台弁護団内で引き続き対応を検討し、信販会社の関与の調査のため信販各社の内部資料に対する証拠保全を申し立てる案が提案された。このことを全国連の会議で提案したところ、東京地方裁判所の証拠保全の運用が厳しいことを理由に慎重な意

見が出されたが、新里先生は、申立てをすること自体には何の不利益はないので、地元がやらないのであれば仙台弁護団で申し立てることを宣言した。これを受けて仙台弁護団は証拠保全の検討を進め、1997年8月、信販会社5社に対して、東京簡易裁判所に証拠保全申立てを行った。

　このような申立ては前例のないものであったこともあり、当弁護団は東京簡易裁判所に直接出向いて、裁判官に保全の必要性を説明した。このような取組みが実り、申立てをした5件（被告とした4社＋株式会社ライフ）すべてで証拠保全決定が出された。

　最初に保全手続を実施した東総信（1997年10月3日）には、コピー機の使用を拒否された場合に備えて、コピー機と発電機をレンタルして持ち込むという、大がかりな準備を行って保全に臨んだ。

　5件の証拠保全の中で、最も成果があったのはライフに対する保全であった。ライフは、いち早くココ山岡との取引から撤退していたが、自らの加盟店管理の成果を誇るかのように、加盟店承認からその後の取引停止に至るまでの資料を任意に提出した。その中には、ココ山岡のキャンセル率の高さを懸念し、解約手数料の上乗せを求める書面や森下展男社長との面談記録、企業調査会社を使ったココ山岡の調査記録などが残されていた。こうして、同社がココ山岡商法に危惧を抱いて撤退したことを裏づける資料の入手ができたことにより、後発の信販会社がライフ撤退後のココ山岡商法を支えた構造が明らかとなり、既払金返還請求が十分に成り立ちうるとの感触を得ることができた。

◆信販会社に対する全国一斉提訴◆

　このような既払金返還請求訴訟に向けた準備が進む中でも、信販各社は、既払金の返還には応じられないとの態度を崩さなかった。そこで、1997年（平成9年）8月の全国連会議で、同年10月16日に全国で一斉に信販会社に対して訴訟を提起することが決定された。

　このような方針決定を受けて、同日、全国38地裁に一斉提訴がなされたが、仙台弁護団は、すでに提起していた債務不存在確認訴訟に追加提訴する形で、仙台地方裁判所に既払金返還請求訴訟を提起した。

　全国一斉提訴後も被害者からの委任があり、訴訟の提起は、第2次提訴、第3次提訴と続き、最終的には、全国で原告約9000人が支払義務がないことの確認を求めた分割未払金の総額は約92億円、返還を求めた分割既払金の総額は約59億円にも上った。

◆仙台地方裁判所での訴訟の進行◆

　前述のように、仙台弁護団は、全国一斉提訴に先立ち、1997年（平成9年）6月17日、約400名の原告で、未払金の債務不存在確認の訴訟を提起した。加盟店管理契約の締結時期ごとに類型化し、「東総信」「ファインクレジット」（第1民事部）、オリコ（第2民事部）、日本信販（第3民事部）の3カ部に分ける方針を採用した。仙台弁護団はココ山岡訴訟の「3年での解決」を目標に掲げたが、これは、新里先生が加入していた別の事件の弁護団において、解決までの期間を目標として掲げ実現した経験を、この弁護団でも活かそうとしたものであった。

　仙台弁護団は、全国の各弁護団と連携協力し、国民生活センターや経済産業局などの行政機関からの情報収集や、全国に先駆けて、ココ山岡元代表取締役、元従業員、原告本人の尋問など積極的な証拠調べを行った。

　被害者本人による被害立証は、原告の数が極めて多いため、統一的な陳述書用紙を用いるとともに、それを一覧表に集計し被害の全体像がわかるように工夫をした。さらに、生の被害実態が裁判所に伝わるように、仙台の被害者の会の原告らが中心となり、ココ山岡での勧誘体験を再現したシナリオを作成し、原告がそれぞれ役割を分担しシナリオに沿って劇を演じ、ビデオに撮影したものを証拠として裁判所に提出した。

　これは、裁判官に、具体的な被害の実態を伝えるという意味でも有益な証拠であったが、それにとどまらず、被害者自身が自ら主体的に解決に向けて行動するという自覚を促し、弁護団と原告団の連帯感を強めたという点でも有意義であった。このような被害者とともに解決に向けて前に進むという新里先生の被害救済活動の姿勢を反映した活動は、仙台弁護団の活動の特徴的な取組みであった。このような弁護団の活動の成果は、全国の弁護団でも共有され、各地の裁判で活用された。

◆信販会社代理人弁護士らとの協議◆

　全国各地で訴訟が進行する中で、主な関係者の尋問などが行われるのと並行して、大規模訴訟をどのように解決するかも課題と認識されるようになった。このような課題に対応するために、仙台弁護団は、新里先生を中心とし、訴訟の期日後などに、信販会社代理人弁護士らと協議の場をもち、既払金返還という弁護団の要求を実現しながら、全信販会社との間の訴訟を全体的に解決する方策について意見交換を行った。

　この協議は、非公式のものであるが、信販会社代理人らとは裁判で激しく争いながらも、弁護士同士の信頼関係を築いてきたことから実現できたものである。この協議を通じて、全体解決に向けた感触が確認できたことにより、後の全国弁護団による正式な和解交渉につながることとなった。

◆全国統一交渉と全体和解による被害者の救済◆

東京地裁による和解勧告　ココ山岡事件を担当していた東京地方裁判所民事第30部（福田剛久裁判長）は1999年（平成11年）8月、当事者双方に「争点整理案」を示したうえ、同年9月7日、和解解決の方針について勧告を行った。

　勧告は、2000年（平成12年）3月まで、和解に向けて努力すること、同時期までに和解の見通しが立たない場合は和解を打ち切り、集中審理に入り判決をするというものであった。期限に向けて裁判所の当事者双方からの精力的な事情聴取が行われたが、その中で全国弁護団は、「被告全信販会社に対する未払金の放棄と既払金の一部返還」を強く主張した。

東京地裁の和解案提案と基本合意の成立　2000年（平成12年）1月19日の和解期日において、裁判所から「和解提案書」が示された。その概要は、①全信販会社は、全原告に対して分割未払金の請求を放棄する、②信販会社は、既払率に応じたグループごとに一定割合の既払金を返還する、③原告らは、各信販会

社に対しダイヤモンドを引き渡し、信販会社はこれを一括して業者に売却する。ダイヤモンドの売却代金は、原則として原告らが取得する、というものであった。

この「和解提案書」に同意して和解の席に着くかについて、全国連内でも激しい議論がなされた。中でも、各信販会社から支払われる和解金を全国の原告にどのように分けるのが公平かという点が議論になった。このような中で、新里先生は、全国の和解金を1カ所に集め、それを各弁護団の原告の既払金額に応じて、同じ割合で配分する案（新里先生は「全国ガチャポン方式」と呼んでいた）を提案した。活発な意見交換の結果、和解金の配分としてはこのような案が全国の弁護団でも受け入れられ、和解案受け入れの方針が採用されるに至った。

そして、2000年（平成12年）3月15日の和解期日において、原告、被告信販会社、および破産管財人の関係者全員が裁判所の和解提案書に沿って和解することに同意した。その後、東京地方裁判所において具体的条件の煮詰め作業がなされたが、全国連は、中央交渉団を結成し交渉を継続した結果、同年7月6日の和解期日において、東京地方裁判所に全国連に所属する38弁護団の各代表全員が出席して、全国の原告と被告全信販会社9社および破産管財人の三者間において、「基本合意書」が締結された。

ダイヤモンドの返還と和解金の支払いによる全面解決

最後に、大きな宿題として残った全国の約9000名の原告のダイヤモンドの検品と返還については、各地弁護団が説明会を開催するなどして原告に対し和解条件の内容とダイヤモンドの返還の必要性を知らせ、2000年7月末から8月上旬の20日にわたって、全国の弁護団が分担して信販会社ごとに設けた検品場所に立ち会って信販会社代理人とともに検品作業を行った。ダイヤモンド回収率は93%余にも達した。

2000年（平成12年）12月上旬までに各信販会社から原告側に和解金が支払われ同月中に全国の原告に対して、全国連の決めた基準に基づき、和解金が配分された。

　1997年（平成9年）1月のココ山岡の突然の破産宣告から始まったコ
コ山岡事件の被害救済活動は、足かけ4年、提訴以来3年をかけて、未
払金債務92億円の全額免除と25億円の既払金返還（原告ら被害額の42％
相当）、被害総額の約77％（未払金放棄と和解金の収受）を回復するという
画期的な成果をもって終結に至った。

◆ココ山岡集団訴訟が残したもの◆

　ココ山岡被害事件は、クレジット集団被害事件としては、被害者数や
被害額などからみて全国最大規模のものであり、全国のほとんどすべて
の都道府県に弁護団が立ち上がるという意味においても、クレジット集
団被害としては過去に例をみないものであった。しかも、当時は、既払
金返還の制度がなく、前例となる解決例もほとんどない中で、全くの手
探り状態からの出発であった。そのような中、発生から4年ほどで、未
払金全額放棄、既払金の42％もの返還を実現したというのは、被害発
生当初の予想を上回る大きな成果であった。

　新里先生は、仙台弁護団の一弁護団員の立場ではあったが、これまで
述べたように、弁護団活動開始初期の方針決定、具体的な証拠の収集と
その分析による主張・立証方針の立案、全体解決に向けた方針決定など、
大切な節目ごとに全国の議論をリードし、全面解決に大きな影響を及ぼ
した。特に、先例がない取組みや先のわからない見通しについても自信
をもって発言する姿に「新里先生の言うとおりにすれば何とかなるので
はないか」と思った団員は多かったのではないだろうか。

　ココ山岡事件は、全国の多くの弁護士が団結し方針の協議や主張・立
証活動を共有する等の協力をし合いながら成果を勝ち取ったこと、中堅・
若手弁護士を中心に集団被害事件に取り組む経験を積む機会となりその
後の消費者被害救済を担う弁護士が育つ契機となったこと、クレジット
関係法令の不備が明確に意識されその後の割賦販売法改正等の立法改正
運動につながったことなど、わが国の消費者問題の歴史の中で非常に重
要な意義をもつ事件であった。

　また、前述のように、本件は、新里先生の妻である鈴木裕美先生が全

国代表の1人として表に立ち、それを新里先生が裏で強力に支えて、大規模事件で画期的な解決に導いたものであるが、弁護士夫婦の連携により大規模集団訴訟で大きな成果を収めたという裁判はあまり例を聞かず、そのような意味においても、新里先生の弁護士人生の中で思い出に残る事件ではないだろうか。

(B) ジェイ・メディア事件

(a) ジェイ・メディアの倒産

2000年6月、ココ山岡事件は未払金の全額放棄および既払金の42％の返還を実現するとの基本合意を行い、同年11月全面解決に至った。

2002年4月、JR東日本の駅構内で電光表示広告を行っていた株式会社ジェイ・メディア（本社は福島県郡山市）が倒産した。同社は顧客との電光表示広告契約を行うにあたって、3年ないし5年の広告契約と同時にその支払いについてクレジット契約を利用することで同社に代金が一括前払いされていたのだ。広告代金につきクレジット契約を締結していた顧客が、事業者間の商行為についてのクレジットであることから抗弁対抗できないとして、信販会社である株式会社オリエントコーポレーション（以下、「オリコ」という）、株式会社セントラルファイナンス（以下、「セントラル」という）よりクレジット代金の請求を受けたというものである。

(b) 動き出した各地の被害事業者

ジェイ・メディアの倒産後、秋田、福島で被害者の会が結成されたとの報道がなされた。2002年6月13日の河北新報の記事では、秋田の事業者のコメントとして、「J社（ジェイ・メディア）に自分が契約したのはクレジット契約ではないのか」と問い合わせたところ、「集金代行にすぎない、いつでも解約できる」と説明されたという。しかし記事では、宮城県塩竈市内の内科医院を経営する医師は、「弁護士に相談したがどうにもならないと言われた」とのコメントも載っている。本件は商行為であり、割賦販売法の適用対象外といっているのであろう。河北新報の記者からも取材を受けた。取材を受ける中で、どうしてこんな不合理な契約をするのかと思った。事業者として、広

告料は月々払えばよいはずであり、一括支払いの合理性がみえない。自転車操業のジェイ・メディアが延命策として信販会社と組んで、顧客の不利益の上で利益を上げようとしたならば事業者であっても被害者として救済しなければならないのではないかと考えた。特に、顧客手数料はゼロ、他方、加盟店手数料が15％と聞くと、ジェイ・メディアへの与信と考えられ、なおさら、その思いが強くなった。

　当初は消費者事件とは違い消費生活センターへ相談が寄せられることはなく、事業者の顧問弁護士等に相談が寄せられた。仙台弁護士会の鹿又喜治弁護士から弁護団をつくろうとの呼びかけがなされた。

(c)　秋田の被害事業者からの相談

　新聞報道がなされた直後、東北通商産業局の方から電話が入る。「秋田の事業者から、ジェイ・メディアが倒産して被害者の会をつくったが担当する弁護士さんを地元では見つけられない。新里・鈴木法律事務所に連絡をして相談に乗ってもらったらよい。そこでダメなら諦めなさい」とアドバイスしたという。ココ山岡事件で東北通産局へも数度要請に行っていたので、ココ山岡弁護団の活動も理解していただいていたのだろう。

　東北通産局から紹介を受けたとする秋田県の事業者から電話が入り、鈴木裕美弁護士と一緒に相談を受けることになった。すでに秋田では被害者の会ができていて、その代表者の方であった。

　自分の被害について、「集金代行と言われ、さらに、中途解約ができるから契約をしたのだ。会社が倒産したら支払う必要はないはずだ」という。

　さらに、2000年10月時点の、オリコからジェイ・メディアへの「支払い通知書」を持参してくれた。それによると、

売上げ元金	2,100,000円
加盟店手数料	300,300円
支払い方法	1,799,700円のうち、同月989,940円、2001年10月 202,440円、以下同額で3年払い分割での支払い

となっていた。すでに、オリコはジェイ・メディアの信用悪化に気づき、支

払いを一定留保したと考えられた。商行為除外で割賦販売法の適用はない、したがって救済できなくてもやむを得ない被害とは思われなかった。

(d) 判例の調査、敗訴判決にヒントが

記者からの取材や被害事業者の被害実態を聞くにつれて、ジェイ・メディアの営業実態、財務の状況を知ることが不可欠であると感じるようになった。

また、判例を調べると、1984年割賦販売法の改正以前の事案であるが、呉服販売の合意解約についてクレジット会社へ支払いを拒絶できるかが問われた最高裁平成2年2月20日判決が見つかった。支払拒絶は認めなかったが以下の一般法理を定立していた。すなわち、「割賦販売法30条の4第1項の新設前の個品割賦購入あっせんにおいて、購入者とあっせん業者の加盟店である販売業者との売買契約が販売業者の商品引渡債務の不履行を原因として合意解除された場合であっても、購入者とあっせん業者間の立替払契約においてかかる場合には購入者が右業者の履行請求を拒みうる旨の特別の合意があるとき又は<u>あっせん業者において販売業者の右不履行に至るべき事情を知り若しくは知り得べきでありながら立替払を実行したなど右不履行の結果をあっせん業者に帰せしめるのを信義則上相当とする特段の事情があるとき</u>でない限り、購入者は、右合意解除をもってあっせん業者の履行請求を拒むことはできない」（下線筆者）。購入者側の敗訴判決であったがジェイ・メディア被害の救済に使えるように思った。中途解約ができること、それに従ってクレジット会社も処理してきたこと、中途解約が急増する等、破綻の可能性を知り得たのではないか、オリコは破綻の可能性を知りうる状況の中でリスク回避のため、同社からジェイ・メディアへの立替金の支払方法を分割での支払い（支払金の一部留保）に変更したのではないのか。そうすると、この最高裁判所の基準からしても支払いを拒むことはできるはずだと思った。

(e) 弁護団結成と証拠保全の実施

2002年7月4日、ジェイ・メディア被害対策宮城弁護団（以下、「宮城弁護団」という）が結成され、同月15日、仙台で被害者説明会を開催した。出席事業者数は74社にも上った。

私が、ジェイ・メディアによる被害の概要と法的問題点を説明した。最後に、「従前の判例もなく、簡単に認められるものではない。しかし、『広告が受け

られなくともクレジット代金は支払う契約だったとなっている』ことを理解できた被害者がいるのか……それがわかっていればはたして契約したのか？……納得できないのであれば、闘うしかない」と、締めくくった。これまでの事実関係からすると、残クレジット代金の支払いを拒絶できる可能性は十分ありうると思った。

ジェイ・メディアについて破産の手続がとられていなかったことから、ジェイ・メディアの財務、営業資料の証拠保全は急務であった。

宮城弁護団は、2002年7月26日、福島地方裁判所郡山支部に証拠保全の申立てをし、同年8月23日、郡山市内のジェイ・メディアに対する証拠保全を実施した。

(f)　全国弁護団連絡会の結成

全国でも弁護団の連絡組織をつくることが検討され、2002年7月28日、仙台で第1回の全国弁護団連絡会が開かれた。

第2回の同連絡会は、東北弁護士会連合会（東北弁連）の夏期研修終了後の2002年8月24日に盛岡で実施された。この会議には神奈川弁護団（事務局長：芳野直子弁護士）から法的検討のペーパーが提出された。我々は、前掲最高裁平成2年敗訴判決を意識して、「信義則上相当とする特段の事情がある」との方向から攻め込もうとしていたが、神奈川弁護団の理論構成は「意思表示論」といわれるものであり、クレジット契約の意思はなく支払代行と認識していたなど意思表示の錯誤があるとする主張であった。神奈川弁護団の法律構成も加わり、被害実態をつかみながらの自由な発想で、各地の弁護団が訴えの内容・理論構成を検討していった。

また、証拠保全で入手できた資料を分析し、税理士に財務分析をお願いしたところ、ジェイ・メディアは、1995年4月期以降実質的に赤字であり、ジェイ・メディアの経営は信販会社からの立替金の前払いがなければ維持できなかったことも判明していた。そして、オリコの分割払いはその予兆をつかんだものであり、さらに経営を悪化させたことも明らかとなった。

2002年10月29日、全国10カ所の地方裁判所に、クレジット債務不存在確認訴訟の一斉提訴をする。全体の経過・成果については鎌田原稿（153頁以下）に譲る。

(g) まとめ

ジェイ・メディア事件は我々にとって初め
ての事業者の集団クレジット被害事件であっ
た。割賦販売法上は抗弁対抗の適用外であっ
たが、1984年割賦販売法の改正で抗弁対抗規
定が導入されたきっかけの事件も、事業者に
対するクレジット被害であった（信義則を用
いて自動車の引渡しがないとして、クレジット
会社の請求を棄却したもの）。諦めることはない。

本件では被害を受けた事業者が被害者の会
をつくり、かえって弁護士グループの力量を
試したといってよい。今回、東北、関東が中
心の被害に対し、全国弁護団連絡会をつくり、
事実と法理論を検討した。ココ山岡事件では
信販会社への証拠保全を行ったが、本件では
ジェイ・メディアに対して、証拠保全を行い、初めから救済の枠を決めない
で、資料の分析、被害者の声を大事に、法律構成も行い、勝訴判決、勝利的
和解により解決をみた。

この闘いが、アイディックによる節電気による商法（事業者クレジット）の
既払金返還の画期的な解決につながっていく。

JR電光広告問題

250業者の債務2億5000万円

「不存在」と来月29日提訴

対策弁護団 信販2社へ確認求める

2002年9月22日付け河北新報

闘いを振り返って

ジェイ・メディア被害事件

弁護士　鎌田健司

◆被害の発生◆

2002年4月18日、JR東日本駅構内で電光表示広告を行っていた株式
会社ジェイ・メディア（本社は福島県郡山市。以下、「ジェイ・メディア」と

いう）が倒産し、ジェイ・メディアと契約していた顧客企業の広告が実施できなくなった。その後、広告代金につきクレジット契約を締結していた顧客企業が、信販会社である株式会社オリエントコーポレーション（以下、「オリコ」という）、株式会社セントラルファイナンス（以下、「セントラル」という）よりクレジット代金の請求を受けた。消費者が締結したクレジット契約の場合、クレジットの対象となるサービスが提供されなければ信販会社に抗弁を対抗して支払いを拒絶できるが、本件は事業者間の商行為についてのクレジットであることから、信販会社より抗弁対抗できないとの主張がなされた。東北や関東で被害が発生し、被害者数は約2000社、被害総額は約20億円に上った。

◆各地弁護団および全国連絡会の結成◆

　この被害の発生を受け、2002年7月4日、ジェイ・メディア被害対策宮城弁護団が結成された。鹿又喜治弁護士が弁護団長、新里宏二弁護士が副団長、そして私が事務局長となった。弁護団結成後、同年7月15日、仙台で被害者説明会を開催したところ、被害を受けた74社が出席した。

　宮城以外にも、青森、岩手、秋田、山形、福島、茨城、栃木、埼玉、横浜で被害対策弁護団が結成され、東北6県を含む10県で弁護団が結成されることになった。

　新里弁護士より、「全国の力を結集して一斉提訴してはどうか」との提案がなされた。この提案を受け、宮城弁護団より各地弁護団に呼びかけを行い、2002年7月28日、「ジェイ・メディア被害対策弁護団全国連絡会」が結成された。新里先生は全国連絡会の副団長も務めた。

　全国連絡会所属の弁護団の受任者総数は約400名（オリコ、セントラル各200名程度）、受任者の被害総額は約4億5000万円（オリコ2億円、セントラル2億5000万円）だった。

◆ジェイ・メディアに対する証拠保全申立て◆

　2002年7月26日、ジェイ・メディアに対する証拠保全申立てを行った。この証拠保全申立てのアイディアは、新里先生の発案によるものであり、

ココ山岡被害事件において、信販会社に対し証拠保全を行い、保全した資料を訴訟で証拠提出した経験に基づくものであった。

2002年8月23日、倒産したジェイ・メディア本社に証拠保全を実施し、ジェイ・メディアが保有する大量の資料を確保することができた。この証拠保全により獲得した資料は、後の訴訟において信販会社の問題性を指摘するうえで、大変有効であった。

ちなみに、この証拠保全手続の最中に、新里先生が、武富士に関する書籍の原稿を執筆しているという話をしていたことを記憶している。それが後の武富士名誉毀損訴訟につながるとは、このときは夢にも思わなかった。

◆信用情報登録禁止仮処分申立て◆

本件は、依頼者が事業者のため、信用情報に掲載された場合にダメージが大きいことが懸念された。そこで、新里先生の発案により、2002年8月12日、オリコを相手方として、信用情報登録禁止仮処分申立てを行った。申立人については、新里先生が担当する依頼会社を選定し、多額の保証金の拠出についても新里先生の口添えにより協力を取り付けることができた。

2002年8月19日、仮処分決定が発令された。これを受け、同月22日、オリコに対し事故情報登録停止を求める通知書を発送し、信用情報の登録を回避することができた。

◆一斉提訴から尋問まで◆

2002年10月29日、全国連絡会所属の弁護団のうち、東北6県と横浜の弁護団が一斉提訴を行った。原告の数は、全国で273名だった（うち宮城は43名）。

訴訟においては、本件のクレジットの対象が事業者間の広告契約で商行為となるため、割賦販売法の抗弁対抗規定の適用が受けられないことが問題となった。これに対し、弁護団は、①錯誤無効（顧客は広告料を月々支払えばよいと考えており、クレジットによる一括立替払いの事実について

錯誤があったので、クレジット契約自体が無効）②信義則違反（信販会社は
ジェイ・メディアが倒産して不履行となることにつき認識し、または認識し
うるのに立替払いを実行したから、信義則上請求が認められない）等の主張
を展開し、それらを裏づける証拠として、証拠保全で確保したジェイ・
メディアの内部資料を多数提出した。

　訴訟は、2003年中に争点整理が完了し、2004年1月から5月までに、
仙台地方裁判所において、ジェイ・メディアの元社長および元営業部長、
各信販会社の従業員、原告本人の尋問が行われた。尋問の山場は、ジェ
イ・メディアの元社長および元営業部長の尋問であり、それを私が担当
することになった。事前に、ジェイ・メディアの元社長および元営業部
長とは郡山や仙台で何度も面会したが、常に新里先生に同行していただ
き、心強く感じた。

◆オリコとの訴訟の和解◆

　尋問終了後、裁判所で和解協議が行われた。

　2004年11月15日、オリコの訴訟で仙台地方裁判所より、原告がクレジッ
ト残元金の4割を支払う旨の和解勧告がなされた。全額の債務不存在を
求めていた中で、これを受諾するか全国連絡会の中でも議論はあったが、
元々事業者間取引という難しさがある中での闘いであったこと、原告と
なった依頼者の方々にも了解いただいたことから、弁護団はこれを受け
入れることとした。オリコも受け入れたので、和解が成立することになっ
た。

　オリコとの間では、全国の同種被害を同水準で解決することになり、
2005年3月23日に、全国連絡会とオリコとの間で和解に関する基本合
意書が交わされた。これに基づき、全国の原告がオリコと和解を成立さ
せた。

◆セントラルとの訴訟の判決、控訴審での和解◆

　一方、セントラルの訴訟でも、仙台地方裁判所が、残元金の4割を支
払う旨の和解勧告を行った。あわせて、横浜地方裁判所でも同様の和解

勧告がなされた。弁護団は、オリコの訴訟と同様に和解勧告を受諾する方針であったが、セントラルが和解を拒絶した。その結果、セントラルとの訴訟については、判決が言い渡されることになった。

2005年3月25日に言い渡された横浜地裁判決および同年4月19日に言い渡された前橋地裁高崎支部判決は、クレジット契約が錯誤無効であるなどとしてセントラルの請求を棄却した。

これに続き、2005年4月28日に言い渡された仙台地裁判決は、セントラルの請求を信義則に反するものとして棄却した。判決は、「不履行の結果をあっせん業者に帰せしめるのを信義則上相当とする特段の事情があるとき」に抗弁対抗を認めた最高裁平成2年2月20日判決と同様の基準を採用したうえで、セントラルにおいてジェイ・メディアの広告が債務不履行に至ることを認識し得たと認定した。新里先生の発案による証拠保全で獲得した資料に基づく弁護団の主張が全面的に認められた。

これに対し、セントラルが控訴したことから、仙台高等裁判所で審理されることになったが、2005年12月21日に仙台高等裁判所からオリコの和解と同水準の4割の和解勧告がなされ、弁護団もセントラルもこれを受諾した。

これにより、ジェイ・メディア被害事件の訴訟は全面的に解決した。

◆応援部隊の派遣◆

以上のとおり、本件は、事業者間の商行為に関するクレジットについて、割賦販売法の抗弁対抗規定の適用が除外されているものの、一定の場合に信販会社の請求の全部または一部が制限される可能性があることを示したものとして大きな成果を上げたものであるが、この成果を上げるうえで、新里先生の存在は不可欠であった。

特にすごかったのは、雲行きの怪しい裁判所の訴訟に応援部隊を派遣し、当地弁護団を支援したことである。一斉提訴した後、各地の裁判所で審理が進められたが、見通しが厳しい裁判所の情報が全国連絡会に寄せられた。1つでも不利な判決が出てしまうと影響が大きいことから、仙台や横浜の各弁護団から応援部隊を派遣した。特に、福島地方裁判所

裁判官の心証が厳しく、そのまま結審されそうになったので、新里先生の発案で、仙台弁護団が福島地方裁判所に乗り込んで、セントラルファイナンス本社担当者の尋問を申請するなどして、結審を回避した。

　結果を求めるうえで予想されるあらゆるリスクを回避しようとする徹底ぶりに、この人が味方でよかったと心から感じた。

◆新里先生の不思議な力◆

　新里先生とはこれまでたくさんの事件を一緒に取り組んだが、本件は新里先生が弁護団の副団長、私が事務局長として、それぞれ中心的な役割で取り組んだことから、最も記憶に残っている。

　正直いって、当初は、割賦販売法の適用を除外されている事業者の商行為について、信販会社の請求を拒絶することは不可能に思えた。ただ、一緒に事件に取り組み、全国連絡会結成、証拠保全、一斉提訴を行う中で、「いけるかも」という感触をもつことができた。もちろん、提訴後も、何度も何度も厳しい場面があり、そのたびに心が折れそうになったが、新里先生と話をすると、また「いけるかも」という気持ちになった。そして、気がつくと勝訴判決が出て、勝訴的和解も実現した。

　新里先生には、人を惹きつける魅力があると同時に、かかわった人の潜在能力を引き出す不思議な力があると思う（私も潜在能力を引き出された１人である）。この不思議な力によって、かかわった人の力を引き出し、消費者被害救済の常識を変え、社会を変えていっているように感じる。そんな不思議な力をもっている新里先生と出会い、自分の潜在能力を引き出していただけたことを、心から幸運に思う。

(C)　アイディック節電器商法被害事件

(a)　概　要

この事件は、「省電王」という名称の省エネ機器を、実際にはあり得ない多大な節電効果を謳い、クレジット（立替払い）契約を利用して顧客に購入させていた株式会社アイディック（以下、「アイディック」という）が、2003年1

月に経営破綻したことにより顕在化した事件である。契約者のほとんどが飲食店などの零細事業者であり（事業者クレジット）、割賦販売法の抗弁対抗が使えない事例であった。全国36地域で被害者約2100名が、主要信販会社9社に対し、未払金の債務不存在確認や既払金返還（損害賠償）を求めて、総額約20億円の集団訴訟を提起した。2007年までに全信販会社と全国統一和解（被告のうち株式会社クオークは未払金の放棄に加えて既払金の一部を返還する和解、それ以外は未払金の放棄）による全面解決がなされた。

(b) 2003年と私の活動

2003年4月初め、武富士被害対策全国会議（代表：新里宏二）として、『武富士の闇を暴く』を出版したところ、同月24日、武富士が名誉毀損であるとして私を含む執筆者4名と出版者に対し、5500万円の損害賠償請求訴訟を提起した。消費者金融最大手との全面対決が始まる。

2003年6月6日、日栄・商工ファンド弁護団が取り組んでいた株式会社日栄との裁判について、最高裁判所での口頭弁論が開かれ、私も他の弁護団員とともに最高裁判所で意見陳述を行い、そして、同年7月18日勝訴判決を得る。

前年の2002年11月、日本弁護士連合会（日弁連）は「ヤミ金融対策法要綱」を公表し、2003年7月、出資法違反の貸金契約の無効を含むいわゆる「ヤミ金融対策法」は成立する。なお、同年10月発行の消費者法ニュース57号で、私は、「ヤミ金融対策法の成立と出資法の上限金利引き下げ」、「商工ローン被害防止について抜本的対策を求める」、「武富士をめぐる状況」および、「公証人法改正概要」の4本の原稿を書いている。「公証人法改正概要」は、公正証書が商工ローン業者に悪用されていることから、日本の母法であるドイツへの調査を踏まえ、私案として公表したものであった。なお、日弁連は、2004年3月、「ドイツ公証人法調査報告書」を公表し、2005年2月、「公証人法の改

2002年11月18日付け河北新報

正を求める意見書」を公表している。2006年の貸金業制度の改正の中で、利息制限法違反の公正証書の作成禁止、貸金契約の際の公正証書作成委任状の取得禁止が定められる。

　私としても2003年は闘いの前線で結果を出していく時期であり、クレジット被害への対応も含め2006年の貸金業制度の大改正（前記2(4)）、2008年の割賦販売法の改正（後記(2)）につながる被害現場での闘いと位置づけられる時期であった。

(c)　アイディックの破綻

　2003年1月、電気代が3割から4割安くなるとのセールストークで零細事業者に「省電王」を訪問販売していたアイディックが経営破綻する。アイディックは、当初、吉野正三郎弁護士に、任意整理を依頼したとし、同弁護士により説明会が開催されたものの、被害が放置されていた。

　2003年4月20日、福岡の弁護団がいち早く電話相談会を開催する。私の地元、河北新報の記者が熱心に取材をし、相談会の記事を宮城でも掲載したこともあり、全体の相談数40件超のうち宮城の相談数は10件に及んだ。同記者から「第2のジェイ・メディア事件ですね」（ジェイ・メディア事件と同様の事業者クレジット事件という意味）と取材を受ける。各種の情報から、1994年には、アイディックの前身である株式会社トップ総合システムが変圧器を販売し大きなトラブルを発生させていたこと、1995年頃から、節電器を販売するようになり、1997年頃より、北海道などの消費生活センターに多くの苦情相談が寄せられていたこともわかってくる。

　その頃の我々仙台の状況としては、2002年4月に破綻した株式会社ジェイ・メディア事件の被害について前年10月29日に全国一斉提訴し、仙台地方裁判所で同年4月および翌5月に信販会社の従業員の尋問が行われるなど訴訟が佳境を迎えていた。

(d)　仙台弁護団の結成

　2003年5月、仙台でも準備会を開催して、弁護団を結成することを確認し、団長はココ山岡事件でも団長を務めた鈴木裕美弁護士が、事務局長は商工ローン仙台弁護団事務局長の佐藤敏宏弁護士が務めることとなった。同月28日に被害相談会を実施し、同年7月11日、受任会も開催する。

　菅藤浩三、曽里田和典弁護士等、福岡弁護団の活動は目を見張るものであり、そこに追いつき、被害相談・救済の受け皿をつくることが、仙台および全国の当初の課題であった。

(e)　全国弁護団結成準備会

　2003年7月19日、東京で連絡会の準備会が開かれる。前日の18日、最高裁判所が株式会社日栄との訴訟について、消費者勝訴の画期的な判決を言い渡す。判決や記者会見で前日から東京に出ていた私も鈴木団長、佐藤事務局長とともに準備会に参加する。

　準備会には、全国15地区から弁護団が参加し、前日の18日、福岡での被害者23名による既払金返還の提訴についての報告がなされ、同年9月16日、東京で全国弁護団連絡会の結成を決め、各地に被害相談の受け皿をつくっていくことも確認された。全国弁

2003年6月21日付け
河北新報

護団連絡会の代表は、福岡から菅藤、曽里田弁護士、大阪、仙台からも共同代表を出すこととし、仙台からは鈴木弁護士に決まった。

　信販会社への既払金返還・共同不法行為の議論の中で、私は、「国民生活センターに寄せられる消費者相談でも1400件の相談を把握している。加盟店審査のノウハウのない消費者金融系がクレジット業界に（信販会社として）流れてきている。信販会社に対して、この機会にガツンとやる必要がある」と述べている。日栄最高裁判決の興奮が冷めやらず、発言が戦闘的であった。事業者ローンであっても既払金返還に切り込みたいとの思いを、そう表現した。

　それに対し、鈴木弁護士が、「ココ山岡事件のときは、未払金の債務不存在訴訟のみ提訴したうえで、証拠収集状況を踏まえて、別訴で既払金返還請求訴訟を提起したが、本件では、中身のひどさを立証すれば法律構成の議論は後回しにしてよい。信義則にしても共同不法行為にしても特に問題はないだろう」と述べたというメモがある。ココ山岡事件で既払金返還に踏み込んだ訴訟と解決の経験を先例とし、アイディック被害弁護団としても既払金返

還も射程に入れる方針が確認できた。言うまでもなく、証拠の確保が最重要
課題であることも確認された。

(f)　全国弁護団連絡会の結成

2003 年 9 月 16 日、東京で、21 弁護団が参加して、全国弁護団連絡会が結
成され、同月 30 日に全国一斉提訴を行うとの方針が確認された。また、被
害者の権利行使の阻害要因である事故情報への登録を行わないよう求める仮
処分の申請を、兵庫弁護団が担当して行う方針が確認された。

2003 年 9 月 30 日、仙台を含む全国 11 地方裁判所、454 名が、約 5 億円（未
払金 3 億 3000 万円の債務不存在、1 億 6000 万円の既払金返還）の訴えを提起した。
被告はアイディック、代表者船橋新、クオーク、株式会社ジャックスなど信
販会社 7 社であった。

(g)　弁護団の課題

アイディック商法が節電効果を偽った詐欺商法であることは一見明白で
あった。しかし、その商法が少なくとも、1995 年から 2003 年 1 月まで、約
7 年事業が続けられた。その中で、信販会社が入れ替わり、あるいはクオー
クのように長い間（1997 年 6 月から 2003 年 1 月まで）、加盟店契約を継続した。

信販会社が、アイディックの詐欺商法を知りながら加担した構造を証拠に
より明らかにし、被害者の救済につなげる必要がある。

集団提訴後、アイディックから債務整理の依頼を受けた、吉野正三郎弁護
士に同社から 3000 万円の預かり金があることがわかり、その預かり金の仮
差押えを行ったうえでアイディックに対し債権者破産の申立てをした（2003
年 12 月 25 日。ここでは東京弁護団の栗原弁護士を中心に申立てを準備してもらっ
た）。そして、翌年 2 月 20 日に破産決定が出された。

ここが大きな転機のように思う。破産管財人と協議をし、被害者側、信販
会社側も、管財人が倉庫に保管している記録を調査し、必要な記録は弁護士
法 23 条による照会として開示を求める扱いが決まった。

(h)　ジャックス勝訴判決対策という新たな問題

ジャックスは、2000 年 8 月に加盟店契約を締結し、2002 年 1 月には同契
約を解除している。顧客に対する個別請求訴訟では、東京高等裁判所が、
2002 年 11 月 20 日に立替払いを実行した事案について、ジャックスの請求を

棄却していた（2003年7月16日判決）が、2004年1月19日に、東京地方裁判所が別の事案でジャックスの請求を認容する判決を出した。

この事件（控訴審）について埼玉弁護団が対応することとなったが、ここでの帰趨が全体解決に大きく影響する案件として浮上した。

仙台の弁護団でも、東京地裁判決の分析を行った。判断対象となったのは2001年3月契約・4月立替払いの事案であり、ジャックスの担当者が証人尋問で、「節電効果がないとの苦情は2001年4月から出始めた。それ以前は節電効果についての苦情はなかった」と証言していた。後記(i)に述べる、この証言を打ち破る重要証拠の発見により、ジャックス訴訟に対する反撃が始まる。

(i) 倉庫から出てきた貴重な証拠が被害救済を切り開く

2004年6月25日、30日および7月7日、管財人が保管していたアイディックの資料に対する倉庫での検索作業が、全国の弁護団員を動員して人海戦術で実施された。私も、同月30日午後から参加した。その日も10人以上の弁護団員が参加していた。午後の作業の開始前に午前中の成果を確認すると、埼玉弁護団の松苗弘幸弁護士から、節電効果がないとして顧客からの詐欺取消しを通知する内容証明郵便が見つかったと報告を受けた。その通知は、2000年11月20日付け、アイディックから節電器を購入した東京の事業者が弁護士に依頼して、ジャックスに対し、説明された37〜39％の節電効果がないとして、詐欺取消しを求めるものであった。さらに、その内容証明には手書きで、以下のように書かれていた。

「(株) アイディック○様

　宜しくお願い致します

　　　　　　ジャックス　○○」

　　　　　　　　　（↑注：ここには担当者名が記載されていた）

まさに一級の証拠であった。私は、思わず「偽証だよ」と驚きの言葉を発した。どういうことかというと、前記のように、東京地方裁判所の事件では、ジャックスの担当者は、「節電効果がないとの苦情は2001年4月以降からで、

それまではなかった」と証言しており、この証言が、東京地方裁判所の事案の契約時点（同年 3 月契約、4 月立替払い）では、節電効果についてクレームはなかった、とする判断につながっていた。この内容証明郵便は、この証言を真っ向から否定する証拠である。それを知りながら、虚偽の証言をしたのではないか。

　私には、この証拠は、東京高等裁判所の事件が勝訴に向かうくらい重要なものであると思われた。東京高裁事件は埼玉弁護団が担当することとなっており、貴重な証拠を、その事務局長である松苗弁護士が発見したことにも運命を感じた。

(j)　ジャックスとの訴訟の推移と和解解決

　他方、秋田でも同種の訴訟が行われていた。

　2004 年 11 月 12 日、秋田地方裁判所が、秋田簡易裁判所がジャックスの請求を棄却した事案の控訴審において、ジャックス逆転勝訴の判決を出す。一審・控訴審は当事者訴訟であったが、判決後、弁護団として上告することとなった。

　事案を検討すると、秋田地方裁判所での控訴審でも、東京地方裁判所で証言したジャックスの担当者が、クレーム処理票を作り直し、「2002 年 4 月に初めて節電に関するクレームが発生した」と証言していた。弁護団は、内容証明郵便を証拠として偽証罪での刑事告訴を行い、そのことをもって上告理由とし、上告審で粘りに粘った。

　2005 年 6 月 6 日、埼玉弁護団が担当した東京高等裁判所の事件で、ジャックスの問題の担当者等の尋問が実現した。同弁護団の計らいで、私はこの担当者の尋問を行うこととなった。全国の団長である鈴木弁護士も尋問するなど東京高等裁判所での逆転のため総力を込めた。

　この尋問後、東京高等裁判所において和解解決が検討されることになった。やはり、一通の内容証明郵便には「一級の証拠価値」があったものと思う。

　最終的には、全国の未払金合計 2 億円（契約者 268 名）のところ、300 万円（約 1.5%）を支払うとの名目的金額の支払いで話し合いがまとまり、2006 年 3 月、ジャックスとは全国和解を行った。仙台高等裁判所に係属していた秋田の事件の上告審も、取下げで終了した。

(k) 全国の訴訟の状況

全国の原告は2万1000人を超え、各地の弁護団にそれぞれ信販会社の主任を割り振り、解決に向かった。クオークについては仙台弁護団が担当することになった。ジャックスの未払金放棄に近い和解は、各信販会社との解決の最低限を画す結果になり、多くの信販会社とは未払金放棄で解決が図られていった。

(l) クオークとの闘い

「クオークは別格」は弁護団共通の理解であった。5年もの加盟店契約期間、信販会社間での与信割合が一時8割に達するなど、信販会社の中では一番の加担企業というべきであった。

仙台弁護団は、既払金返還を含むクオークの責任を問うためには、取締役の責任の明確化、尋問が必要であると考え、東京総合信用株式会社と日本総合信用株式会社が合併してクオークとなっていること、合併する以前には両者が加盟店契約をしていることから、両者の取締役の尋問を実施しようと考えた。

クオークは、アイディックにとってはメインの信販会社であり、途中クレームの多発から与信量を絞るも、キャンセル処理による返金が新規契約による立替払金額を上回り、今度は返金確保のため与信量を増加させるなどの実態も明らかとなってきた。尋問でも、自社の利益優先の体質がクレジット被害を助長している構造を明らかにしようと考えた。私も1人の取締役の尋問を担当することとなり、仙台弁護団で作成した時系列表を尋問用に補強していった。

仙台地方裁判所で、2006年2月および3月に取締役の証人尋問、その後、6月には原告本人尋問が実施された。他方、各地でも原告本人尋問など解決に向けての審理が続いていった。

(m) 和解での解決をめざす

2006年9月16日、第15回目の弁護団連絡会が開かれた。各地の尋問を踏まえどのような解決を行うべきか、特に仙台地裁・クオーク訴訟での解決が議論され、クオークとの関係では既払金返還を含む和解での解決をめざすことが決まった。早期撤退をしたジャックスですら実質的に未払金放棄に応じ

たのであり、それは最低限であり、クオークの関与度合いは共同不法行為としての責任が認められてしかるべきと考えた。ジャックスでの東京高等裁判所、仙台高等裁判所（上告事件も全体の解決まで粘り、取下げで終了）の取組みが大いに全体解決に活かされた。

(n)　仙台地方裁判所からの和解案の提示

2006年10月、仙台弁護団は仙台地方裁判所に既払金返還を含む和解案に関する意見を提出している。

全国の地方裁判所に係属していたクオークの訴訟は、

立替金額合計　6億5000万円（本書では100万円以下切り捨て）

契約金額合計　9億7000万円

既払金額合計　4億9000万円

未払金額合計　4億7000万円

であった。

2007年2月、仙台地方裁判所は、未払金放棄、既払金のうち金8500万円の返還を求める和解案を原被告に提示した。全国弁護団の予想を超える和解案であった。

クオークも仙台地方裁判所の和解案に同意し、事件解決へ山を越えた。

(o)　アイディック事件被害回復の取組み

全国の弁護団の中には、当初、既払金返還について消極的意見もないわけではなかった。

既払金返還を求めるうえで、アイディックおよび関与信販会社の加害の実態解明が不可欠であったところ、アイディックに対する債権者破産の申立て（債権者による破産申立て）を行うことにより、破産管財人が管理する倉庫での資料調査の中でおびただしいクレーム記録の収集ができた。

ジャックスとの先行訴訟で決め手となる証

2007年5月22日付け河北新報

拠を発見したことにより東京高等裁判所での全国統一和解が実現する。そして、ジャックスとの和解が本件における信販会社との最低限の解決の基準となり、クオークの既払金返還の和解につながったといえる。

　仮差押え、破産申立て、「省電王」の鑑定、倉庫捜索、資料の分析と書証化、東京高等裁判所と仙台高等裁判所のジャックス事件対応、信販会社ごとの担当を決めての尋問・和解協議等、いろいろなことを各地で分担して、全国統一和解を実現した。そのようなアイディック弁護団の活動は楽しく心強いものであった。

闘いを振り返って

アイディック被害対策弁護団の活動

弁護士　鈴木裕美

◆はじめに◆

　アイディック節電器商法被害事件（2003年1月に破綻）は、ココ山岡事件、ジェイ・メディア事件に続く、3つ目の大規模（全国的）クレジット被害事件であった。

　ココ山岡事件とアイディック事件は、全国各地に多数の被害者がいた点が似通っており、ジェイ・メディア事件とアイディック事件は、契約者は事業者で割賦販売法の抗弁対抗が使えない類型の被害であった点で共通していた。

　私は、ココ山岡事件とアイディック事件で、仙台弁護団の弁護団長、全国連絡会の共同代表を務めた。3つの事件とも、信販会社が問題商法を知っていた（知り得た）ことを立証する証拠の獲得に努め、それが功を奏して解決に至った事件である。3つの事件の異なる証拠獲得手法については、後述する。

　3番目のアイディック事件は、ココ山岡事件で用いたさまざまな手法を応用しているので、ココ山岡事件と対比しながら活動の経緯と結果を

記したい。

◆全国各地弁護団結成と全国弁護団連絡会の結成◆

　ココ山岡事件とアイディック事件は、全国各地に被害対策弁護団が結成され（アイディックでは36都道府県）、全国弁護団連絡会が結成されて、全国で連絡連携した点、全国統一和解により解決に至ったという点で共通する。

　全国弁護団の組織について、ココ山岡は、4つの弁護団（東京・大阪・神奈川・仙台）から代表を出して4人共同代表方式で運営された。アイディック事件（2003年9月16日結成）でも、これに倣い、最初に動き出した福岡（2人）、大阪、仙台（私）の4人共同代表方式をとった。弁護団から依頼者数に応じて負担金を徴収して全国弁護団の運営費用に充てた。

　両事件とも、2、3カ月に1回程度の頻度で全国から東京に各地の弁護団が参集し（アイディック全国弁護団会議21回）、情報の集約、主張立証方針の検討、役割の分担等を議論した。

　この全国弁護団の存在・活動が、ココ山岡事件でもアイディック事件でも、全国統一和解（全体解決）の実現に大きく寄与したと思っている。

◆証拠の確保（破産申立てと倉庫捜索）◆

事実の発掘という課題　　アイディック事件は、事業者クレジット事件である。割賦販売法の抗弁対抗は使えず、支払いを拒むにも「あっせん業者（信販会社）において原告らとアイディックとの取引が錯誤・詐欺等に至るべき事情を知りまたは知り得べきでありながら立替払いを実行したなどの事情」を立証する必要があった。

　アイディックの詐欺商法を信販会社が知り得たことの証拠資料をどうやって集めるかが、大きな課題であった。結論からいうと、全国弁護団は、この問題の解決策として、アイディックに対し債権者破産の申立て（債権者（被害者）による破産申立て）を行い、管財人を通じて証拠資料を確保する方法をとった。その経過は以下のとおりである。

債権者破産の申立て

　債権者破産申立てについては、仙台弁護団でも当初検討したが、多額と予想される予納金の用意が困難であり、そもそも破産決定を得ること自体が難しいのではないかと考えた。詐欺業者に対する債権者破産申立てにおいては、裁判所から納付を求められる予納金の額が用意できず断念せざるを得ないことがしばしばある。財団回収（債権者に対する配当の原資となる資金の回収）の見通しが不明な事件について、裁判所は、多額の（破産管財人の活動費用に足りる）予納金を積まないと破産決定をしてくれないのである。

　そんな中で、アイディックから任意整理の委任を受けた吉野正三郎弁護士が、3000万円もの預り金を有しているとの情報を得た。そして、東京地裁破産部の現状に詳しかった東京弁護団から、決定を得るのはそれほど難しくない、申立準備は東京弁護団が2週間程度で可能、予納金も回収見込みのある破産財団として吉野弁護士に対する債権（債務整理のための預り金（3000万円）返還請求権）があるなどから300万円程度で可能と予想される、などの力強い意見をもらい、急ぎ仮差押えと破産申立てを実行した。仮差押申請は鹿児島弁護団が担当し、債権者破産申立ては東京弁護団が行った。申立人の債権の存在が争われ、債権者の疎明資料も全国から集めた。

　数度の審尋を経て、2004年2月20日、アイディックに破産決定が出された（予納金は東京弁護団の予想どおり300万円であった）。全国弁護団が管財人と面談し、管財人が確保・保管した全国の支店の資料を弁護団に見せてほしい等と要請した。こうして、管財人が倉庫に保管していた資料を弁護団が捜索することが認められた。

倉庫の捜索

　2004年6月25日、6月30日、7月7日の3日間、管財人が書類を保管している東京某所の倉庫に全国から弁護団員が集結し（毎日10名以上が集まっていた）、積み上げられた段ボールを捜索した。

　その結果発見された重要な証拠が、新里弁護士の報告（前記(i)(163頁)）に出てくる、信販会社担当者からアイディックあてにファクシミリ送信された内容証明郵便のコピーであった。これが、後に述べるように敗訴

した先行事件の解決の切り札となった。

　倉庫捜索により、クレームの記録や内部会議等の資料（クレーム内容や件数、信販会社からの連絡等が記載）など重要な証拠が発見された。これら資料は、破産管財人に対する弁護士法23条の照会によって正式に入手し、各地弁護団で分析を分担し、証拠分析会議をもつなどして、証拠化した。

事実発掘の手法　冒頭で述べた2つの先行するクレジット被害事件についても、手法は異なるが、事実調査に力を注ぎ、証拠を得たことにより解決に至っている（ココ山岡事件：信販会社に対する証拠保全、ジェイ・メディア事件：販売店に対する証拠保全）。これら事件に学んだのは、事実の発掘（とその努力）こそが事件解決の鍵になるということである（拙稿「『事実の発掘』が解決の鍵となったいくつかの事件」現代消費者法42号107頁参照）。

◆事件の見立て・主張立証方針の検討◆

　ココ山岡事件でも、アイディック事件でも、把握できた事実やデータを用いて、事件の構図を分析・予想している。ココ山岡事件については、小野寺友宏弁護士の報告（140頁以下）において、「まず、仙台弁護団が受任した約400名の依頼者らの、契約時期、契約信販会社名と契約件数を集計し、グラフ化することを試みた」とされる表がそれである。

　アイディック事件でも、管財人から入手できたデータに基づき、信販会社の参入撤退の推移の図を作成した（〈図1〉〈図2〉）。東京総合信用株式会社（後の株式会社クオーク）が長くかつ最後まで取引を継続したこと、加えて後発組のアコム株式会社、GC（ジーシー株式会社）、株式会社セントラルファイナンスなどがアイディックの商法を支えていたことが一目でわかる。

　このような分析と、入手した証拠資料に基づき主張立証方針を立てた。

〈図1〉 アイディック関連信販関係図

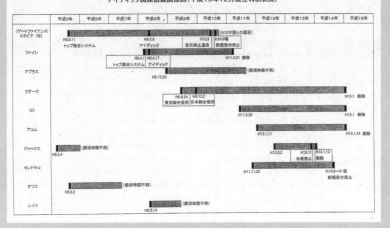

〈図2〉 アイディック事件の信販会社の関与状況・取組件数の推移

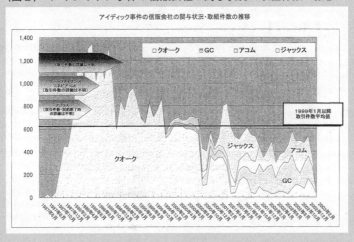

◆証拠・立証の分担、統一書証の共有◆

証拠入手の分担、統一書証　証拠の入手（従業員関係者からの聴き取り、「省電王」の性能の鑑定など）についても、各地で分担をした。また、倉庫捜索等で入手したものを含む膨大な証拠を、「統一書証」として印刷し、同じ証拠番号で各地裁判所に提出してい

る（信販会社に対する副本も各地の裁判所ごとに同じものを提出するのではなく、各信販会社に1通ずつ提出することで同意を得た）。

証人尋問の分担　証人尋問は、信販会社ごとに、どこの弁護団・裁判所で行うかを決めて分担した。和解になる場合でも、各地で各社分担して進めようという考えであった。

具体的な分担であるが、アイディック商法を支えた最大の責任者であるクオークは仙台が担当することにし、GC・セントラルを埼玉、アコム・ジェイシーケークレジット株式会社を大阪が担当した。それ以外に、元従業員の尋問を鹿児島・長野弁護団が、アイディックの代表者の尋問を東京が分担するなどした。

仙台弁護団は、クオークが東京総合信用と日本総合信用株式会社が合併して発足したものであること、経営責任を負う取締役を尋問しようとの考えから、担当者だけではなく、両社の取締役の証人尋問を実施した。

◆先行事件の和解解決◆

弁護団がアイディック事件に取り組み始めた当時、集団提訴した信販会社以外の信販会社（すでに撤退していたジャックス）との間で係属していた先行訴訟があったが、これらに対し契約者敗訴の判決がなされ、弁護団に持ち込まれた事件があった。東京地方裁判所で敗訴した（2004年1月19日判決）事件の控訴審（東京高等裁判所）、秋田簡易裁判所（本人訴訟）で勝訴したが、その控訴審（秋田地方裁判所）で敗訴した（2004年11月12日判決）事件の上告審（仙台高等裁判所）である。

詳細は新里弁護士の報告（前記(C)）で記述されているが、膨大な管財人保管資料の中から発見された1通の内容証明郵便のコピー（2000年11月付けで被害者の代理人を務める弁護士からジャックスあてに送付された「節電効果が虚偽」「詐欺」であるとの内容証明郵便が存在し、これをジャックス担当者がアイディック担当者にファクシミリ送信したことがわかる手書きメモが存在していた）が、訴訟の形勢をひっくり返した。この内容証明郵便をテコに、事件の契約日よりずっと前から節電効果に関するクレームが出ていたことから、2002年4月まではクレームはなかったとの証言

は偽証である等と争った結果、東京高等裁判所において、弁護団事件全件について統一和解が成立した（2006年3月2日、全契約者につき総額300万円（債務額の1.5%）の支払い）。この和解は、大局的な見地から「集団的な紛争を早期かつ全面的に解決することを目的」とする和解とされている。

　もしこの初期の先行訴訟で敗訴判決が確定していたら、その後の他信販会社との間の全体・全面解決への道は開かれなかったであろうと思っている。

　たった1つの内容証明郵便の発見（事実の発掘）が、大きな結果をもたらしたという点で、思い出深い事件である。

◆全国統一交渉・統一和解◆

クオークとの和解　　　全国弁護団で協議し、クオークについては既払金返還に踏み込んだ和解をめざすこととした。証人尋問を経て、仙台弁護団は、全国の訴訟の解決を視野に入れた和解協議を希望した。内容としても未払金の全面放棄にとどまらず既払金返還に踏み込んだ和解を求めた。

　これに対し、裁判所（仙台地方裁判所第1民事部）は、2007年2月23日、一定の時期以降は「錯誤、詐欺等に至るべき事情を知り得べき」であったとして、「未払金放棄、全国の原告に対し既払金の内金8500万円を支払え」との和解案を提案した（後掲【資料】参照）。

　そして、クオークがこの和解案を受諾して、下記内容による全国統一和解となった。

記

　全国弁護団が委任を受けた全契約者（未提訴の委任者も含む・契約件数合計1030件、未払金合計約4億9000万円、既払金約5億2000万円）につき、訴訟外和解が成立し、仙台地方裁判所の訴訟を取り下げる。

　①　クオークが全国の和解当事者らに対する未払金債権全額を放棄する。

　②　クオークが全国弁護団が委任を受けた全事件を解決するための解

決金として8430万3000円を支払い、契約者らは、クオークに対する既払金請求権を放棄する。

③　原告らおよびクオークは、全国の全訴訟を取り下げる。

他信販との和解　　クオーク以外の信販会社も、主張立証を分担した各地方裁判所で、順次、全事件について未払金放棄という内容で和解が成立し、2007年には全事件が和解解決に至った。

【資料】　裁判所の和解に対する考え方

仙台地方裁判所第1民事部合議係

平成15年㈦第1169号，第1582号，平成16年㈦第647号，第941号，第1526号，平成17年㈦第1259号　損害賠償等請求事件

平成17年㈦第915号，平成18年㈦第220号　立替払金請求反訴事件

　　　　　　原　　　　　　告　　　別紙原告目録記載のとおり
　　　　　　被　　　　　　告　　　株式会社クオーク

　　標記事件に関し，裁判所が提示する和解案は，以下のとおりです。

裁判所の和解に対する考え方

第1　当裁判所が提示する和解案

1　被告株式会社クオーク（以下「被告クオーク」という。）は，原告らを含む被告株式会社アイディックとの間の売買契約について被告クオークとの間で立替払契約を締結し，これに関して訴訟の当事者となっている契約者全員（以下，原告ら以外の者を「利害関係人ら」といい，「利害関係人ら」については，本件和解成立の際に，別紙目録等により特定するものとする。）に対し，本件和解金として，8500万円の支払義務があることを認め，原告ら及び利害関係人らに対し上記金員を支払う。

2　被告クオークは，原告ら及び利害関係人らに対し，原告ら及び利害関係人らが被告クオークとの間で締結した各立替払契約（以下「本件各立替払契約」という。）に基づく未払分の支払債務は存在しないことを確認する。

3　被告クオークは，原告ら及び利害関係人らに対し，被告クオークと原

告ら及び利害関係人らとの間で締結した各立替払契約に関し，その目的たる商品の所有権を放棄する。

4　被告クオークは，原告ら及び利害関係人らに対し，被告クオークと原告ら及び利害関係人らとの間で締結した各立替払契約に関し，被告クオークが加盟する株式会社シー・アイ・シーへの個人情報（法人である原告については連帯保証人個人の情報）の登録について，成約情報及び正常完済情報としてのみこれを登録し，異動（延滞）情報としては登録しないこと及び異動（延滞）情報として登録済みの場合は速やかにこれを正常完済情報に訂正することを約束する。

7　原告らと被告クオークは，その余の請求を放棄する。

8　原告らと被告クオークは，本件に関し，本和解条項に定めるほかに，何らの債権債務がないことを相互に確認する。

9　訴訟費用は各自の負担とする。

第2　事案の概要

　本件は，原告らが，被告株式会社アイディック（以下「被告アイディック」という。）から購入した省エネシステムについて，割賦購入あっせん等を業とする被告信販会社らとの間で締結した立替払契約に基づいて立替金の一部を支払ったことに関し，被告アイディック，被告船原新及び被告信販会社らに対し，共同不法行為に基づき，既払金相当額の損害賠償及びこれに対する遅延損害金の連帯支払を求めるとともに，被告信販会社らに対し，未払分の立替金返還債務が存在しないことの確認を求め（本訴事件），これに対し，被告信販会社らが，原告らに対し，上記立替払契約に基づき，未払分の立替金の返還及びこれに対する遅延損害金の支払を求める（反訴事件）事案である。

第3　原告らと被告アイディックとの間の契約の有効性

　争いのない事実に証拠（甲統7の2，3の10・12・40，A5の2）及び弁論の全趣旨を総合すると，被告アイディックは，原告らに対し，省電王その他の省エネ機器（以下「省電王等」という。）を販売，設置したこと，被告アイディックの社員は，原告らに対して省電王等を販売するに先立ち，原告らから従前の電気，水道使用料金を聴取する等の簡易な調査を行って，見込まれる削減金額を試算し，これを記載したコスト削減プラン提案書を原告らに提示していたこと，その際，削減金額には電気機器の設置状況，電気の使用状況，時期等の不確定要素が多いにもかかわらず，販売代金の支払方法としてクレジットによる長期の分割払の金額よりも省電王等によ

る電気料金の削減金額が大きくなるために原告らが金銭的な負担をすることはないことや原告らが絶対に損はしない等の断定的な判断を述べ，さらに，一部の原告らに対しては，ESCO省エネプラン保証書と題する書面を交付して，仮に電気料金の削減金額がコスト削減プラン提案書記載の削減金額よりも少額であった場合には，一定の金額を返金することを説明していたこと，その結果，原告らは，省電王等を設置すれば，コスト削減プラン提案書記載の削減金額以上に電気料金が削減され，少なくとも毎月のクレジットの分割払金額以上の節電効果が得られるものと信じて，被告アイディックとの間の契約を締結したことが認められる。

　たしかに，省電王には約10パーセント程度の節電効果が認められるとの実験結果があり，一定の節電効果があることが認められるものの，節電効果が認められるのは，主に白熱電灯やグロースタータ式蛍光灯等の照明機器に限られ，他の省エネ機器と組み合わせたとしても，これによって得られる電気料金の削減試算金額・率は，原告らが被告アイディックの社員から提示を受けた削減試算金額・率には到底及ばないものと認められること（被告アイディックの内部文書によれば，基本料金を除く電気料金は最大50パーセント，基本料金を除く電灯は最大60パーセントまでの削減率を提示することも許されていた。），実際に，原告らのうち，省電王等を設置した後，全期間を通じて提示を受けた削減試算金額・率以上に電気料金の削減の結果が得られた者は存在しないことが認められる。

　以上のことからすれば，原告らと被告アイディックとの間の契約については，錯誤による無効，又は，詐欺による取り消しが認められるというべきである。

第4　原告らと被告クオークとの間の法律関係

1　争いのない事実に証拠（甲統2の7の1・3・5）及び弁論の全趣旨を総合すると，平成9年6月24日，東京総合信用株式会社（以下「東総信」という。）は，被告アイディックとの間で加盟店契約を締結したこと，同年12月2日，日本総合信用株式会社（以下「日総信」という。）は，被告アイディックとの間で加盟店契約を締結したこと，平成11年10月1日，日総信は東総信を吸収合併し，商号を株式会社クオークに変更したこと，平成12年10月23日，被告クオークは被告アイディックとの間で加盟店契約を締結したこと，平成15年1月30日以降，被告クオークは，被告アイディックに対し，立替払金の支払を停止したことが認められる。

2　原告らのうち，原告番号3，19及び42の者については，被告アイディッ

クに対して生じている上記錯誤，詐欺等の事由をもって，被告クオーク
に対抗することができる（割賦販売法30条の4第1項）。

　しかしながら，上記以外の原告らは商人であることから，原告らと被
告アイディックとの間の売買契約は，購入者である原告らのために商行
為となるものに当たるため，原則として，原告らと被告アイディックと
の取引が錯誤又は詐欺であることにより無効であることをもって，被告
クオークに対抗することはできないと解される（会社法5条，商法4条
1項，割賦販売法30条の4第1項，4項）。

　もっとも，購入者とあっせん業者の加盟店である販売業者との売買契
約が錯誤，詐欺等を理由に無効である場合において，あっせん業者にお
いて販売業者の上記錯誤，詐欺等に至るべき事情を知り又は知り得べき
でありながら立替払を実行したなど上記錯誤，詐欺等の結果をあっせん
業者に帰せしめるのを信義則上相当とする特段の事情がある場合には，
購入者は，上記錯誤，詐欺等をもってあっせん業者の履行請求を拒むこ
とができるというべきである。

　そこで，被告クオークにつき，かかる特段の事情があったかについて
以下検討する。

3　争いのない事実に証拠（甲統4の1，5の1ないし3，A8の2，F全1，
乙F全5，6，証人○○○○，証人△△△△）及び弁論の全趣旨を総合す
ると，平成9年12月から平成10年2月ころまでの間に日総信の一部の営
業所における立替払契約に関し，顧客から被告アイディックに対して寄
せられたクレームが4件あり，そのうち3件が電気料金の削減に関する
内容である上，3件全てについて代金減額又は契約解除の処理がなされ
ており，このうち解約がなされた1件は，被告アイディックから日総信
に対して報告がなされた上で解約に至っていること，したがって，平成
10年の始めころには，日総信は，被告アイディックに対するクレームの
内容を認識していたか，認識し得る状況にあり，クレームの原因が被告
アイディックの責任によるものではないかとの疑問を抱くことが不可能
ではなかったと認められる。また，日総信は，同年夏ころから，月に1，
2件程，顧客から被告アイディックの商品効果に対する相談をされる件
が出てきており，同年秋ころには，日総信が顧客から受けたクレームを
被告アイディックに報告するための専用の書式を作成していたこと，被
告アイディックが販売した省電王等について，被告クオークが立替払を
行ったと考えられる事案に関し消費生活センターに寄せられた相談は，

平成10年に87件，平成11年に175件，平成12年に263件と増加傾向にあり，これに平成12年当時に被告クオークが顧客からクレームを受けてこれを被告アイディックに連絡した件数が延べ1096件にも及んでいたこと（クレームの内容としては節電効果に関するものが約7割にも及んでいた。）を考え併せると，平成10年当時において日総信に直接寄せられたクレームは既に相当な数であったと推認できる。さらに，平成10年5月23日には，消費者センターに対し，被告アイディックから省電王等を購入した者による節電効果に関する苦情相談が急増していることが新聞で報道されていたことが認められる。加えて，同年12月ころには，日総信は，被告アイディックの担当者が，顧客に対し，一定の省エネ効果が得られなかった場合には，代金の一部を返金する旨の文書を交付していたことを知り，被告アイディック代表者に面談を申し入れたが，同代表者からは一部の担当者の独断によりなされたものであり，是正するとの説明を受けて，しばらく様子を見ることにしたことが認められる。

　他方，東総信については，被告アイディックとの間で加盟店契約を締結してから半年ないし1年後くらい経ったころ，支店長である△△△△（以下「△△」という。）が，札幌の消費者センターに呼び出されたことがあり，これは，被告アイディックの省電王等の節電効果に関し，消費者センターに対する苦情相談の急増が北海道の新聞で報道された時期（平成10年5月23日）と一致することからすれば，当時，札幌の消費者センターは，省電王等の節電効果に関する苦情を重要な問題として捉えており，商品販売方法等の具体的な問題点を△△に対して伝えていたものと推認するのが相当である。また，上記のように，平成10年5月当時，日総信に対しては，被告アイディックに関するクレームが相当数寄せられていたことからすれば，このころ東総信に対しても同様に相当数のクレームが寄せられていたものと推認できる。

　そして，前記のとおり，平成11年10月1日，日総信は東総信を吸収合併し，商号を株式会社クオークに変更したことが認められ，これによって，被告クオークは，被告アイディックの売買契約の問題点に関し，吸収合併の際に東総信及び日総信が有していた情報を共有することができるようになった結果，被告クオークにおいて，アイディックによる省電王等の販売方法自体に問題があることを認識できる可能性がより一層高まったということができ，上記時点において，被告アイディックに関する過去のクレーム内容を検討したり，被告アイディック及び顧客に対する調

査を行う等の方法を尽くしていれば，今後の加盟店契約を継続するのが相当でないとの判断に至ることが可能であったというべきである。

そうすると，遅くとも上記吸収合併がなされた月の翌月である平成11年11月以降の契約については，本件の原告らが錯誤，詐欺等に至るべき事情を知り得べきであって，上記錯誤，詐欺等の結果を被告クオークに帰せしめるのを信義則上相当とする特段の事情があったというべきである。

第5 和解金額について

前記第4のとおり，原告らのうち，原告番号3，19及び42の者については，被告アイディックに対して生じている上記錯誤，詐欺等の事由をもって，被告クオークに対抗することができる。また，上記以外の原告らのうち，平成11年11月1日以降に被告クオークとの間で立替払契約を締結した者については，被告クオークが，原告らと被告アイディックとの間の契約が錯誤，詐欺等に至るべき事情を知り得べきであって，上記錯誤，詐欺等の結果を被告クオークに帰せしめるのを信義則上相当とする特段の事情があったということができる。したがって，原告番号3，19及び42の者並びに平成11年11月1日以降に被告クオークとの間で立替払契約を締結した原告らについては，被告クオークに対する未払分の立替払金返還債務は存在せず，また，既払金については，不当利得に基づき，上記原告らに対する返還を認めるのが公平である（原告らの請求原因は不法行為によるものであるが，契約が無効となる以上，公平の観点から既払金の返還を認めるのが相当である。）。

他方，上記以外の原告らについては，被告クオークが，かかる原告らと被告アイディックとの間の契約が錯誤，詐欺等に至るべき事情を知り得べきであって，上記錯誤，詐欺等の結果を被告クオークに帰せしめるのを信義則上相当とする特段の事情があったとは認められないことから，被告クオークに対する既払金の返還債務は存在せず，立替払契約に基づく未払分の立替払金支払義務が認められる。

以上の考え方に基づいて，被告クオークが仙台の原告らに支払うべき金額を計算し，これに被告クオークを相手方とする全国の原告らの契約金額を仙台の原告らの契約金額で除した数値を乗じた金額（基本金額）を求め，さらに，前記第3のとおり，省電王等には実験上照明設備等につき1割程度の省エネ効果が認められ，実際に原告らのうち相当数の者については一定の電気料金の削減効果を得ていることが認められないわけではないこと，その他本件において顕れた一切の事情を考慮すれば，上記基本金額に0.7を

乗じた金額（の近似値）である8500万円をもって，本件和解金額とするのが相当である。

（計算式）

　　仙台の原告らに支払うべき金額×（全国の原告ら契約総額÷仙台の原告らの契約総額）×0.7

　　＝894万3369円×9億7030万1464円÷7125万7625円×0.7

　　≒8500万円

以　上

(2)　割賦販売法改正運動と消費者庁・地方消費者行政の整備

(A)　割賦販売法改正運動

(a)　貸金業法の大改正の勢いを受けて

2006年12月、刑罰金利を利息制限法の水準に引き下げ、年収の3分の1を超える貸付けを禁止する総量規制の導入など、貸金業法の大改正が実現する。多くの集団クレジット被害にも取り組んできた我々の次の課題は、割賦販売法の改正となった。

(b)　クレジット被害の多発

日本の2005年消費者信用新規供与額約68兆円のうち、消費者ローン31兆円、販売信用は37兆円であり、販売信用の適正化も焦眉の急の課題であった。

2005年5月、埼玉県富士見市の認知症の姉妹にクレジットを利用した多額のリフォーム工事契約が締結されていた事件をきっかけとして、各地で呉服等の次々販売被害が発覚し、悪質業者と連携しているクレジット会社の責任が大きくクローズアップされた。

2005年7月にはクレジット過剰与信対策会議（代表：金井英法弁護士、事務局長：拝師徳彦弁護士）が結成され、各地でシンポジウムを開催しながら被害を掘り起こしていった。各地の被害がマスコミによっても報道されるようになり、2007年2月、産業構造審議会割賦販売分科会も割賦販売法改正に向けて動き出すことになった。日本弁護士連合会（日弁連）では、消費者問題対策委員会に設置されている消費者信用法部会が運動の中心を担った。同年

3月の「クレジット過剰与信を禁止する法改正を求める意見書」、同年6月の「クレジット会社の共同責任に関する意見書」等タイムリーに意見書を公表することによって審議会の審議や法改正の中に反映させていった。審議会をリードするのは池本誠司弁護士であり、運動を提起するのは拝師弁護士であった。拝師弁護士は商工ローン問題で知り合い、貸金業制度の改正も一緒に取り組んだ仲間である。

　何月何日だったかはっきりしなくなったが、弁護士会館・クレオで、日弁連主催により、割賦販売法改正に向けた緊急シンポジウムが開催された際、閉会の挨拶に立った大阪の木村達也弁護士は、「シンポジウムを行っても法改正につながるわけではない」と貸金業法改正のように法改正に向けた運動団体の結成を求めた。どうも、長老は、シンポジウムに水を差すが、いいところをついている。ここから、全国会議の結成に大きく向かうことになった。当日の懇親会での根回しは私の役割のようで、懇親会で大枠の人選も決まったように思う。

　そうして、2007年6月、割賦販売法改正のための運動体である「消費者のための割賦販売法改正実現全国会議」が結成された。同会の共同代表は池本誠司（弁護士）、青山理恵子（社団法人日本消費生活アドバイザー・コンサルタント協会副会長）、下谷内冨士子（社団法人全国消費生活相談員協会理事長）、事務局長は拝師弁護士が務め

割賦販売法改正運動都内街頭キャンペーンの様子（中央労福協ウェブサイトより）

ることとなり、特に各地の消費生活センター等の相談現場の第一線に携わる消費生活相談員がこの運動を担うことになっていった。

　割賦販売法改正運動には、高金利引き下げ運動でも精力的に活動した労働者福祉中央協議会（中央労福協）も加わった。中央労福協は、法改正を求める署名運動として割賦販売法改正を求める街頭宣伝（主要駅頭10カ所）を展開し、私も、貸金業制度改正に向けて共に闘った中央労福協の笹森清会長、菅井義夫事務局長と共に何度となく東京の主要駅頭でマイクを握った。265万筆の署名、全47都道府県、856市町村議会で意見書採択（宮城も全市町村を回って意見書採択要請をした）など大きな運動の盛り上がりを踏まえ、2008年6月11日、割賦販売法、特定商取引に関する法律（特商法）の改正が実現した。

(c)　法改正の実現

　2008年改正では、①クレジット契約の書面交付義務とクーリング・オフ、②過量販売解除権、③クレジット契約の取消し、④適正与信義務、⑤過剰与信規制等が盛り込まれるなど、貸金業制度改正の勢いを運動に活かし画期的な改正を勝ちとることができた。

　貸金業制度改正運動が、割賦販売法の改正運動に結びついたのである。

(d)　運動等でみえてきた地方の消費者行政の疲弊

　貸金業制度改正に伴って2007年4月に政府が策定した「多重債務問題改善プログラム」を受け、各地の消費者相談担当者、職員向けの研修会が精力的に行われるようになった。私も、金融庁の信用制度参事官などとともに全国での研修会に講師として参加した。各地の研修会には多くの消費生活相談員が参加したが、口々に地方の消費者行政の現場の状況を、「相談員が不足している。あっせん解決の余裕もない」、「研修のお金がない」、「本課の職員が不足していて、悪質な業者の処分ができない」等々と訴えた。

　また、一緒に割賦販売法改正運動をしている消費生活相談員からも、自らに関して「官制ワーキングプア」の実情が報告され、消費者被害の救済のためには相談員の専門性を高め、「人と金を手当てする」ことが重要であることが再確認された。また、特商法に基づく処分権限が都道府県に移譲されているにもかかわらず、ほとんど機能していない理由も、職員の専門性の不足や人手不足にあり、そのことが消費生活相談でのあっせん解決の困難さにも結

びついていることがわかってきた。

　次は、消費者庁の設置と地方消費者行政の整備が課題となった。

(B)　消費者庁・地方消費者行政の整備

(a)　3段ロケット

　2006年12月の改正貸金業法の成立が1段ロケット、2008年6月の割賦販売法・特商法の改正法成立が2段ロケット、そして3段目のロケットは消費者庁の設置・消費者行政の一元化である。改正貸金業法の成立、割賦販売法等の改正では、深刻な被害と国民的運動が法改正を勝ち取った。そして、3段ロケットである消費者庁設置・消費者行政一元化の実現のため国民的運動が続くことになる。

(b)　四半世紀の夢の実現を

　日弁連は、1989年10月、松江で行われた人権擁護大会において「消費者の権利確立に関する決議」を採択している。その中で「消費者問題は、わが国社会が現在解決を迫られている重要課題の一つである」との認識を示し、「消費者保護に関する施策が統合・統一的に行われるよう、現在各省庁に別々に設置されている消費者対策関連部局を整備・統合すること」を求めている。提案理由においても、「バラバラの消費者対策の関連部局を整理統合して消費者保護を最優先課題とする消費者保護庁のようなものによって実現されるのが望ましいといえよう」としていた。私も松江の人権擁護大会に参加したが、メインの講演者はアメリカの消費者弁護士ラルフネーダーであり、シンポジウムがやたらと長かったことと、ラルフネーダーの「弁護士は社会を変えるエンジンだ」とのフレーズは今でも記憶に残っている。

　すでに四半世紀前から、日本の縦割りの産業育成官庁による消費者保護施策では機能しないことが明確に意識されながら、縦割りは解消されないままとなっていた。

(c)　消費者庁設置への動き

　貸金業制度の抜本改正を実現し、割賦販売法改正に運動が移行していく中、消費者庁をつくり消費者行政を消費者の視点から再構築すべきとの方向が意識されるようになった。我々の中でも「次は消費者庁設置運動だ」と四半世紀の夢を実現しようとの思いが増幅された。

その矢先、2007年9月、福田康夫内閣総理大臣が、所信表明の中で「生活者・消費者重視の施策を実行する」ことを明らかにした。与党の中にも貸金業制度改善に真剣に取り組んだ議員が多数あり、「消費者重視の政策」が党内でも一定の理解が得られる状況ができたのだと思う。さらには弁護士、金融庁の課長補佐から、参議院議員になった森まさ子議員の力にも期待できる状況となった。

福田総理の所信表明を受け、同年11月、自民党内に「消費者問題調査会」が設置され、「消費者庁」設置構想が急ピッチで動いていった。2008年3月、日弁連の中にも消費者行政一元化推進本部が設置され（本部長代行：中村雅人弁護士）、ここが中心となって消費者庁設置、地方消費者行政充実の運動が進んでいった。日弁連は、同年2月に「『消費者庁』創設を求める意見書」、同年5月に「『消費者庁』が所管すべき法律等についての意見書」、同年6月に「地方消費者行政の抜本的拡充を求める意見書」、「消費者被害の集団的救済に関する法整備を求める意見書」、同年11月に「消費者庁設置法案に対する意見書・消費者安全法案についての意見書」を公表するなどタイムリーに意見表明して、政府、与党の消費者庁設置に向けた法律案策定にコミットしていった。

(d) ユニカねっと（消費者主役の新行政組織実現全国会議）の結成

消費者庁設置を求める市民の運動体も結成された。

2008年2月28日、日弁連は、消費者庁設置に向けたシンポジウムを開催した。例によって懇親会が開かれた。どうもそういうときにがんばるのが私の役割なのか、テーブル席を回りながら、運動体結成を呼びかけ、懇親会終了時点では3月1日の準備会開催も決まった。そして、この運動を担う活動家は拝師弁護士以外いないと、彼の肩を叩いた。

2008年3月25日、新組織が超スピードで結成される。消費者庁設置運動というとどうも組織論になりがちのところ、これまでの経験から被害者を前面に押し出した運動が展開された。株式会社パロマのガス湯沸器の一酸化炭素中毒でお子さんを亡くした上嶋幸子さん、シンドラーエレベータ株式会社のエレベーターで高校生の息子さんを亡くした市川正子さん等、本当にどこへでも出かけて被害を訴え、被害の再発防止の観点で産業育成省庁を監督す

る立場の消費者庁が不可欠と訴えた。

(e) 消費者庁関連3法案の閣議決定と福田総理の辞任

2008年3月には首相官邸内に消費者行政推進会議が設置された。ユニカねっとの代表幹事で主婦連合会事務局長の佐野真理子さん、金融オンブズネット代表の原早苗さん、そして、日弁連消費者問題対策委員長の吉岡和弘弁護士が委員に選任され、消費者の視点で消費者行政を推進する状況ができあがっていった。

2008年6月13日、同会議は取りまとめを発表し、それを受けて政府は消費者行政推進基本計画を策定した。消費者庁関連3法案が閣議決定されようとした同年9月1日、福田総理は総理の辞任会見を行った。しかし、その後、同月19日同法案は閣議決定された。3法案は、消費者庁設置法案、消費者庁設置法の施行に伴う関係法律の整備に関する法律案、消費者安全法案である。特に、消費者安全法案は消費生活センターの位置づけ、消費者事故等に関する情報の集約、消費者被害の防止のための措置を定めている。各省庁への措置請求や、すき間事案についての権限規定が盛り込まれている。

(f) 民主党の構想

民主党も人権・消費者調査会で消費者行政重視等を検討し、2008年8月28日、消費者権利院法案要綱、消費者団体訴訟法要綱を公表する。民主党の構想は内閣から独立した北欧型のオンブズマン型の提案である。また、違法な収益を吐き出させるため消費者権利官が財産保全命令を裁判所に申し立てる機能をもち、決定がなされた場合には適格消費者団体にオプトアウト型の損害賠償を求める団体訴訟の提起を認めるものであり、この部分は政府案にはないものであった。

(g) 調整役も市民運動が担う

野党第1党の民主党が政府案に反対し、閣議決定された法案が、2008年9月29日に臨時国会に提出されるも、審議入りはできない状況が続いた。消費者庁設置と地方行政の充実を求める運動の成果が現れ、2009年4月14日、超党派の合意が成立する。民主党の消費者権利院法案のエッセンスを入れ込み、政府案の消費者政策委員会を独立性の高い監視機能をもった「消費者費員会」として設置するという形となった。そして、同年5月29日、消費者庁

関連3法案が成立する。

　㈹　今後の課題

　消費者庁とともに、消費者委員会の設置は極めて重要であった。消費者庁も1つの官庁組織であり、必ずしも我々が夢に描いた希望の官庁であるわけではない。消費者委員長に人を得て、消費者委員会を通じて消費者庁を監視・機能させることが今後の大きな課題である。

闘いを振り返って

「ウイングを広げて」勝ち取った割賦販売法大改正

弁護士　拝師徳彦

◆新里さんとの出会い◆

　私が新里さんと知り合ったのは、商工ローン問題が社会問題化し始めた2000年頃だったと記憶している。当時の私は、いわば井の中の蛙で、全国レベルでの会議や活動に顔を出すということはほとんどなかった。

　そうしたところ、千葉県弁護士会の大家浩明弁護士が、「全国レベルで活躍している偉い先生がいるから紹介してやる」と言って、私を新里さんと引き合わせてくれたのであった。場所はうろ覚えであるが、東京のエクセル東急ホテルのロビーではないかと思う。当時すでに新里さんは商工ローン全国弁護団の副団長として全国を駆け回っており、そのときも、京都から仙台への帰りの途中に東京に用があって1泊するところとのことであった。そのフットワークの軽さに驚いた記憶がある。

　そのとき、新里さんから、商工ローンの全国弁護団が近々東京で開催されるので顔を出さないかと言われ、そこに顔を出すことになったのが私の全国での活動のきっかけになった。

　その頃から私は会議後の飲み会でしばしば新里さんと同席させていただくことになる。当時の新里さんの口癖は、「今日もまた飲んでしまったな、ハハハ」であった。

◆割賦販売法改正運動の位置づけ◆

そろそろ本題に移る。

本稿は、2008年（平成20年）6月に成立した特定商取引に関する法律（特商法）・割賦販売法の改正法についての法改正運動を振り返るものである。この改正法は、過失を要件としないクレジット代金の既払金返還ルールや、行政処分付きの過剰与信規制等、悪質商法対策の観点からの先進的な規定・制度を多数導入した、極めて画期的なものであった。特に割賦販売法は、政界・官界・財界に強い影響力のあるクレジット業界による分厚い壁が立ちはだかっており、1984年（昭和59年）の抗弁対抗規定の導入以降、大きな改正が全くなされていなかった。このため当時は、過剰与信規制や既払金返還ルールの導入など、とても不可能であろうと誰もが思っていた。

この分厚い壁をぶち破ったのが割賦販売法改正運動であった。

◆割賦販売法改正運動に取り組むことになった経緯──クレ過剰の設立◆

2005年7月16日、全国クレジット・サラ金問題対策協議会（クレサラ対協）の傘下団体として、クレジット過剰与信対策全国会議（クレ過剰。「くれかじょ」と発音）が設立された。クレサラ対協事務局長の木村達也弁護士から絵ハガキを通じて依頼された私がクレ過剰の事務局長を務めた。

クレ過剰は、ほぼ2カ月に1回程度、まずは全国の主要都市でシンポジウムを開催した。目的は、当時社会問題となっていた次々販売・過量販売に個別クレジット（クレジットカードを作らず、個々の契約ごとに与信をするタイプのクレジット）が利用されていることを「クレジット過剰与信被害」と位置づけ、その被害実態を社会的に告発するとともに、その被害救済のノウハウを検討し広めることにあった。被害の実例としては、年金収入のみの高齢者が不要なリフォーム工事を次々と契約させられ、その工事代金の支払いのために累計数千万円に及ぶ個別クレジットを組まされて、返済不能になるとクレジット会社が自宅を競売にかける、というケースや、いわゆる展示会商法によって、母子家庭のパートの主婦

が高額な着物を個別クレジットで何着も売りつけられ、その支払いのために、子どもの進学用の預貯金を使い果たしてしまったケースもあった。

　こうしたクレジット過剰与信被害の社会的告発が、法改正に向けた大きな原動力となったのであり、割賦販売法改正運動の最大の成功要因の1つであったと考えている。

◆「ウイング」の広がり──「消費者のための割賦販売法改正実現全国会議」の設立◆

　割賦販売法改正運動のもう1つの成功要因は、弁護士会、司法書士会、消費者団体、消費生活相談員のグループ、労働福祉団体など、さまざまな団体が連携し、一致団結して活動してきたという点である。これは割賦販売法改正運動に先立つ貸金業法改正運動（高金利引き下げ運動）において、労働者福祉中央協議会（中央労福協）等と組んで幅広い活動を展開したことが大きな力になったことに倣ったものである。かつて日本労働組合総連合会（連合）の会長を務め、当時中央労福協の会長をされていた故笹森清さんも、「同質の者同士の連携は和（足し算）であるが、異質の者同士の連携は積（掛け算）になる」とよくおっしゃっていた。新里さんもことあるごとに「ウイングを広げてがんばろう」と連携の重要性をよく訴えていた。こうしたキャッチフレーズをうまく使って運動の求心力を高めていくというのが新里さんの特技の1つである。割賦販売法改正運動もこれにあやかった。

　こうした発想のもとに、割賦販売法改正運動を担う横断的な運動体として「消費者のための割賦販売法改正実現全国会議」（実現会議）が設立された。設立は2007年6月26日。代表幹事は、池本誠司弁護士、社団法人日本消費生活アドバイザー・コンサルタント協会（NACS。現在は「公益社団法人日本消費生活アドバイザー・コンサルタント・相談員協会」に改称）副会長の青山理恵子さん、社団法人全国消費生活相談員協会（全相協。現在は公益社団法人）理事長の下谷内冨士子さんの3名。事務局長は、クレ過剰がそれまで先進的に運動を展開してきたという経緯もあり、私が務めることとなった。

　我々はこの時点で、貸金業法の大改正（2006年改正）を「体験」している。連携による運動の力を肌身で感じ、誰もが高揚していた時期であった。

◆実現会議の活動と法改正の実現◆

　以下は実現会議の活動内容の概要である。

シンポジウム　　シンポジウムは節目節目で行った。運動に参加する人たちが、その時点での情報を共有するとともに、運動の「熱気」を各地・各団体に持ち帰ってもらうために重要なイベントである。実現会議のシンポジウムでは、なるべく被害者に登壇してもらい、まずは被害の現状を共有したうえで、運動の経過や今後の運動方針についての報告を行った。

　日本弁護士連合会（日弁連）や実現会議も、各地に呼びかけて、同様のシンポジウムを各都道府県で開催してもらった。中央の運動を担う実現会議では、産業構造審議会割賦販売分科会基本問題小委員会の最終報告書の取りまとめに至るピーク時には毎月のようにシンポジウムを行っていた。

署名活動　　時間はかかるが、集まるとアピール力が大きいのが署名である。実現会議では各地・各団体に呼びかけて署名活動を展開した。街宣活動にあわせて署名活動も行った。日弁連分と合わせて最終的に265万筆が集まった。多くは労福協関係からの署名であった。

街宣活動　　実現会議の活動で強く印象に残っているのが街宣活動である。当時の連合は、巨費をかけて改造したという巨大な街宣車を保有しており、労福協がこれを借りてくれた。駅前で街宣するときは四隅の脚を伸ばして車体を安定させ、これまた巨大なスピーカーのついた車体上部４本の鉄柱が伸びあがり、瞬く間にちょっとしたライブステージができあがる。車体の横には、「ふんどし」と称して、その日の登壇者の名前を巨大な字で縦書きした布を垂らす。実現会議での初めての街宣に赴いた際、遠目から見てもくっきりと「弁士　弁護士　拝師徳彦」と記載されたふんどしが垂れ下がっているのが目に入った。一瞬引き返して帰ろうかと思ったが、既成事実ができあがっている以上

もはや逃れられないと思い、観念してマイクを握った。こんな街宣を秋葉原、新橋、有楽町、新宿、東京、池袋など都内の主要駅前 10 カ所でやった。

地方議会請願　地方議会請願は、地方自治法 99 条に基づく国への意見書の提出を住民から地方議会に対して請願するというもので、マスコミへのインパクトはもちろんのこと、国会議員への影響も大きい。各国会議員は地方に地盤があるから、地元議会が出した意見は軽々に無視できないのである。

　実現会議では、請願書のひな形や請願を行うためのマニュアルを用意して全国に呼びかけを行い、最終的には 47 の全都道府県議会を制覇したほか、856 市町村での意見書採択を実現した。今から思うと驚異的な数字であるが、当時はまだまだ足りないと思っていた。

院内集会　院内集会は、国会の議員会館の会議室を借りて行う（シンポジウム形式でも院内で行えば院内集会と呼んでいた）。国会議員に多く集まってもらい、問題を把握し、あるべき改正の内容等を理解してもらうのが目的だが、運動の「本気度」を示す絶好の機会でもある。

　実現会議では、シンポジウムや院内集会において、運動に参加する各団体の代表に一斉に登壇してもらい、ひと言ずつ発言してもらっていた。これは実現会議の副代表幹事であった菅井義夫さん（当時の中央労福協事務局長）の「こだわり」であるが、この各団体挨拶のおかげで、各団体が一体感をもって運動にかかわることができた。

マスコミ対策　政治を動かすには、何といっても世論の後押しが不可欠である。このため実現会議ではマスコミ懇談会を実施したり、シンポジウム等のイベントの案内を欠かさずマスコミに流したりするなどして意識的にマスコミ対策を行っていた。

　ちなみにマスコミ対策で特に重要なのは、被害を訴える被害者の存在である。このためクレ過剰では、「被害者データバンク」と称して、マスコミに協力できる被害者をあらかじめ登録しておき、マスコミからの取材要請に対し、直ちに被害者を紹介できる体制を整えた（20 名程度の被

害者・被害事例を登録）。これによりテレビ等も含めたマスコミ対策も充実していった。

審議会対策　　割賦販売法改正のあり方については、主務官庁である経済産業省の産業構造審議会割賦販売分科会基本問題小委員会で検討されていた。実現会議が設立されたのは、小委員会での中間とりまとめが示された直後であった。この中間とりまとめはパブリックコメントにかけられたため、実現会議ではひな形を用意するなどしてパブリックコメントへの投稿を呼びかけた。その結果3685件のパブリックコメントが経済産業省に寄せられた。ほとんどが消費者側の意見であった。

　割賦販売小委員会の構成メンバーのうち、特に重要と思われる学者の委員には、個別に面談を要請し、クレジット被害の実情を訴えて理解を求めた。

　さらに、中間整理後の各回の審議会の合間に、次回の論点について、経済産業省の担当課長と協議を行った。

　審議会の重要回には、開催直前に経済産業省前に街宣車で乗り付けてビラまき、街宣を行った。通りかかった担当課長にビラを渡して「がんばってください」と話しかけたところ、「ビラ巻きする人から応援されたのは初めてだ」と苦笑いしていたのを覚えている。我々のさまざまな運動、働きかけにより、主務官庁の担当課長までが、被害撲滅のための大きな法改正を行う方向で腹を固めつつあった。

議員・政党要請　　法案を通すのは国会議員であり、国会議員への要請は法改正運動の肝である。署名やマスコミ対策等も、国会議員を動かすための方策であるといっても過言ではない。

　実現会議では、先に行われた貸金業法改正を通じて知り合った議員等、あらゆるコネを通じて何度も議員要請を行った。政党の会議にも何度も呼ばれ、被害の実情と法改正の必要性を訴えた。特にこの時期はいわゆるねじれ国会となっており、民主党が参議院の主導権を握っていた関係で、与党だけでなく民主党等野党への要請も重要であった。

◆法案の成立◆

　実現会議による以上のような運動の結果、2007年11月29日には既払金返還ルールの導入等を内容とする最終とりまとめが示された。なお不足する点についてはさらに緊急集会を行うなどして働きかけを行い、最終的には冒頭で触れたような法案が提出された。その後紆余曲折はあったものの、充実した国会審議を経て、2008年6月11日に参議院本会議において全会一致で画期的な法改正が実現した。

◆結びにかえて──拙稿「割販法改正運動を振り返る」クレサラ白書〔2008年版〕より◆

「自分なりに今回の勝因を分析すると、主な要因としては、

① 　被害の告発に主眼をおいた周到なマスコミ対策
② 　弁護士、司法書士、相談員、消費者団体、労働団体を巻き込んだ広範な法改正運動の展開
③ 　実現会議を中心とする運動と日弁連を中心とする理論との協働
④ 　徹底した国会議員対策

の4点にあるのではないかと思う」。

　「そして、何よりも、これら4点を一貫して貫く、われわれの法改正に向けた熱い思いこそが、画期的な大改正を勝ち取った最大の勝因であると確信している」。

　この「熱い思い」がさらにウイングを広げながら次の消費者庁創設運動につながっていく。

「ホップ ステップ！ ジャンプ!!」で実現した消費者庁・消費者委員会の創設
──ユニカねっとの活動を振り返る──

弁護士 拝師徳彦

　本稿は、2009年9月に創設された消費者庁・消費者委員会の立上げに至る消費者運動を振り返るものである。日本弁護士連合会（日弁連）とともにこれを担ったのが、全国74団体が加入するネットワーク組織「ユニカねっと」（正式名称：消費者主役の新行政組織実現全国会議）であった。

　新里さんは当時、貸金業法改正を「ホップ」、割賦販売法改正を「ステップ」としたうえ、消費者庁創設を「ジャンプ」と位置づけ、「『ホップ　ステップ！　ジャンプ!!』で消費者庁創設を実現しよう」と訴えて、ユニカねっとの立上げ当初から精力的にかかわっていた。

◆「うすけぼー」で決まったユニカねっと結成◆

　新里さんといろいろな運動をご一緒させていただいたが、重要なことは夜の飲み会の場で決まることが多かった。新里さんが偉いのは、ただの飲み会での話で終わらせず、そこで決まったことを必ず実行することである。

　2008年2月28日、日弁連では、消費者行政一元化を提唱する福田康夫内閣総理大臣の動きに対応し、消費者庁設置を求めるシンポジウムを開催した。このシンポジウムの懇親会場が、当時たまにシンポジウム等の終了後の打上げで使っていた日比谷公園前のダイニング・バー「うすけぼー」であった。

　その懇親会の場で、福田総理が主導する消費者行政一元化の問題に対し、消費者側も運動の態勢を整えてかかわっていかなければならない、ということになり、全国の消費者団体等を束ねる横断的組織を立ち上げ

る話が事実上決まった。その流れで、事務局長は誰にという話になったところ、新里さんが私の肩に手を置いて、「割賦販売法のほうはめどがついてきたし、拝師くん、やるよね」と言われ、即座に了承してしまった。私は当時、別稿（186頁以下）で触れた割賦販売法改正運動の責任者として活動していたが、ちょうど当日の朝に実現会議のメンバーで会議を行い、間もなく閣議決定される見通しの政府法案を支持するという一応の方向性を確認し、ようやくゴールが見えてきたというタイミングであった。このような絶妙のタイミングで「お願いごと」をする新里さんの感性、そして機敏さは、おそるべしというほかない。

　こうして飲み会の席で事実上、運動体の立上げが決まり、その準備会を2日後の3月1日夕方に行うこととなった。

　最初の準備会の司会は新里さんと私が行った。弁護士や消費者団体等の関係者合計21名が参加したこの準備会での熱い議論は、議事録に手際よく記録されており、そのデータは今も私のパソコンに残っている。この議事録作成者は鈴木裕美弁護士であった。

◆ユニカねっとの立上げ◆

　以上のような経過で3月1日に第1回、3月10日に第2回の準備会を開催した。そして、何と「うすけぼー」から1カ月も経ない3月25日、横断的組織であるユニカねっとが設立された。

　ユニカねっととは、3月25日の設立総会が終わると、4月1日にはマスコミ懇談会を開催した。翌4月2日からは推進会議（福田政権下で官邸に設置された「消費者行政一元化推進会議」。ここで一元的に消費者行政を担う組織のあり方が議論された）後の各回ごとの記者会見を始めている。また、2008年だけでも4、5、6、9、11、12月とほぼ毎月のようにシンポジウム・院内集会を行った（2009年には2、3、4、6、7月に開催）。

　福田総理主導で始まった消費者行政一元化の流れに一刻も早く追いつき、消費者の声をしっかり反映させていこうという熱意がこのような驚異的なスピードでの組織の立上げ、活動につながっていた。日弁連はその時から20年前の松江で開催された人権擁護大会において消費者庁の

創設を求める決議を出していたし、50年前には主婦連合会の奥むめおさんが生活省の必要性を国会で訴えていた。消費者のための行政組織の創設は永年の消費者の悲願であり、その想いが爆発したかのようであった。

　ちなみにユニカねっと立上げ時の加入団体は29団体であったが、その後も加入の呼びかけを続け、最終的には74団体となった。短期間にこのような多くの団体が加入したのも、貸金業法改正運動、割賦販売法改正運動によって横の連携が着実に広がっていたためであり、まさに「ホップ　ステップ！　ジャンプ!!」で運動が進化していたのではないかと思う。

　なお、ユニカねっとの代表幹事は、佐野真理子さん（主婦連合会）、阿南久さん（全国消費者団体連絡会）、加藤さゆりさん（全国地域婦人団体連絡協議会）、下谷内冨士子さん（社団法人全国消費生活相談員協会）、原早苗さん（金融オンブズネット）、宇都宮健児さん（弁護士）の６名（順不同）であった。ユニカねっとと共に運動の両輪として活躍した日弁連消費者行政一元化推進本部のほうは、本部長代行が中村雅人弁護士、事務局長が石戸谷豊弁護士であった。昨今の相撲界もうらやむような横綱級の方々が顔を揃える、錚々たる陣営であった。新里さんにはユニカねっとの常任幹事に就任していただいた。

◆被害者を前面に◆

　この運動を進めていくうえで最も苦労したのが、「行政組織をつくる」という抽象的・技術的な話をいかに多くの人に理解してもらい、運動を広げていくのか、ということだった。

　これについては、日弁連が2008年２月に出した「『消費者庁』の創設を求める意見書」において、従来の産業育成の縦割り行政によって発生してきた消費者被害の実例がいくつも列挙されていた。これを参考にしながら被害者を前面に出していくということになった。

　このため、ユニカねっとの設立総会やシンポジウム等では、消費者事故でお子さんを亡くされた遺族の上嶋幸子さん（株式会社パロマのガス湯

沸器の一酸化炭素中毒事故）、市川正子さん（シンドラーエレベータ株式会社のエレベーターの戸開走行事故）、村田由佳さん（こんにゃく入りゼリーの窒息事故）ら被害者・被害者遺族の方々にご登壇いただき、同じ悲劇を二度と起こさないよう、消費者のための行政組織が必要であることを訴えていただいた。また被害者とともに岸田文雄消費者行政推進担当大臣(2008年4月22日)や福田総理(同年5月19日)との面談も立て続けに行った。

◆地方消費者行政推進の呼びかけ◆

ユニカねっとでは、中央に消費者庁ができるだけでは不十分であり、地方の消費者行政を充実強化することが重要であるとの認識のもと、地方消費者行政推進のための活動も行ってきた。具体的には、全国1973自治体にアンケート調査を発送し、1010自治体からの回答を得た。また、地方消費者行政の充実の必要性を認識してもらうため、地方6団体といわれる団体のうち、全国知事会、全国市長会、全国町村会、全国市議会議長会との意見交換を行った。当時の所管官庁である内閣府国民生活局の担当課長と、地方消費者行政を支援するための財政措置についての意見交換会なども行っている。

ちなみに、割賦販売法改正運動に取り組んできたクレジット過剰与信問題対策会議（クレ過剰）は、割賦販売法改正後である2008年7月に目的をさらに拡張し、クレジット被害対策・地方消費者行政充実会議（クレちほ）へと組織替えをして、地方消費者行政の充実強化のための取組みを進めていた。その結果、宮城、関西、埼玉、神奈川、千葉、東京などで、自分の地域における消費者行政充実のための働きかけを行うためのネットワーク組織が立ち上がり、活動を開始していた。

◆ねじれ国会の苦労◆

ユニカねっとの活動の最大の苦労は、ねじれ国会により消費者庁法案がなかなか閣議決定・審議入りせず、常に衆議院解散・廃案の危険にさらされていたということであった。当時民主党は政権交代前夜で鼻息荒

く、与党が検討する「消費者庁」設置案に対し、各省庁から独立した立場で消費者行政を監視する「消費者権利院」設置案を打ち出し、与党案とは相容れないとして対立の姿勢を強めていた。

ユニカねっとは、前述のとおり、官邸に設置された消費者行政一元化推進会議後の記者会見や院内集会、議員要請等精力的な活動を展開し、「消費者庁」も「消費者権利院」も両立するので折り合いをつけるよう与野党への働きかけを行っていたが、両案の溝は深まるばかりであった。

こうした与野党を巻き込む「政局」に翻弄されながら粘り強い活動を続けていたところ、2008年9月1日、福田総理が消費者庁法案の閣議決定もされないうちに辞意を表明したのである。このまま消費者庁構想も白紙に戻されるのではないかとの不安から、我々も一時騒然とした状態となった。その後麻生太郎総理が就任するが、いつ衆議院解散になってもおかしくないという状況が続いていた。

こうした中で、政府は消費者庁創設を内容とする消費者庁関連3法案を閣議決定し、2008年9月29日に第170回臨時国会に提出した。しかし、最大野党である民主党が反対しているため同国会では審議されず、継続審議になった。他方、民主党は、続く第171回通常国会において、消費者権利院法案を対案として国会に提出し、相対する2つの法案が国会に提出されるという緊迫した情勢になっていた。こうした情勢のもとで法案は一向に審議入りする気配をみせなかった。

ユニカねっとはこの間、法案の審議入りを求め、議員会館前での街宣行動や一斉議員要請、院内集会、個別の与野党議員への要請等の活動を頻繁に行った。解散・廃案の懸念が常に頭をよぎる中で、ひたすら足を動かし声を上げていた。

結局、両法案が国会で審議入りしたのは、法案提出から5カ月以上が経過した2009年3月17日のことであった。

◆連日の国会傍聴で修正案を勝ち取る◆

待ちに待った審議入りということで、ユニカねっとでは国会審議の傍聴に力を入れ、連日20名近いメンバーが傍聴に行って消費者問題に関

する特別委員会での審議を見守った。委員会の議員たちはすでに我々の活動、熱意をよく知っていた。

　審議の途中から、当時の委員会の与党筆頭理事である岸田文雄議員と、野党筆頭理事である仙谷由人議員が黙って委員会を離席する姿がたびたび見られた。今から考えると、このときに両筆頭間で修正案のすり合わせをしていたのだと思う。

　1カ月近い衆議院の委員会での審議の結果、4月14日に超党派での歴史的な修正合意が成立した。修正された法案の内容は、政府案で消費者庁内部に審議会として設置予定であった「消費者政策委員会」を「消費者委員会」という名称にして消費者庁の外に出し、監視機能をもった独立性の高い組織として創設するというものである。消費者権利院法案と消費者庁法案の長所を合体させて生み出された革新的な修正案であった。

　両案を両立させるという我々の要望はこうして実現した。

◆法案成立と消費者庁・消費者委員会の設置◆

　審議時間90時間という長い国会での議論を経た2009年5月29日、参議院本会議で消費者庁関連3法案・修正案が可決・成立し、同年9月1日に消費者庁・消費者委員会が発足した。

　ユニカねっとはその使命を終えて同日に解散した。

◆そしてウォッチねっとの活動へ◆

　実は話はこれで終わらない。少し時間は遡るが、2009年5月の法案成立後、政府は消費者庁・消費者委員会設置に向けて忙しく動いていた。消費者委員会については、その準備のために「消費者委員会設立準備参与会」が設置され、消費者委員予定者である参与10名と事務局との間で非公開の会議が行われることになっていた。

　この参与会開始の直前である2009年6月27日、突如消費者庁長官人事とともに、消費者委員長として参与の1人であるS氏を起用する旨の報道が流れた。S氏の消費者委員長起用に対しては、消費者サイドから

批判が相次ぎ、ユニカねっとも同年７月１日に声明を発表して、参与会の審議をすべて公開すること、消費者目線をもった人を消費者委員とすべきこと、法律の規定どおり、委員長は委員の自由な意思に基づく互選とすることなどを要請した。

結局参与会は３回目から公開となり、消費者委員長を予定していたＳ氏は参与会が終わると辞任して消費者委員にならなかった（このため消費者委員会は当初９名でスタートした）。

このような苦い経験を通じて、我々は、「夢の消費者庁・消費者委員会」ができたからといって、これらが当然に消費者のための組織として動くとは限らないことを学んだのである。

その結果、消費者の立場から消費者行政を継続的に監視する組織が必要だということになり、「全国消費者行政ウォッチねっと」を別途設立することとなった。ウォッチねっとは、2009年９月30日の設立以来現在に至るまで、消費者庁・消費者委員会を時に守り、時に叱咤激励するという活動を地道に続けている。

新里さんはウォッチねっとの原始幹事でもある。

4　弁護士報酬敗訴者負担反対運動

(1)　司法制度改革

1990年代に入り、日本社会が改革の時代に入ったといわれ、1994年、衆議院議員選挙における小選挙区制の導入を中心とする「政治改革」、1998年、省庁統合を中心とする「行政改革」、そして、1999年から司法制度改革の議論が始まった。その中で、法曹人口の増大とそのための法科大学院の設置、司法修習生の給費の廃止・貸付制の導入、日本司法支援センターの設置および刑事での裁判員裁判の導入等が決まった。

2004年12月、同年３月に閣議決定された司法制度改革関連９法案のうち、唯一、弁護士報酬敗訴者負担制度は廃案となった。

　2001年12月に設置された司法制度改革推進本部・司法アクセス検討会は、日本弁護士連合会（日弁連）、市民団体からの多くの反対の中で、2003年12月、「合意論」で取りまとめを行った。合意論とは、双方に弁護士が付いている事件で敗訴者負担の合意をする事案に限って導入するというものであり、多くの反対を回避する窮余の策として提案された節がある。

　2004年以降、国会での反対運動が展開された。私は、地元でのハイソネットの活動を中心に紹介することにする。

⑵　弁護士報酬敗訴者負担制度とは

　2000年11月、司法制度改革審議会中間報告で、弁護士報酬敗訴者負担の基本的導入の方向は示された。弁護士会、市民団体および公害被害者団体などの反対で最終報告ではトーンダウンするものの、2001年12月、内閣府に設置された司法制度改革推進本部の司法アクセス検討会において、弁護士報酬の敗訴者負担問題が検討された。つまり、最終報告では、「勝訴しても弁護士報酬を相手方から回収できないため訴訟を回避せざるを得なかった当事者にも、その負担の公平化を図って訴訟を利用しやすくする見地から、一定の要件の下に弁護士報酬の一部を訴訟に必要な費用と認めて敗訴者に負担させることができる制度を導入すべきである。この制度の設計に当たっては、上記の見地と反対に不当に訴えの提起を萎縮させないよう、これを一律に導入することなく、このような敗訴者負担を導入しない訴訟の範囲及びその取扱いの在り方、敗訴者に負担させる場合に負担させるべき額の定め方等について検討すべき」（28頁）とされ、司法アクセス検討会では原則導入からのスタートとなった。

　このような弁護士報酬負担の問題は、1997年1月31日、「民訴費用制度等研究会」から報告書が提出され、その中では、「国民の権利・法的地位を実質的に保障するという観点から将来的には弁護士費用の一部の敗訴者負担制度等を導入することが望ましいとする意見が、学者委員を中心に多数を占めたものの、弁護士費用の（一部）敗訴者負担は、我が国の司法制度に及ぼす影響が少なくなく、他の制度との関連で導入の可否を検討すべきであり………弁護士人口の増加が進み、法律扶助制度の充実等関連諸制度の整備や、新

民訴法の施行による弁護士業務の変化がある程度収束した段階において、弁護士費用の一部に関する敗訴者負担制度について、本格的検討が行われるべきである」とされていた。同研究会の座長は青山善充東京大学教授であり、司法アクセス検討会の座長である高橋宏志東京大学教授も委員に含まれていた。司法アクセス検討会の座長に高橋氏がついた時点で導入は既定路線であった。

2002年9月、日弁連は、「弁護士報酬敗訴者負担問題対策本部」を設置し、11月22日、弁護士会館クレオで集会「このままではこわくて裁判を起こせない」を開催した。司法アクセス検討会での実質審理が2002年11月28日から開始されるのにあわせ反対運動を盛り上げようとするものであった。

宮城でも反対運動が開始された。2002年10月17日、仙台弁護士会は「みんなでとめよう　弁護士報酬敗訴者負担制度」を、ザ・ニュースペーパーのコントを交えた市民集会として開催した。仙台弁護士会の市民集会でのアンケート調査によると市民には弁護士報酬敗訴者負担制度の問題が全く知られていないことから、市民運動をつくるべきと考えた。同年11月7日、私と鈴木裕美弁護士から、弁護士会の有志に準備会の結成を呼びかけた。鈴木弁護士は、仙台弁護士会の弁護士報酬敗訴者負担問題対策のプロジェクトチーム（PT）委員、日弁連の対策本部委員を務めている。私は市民の目線、鈴木弁護士は日弁連の立場から廃止へ向け取り組んだ。

2002年11月22日の日弁連の集会に、私も宮城での運動をつくっていくとの思いから参加した。その日、日弁連の理事会に、「ヤミ金融対策法の制定を求める意見書」の説明要員として出席し（意見書はその日に採択）、その後集会に参加した。私は、商工ローン問題、武富士問題およびヤミ金対策と並行して、本問題に取り組むこととなった。

2002年11月28日、私と鈴木弁護士は、2001年1月27日に結成された全国連絡会（共同代表：清水鳩子主婦連合会会長等、事務局長：瀬戸和宏弁護士）のメンバーと一緒に千代田区平河町の司法アクセス検討会の会場前で、「弁護士報酬敗訴者負担導入反対」との急造の紙製の横断幕を掲げ反対をアピールした。第1回の実質審理では、日弁連が導入を容認している内容の2000年6月付けの文章が事務局から読み上げられ、日弁連委員も本問題で発言しな

かったことから、導入へのベクトルが大きくなったといわれる。

(3)　なぜ反対なのか

　弁護士報酬敗訴者負担制度の導入は、「勝訴しても弁護士報酬を相手側から回収できないため訴訟を回避せざるを得なかった当事者にも負担の公平化を図って訴訟を利用しやすくする」ことや、不当訴訟を排除することも目的とされている。当時、株主代表訴訟等で取締役の責任が追及されることへの懸念も出ていた。

　私など消費者事件を多く扱ってきた弁護士は、相手に証拠が偏在する中で訴訟を起こさざるを得ない証拠の壁、あるいは、法制度が不十分な中で被害が発生し、その被害救済は既存の法制を超える闘いといった困難がつきまとう。その困難さは、「敗訴判決の山を越えて行く」等と表現される。弁護士報酬敗訴者負担の制度は、訴訟提起を萎縮させ、ひいては司法制度改正にブレーキをかける悪法としか考えられなかった。さらに、商工ローン問題では法人（中小零細企業）と法人（一部上場企業）の争いであり、基本的な利息制限法の適用についても、日栄事件でも高裁判断が19対23と分かれていた。学者および裁判官出身の委員の中には、「勝つべき事件」は明らかである等として、敗訴者負担を肯定していた者が多かったが、貸金にかかわる利息に関する基本法の適用についてさえ高裁判断が分かれていたことからみても、勝つべき事件はそれほど明々白々ではないというのが現実であり、学者も裁判官委員も現実を無視していると感じた。

　一部の学者から、「弁護士は考え方の違いは別として総じてこの制度に反対している。それは、訴訟が減少するという、弁護士の経済的理由からですよね」と揶揄もされていた。

　私は、この運動の主体として、やはり裁判を利用する市民が中心になることが必要であり、そこが動かない限り広範な反対運動は不可能であると考えた。

(4)　ハイソネットの結成とデモ行進

　2002年12月2日、宮城ではハイソネット（弁護士報酬敗訴者負担に反対する

みやぎネットワーク) を立ち上げた。代表は伊藤博義先生 (宮城教育大学名誉教授)、事務局長は私が務めることとなった。伊藤先生とはこれ以降も反貧困運動でもご一緒させていただいた。まずは仙台弁護士会の一定の影響力のある先生方に市民連絡会の準備会の呼びかけ人となっていただき、準備会を経て設立に至った。

2002年12月22日付け河北新報

　設立総会では、市民にアピールするためには街頭で市民にみえる活動をしようと、2002年12月21日に街頭デモを実施することが決まった。愛称も、「ハイソネット」と決まった。

　しかし、言うは易く、地味な弁護士報酬敗訴者負担問題で100人から200人を動員するのは大仕事であった。弁護士会とも協力して関係団体へ参加を呼びかけ、また、呼びかけ人を務めた弁護士にも参加を呼びかけていただいた。ハイソネット参加団体には動員計画を出してもらい、事務局長の私もことあるごとに12月21日のデモの参加を要請した。

　横断幕、パネルを用意し、250名の参加で冬の仙台で約1時間デモ行進を行った。デモでは、急ごしらえの横断幕 (最初は紙製だった) と発泡スチロール素材のパネルをしつらえて各人が自己の主張を書いて掲げて行進した。敗訴者負担反対と記したサンバイザーを付けて参加した方々もいた。これらはすべて市民団体の提案によるものであり、運動自体が極めて楽しく行われた。街頭デモについては地元のテレビ局、新聞でも大きく取り扱われた。

　ハイソネットでは、特製パネルを作ったほか、街頭ビラ配りではティッシュも用意するなどして宣伝活動を続けた。

(5)　街頭デモを東京でも

　地元・仙台での街頭デモが大きくメディアでも取り扱われたことから、全国連絡会でも運動を提起した。2002年12月24日、東京・四ツ谷の主婦会館で開催された全国連絡会の幹事会に出席した。新聞記事を示して、仙台での

取組みを報告すると代表の清水さんが、「主婦連合会ではデモをずっとやっていないのよね。だけどおもしろそうね。やりましょうよ」と、東京でデモを行うとの方針がすぐに決まった。2003年1月29日、第2回司法アクセス検討会の開催時間に合わせ、千代田区平河町の開催場所に向けてのデモが実施された。街頭行動を決めたのも、第2回および第3回（3月10日）の検討会で導入の方向が決定するのではとの危機感の表れであったと思う。ハイソネットから36名が参加し、四ツ谷から平河町までデモ後進を行った。

　ハイソネットではカンパ活動も行い、200万円を超える財政の下、東京でのデモ、集会等に延べ100人以上が参加することもでき、みんなが「仙台がんばってるネ」と言われることに誇りをもって活動した。私は、仙台弁護士会の有志にお願いのペーパーを送付し、また、個別に事務所にもお邪魔してカンパをいただいた。仙台弁護士会の会員の心意気に感謝。カンパはこれのみでなく、その後、反貧困宮城ネットワークによるシェルター設置、私が武富士から訴えられた際の弁護団、優生保護法弁護団へのカンパなど仙台弁護士会の皆さんの善意に甘えて活動を行ってきたように思う。

⑹　運動の盛り上がり

　日弁連、各地の弁護士会、市民連絡会や地方での我々の運動は、全国的には署名が100万筆を超えることとなり（2004年3月）、司法アクセス検討会へのパブリックコメントのうち5000以上が導入反対の意見となるなど大きな盛り上がりをみせた。

　宮城では、仙台弁護士会とハイソネットが両輪となって街頭署名活動や各地での学習会などの反対運動を継続的に行った。

　反対運動はメディアでも好意的に報道された。2003年1月29日の全国連絡会の街頭デモも東京新聞で大きく報道された。さらに、同年2月24日の日本

東京デモ（2003年1月29日）の様子

経済新聞でも、「市民団体から『導入ノー』」とハイソネットの街頭署名活動、全国連絡会の結成や活動が取り上げられた。

そして、2003年3月8日の全国連絡会の集会が500人の参加で開催され、ハイソネットから37名が参加した。ここでもハイソネット特製のパネルを掲げて行進した。

2003年5月30日、日弁連も、導入反対の国会請願デモを全国から1300名の参加を得て行った。法改正問題で日弁連が請願デモを行ったのは初めてと聞く。市民側の運動が、日弁連を後押ししたといってよい。ハイソットからも20名が参加した。宮城・仙台の活動は、「街頭での行動」というわかりやすい運動方針を提示できたと思う。

⑺　司法アクセス検討会事務局への日栄最高裁判決の提出・要請

2003年7月18日、最高裁判所で注目の判決がなされた。日栄・商工ファンド弁護団が取り組んできた商工ローン最大手の日栄との訴訟においては、過払金の充当の仕方（即時充当）および保証会社の保証料が利息かが争われていた。すでに述べたとおり、高裁判断が半分半分に分かれていた事案であったが、最高裁判決は、弁護団の主張を認めるものであった。この事件は高裁判断が分かれていたという意味でも「勝つべき事件」は決まっていない事件の典型であり、弁護士報酬敗訴者負担制度の導入が検討される訴訟分類である中小事業者対大手事業者との紛争でもあった。

判決は10時30分であったが、当日の午後、私が司法アクセス検討会事務局に事前にアポイントメントをとり、木村達也団長、宇都宮健児弁護士と私の3人が判決および要望書を持参した。

受付で、担当を呼び出してもらった。担当者が1階玄関先で判決、要望書を受け取ろうとしたが、さすがに、全国から弁護団の有力メンバーが来ているとして、2階の部屋を用意させ、そこで要請書も渡すこととなった。この事務局では被害現場の実情など聞く耳がないのだとがっかりした。そんな事務局では我々の求める反対の結論は本当に難しいことを実感した。

2003年7月23日の司法アクセス検討会でも日栄判決が取り上げられた。

同年8月にも弁護団では、司法制度改革推進本部あての要望書も提出していた。その中で、一部委員の中には、「裁判で敗訴したという事実はそもそも訴訟に利がなかったのであって、敗訴した場合は相手の弁護士報酬を支払うのが公平である」との意見があるとし、7月23日の検討会の議論について、裁判官出身委員から、「一般的事件では勝つべき事件が勝ち、日栄事件は特殊だ」との発言があったことについて、「発言した裁判官出身の委員は、全く実務を知らないのではないでしょうか。そのような人が検討会の委員に入り実務はこうだと発言していることは大変な驚きや怒りを禁じ得ません」とするとともに、一般的弁護士報酬敗訴者負担に反対するとして、「検討にあたっては、裁判利用者の声を十分聴取すべきを強く要望します」とまとめている。要望書の原案は私がつくったが7月18日の司法アクセス検討会事務局の対応も相当に影響して厳しいトーンとなっている。

(8)　合意論の登場・運動の天王山

　地方にいると、司法アクセス検討会での議論に一喜一憂していたが、検討会では例外を次々に潰していき、我々の主張が通るのではないか（これも一部誤解はあるとしても）と考え始めた矢先、2003年10月10日の司法アクセス検討会で、双方に弁護士が付いている事件で敗訴者負担の合意をした場合に限って導入するという「合意論」が財界代表の西川元啓委員から唐突に提案された。

　ここで合意論を飲むのか否か。運動をしてきた我々からすれば、「合意論」は司法アクセス検討会における弁護士報酬敗訴者負担制度導入賛成側の劣勢から出たまやかしの提案としか映らなかった。

　しかし、日弁連執行部は合意論に4つの条件を付けて、それによって賛成できるかの意見照会を各単位会に行った。

　この時期が我々の運動の天王山であったと思う。

　それまで、仙台においても仙台弁護士会とハイソネットは表裏一体となって反対運動を繰り広げてきた。日弁連と全国連絡会もしかりである。しかし、日弁連が今、「合意論」を呑むことは、市民運動を裏切ることになるだけでなく、将来に大きな禍根を残すことになる。

　各地の単位会から、合意論に反対の意見が多数寄せられ、2003年11月19日、20日の日弁連理事会で大激論となった。11月21日に司法アクセス検討会が開かれる予定であった。我々からすれば、ここで日弁連が合意論に反対をすれば敗訴者負担制度は導入見送りがみえてくるのではないかと考えた。

　しかし、日弁連理事会は、意見の集約を次回12月21日の理事会に委ねた。そして、11月21日の司法アクセス検討会では、日弁連は合意論に反対をしなかった。我々は、この日弁連の態度が「市民運動を裏切った」というようにみえてならなかった。

　12月3日に開かれた仙台弁護士会の全員協議会で、私は「日弁連の裏切りは許せない。二度と日弁連と一緒に市民運動はしない」と発言してしまった。私の発言に他の同僚弁護士から言いすぎであると非難もされた。運動してきた者からすれば、「合意論」はまやかしであり、同案に大義がないことは明白で、どういう形ででも何とか導入の方向でまとめたいとの案としかみえなかった。

　その後、合意論は訴訟外の弁護士報酬負担の実体的合意を否定するものでないとの大問題が出てきた。

　12月21日の日弁連理事会では、やはり激論の末、消費者契約、労働契約等における訴訟外での弁護士報酬負担の合意を無効とする規定が不可欠であるとの条件を付けることが盛り込まれた。約款や契約書で敗訴者負担の合意が広く定められると、原則各自負担が骨抜きになりかねないとの危惧が広がったことによる。

　私は、この時点で日弁連が一気に合意論に流れることを思いとどまらせることができたと考える。その原因は、各単位会からの反対意見であり、地方では市民団体と協力しながら正論の下に一緒に闘ってきた仲間がおり、それを裏切って政治的妥協をすべきでないとの声だったのではないかと思う。

　まさに、日弁連を思いとどまらせたのは、市民の広範な運動であったのである。

　2003年12月25日、司法アクセス検討会は、弁護士報酬敗訴者負担制度は、原則として導入はしないものの、双方に弁護士が付いている場合で、敗訴者負担の合意のある場合という条件付きで導入を認めるとする取りまとめを

行った。

　全国の市民団体も、日弁連と共に、反対運動を続けた。

(9)　合意論から廃案へ

　2004年3月2日、合意論による弁護士報酬敗訴者負担制度（民事訴訟費用等に関する法律改正案）を含む、司法制度改革関連9法案が閣議決定された。

　2004年1月20日から22日、日弁連は、「合意による弁護士報酬敗訴者負担制度に残る弊害の解消を！　消費者、労働者、契約上弱い立場の事業者の裁判を受ける権利を妨げないで」と題する合意論反対の意見広告を行った。2月には全国連絡会が国会内での集会を開催し、ハイソネットから6名が参加した。3月29日には仙台弁護士会・ハイソネット共催で、緊急集会を開催した。5月20日、日弁連の集会にも参加した。法案は審議入りすることなく継続審議となる。

　2004年7月26日にも、仙台で集会を開催したほか、署名活動の継続、および日弁連が6月から9月までに実施している「合意論反対の私的パブリックコメント」の募集への協力、合意論がわかりにくいということから勉強会の開催などを始めた。

　2004年9月28日、臨時国会が開会されることにあわせ、日弁連は「このままでは廃案を求める」との集会を開催し、600人が参加した。全国連絡会と日弁連が廃案を求め続け、ついに、12月3日、司法制度改革関連法案のうち、唯一、弁護士報酬敗訴者負担にかかわる民事訴訟費用等に関する法律の一部改正法案が廃案となった。

(10)　仙台での勝利集会

　2005年2月19日土曜日、仙台弁護士会館において、仙台弁護士会、ハイソネット共催で「裁判を市民の手に！　合意による弁護士報酬敗訴者負担法案廃案の勝利報告集会in仙台」が開かれた。集会の前に、16回目となる街頭ビラ配りを行い、署名等への感謝の報告を行った。

　集会には全国連絡会代表の清水さんにも駆けつけていただき、「全国の反対運動について」を報告していただいた。その中で、清水さんは、「訴訟当事

者およびその支援者が前面に出た市民運動がこの運動の切実さを訴えるうえで極めて有効であり、成功した原因であった」と述べられた。仙台弁護士会とハイソネットによる具体的活動成果は以下のとおりである。

署名　　　　　　　　　　　　　　　4万6000筆（全国113万筆）

パブリックコメント　　　　　　　　120通以上（全国5134通）

街頭ビラ配り　　　　　　　　　　　16回

日弁連私的パブリックコメント（※）　630通（全国1万2608通）

※合意制に基づく敗訴者負担法案国会提出後に、日弁連が私的パブリックコメントを募集した。

---

(11)　反対運動を行って

　ハイソネットの運動は、参加市民団体から運動の提案を受け楽しく行われた。街頭デモを全国に先駆けて行い、全国連絡会および日弁連の1300人パレードにつながった。弁護士報酬敗訴者負担制度反対の運動は日弁連と全国連絡会、仙台弁護士会とハイソネットが共同して運動を行った。

　仙台弁護士会では、当初消費者委員会でのマターを、司法制度、公害環境等、仙台弁護士会全体の活動に押し上げていった。さらに、ハイソネットの活動が活気に満ちていたのは、仙台弁護士会の会員が多くの困難な事件に取り組み、そこで多くの仲間をつくってきたことによるものであり、それが、総体としてのハイソネットの活動の力となったといってよい。一部学者から揶揄された、本音の反対理由は「弁護士の収入の低下ではないか」という点も、市民が中心の運動としてつくり上げることで、「利用しやすい司法をめざす」という視点からぶれない運動となったと思う。

　実は、このときの司法制度改革関連法案では、日弁連は、司法修習生への給費制を廃止し、貸与制に移行する裁判所法の改正についても対策本部をつくり反対運動をした。しかし、私自身、その運動を知らなかった。給費制廃止が決定され、その実施が目前に迫っていることを知ったのは、2010年度日弁連会長に立候補した宇都宮健児弁護士の選挙運動のために全国各地を回っ

たときであった。2010年4月から、宇都宮会長の下で、新しく司法修習生給費制問題緊急対策本部をつくり、取り組み、導入を1年延長後、いったん貸与制導入後に給費制は修習給付金という形で復活した。

2004年12月時点で弁護士報酬敗訴者負担制度反対運動は成功し、他方、司法修習生への給費制廃止は阻止できなかった。その理由を軽々に語ることははばかられるが、少なくとも司法の利用者の視点で給費の問題を考えたか否か、考えたとすると利用者と一緒の運動をどう構築したかが問われることになろう。

2004年8月、東京・霞が関の弁護士会館510号室に「敗訴者負担法案対策センター」が設置された。その後、2006年7月、同じ部屋に「上限金利引き下げ実現本部」が開設された。一部では、私の名前をとって、「コージハウス」と呼ばれるが、市民団体と日弁連の「高金利引き下げ」の共同作戦本部として機能することとなった。

私自身は宮城でのハイソネットでの活動が中心であったが、地方としても一定の役割を果たし得たように思う。そして、この運動は2010年からの司法修習生給費制問題の運動にもつながったように思う。

闘いを振り返って

弁護士報酬敗訴者負担制度導入反対運動
──日弁連の対策本部と市民運動にかかわった立場から──

弁護士　鈴木裕美

◆市民運動が果たした役割◆

弁護士報酬敗訴者負担制度導入反対運動の経緯、殊に市民団体による運動については、すでに新里弁護士が詳しく語っている（199頁以下参照）。

新里弁護士の報告にも出てくるように、私も、この運動の成功は、日本弁護士連合会（日弁連）・弁護士会と市民（市民運動）が最後まで連携協力を維持できたことによると考えている。もっと端的にいえば、「日弁

連をブレさせない、日弁連を逃さない市民運動」が、最大の勝因であっ
たと思う。

　私は、当時、日弁連の弁護士報酬敗訴者負担問題対策本部の本部委員
であった。日弁連の委員という立場でかかわった運動を振り返る。

◆当初の日弁連◆

　弁護士報酬敗訴者負担制度導入を含む司法制度改革の議論は、本を正
せば政府による規制緩和の流れであった。事業者に対する事前規制を緩
和する方向の中、自由競争により出てくる事業者の違法行為や消費者等
の被害については、司法制度を整備して国民が司法手続をとることによ
り救済すればよい、という考え方である。司法制度を使いやすいものに
するためといいながら、実際には司法アクセスを阻害する制度の導入が
検討されたのである。

　しかし、日弁連は、この問題に対し最初から一枚岩だったわけではな
かった。日弁連では、法務省の民訴費用制度等研究会に向けて全国の意
見を集約するため民訴費用制度等検討協議会が設置され、私はその委員
でもあったが、日弁連内でも弁護士報酬敗訴者負担制度を認める必要が
あるという意見もあり、これに強く反対する（私を含む）委員と鋭く対
立した末、報告書は両論併記になった（という記憶である）。

　日弁連弁護士報酬敗訴者負担問題対策本部（2002年9月20日設置）で、
司法アクセス検討会に向け基本的スタンス策定が議論されたが、当初「敗
訴者負担に反対できない訴訟類型もあるのではないか」との意見もあり、
容易にまとまらなかった。各地単位会や弁連が反対決議を上げ（仙台弁
護士会、東北弁連も2001年に反対決議）、2002年10月の日弁連人権擁護大
会でも反対決議がなされたが、日弁連は明確な活動方針を打ち出せな
かった（と私は思った）。

　このような日弁連の態度は司法アクセス検討会でも尾を引いた。検討
会の委員は11名であり（うち1名は出席しなくなった）、市民代表2名と
弁護士1名を除いた7名は積極的な導入論者であった。そのような中で、
2002年11月28日に開催された第11回司法アクセス検討会（弁護士報酬敗

訴者負担制度について実質審議の1回目）では、日弁連の2000年6月13日付け「『国民が利用しやすい司法の実現』及び『国民の期待に応える民事司法の在り方』について」と題する書面が資料提出された。同書面には、「弁護士費用敗訴者負担制度は、訴訟提起を支援する作用を果たす側面がある。勝訴の見込みが高いが、弁護士費用を自己負担してまで訴訟提起をすることをためらっていたケースにおいて、この制度は訴訟提起を促進する役割を果たすであろう」と記載され、問題点として勝敗の見込みがはっきりしないケースや消費者訴訟や公害・薬害訴訟などにおいては訴訟を抑制する機能を果たすことも指摘されているものの、結論として「問題点に鑑み導入する場合の留意点」が述べられている。検討会において、この書面の記述が読み上げられたが、日弁連委員は、これに対し何ら発言をしなかった。

　対策本部では検討会委員のバックアップ会議を行っていたが、日弁連委員は、その時点では情勢を悲観し反対の意見表明をすること自体に及び腰だったのである。そのため、対策本部では、対外的な意見表明や集会等の活動に加えて、たった1人の日弁連委員を叱咤激励して粘り強い抵抗を求める活動が続けられた。

　話は飛ぶが、辻公雄日弁連弁護士報酬敗訴者負担問題対策本部本部長代行執筆の書籍に、本部委員たちのことが書いてある。私（鈴木）のことについては、「仙台から来ていただき、いつも正論を吐いてもらって、運動の指針がぶれるのを防止していただきました。嫌われることも運動上必要だという達見には脱帽しました」と書いてあった。会議には必ず出席して、自分でも、とにかく強硬な意見を言い続けたという記憶であり、さぞかし嫌われた（特に日弁連委員には）ことであろう。

◆仙台における運動◆

　日弁連の腹の座らない対応を見つつ、仙台では、仙台弁護士会主催の反対集会を開催し（2002年10月17日）、仙台弁護士会に対策PT（座長：鈴木宏一先生）を設置してもらった。反対集会では、ザ・ニュースペーパーのコントや訴訟当事者等のリレートークで盛り上がった。PTは、当時

私が委員長だった消費者問題対策特別委員会が設置要請した。

　仙台では、加えて、市民団体の結成を進めた。日弁連に任せていては流れを止められないという危機感、「市民のための司法制度改革」を標榜する司法制度改革審議会が打ち出した方針を阻止するためには、「市民の反対」「訴訟当事者の生の声」を前面に出すしかないという考え（新里弁護士の発想である）からであった。市民団体をつくるという方針が迷うことなく打ち出され、周囲に賛同を募った。記録によると、2002年11月8日に新里と私の連名で仙台の弁護士に呼びかけ人就任の依頼を出し、18日には設立準備会が開催されている。

　このようにして、2002年12月2日、「弁護士報酬敗訴者負担制度に反対する宮城ネットワーク」（略称ハイソネット）が設立された。ちなみに「ハイソネット」という略称は、吉岡和弘弁護士の命名である。ハイソネットには、この運動に賛同する多くの団体、消費者被害や環境問題、欠陥住宅被害救済に取り組む被害者や団体が幅広く参加した。

　ハイソネットは、2002年12月21日、250名参加の一番町街頭宣伝活動（デモ）を行い、弁護士報酬敗訴者負担制度に反対する全国連絡会（東京）にも呼びかけて、第2回司法アクセス検討会当日である2003年1月29日に、司法制度改革推進本部（検討会開催場所）前までの街頭デモを実施した。

◆運動の広がり・日弁連と連携した運動◆

　このような中で、日弁連は、2003年3月にようやく、「司法アクセスの促進がメルクマール」であり、「大企業同士の訴訟以外は司法アクセスを阻害するので導入すべきでない」という基本的見解を固めた。日弁連をして明確な方針決定に踏み切らせたのも、大きく盛り上がった市民運動の力だと思っている。日弁連がどのようなスタンスを表明するかは、その後の運動に重大な影響があったが、漏れ落ちのない形の導入反対の旗を掲げたことにより、その後において、広範な市民団体との連携が可能になった。

　ハイソネットの活動、日弁連と連携した運動については、新里弁護士の報告に詳しい。私が仙台弁護士会の会報に執筆した運動の記録や、懐

かしい写真も後掲したたので、ご覧いただきたい。

◆日栄最高裁判決による反証◆

弁護士報酬敗訴者負担制度が、経済的弱者や証拠の偏在により劣勢を強いられるであろう一般市民の訴訟提起を萎縮させることは、困難な事件を経験してきた実務家にとっては自明なことである。消費者被害事案でも、判例や法律のないところで訴訟に取り組まざるを得ない事案も多くある。

一方の学者委員や裁判官を中心とした容認論の理由は、「公平論（裁判で負けた人というのは、訴えた人（原告）、争った人（被告）に理がなかったということであり、勝った者の費用を負けた者が負担するのは当然だ）」というものであった。このような意見は、「訴訟の勝敗は当初から予想がつく」という立論を前提としていた。司法アクセス検討会では、そうではないことを、実際の訴訟の事例で粘り強く反証している。公害裁判の例などに加え、消費者事件類型の反証として提出した事例が、商工ローン・日栄（ロプロ）に対する高裁判決と最高裁判決である。

司法アクセス検討会で議論されていた当時、ちょうど、商工ローン弁護団により、商工ローン・日栄（ロプロ）に対する訴訟が全国各地で取り組まれており、高裁段階の判断が借主側勝訴19件、借主側敗訴23件と判断が拮抗していたところ、2003年7月18日、最高裁判所が借主側全面勝訴の判断を示した。新里弁護士の報告にも、この最高裁判決が出された際、日栄・商工ファンド弁護団が、司法アクセス検討会に判決および要望書を提出したと記載されている。日弁連は、判決直後の2003年7月23日の司法アクセス検討会に、早速この事件の資料を、「利息制限法の解釈という同じ争点について裁判官によって全く判断が異なったものであり、たまたま敗訴判決を下した裁判官に当たった当事者が敗訴したことを理由に弁護士費用を支払うことが『公平』であるとは認め難い」との意見を付して提出した。日弁連委員も、「日栄の裁判の例もある」と引用して意見を述べている。

消費者弁護士が、新たな紛争類型に挑戦し続けたからこそ出し得た、

実務経験に裏打ちされた反論であった。そのときの検討会提出資料（2003年7月23日検討会日弁連提出の資料6。これは、私が本部委員として商工ローン弁護団でまとめていた資料を基に作成したものである）が残っていたので、以下に掲載する。

第13回検討会（3/10）資料4についての補足

日本弁護士連合会

| 2　資料4－1についての補足 |

日栄（現：ロプロ）関係訴訟の区々な結果と最高裁判決

【資料の説明】

日栄（ロプロ）と借り主の訴訟は、現在全国で1000件以上係属している。その争点は、手形貸付毎に生じた過払金の充当計算方法（争点1）と100％子会社に対し支払った保証料がみなし利息となるか（争点2）という利息制限法の解釈であった。高裁段階の判決の判断は2記載のとおり区々であったが、7月18日下記1記載の最高裁判決（借り主の全面勝訴）が出された。

利息制限法の解釈という同じ争点について裁判官によって全く判断が異なったものであり、たまたま敗訴判決を下した裁判官に当たった当事者が敗訴したことを理由に弁護士費用を支払うことが「公平」であるとは認め難い。

1　最高裁平成15年7月18日第2小法廷判決（番号9事件の上告審）

| （争点1）　借主の期限の利益（充当されるべき元本に対する期限までの利息の取得）を否定し、過払金の即時充当を認めた |
| （争点2）　日栄の100％出資子会社に支払われた保証料をみなし利息として元本充当計算することを認めた（理由：法の潜脱） |

2　上告審継続中の高裁判決（42件）の上記争点に関する判断

　　　　　　　　　　　　○借り主側の主張認容、△一部認容等、

　　　　　　　　　　　　　×借り主側の主張排斥、－争点になっていない

借り主勝訴判決（19件）			借り主敗訴判決（23件）		
番号	判決裁判所 判決年月日	争点に対する判断	番号	判決裁判所 判決年月日	争点に対する判断
1	東京高裁 H12.3.29	争点1　○ 争点2　○			
			2	福岡高裁 H12.3.30	争点1　× 争点2　×
			3	東京高裁 H12.4.27	争点1　（△） 争点2　×
			4	大阪高裁 H12.8.31	争点1　× 争点2　（×）
			5	広島高裁 H12.9.20	争点1　× 争点2　－
			6	仙台高裁 H13.1.24	争点1　× 争点2　－
			7	広島高裁 H13.2.21	争点1　× 争点2　－
			8	福岡高裁 H12.3.29	争点1　× 争点2　－
			9	東京高裁 H13.4.9	争点1　× 争点2　○
			10	仙台高裁秋田支部 H13.5.23	争点1　× 争点2　×
11	大阪高裁 H12.7.10	争点1　○ 争点2　－			
12	札幌高裁 H13.8.10	争点1　○ 争点2　○			
13	東京高裁 H13.12.11	争点1　○ 争点2　○			

				14	広島高裁	争点1	×
					H14.1.16	争点2	×
				15	福岡高裁宮崎支部	争点1	×
					H14.1.25	争点2	×
				16	広島高裁松江支部	争点1	×
					H14.2.8	争点2	×
				17	広島高裁松江支部	争点1	×
					H14.2.8	争点2	×
				18	広島高裁松江支部	争点1	×
					H14.5.29	争点2	×
19	大阪高裁	争点1	○				
	H14.6.26	争点2	−				
20	東京高裁	争点1	○				
	H14.6.27	争点2	○				
				21	広島高裁松江支部	争点1	×
					H14.6.28	争点2	×
				22	大阪高裁	争点1	×
					H14.7.18	争点2	×
23	広島高裁岡山支部	争点1	○				
	H14.8.1	争点2	○				
				24	広島高裁	争点1	×
					H14.8.30	争点2	×
25	大阪高裁	争点1	○				
	H14.9.12	争点2	○				
				26	札幌高裁	争点1	×
					H14.9.12	争点2	×
				27	札幌高裁	争点1	×
					H14.9.12	争点2	×
				28	札幌高裁	争点1	×
					H14.9.12	争点2	×
				29	札幌高裁	争点1	×
					H14.9.12	争点2	×

				30	福岡高裁	争点1	×
					H14.9.26	争点2	×
				31	大阪高裁	争点1	（×）
					H14.10.1	争点2	○
32	札幌高裁	争点1	○				
	H14.10.25	争点2	○				
33	大阪高裁	争点1	△				
	H14.11.13	争点2	○				
34	大阪高裁	争点1	○				
	H14.11.27	争点2	○				
35	福岡高裁	争点1	○				
	H14.11.28	争点2	○				
36	大阪高裁	争点1	○				
	H14.12.20	争点2	○				
37	東京高裁	争点1	○				
	H14.12.25	争点2	○				
38	東京高裁	争点1	○				
	H14.12.25	争点2	○				
39	大阪高裁	争点1	○				
	H14.12.27	争点2	○				
40	東京高裁	争点1	○				
	H15.3.25	争点2	○				
41	東京高裁	争点1	○				
	H15.3.27	争点2	○				
42	福岡高裁	争点1	○				
	H15.4.10	争点2	○				

◆法案廃案・運動の勝利◆

　司法アクセス検討会の議論は、「原則導入例外検討」に終始していたものの、例外類型が多数に及ぶなど、反対運動に手応えを感じていたところに、突然提案されたのが「合意論」である。

　合意論に対する日弁連の対応、これに対する多くの弁護士会の反対意

見、市民団体の運動を裏切らなかった日弁連の決断、その結果、法案は廃案となったことなどについては、新里弁護士の報告に記載されたとおりである。

　新里弁護士は、後の貸金業法の改正運動等に表れているように、市民団体と連携した運動、街頭に出て運動するスタイルを得意としたが、年代順に並べてみると、弁護士報酬敗訴者負担制度反対運動がその先駆けであったようである。当時を懐かしみつつ、この原稿を書かせていただいた。

【資料】　仙台弁護士会とハイソネットの取組み・全国の反対運動の経過

仙台弁護士会とハイソネットの取り組み・全国の反対運動の経過

□：主要な取り組み（「共催」＝ハイソネットと仙台弁護士会共催）
司法改革推進本部の動き・司法アクセス検討会の議論状況

2000（平成12）年
　11月　　司法制度改革審議会中間報告「基本的に導入する方向で考えるべき」
2001（平成13）年
　1.27　　仙台弁護士会「弁護士報酬の敗訴者負担制度導入に反対する決議」
　6月　　同審議会最終報告（消費者団体、公害団体を中心に全国から反対意見が相次ぎ「一律に導入することなく・・敗訴者負担制度が不当に訴えの提起を萎縮させるおそれのある場合には適用すべきでない」旨修正）
　12月　　内閣府に司法制度改革推進本部（司法アクセス検討会）設置
2002（平成14）年
　6月　　検討会で座長から原則導入・例外検討の方向の発言
　9月　　日弁連・「弁護士報酬敗訴者負担問題対策本部」設置
　10.11　日弁連人権擁護大会で反対決議

　10.17　仙台弁護士会主催反対集会（150名参加）
　　　　　みんなでとめよう！「弁護士報酬敗訴者負担制度」in仙台

11.22 日弁連・集会「このままではこわくて裁判を起こせない」(クレオ)

11月 仙台弁護士会「敗訴者負担問題対策プロジェクトチーム」設置

11.28 第11回司法アクセス検討会 敗訴者負担制度につき本格的検討に入る
推進本部前ちらし配布開始(全国連絡会他)

〈検討会での議論状況〉
「司法アクセスの促進」をメルクマールとすべきであるとの意見(日弁連)は無視され、公平を理由に、原則導入とし例外とする類型とその理由の議論に終始。委員11名(1名は欠席で実質10名)のうち、原則導入賛成が7名、反対が3名(消費者団体委員、日弁連委員、建築家委員)の勢力構図。

12.2 弁護士報酬の敗訴者負担制度に反対する宮城ネットワーク(略称ハイソネット)設立

12.21 ハイソネット・仙台弁護士会共催
一番町街頭宣伝活動(デモ)及び集会 参加者250名

2003(平成15)年

1.25 ハイソネット・弁護士会共催・第1回街頭ちらし配布
(ちらし2000枚、宣伝用印刷ティッシュ2000枚)

1.29 第12回司法アクセス検討会(非顕名の議事録がこの回以降顕名に)
推進本部前までの街頭デモ・議員会館内集会(全国連絡会他)
参加者250名(ハイソネットと仙台弁護士会36名参加)

2.21 仙台弁護士会定期総会「導入に反対する決議」を採択

3.8 敗訴者負担制度に反対する全国連絡会主催・市民集会
参加者250名(同上37名参加)

4.15 第14回検討会当日街頭宣伝行動及び国会議員要請(同上3名参加)

4.19 仙台弁護士会主催 経過報告集会(裁判員ビデオ上映)

5.30　　　日弁連主催・1300人反対パレード〜東京日比谷公園から国会
　　　　　経由司法改革推進本部前まで〜（同上20名参加）

8.20　　　報告集会及びパブリックコメント提出のご依頼（共催）
　　　　　・160の団体個人に「ハガキ作戦」によるパブコメ依頼（意見提出
　　　　　用ハガキ1000枚印刷）／弁護士に依頼者等へのパブコメの依頼
　　　　　を要請

★8月司法改革推進本部パブリックコメント募集に対する意見募集
　意見提出全国約5134通（ほとんどが反対意見）
　（宮城からも発送確認分120通以上、直送分も多数あったと予想される）

★100万人反対署名（日弁連・全国の弁護士会・反対する市民団体）
　2003年9月までに100万筆突破・2004年3月までに114万筆
　（うち仙台弁護士会及びハイソネットの反対署名集約数　3万4900筆）

9.19　　　第18回司法アクセス検討会
　　　　　〈このころまでの例外検討の具体的議論の流れ〉
　　　　　　　行政事件訴訟や公権力の行使に当たる訴訟、労働訴訟、人事訴訟、
　　　　　不法行為のうち人身損害に関する請求訴訟、消費者訴訟について
　　　　　はおおむね除外すべきとの意見が大勢を占め、個人対個人間の訴
　　　　　訟、事業者間訴訟、人身損害以外の不法行為訴訟が残る類型とし
　　　　　て議論されるという方向となっていた。
10.10　　司法アクセス検討会で突然「合意論」が浮上
10.25　　日弁連・市民を裁判からしめだす弁護士報酬の両面的敗訴者
　　　　　負担に反対し、市民が利用しやすい裁判制度を求めるシンポ
　　　　　ジウム」

12.12　　ハイソネット市民団体等へ合意論に対する意見提出の依頼
　　　　　（葉書印刷）

12.22　日弁連「合意制導入に当たっては『構造的格差のある当事者間の私的契約の敗訴者負担条項の効力を否定するための立法措置』等が不可欠との意見書を推進本部に提出」

12.25　司法アクセス検討会　「合意制」敗訴者負担制度導入の意見のを取り纏め

2004（平成16）年

2.24　「合意制法案」反対　国会議員会館内集会　反対する全国連絡会主催
　　　（ハイソネット5名参加）

3.2　「合意に基づく敗訴者負担法案」通常国会提出（審議入りなく継続審議）

3.29　緊急集会（共催）
　　　「『合意制法案』の成立阻止に向けた運動提起」

5.20　日弁連「このままでは合意による敗訴者負担の導入を許さない集会」
　　　参加者250名　国会議員8名参加発言

7.9　東北弁護士会連合会定期総会「合意による法案に反対する決議」採択

7.26　私的パブコメ・反対請願署名のお願いと緊急集会（共催）
　　　・パブコメ用紙3000枚、請願署名用紙2万枚を関係者や市民団体（160の団体・個人及び弁護士会会員）に送付依頼

6～8月　合意制法案の問題点に関する小学習会

6/10　全国消費生活相談員協会・宮城県市町村消費生活相談員連絡協議会

7/10　（財）日本消費生活アドバイザーコンサルタント協会（NACS）東北支部

8/2　宮城県生活協同組合連合会

★2004.6～9月　　日弁連の合意制法案に対する私的パブリックコメ
　　　　　　　　ント募集
　　　　　　　　1万2608通（うちハイソネットと仙台弁護士会から630通）
　　　　　　　　反対11294通　賛成483通　その他831通
★廃案を求める請願署名　4万6000筆　19名の紹介議員により提出
　（うちハイソネットと仙台弁護士会ら　8928筆）

8.12	日弁連会館510号室に「敗訴者負担法案対策センター」設置
9.28	日弁連「このままでは廃案を求める市民集会」
	参加者600名　国会議員9名参加発言
10.8	日弁連人権擁護大会「弱者の裁判を受ける権利を侵害する『弁護士報酬敗訴者負担』法案に反対する決議」
12.12	臨時国会で衆議院法務委員会付託
10.13	反対する全国連絡会「敗訴者負担問題を考える国会内集会」
	60団体参加　国会議員8名参加発言
10.25	日弁連「合意による弁護士報酬敗訴者負担法案についての要請書」
	私的契約による敗訴者負担合意の弊害を解消する措置（弱者の私的合意は無効とする立法等）がとられない限り、法案の廃案を求める。
12.3	臨時国会閉会　「合意法案」　審議未了のまま廃案となる

★ハイソネット・仙台弁護士会の街頭ちらし配布署名活動　合計15回
　（共催13回）
2002　9/27（弁護士会10/17市民集会宣伝ちらし配布）　11/22
2003　1/25（共催第1回）　2/21　3/25　4/19　6/19　7/22　8/20
　　　（リレートーク実施）　9/19　10/30
2004　8/10　9/9　10/21　11/12

【その他日弁連・弁護士会の活動】
★反対する市民団体との間で「各界懇談会」を継続開催（合計32回）
★全国52の弁護士会及び8ブロックの弁護士会連合会が、一般的導入反対

```
　の決議声明
　2004年には「合意制法案」反対の決議ないし声明
★消費生活相談員と法律相談者対象のアンケート調査
★海外調査（ドイツ・フランス・オランダ／韓国／イギリス／アメリカ）
★新聞等への意見広告／政党・マスコミ各社との懇談会
```

5　司法修習生の給費制復活に向けた闘い

⑴　給費制1年延長

⒜　2010年宇都宮健児会長の誕生

　2010年、「司法制度改革路線と反司法制度改革路線の止揚」（止揚とは、矛盾する諸要素を対立と闘争の過程を通じて発展的に統一すること）を掲げて、宇都宮健児弁護士が日本弁護士連合会（日弁連）会長選挙で当選した。宇都宮候補が掲げた最も大きな公約は、司法試験合格者3000人をめざすとされた現行の目標を1500人に引き下げる、司法修習生の給費を維持させる、というものであった。貸金業法改正に取り組んだ地方会の仲間が中心となって選挙を支えた。給費制維持を公約としたのは、会長選挙の運動で全国の弁護士会を回った際、地方の弁護士、特に若手弁護士の切実な危機感を、肌身に感じたからである。

　2001年6月、司法制度改革審議会最終意見書および取組み課題とされたテーマごとの検討会による検討結果を踏まえ、順次改革法案が提出された。この時期、私自身は、弁護士報酬敗訴者負担制度の導入反対に力を注いでおり、同制度導入を目的とする法案は廃案になったものの、2004年12月には、残る8つの法改正・制度改正が実行された。日弁連は、司法修習生の給費制廃止についても対策本部をつくって反対運動をしたが、給費制を廃止し貸与制に移行する裁判所法の一部改正法案も通っている。

　宇都宮会長が誕生した当時（2010年4月）、司法制度改革の象徴であった弁護士人口増員については、2007年頃には合格者が2000人を超えるに至って

危惧されていた弊害(事件数が増えない中で弁護士人口のみが増えることにより、修習を終了しながら就職先が決まらず、登録ができない者が多量に生み出されること、弁護士の経済的基盤が失われ、人権擁護活動自体が衰退するおそれ)が吹き出し、その解消が大きな課題となっていた。弁護士人口増等のしわ寄せというべき給費制廃止は、導入が2010年11月まで延期されており、2010年は、いよいよ貸与制が開始されるという年であった。

すでに法律が成立し導入を待つばかりであった貸与制移行の阻止は、時間のない中で極めて困難な闘いであった。

(B) 給費制とは・廃止された理由

戦前の法律家を養成する司法修習制度は、裁判官、検察官と弁護士が分離修習とされ、弁護士の修習には国費が投入されてこなかった。戦後の司法の民主化の一環として、裁判所法によって、司法修習生に修習専念義務を課し、裁判官・検察官・弁護士が統一修習とされ、司法修習生には給費を支払い、その養成に国費が投入されることとなった。

ところが、司法制度改革の議論の中で、日本の法曹人口は欧米、ヨーロッパに比べ極端に少ないのであり、法の支配を徹底する観点から、少なくともフランス並みをめざすべきとされて、法律家を養成する専門大学院・法科大学院の設置と当面司法試験の合格者数を当時の年500人から年3000人に増員することになった。大量の合格者の修習費用を削減するため、修習期間を段階的に2年から1年に短縮・無給として、必要な者には最高裁判所が資金を貸し付ける制度(貸与制)を導入することとした。これが、給費制が廃止された理由である。反対意見に対しては、法科大学院の設置、裁判員裁判、日本司法支援センターの設置で司法関連予算が増大する、他方、多くが弁護士になるが返済可能であり、弁護士を含む法曹の養成に国費を投入することに国民の理解が得られない等と説明されてきた。

一方で、2004年12月の裁判所法の改正の際、「経済的事情によって法曹への道を断念する事態を招かないように」との参議院法務委員会における附帯決議が付されていることからも明らかなように、当時から、経済的事情から法曹をめざせなくなるという危険性が強く意識されていた。

(C)　給費制復活運動のスローガン

法科大学院の導入に対応するため貸与型の奨学金が導入されたものの、法曹になる時点で、奨学金債務と貸与制による債務を合わせると600万円程度の借金を背負うことになりかねず、多様な人材を法曹に供給することができなくなることが懸念された。「誰でもが法律家をめざせる」制度、「法曹を育てるのは国の責務」であるべきで、給費制を廃止してはならない、との運動の幕が切って落とされた。

(D)　日弁連司法修習生給費制維持緊急対策本部の設置と運動体の設立

2010年4月、日弁連第1回理事会で日弁連司法修習生給費制維持緊急対策本部（以下、「日弁連対策本部」という）の設置が決まった。本部長代行は司法修習委員会の副委員長を務めている愛知県弁護士会の川上明彦弁護士、事務局長は東京弁護士会の釜井英法弁護士、担当副会長は大阪弁護士会の金子武嗣弁護士、私は仙台弁護士会の会長で日弁連の常務理事を務め、本部の担当主査理事となった。

2010年6月、当事者の運動体として、司法修習生の給費制維持のための若手ネットワーク「ビギナーズ・ネット」（代表：渡部容子弁護士（仙台弁護士会）。若手弁護士、司法修習生、学生で構成）、および司法修習生に対する給与の支給継続を求める市民連絡会（代表：笹森清、清水鳩子、本多良夫、事務局長：菅井義夫）も設立され、日弁連と一緒に活動することとなった。清水さんとは弁護士報酬敗訴者負担制度反対運動、本多さん、菅井さんとは貸金業制度改正、割賦販売法改正運動の仲間である。

仙台（宮城）でも、市民のための法律家を育てる会（代表：山形孝夫宮城学院女子大学元学長、伊藤智恵歯科医）を設立し、運動を担った。

(E)　運動は仙台から

日弁連対策本部は、ビギナーズ・ネット、市民連絡会と協力して、署名活動と各地での集会、デモおよび院内集会を精力的に行った。

一方、仙台（宮城）では、市民のための法律家を育てる会が、賛同者集め、市民集会（寸劇「CHANGE ～変身～」なども作った）などの活動を行った。また、運動のグッズとして、青いTシャツを作った。2人の若き法曹（名前をしゅうしゅう君とクリームちゃんという）の絵柄は、仙台の吉岡和弘弁護士の知り

日弁連作成の給費制維持を訴える冊子

仙台での市民集会の報告集

合いのデザイナーによるものである。この T シャツは、みんなからの賛同を込め「青ティ」と呼ばれ、この運動の象徴として長く引き継がれることになる。

　街頭デモも、最初に仙台が取り組んだ。2010 年 7 月 2 日、東北弁護士会連合会大会が山形で開催され、翌 3 日朝、宇都宮会長が山形から仙台に入った。車の運転は鎌田健司仙台弁護士会庶務委員長、私は助手席、後部座席には宇都宮会長、そして TBS の吉田ディレクターも同乗した。7 月 3 日午後 1時、仙台市内勾当台公園から東北大学北門前に向け、給費制運動では全国で初めて街頭デモ行進（街頭パレード）を行った（参加者約 150 名）。デモに引き続き、東北学院大学土樋キャンパスで、「司法修習生の給費制維持を求める市民集会」を開催した。デモおよび市民集会の主催は仙台弁護士会、市民のための法律家を育てる会で、日本弁護士連合会、東北弁護士会連合会が共催した。

　TBS「報道特集」で給費制復活の活動が初めてテレビ報道で取り上げられた。新聞メディアは司法制度改革の流れに逆行するものとして給費制復活の運動を冷ややかに報道していた。

⒡　国会での賛同を得る活動

　当時は民主党政権であり、法務部会長は宮城県選出の今野東参議院議員であり、私は地元会長として要請する中で理解を得るようになった。公明党の中心は漆原良夫衆議院議員、大口善徳衆議院議員であり、「法曹養成は国の責務」、「経済的事情によって法曹への道を断念する事態を招かないように」との我々の訴えに、同じ弁護士ということもあり理解を得た。自民党については党顧問弁護士のルートで法務部会長平沢勝栄衆議院議員に面談も叶い、一定の理解を得た。国会でも、ビギナーズ・ネットが青いTシャツで議員事務所を訪問し、多くの賛同を得ていった。

　2010年7月からは民主、自民および公明党による3党協議の場も設定された。時間との闘いの中で、自民党の法務部会での議論がなかなか進まなかった。自民党の法務部会の前には本部委員中心に、自民党法務部会の議員に要請を継続的に行った。

　2010年10月22日、沖縄での九州弁護士会連合会大会の2日目の朝、自民党の法務部会が開催され、貸与制の導入時期を1年延期として部会をまとめるとの情報もあり、期待していた。どうも、当日の朝、民主党の有力議員から民主党自体がまとまっていないとの情報が自民党側にもたらされ、自民党法務部会は1年延期での取りまとめを行わなかった。私自身も沖縄の大会に出席し、前日の夜には自民党法務部会の情報を確認し、延期の取りまとめができると思っていただけに、焦燥感が漂った。

　翌日、日弁連会長室で、会長、担当副会長などによる緊急会議があり、私も参加した。公明党ルートで再確認しながら、会長から労働者福祉中央協議会（中央労福協）の笹森清会長のルートで菅直人内閣総理大臣にあたることが確認され、まだまだ、最後まで諦めずに取り組もうと意思統一をした。財務省が大きな壁であり、そこへのルートがなかなか築けなかった。

　仙台に戻り、法曹養成委員会において、財務副大臣が宮城選出の桜井充参議院議員であり、そこにルートはないかと話す中で、仙台弁護士会法曹養成委員会の委員で、桜井議員と高校の同級生がいて現在も付き合いが続いているとの話があった。すぐさま確認すると連絡がとれるという。私自身は、2004年、ヤミ金特区構想を推進した同議員と電話で言い争いとなったこと

もありルートとなることはできない。すでに、11月に入り、貸与制が導入された後の11月７日に、やっとのことで桜井財務副大臣と面談ができた。面談には、仙台弁護士会の会員、日弁連から海渡雄一事務総長、川上本部長代行などが参加した。当然のことながら私はつなぎ役に徹した。

　その面談で、桜井財務副大臣が自分は反対しないと述べ、その後、日弁連執行部は枝野幸男官房長官を訪問し、大きく事態が動いた。2010年11月26日、貸与制の導入を１年間延期するなどの裁判所法の改正が成立した。修習開始日の１日前であった。衆議院法務委員会の附帯決議の１項では、昨今の法曹志望者がおかれている厳しい経済状況に鑑み、それらの者が経済的理由から法曹になることを断念することがないよう、給費制が継続される１年の間に、法曹養成制度に対する財政支援のあり方について政府および最高裁判所の責務として見直しを行うこととされていた。また、附帯決議の２項では、「法曹の養成に関する制度の在り方全体について速やかに検討を加え、その結果に基づいて順次必要な措置を講ずること」を求めていた。

　給費制の完全復活ではないものの、日弁連のみでなく、ビギナーズ・ネットおよび市民連絡会など67万筆の署名、各地での市民集会、街頭デモなど、経済的事情で法曹をめざせない社会を変えようとの運動が結実した。

　私は、2010年11月29日の仙台修習の開始式で貸与制の導入が１年延期されたことを熱く話した。

　(G)　あきらめないこと

　そもそも、日弁連が給費制復活の活動を開始したのは宇都宮会長が就任した2010年４月以降であり、同年11月まで７カ月であるので、誰がみても不可能と思われた。若手のビギナーズ・ネットの当事者運動、それを支える市民連絡会の運動、各地の弁護士会が創意工夫をこらして活動を行った。仙台では市民のための法律家を育てる会もでき、市民集会も一緒に行った。

　法曹を育てるのは国の責務、経済的理由で法律家をめざせないような社会を変えようとの合い言葉も、一定の市民および何よりも国会議員の共感を得た。

　私は、これまで、メディアを味方とする運動を続けてきた。しかし、今回は特に、新聞メディアの反発の中での運動であり、それでも国会議員の賛同

を得る活動によって制度が変えられるということを初めて体験した。そのことが、その後の新たな給付金制度の実現につながる。

(2)　司法修習生に対する給費制維持の活動等

(A)　法曹養成フォーラムでの敗北

2010年11月、運動の大きな成果で、司法修習生への貸与制導入の1年の延期を勝ちとることができた。2011年4月から私は、日本弁護士連合会司法修習費用緊急対策本部（以下、「対策本部」という）の担当副会長となった。

裁判所法改正時の両院の法務委員会の附帯決議により検討組織ができる予定であったが、検察の不祥事や東日本大震災の発生等から設置が遅れ、2011年5月に「法曹の養成に関するフォーラム」（以下、「フォーラム」という）が設置された。5月25日開催の第1回の会議で、民主党政権の桜井充財務副大臣から「次年度予算の概算要求に間に合うよう結論を出せ」との強い要求を受け、同年8月末までに給費制の是非について結論を出すことになった。

給費制維持の活動は、東日本大震災の影響から全国的な集会などの開催は6月以降にずれ込み、震災の中で給費制の維持を高らかに謳ってよいのだろうかと恐る恐るでの始動とならざるを得なかった。それでも、各地で10を超える集会が開催され、私自身はそれらの集会で、「震災と弁護士の役割」という話をさせていただいた。当時、全国の弁護士が、被災地の避難所を回り、無料法律相談を行うなど、被災者・被災地支援に駆けつけてくれていた。日弁連の震災研修（2011年4月8日）には約1000名の弁護士が参加した。これを見て、私は、「今、多くの弁護士がその公的役割を果たしている。このように公的役割を担ってもらうためにも、国の責任で法律家を育てるべきである。それがまさしく給費制度である」と話した。

しかし、フォーラムでは、給費制問題について先行して議論され、残念ながら、2011年8月31日、貸与制への移行を基本とする第一次取りまとめがなされた。負担軽減策としては、5年間の返済据え置き期間後でも一定の経済的困難者については1年ごとに最大5年さらに猶予することとされた。

日弁連は、市民団体や若手のグループであるビギナーズ・ネットと協力して給費制の運動を継続し、少なくとも、フォーラムで議論している間は給費

制を維持すべきことを主張して国会対策等の運動を行った。

　ここで注目すべきは、司法制度改革の目玉の1つとされた「法科大学院を中核とする法曹養成制度」に多くの問題・困難が生じていることについて、多くの国会議員の理解が進んだことであろう。民主党の中でも法曹養成制度の改善策をさらに1年かけて検討し、その際に再度給費制にするのか貸与制にするのかについて結論を出すということでは一致していたが、その間、給費制を維持すべきか暫定貸与制にすべきかについては両論があり、当時の政権与党民主党の法務部門会議では圧倒的に給費制の維持が多数であったものの、政務調査会では暫定貸与制の立場をとった。我々は期待していただけに裏切られる思いであった。

　こうして、政府は、2011年11月4日、フォーラムの結論を尊重する形で裁判所法の一部改正案を閣議決定した。

(B)　裁判所法の一部改正での粘り腰

　2012年3月23日、私は担当副会長の最後の仕事として衆議院法務委員会の参考人となり給費制の復活を訴えた。同年4月20日、裁判所法改正に関する民主、自民、公明党の三党合意が成立し、給費から貸与への移行を決めた法曹の養成に関するフォーラムを改編し、閣議決定による新組織を立ち上げ、その組織で1年以内に、法曹人口を含む法曹養成制度の抜本改正と司法修習生に対する経済的支援策に結論を出すものとされた。給費制の即復活には至らなかったものの、新組織による検討がなされることとなり、給費制復活のかすかな足がかりを残すことができた。

　2012年7月27日、司法修習費用に関する裁判所法の一部を改正する法律案が、政府提案に一部修正が加えられ（上記三党合意に従い別組織による1年以内の検討を行うこと、その検討においては、法曹の養成における司法修習の位置づけを踏まえるべきこと、が盛り込まれた）、衆議院法務委員会における附帯決議付きで可決・成立する。公明党の漆原良夫衆議院議員、大口善徳衆議院議員には最後の最後まで汗をかいて附帯決議の取りまとめに尽力していただいた。

　法改正を受け、2012年8月21日、法曹の養成に関する制度のあり方について検討を行うため、内閣に、官房長官を議長とする法曹養成制度関係閣僚

会議（以下、「閣僚会議」という）が設置され、その下に有識者による法曹養成制度検討会議が設置された。この組織の庶務は内閣官房とされた。法曹養成フォーラムの所管は法務省であったが、この問題の所管が内閣官房に移行することとなった。

(C)　裁判所法の一部改正、修習給付金制度の実現

私は、2012年3月に日弁連の副会長を退任し、同年4月から日弁連司法修習費用緊急対策本部の本部長代行に就いた。逃げるわけにはいかなかった。

そして、5年間の運動によって、奇跡的に給費制の復活・修習給付金制度が実現する。運動的には国会議員の賛同メッセージを集め、国会議員の顔写真付きのメッセージ集を作ったことが成功を引き寄せた。最終的には全国会議員の6割、450名を超える賛同メッセージを得たが、それは日弁連執行部、各地の弁護士会、対策本部員、ビギナーズ・ネットおよび市民の会が結集した結果といってよい。

そして、2017年（平成29年）4月19日、司法修習生に対して修習給付金を支給する制度を創設する裁判所法改正案が参議院本会議で可決され、成立した。これによって、同年11月1日以降に採用される司法修習生に対しては月額13万5000円の基本給付金が支給されるほか、住居費を補助する住居給付金や転居費を補助する移転給付金も支給されることとなった。ここに至る奇跡の運動を振り返る。

(D)　ここに至る経過、政府の動き

2012年（平成24年）8月、「法曹養成制度検討会議」が設置され、翌2013年（平成25年）6月、貸与制を前提に、移転費の支給等が盛り込まれる。

2013年（平成25年）9月17日、関係閣僚による法曹養成制度改革推進会議（以下、「推進会議」という）の設置が決まり、法曹人口を含む法曹養成制度の検討が続いた。

2015年（平成27年）6月30日、推進会議が「法務省は、最高裁判所等との連携・協力の下、司法修習の実態、司法修習終了後相当期間を経た法曹の収入等の経済状況、司法制度全体に対する合理的な財政負担の在り方等を踏まえ、司法修習生に対する経済的支援の在り方を検討するものとする」との提言を取りまとめた。ここで、貸与制の前提がはずれた。大きな前進であった。

　推進会議では、法曹人口についても、「現行の法曹養成制度の下でこれまで直近でも1,800人程度の有為な人材が輩出されてきた現状を踏まえ、当面、これより規模が縮小するとしても、1,500人程度は輩出されるよう、必要な取組を進め」るとされた。

　実は、日弁連では、このはるか以前の2012年3月15日、「法曹人口政策に関する提言」で、「司法試験合格者数をまず1500人にまで減員し、更なる減員については法曹養成制度の成熟度や現実の法的需要、問題点の改善状況を検証しつつ対処していくべきである」との提言を出している。この提言は、宇都宮健児会長の下で設置された法曹人口政策会議から出された案が理事会で承認されたものである。同会議の委員は、この問題を自由に議論してもらうため、合格者数の減員派・減員慎重派を問わず各単位会から推薦された者で構成されており、この提言は、合格者の目標数値を入れるべきか、数値を何人とするか等について、大激論の末取りまとめられたものであり、私も担当副会長として深く関与したことが思い出される。

　推進会議の取りまとめでは、「なお、新たに養成し、輩出される法曹の規模に関するこの指針は、法曹養成制度が法曹の質を確保しつつ多くの法曹を養成することを目的としていることに鑑み、輩出される法曹の質の確保を考慮せずに達成されるべきものでないことに留意する必要がある」と法曹の質についても指摘され、単に1500名を確保すべきということではないことも確認されている。

　2016年（平成28年）6月2日閣議決定の骨太の方針、同年8月2日閣議決定の経済対策に、「司法修習生に対する経済的支援を含む法曹人材確保の充実・強化」が盛り込まれた。推進会議の上記取りまとめ中の「経済的支援の在り方検討」の文言から「在り方検討」もはずれ、予算を伴った直近の課題まで押し上げることができた。骨太の方針の取りまとめ直前の自民党政務調査会では、当初官僚から示された原案には司法修習生への経済的支援策が含まれていなかったものを、城内実衆議院議員、宮崎政久衆議院議員が指摘し、当時の政調会長稲田朋美衆議院議員が盛り込んだといわれている。当時の中本和洋会長等日弁連執行部と本部は事前に稲田政調会長にも、司法修習生への経済支援策を骨太方針に入れていただけるよう要請していた。また、金田

勝年法務大臣にも大臣の地元秋田の近江直人弁護士から連絡していただき、法務大臣室で直接要請していた。

具体的な給付対象・内容については、中本執行部が、窓口の法務省と折衝したが、今回の法案では貸与制とされた司法修習生は給付対象としないこととなった。中本会長から会長室に呼ばれ、「申し訳ない」と頭を下げられた。私は、給付対象にこだわれば新制度は実現しないことは自明であり、「やむを得ない」と事実上了解した。次の運動をつくるしかないと考えた。給付内容についてもあらゆるルートを利用して要請をしたが、実現したのは修習給付金13万5000円、住居給付金3万5000円にとどまるものであった。しかし、新制度ができることは奇跡であり、画期的であることはいうまでもない。

2016年12月19日、法務省は司法修習生への経済的支援策を公表し、平成29年度予算案に盛り込まれ、前述のとおり裁判所法の一部改正に至ったものであった。

(E)　なぜ推進会議決定が貸与制の見直しの方向を出したのか

推進会議決定が貸与制見直しの方向を打ち出した理由は、司法修習生のおかれた状況や修習の実態がまさに悲鳴をあげていたことによる。

修習生の約半分が平均356万円の奨学金債務を抱え、修習生の7割が305万円の貸与金債務を抱え、修習終了時に約半分が400万円以上の借金を抱えており、600万円以上の借金を抱える者も27％となっている。修習生へのアンケート回答でも67％が経済的不安を抱え、その理由は63％が貸与制への不安であり、実際にも経済的理由による司法修習辞退者も現れている。

司法試験に合格しながら、司法修習を辞退して地方公務員となった方のメッセージが院内集会で読み上げられたが、その最後にあった「『法曹はお金のある人しかなれないのね』との母の声は忘れられません」との発言は現状を言い当てている。

そのような重い経済的負担の問題は、法曹志望者の大幅減少という深刻な事態として現れている。司法修習生の切実な状況、その実態が、貸与の見直しを求めているというべきであった。

(F)　日弁連の取組み

対策本部では、司法修習生へのアンケート調査の継続的な実施とその事実

を広く社会に伝える活動をしてきた。運動を続ける中で、たとえばパブリックコメントで給費の復活との意見が多数を占めてもそれが有識者の結論には反映されない、という現実の壁にぶつかった。

　2013年9月から、国の検討の場が、法曹養成制度改革推進会議に移行した。我々の運動も外向きの議論をしようと、当時の与党である自民党の支持母体や友好団体からも団体署名を集める活動方針を立てた。2013年（平成25年）10月から団体署名を開始し、その数も2100筆、その中には公益社団法人日本医師会、公益社団法人日本歯科医師会、公益社団法人日本青年会議所、全国農業協同組合連合会、日本公認会計士協会など、日本の中でも錚々たる団体から署名をいただいた。そのことも我々の運動の支えとなっていった。いくつかの団体は直接会長にお会いして趣旨を説明し賛同をいただいた。面談した際、日本歯科医師会の会長からは、養成制度の予算の削減の問題もあり同じ思いですとの温かい言葉もいただいた。

　日本医師会の副会長には院内集会に参加ししていただき、ご挨拶もいただいた。同じプロフェッションとして養成制度は重要であるとして給費制への賛同を直接発言していただいた。院内集会に参加した自民党の法務大臣経験者の議員が院内集会で日本医師会の副会長を見つけるや、「君どうしてここにいるの」と親しく声をかけ、「養成制度はお互いに重要ですから」と返している会話も聞かせていただいた。我々の戦略はうまくいっていると感じた。そして、勝負は法改正であり、国会議員に理解をしてもらう方法は何かを考えるようになっていく。

　2014年（平成26年）12月からは、運動の可視化、効果的な国会議員対策として議員からの「賛同メッセージの過半数獲得運動」を強力に展開していった。この運動を発案したのはビギナーズ・ネットであり、当初、日弁連はそのサポートとの位置づけであったが、対策本部員から日弁連としても全面的にこの運動を展開すべきとの意見が出るようになった。2015年1月15日、当時の自民党副幹事長の牧原秀樹衆議院議員に国会内の自民党幹事長室でお会いした。日弁連事務次長の戸田綾美弁護士およびビギナーズ・ネットの萱野唯代表も同席した。萱野さんからの説明に、牧原議員は党として給費の復活を決めているわけではないので、署名集めは難しく、むしろ賛同メッセー

ジ集めはよいのではないかと賛意をいただいた。さらに、「この問題は弁護
士議員からは賛同を得られるが、司法制度改革推進をしてきた立場からは反
対が強い。関心をあまりもっていない層に、実態を説明して賛同を得ること
が成功のカギではないか」との重要なアドバイスをいただくいた。そして、
同年1月からメッセージ集めの運動をフル回転で展開した。

　2015年2月18日、メッセージ集めを開始してから初の院内集会が衆議院
第1議員会館多目的ホールで開催された。ビギナーズ・ネットの「青ティ」（活
動時に着用することとしていた青色Tシャツ）が議員会館を駆けめぐった。各
弁護士会の会員にも、国会議員会館の地元議員を回って、院内集会への参加
およびメッセージへの協力のお願いをしていただいた。当日の参加者は290
名、国会議員の参加は35名、秘書参加は88名、賛同メッセージは106通まで
集まった。ここで大きな運動の流れもつかんだ。

　院内集会の会場をとっていただいたのは城内議員であり、自分の議員事務
所を「ビギナーズ・ネット諸君のベースキャンプにしていいよ」と言ってい
ただいた。それ以上に熱い応援をいただいた。

　2015年6月3日にも院内集会が開催された。参加者は過去最高の390名に
達し、賛同メッセージも136通、運動の盛り上がりの中で6月30日、推進会
議が「司法修習に対する経済的支援のあり方を検討する」との取りまとめを
した。

　2016年（平成28年）1月14日の院内集会の時点で、全国会議員719名の過半
数359名を超える賛同メッセージが集まり、最終的には450名を超えた。

　2016年（平成28年）6月2日閣議決定の骨太の方針、同年8月2日閣議決
定の経済対策に「司法修習生に対する経済的支援を含む法曹人材確保の充実・
強化」が盛り込まれた。運動が国を動かした。私は、国会議員の写真入りメッ
セージ集を「魔法のツール」と呼んだ。国会議員に他の議員の写真の載った
メッセージ集を見せながら要請すると、多くが応じてくださったからである。

　(G)　なぜ奇跡が実現したのか

　運動の盛り上がりが、国会議員を動かし、政治を動かしたといってよい。
山岸憲司、村越進および中本和洋各日弁連会長には、年3回程度開催される
院内集会で冒頭の挨拶をしていただくなど本部の活動を全面的に応援してい

ただいた。最後の取りまとめでは中本会長に、あらゆる政治的ルートを使って、修習給付金の実現に向けて最大の努力もしていただいた。

　運動が盛り上がったのも、法曹を養成するのは国の責務であり、統一修習は戦後司法の民主化のために取り入れられた制度であるとの基本の認識があったからであるが、何といっても司法修習生を取り巻く厳しい経済環境があり、それによって法曹をめざせないという具体的な弊害が発生していたことによる。司法試験に合格しながら地方公務員になった方が母から言われたという、「法曹はお金のある人しかなれないのね」との悲痛な言葉が、その実態を如実に語っている。対策本部員には、貸与制下で司法修習を終えた新65期から70期の司法修習生、いわゆる谷間世代の本部員も多く、後輩が法律家をめざせなくなるとの思いから自分の利害を捨ててがんばる姿勢は法曹の鏡だと感じる。事務局長の釜井英法弁護士とは、貸金業制度改正運動も一緒に行い結果を出してきた。司法修習生に対する給与の支給継続を求める市民連絡会の菅井義夫さんなど中央労福協の皆さん、主婦連合会の清水鳩子さんなどの協力を得て、楽しみながら運動できた。

　他方、日弁連は、安倍晋三政権が推し進める憲法9条の改正問題で、自民党政権とは厳しく対峙している時期でもあった。あるとき、法務省の幹部と話す機会がありメッセージ集を見せたところ、「日弁連は凄いね。あれだけ憲法では対立しながらこれだけ与党の国会議員から賛同のメッセージを集められるなんてね」と驚かれたことを記憶している。政権与党の意向も忖度しなければ日弁連の主張も通らない、という意見もあるが、私はそうは思わない。日弁連は、どんな政治状況にあろうと、事実に基づき必要な主張や提言を堅持するところ、それができるところに存在意義があるのだと思う。給費制の運動が、事実に基づいて制度を変えていくという日弁連の王道の運動であったからこそ可能だったのだと思う。

　(H)　残された課題──谷間問題

　修習給付金の創設で法曹になるための経済的負担の問題のすべてが解決するわけではない。法曹になるための経済的負担の軽減は、法曹を志望する者に門戸を閉ざすことのないよう、またより多くの有為な人材が法曹をめざすことになるよう、今後も取り組まなければならない課題である。

　また、谷間世代は、多額の債務を負う等の不利益を被ったままである。

　2017年（平成29年）4月19日、日弁連は「裁判所法の一部を改正する法律の成立に当たっての会長声明」において、「当連合会は、改正法に基づく新たな制度の円滑な実施に最大限の協力をするとともにその継続的かつ安定的な運用を図り、安心して修習に専念できる環境整備を更に進めることにより、一人でも多くの志ある若者が法曹の道を志望することにつながるよう引き続き取り組む。加えて、今後とも、若手法曹と共に、弁護士法第1条に定められた弁護士の使命を果たしていく。

　他方、この法案の審議の過程において、2011年11月から2016年11月までに司法修習生に採用されたいわゆる谷間世代の者の経済的負担が改正法施行後に司法修習生に採用された者に比して重くなる、ということについて、指摘がなされ、何らかの措置を講ずべきであるとの意見もあった。当連合会としては、これらの指摘・意見及び谷間世代の声を受け止め、谷間世代の者がその経済的負担等によって法曹としての活動に支障が生じることがないよう、力を尽くす」と指摘している。

　2020年12月、対策本部の活動方針として、国による谷間世代への一律給付の実現と、日弁連による若手に対するチャレンジ支援策の実施を提言し、理事会で承認を得た。後者についてはその後「若手チャレンジ基金の設置」という具体策が実現した。

　私は、現在も対策本部の本部長代行を務め谷間問題の課題を背負い続けている。

闘いを振り返って

司法修習生の給費制度復活の闘い

弁護士　釜井英法

（日弁連修習費用問題対策副本部長（前事務局長））

◆司法修習費用給費制維持緊急対策本部の設置と給費制廃止１年延長の裁判所法改正（2010年４月～同年11月）◆

2004年12月の裁判所法改正——2010年11月からの無給・貸与制への移行

司法修習生に対するいわゆる給費制については、2004年12月10日、裁判所法の一部を改正する法律により、2010年11月から、無給・貸与制へ移行することが決定された。日本弁護士連合会（日弁連）は、司法修習給費制問題対策本部を設置し、全弁護士会における決議・声明の採択、討論集会の開催、国会議員要請など、給費制度維持に向けた運動に全力で取り組んだが、施行時期の延期（原案の2006年11月１日から2010年11月１日へと４年間延期）と「経済的事情から法曹への道を断念する事態を招くことのないように」との附帯決議（2004年11月26日衆議院法務委員会附帯決議、同年12月１日参議院法務委員会附帯決議）を獲得できたにとどまり、無給・貸与制への移行を阻止することはできなかった。

2010年４月の宇都宮執行部による給費制維持運動再開

2010年４月、日弁連は、同年11月から廃止されることになっていた給費制の維持を選挙公約に掲げて会長となった宇都宮健児会長の下、司法修習費用給費制維持緊急対策本部（現・司法修習費用問題対策本部。以下、「対策本部」という）を設置し（担当理事：新里宏二、本部長代行：川上明彦、事務局長：釜井英法）、同年５月、第61回定期総会にて「給費制が廃止されることになれば、優れた資質を備えた多様な人材が、経済的な事情から法曹を志すことを断念せざるを得なくなる事態が拡大する……法曹としての職務の公共性・公益性にかんがみ、適切

な経済的支援の下に法曹を養成することは、国の責務というべきである」等の理由を掲げ、「市民の司法を実現するため、司法修習生に対する給費制維持と法科大学院生に対する経済的支援を求める決議」を採択した。

　その後、日弁連は、全国の弁護士会、2010年6月に結成された司法修習生の給費制の復活をめざす大学生・ロースクール生・修了生・司法修習生・若手法律家のネットワークである「ビギナーズ・ネット」および「司法修習生に対する給与の支給継続を求める市民連絡会」（以下、「市民連絡会」という）等と共に、同年11月からの「無給・貸与制」実施を阻止し、給費制維持を求めて、全国的に市民集会（約40カ所）や請願署名、街頭宣伝活動、議員会館前行動等を展開した。同年9月には国会に向けて2000人の請願パレードを実施し、計5回の院内集会を実施した。請願署名は、約68万筆集まり、同年秋、国会に提出した。

　その結果、2010年11月1日、いったん、給費制廃止を定める「裁判所法の一部を改正する法律」は施行されたものの、臨時国会閉会直前の同月26日、経済的理由によって法曹となることを断念するというような事態を生じさせないようにするとの観点から、無給・貸与制の導入を1年延期するとの裁判所法の改正がなされた。あわせて、個々の司法修習終了者の経済的状況等を勘案した措置のあり方および法曹の養成に関する制度のあり方全体について検討を加え、その結果に基づいて必要な措置を講ずることという内容の衆議院法務委員会決議がなされ、政府内に設ける検討組織で議論されることとなった。宇都宮執行部のもと、新里理事、川上本部長代行と対策本部事務局員、各地弁護士会が結束しての、半年間の集中的な運動により、このような成果を勝ち取ったことは奇跡ともいえることであった。

◆東日本大震災勃発と「法曹の養成に関するフォーラム」第一次取りまとめに基づく給費制廃止＝無給・貸与制への移行（2010年12月～2012年7月）◆

フォーラム発足の遅れと拙速ともいえる議論

当時の政権は民主党政権（菅直人首相）であった。

給費制の維持の是非をめぐる議論をする時間は法改正時からしても約11カ月しか残されていなかった。しかし、検討組織は年が明けても発足せず、3月に東日本大震災が起こったことも影響してさらに遅れ、2011年5月に、やっと「法曹の養成に関するフォーラム」として発足した（なお、同年4月から給費制本部の担当副会長は新里弁護士となっていた）。

　発足後のフォーラムでの給費制をめぐる議論は早かった。2011年5月25日から同年8月30日までの間のたった5回の会議で、「2004年の段階でいったん決まった制度だからまずは実施すべき」、「弁護士経済調査結果から弁護士の所得は期を追うごとに増えている。返済できる」などの意見が多数として、給費制廃止＝無給・貸与制への移行が決められてしまった（同年8月31日付けフォーラム第一次取りまとめ）。

　その結果、2011年11月（新65期修習生から）、1年延期の期限が徒過し、無給・貸与制が実施され、1947年から続いた給費制は廃止されることとなった。

フォーラム第一次取りまとめ後の再度の法改正を求める運動の展開

しかし、日弁連は、あきらめなかった。給費制維持（「復活」）の裁判所法改正を求める運動を再開し、計6回の院内集会、1000人請願パレード、街頭行動、全国での市民集会（約40カ所）などを展開した。その中では、東日本大震災被災地における弁護士のさまざまな活動を紹介し、その職務の公共性・公益性をアピールしたり、ボーナスの支給をカットするなど給与月額・手当等を合理的に見直し、約20億円の予算削減を実現できる「新給費制」の提案をするなどした。

　2012年5月、日弁連会長は、宇都宮会長から山岸憲司会長に代わり、対策本部本部長代行も川上弁護士から新里弁護士に代わったが、運動はスムーズに引き継がれ、同年7月の政府提出の裁判所法改正案（貸与制を前提とした経済的困窮者への返還猶予等を定めたもの）に対し、公明党が「法曹養成に関する制度の見直しを行う間の給費制維持」を内容とする修正案を提案するというところまでいった。

　しかし、残念ながら、民主、公明、自民の三党合意は成立せず、この段階での給費制復活は実現できなかった。

◆法曹養成制度検討会議の設置と議論──審議会中心の運動で一番苦しい時期（2012年8月〜2013年8月）◆

法曹養成制度検討会議内での議論とパブリックコメント　2012年7月27日に成立した上記裁判所法の一部を改正する法律には、衆議院法務委員会において、「法曹を目指す者の経済的・時間的な負担を十分考慮し、経済的な事情によって法曹への道を断念する事態を招くことがないようにすること」「司法修習生に対する経済的支援については、司法修習生の修習専念義務の在り方等多様な観点から検討し、必要に応じて適切な措置を講ずること」等の附帯決議が付された。これを受けて、閣議決定により、法曹養成制度検討会議が設置され、そこでは、同年5月の「法曹の養成に関するフォーラム論点整理（取りまとめ）」の内容等を踏まえつつ、検討を行うものとされ、法曹人口問題や法曹養成制度のあり方のみならず、司法修習生に対する経済的支援についても議論がされることとなった。

　2012年12月、民主党政権から自公政権（安倍晋三首相）に移行し、翌2013年4月9日、法曹養成制度検討会議の中間的取りまとめが公表され、パブリックコメントが募集された。同取りまとめの「司法修習生に対する経済的支援の在り方」に関する部分は、「貸与制を前提とした上で、司法修習の位置付けを踏まえつつ、より良い法曹養成という観点から、経済的な事情によって法曹への道を断念する事態を招くことがないよう、司法修習生の修習専念義務の在り方なども含め、必要となる措置を更に検討する必要がある」というものであった。

　対策本部は、パブリックコメントの重要性をアピールするために、2013年4月16日にキックオフ集会をし、ビギナーズ・ネットも法科大学院生、学部生、司法試験受験生など法曹志望者に対して広汎な呼びかけをした。その結果、「貸与制を前提とした上での検討が必要」とした部分に対する意見は総意見数3119通のうち、2421通集まった。大多数が貸与制に反対し、給費制の復活を求めるものであった。

　残念ながら、経済的支援についての最終取りまとめ（2013年6月26日）の表現は変わらなかったが、圧倒的多数の給費制復活支持のパブリック

コメントは、給費制復活の運動を元気づけた。

公明党法曹養成に関するプロジェクトチームと自民党司法制度調査会の提言　この間も、日弁連は、各弁護士会、ビギナーズ・ネット、市民連絡会とともに、法曹養成制度検討会議での議論状況や無給・貸与制に移行した修習生の生活実態調査の結果、給費制維持の必要性等を市民や国会議員に伝えるべく、粘り強く、全国各地で市民集会（約30カ所）、街頭行動、院内集会（4回）などの活動に継続して取り組んだ。

　その影響もあり、2013年6月11日には、公明党「法曹養成に関するプロジェクトチーム」において、「国家が特別の義務として課する実務研修である司法修習においては少なくとも研修医に準じてその経済的支援を行うべきである」との提言を、同月26日には、自民党司法制度調査会において、「法曹養成制度についての中間提言」の中で、「そもそも三権の一翼を担う司法における人材養成の根幹をなす制度負担について、本来財政的事情のみで私費負担とすべきではない」、「司法試験合格者の動向や生活実態をも踏まえつつ、……修習生の過度な負担の軽減や経済的支援の必要性について、真剣かつ早急に検討し、対策を講じるべきである」との提言を得ることができた。

◆**法曹養成制度改革推進会議、同推進室、顧問会議の設置と議論（2013年9月～2015年6月）──審議会中心の運動から外に向けた運動への転換**◆

外に向けた団体署名と国会議員の応援メッセージ獲得運動　2013年9月、法曹養成制度検討会議の検討結果を踏まえ、法曹養成制度改革推進会議（構成員は閣僚）、同推進室、顧問会議が設置され、給費制の問題は、明示はされていないが、「司法修習のあり方」についての検討の中で検討する場を与えられた。

　ここに至って、対策本部は、本部内での議論の積み重ねの結果、政府内の審議会対策中心の運動だけでは、給費制の「復活」を実現することは困難であり、審議会とは別のチャンネルをつくることが必要だと考えるに至った。そして、①自公安倍政権下で、新たな層（自公政権を支える層）

の賛同者を増やすべく団体署名に取り組むこと、②国会議員に働きかけ、国会議員の中で制度変更について多数の賛同を得る活動を展開することを決めた。

団体署名は、2013年10月から2014年2月までの約5カ月という短期間で、公益社団法人日本医師会、公益社団法人日本歯科医師会、公益社団法人日本青年会議所、全国農業協同組合連合会など、多様な団体から2100筆以上の署名が集まった。

国会議員への働きかけとしては、与党野党議員を問わず、全国会議員を対象に、議員1人ひとりと面談し、議員応援メッセージを獲得する運動を展開した。2014年12月からは、議員から応援メッセージを獲得したときには、その議員の写真も一緒に提供いただき、写真付きのメッセージ集を作成し、集会等で配布するというやり方を考案した。これにより、国会議員からの応援メッセージの獲得数が急増した。

団体署名も写真付き応援メッセージ集も、いずれも対策本部事務局の大半を占める若手弁護士から出たアイデアによるものであった。対策本部は、上限金利引き下げ運動等百戦錬磨の新里本部長代行のリーダーシップと若手弁護士のエネルギー、それを献身的に支える日弁連事務局によって動いていた。

2015年6月30日法曹養成制度改革推進会議決定──「貸与制を前提」との文言が消えた！

これらの複合的な運動が状況を変え、2015年6月30日、法曹養成制度改革推進会議決定において、司法修習の項目で、「法務省は、最高裁判所等との連携・協力の下、司法修習の実態、司法修習終了後相当期間を経た法曹の収入等の経済状況、司法制度全体に対する合理的な財政負担の在り方等を踏まえ、司法修習生に対する経済的支援の在り方を検討するものとする」との文言が入った。給費制という文言は入っていないが、「貸与制を前提」という文言が消えた。このときの日弁連会長は、村越進弁護士であった。給費制「復活」をめざす3代の会長のバトンがつながり、長いトンネルを抜け、給費制「復活」への一歩が刻まれた瞬間であった。

◆日弁連総会臨時決議（2016年３月）と「骨太方針」における経済的支援の明示（同年６月）◆

　日弁連は、2016年３月11日の臨時総会において、司法修習をより充実させるとともに、経済的事情によって法曹への道を断念する者が生じることなく、かつ、司法修習生が安心して修習に専念しうるよう、給付型の経済的支援として、給費の実現・修習手当の創設が行われるよう、全国の会員と弁護士会が力をあわせて取り組むことを決議し、給費制復活に向けての歩みを加速した。

　2016年４月に日弁連会長に就任した中本和洋弁護士は、この動きを受け、執行部をあげて政府関係者との折衝を展開した。その結果、同年６月の「経済財政運営と改革の基本方針2016」（いわゆる骨太の方針）の中に、「司法修習生に対する経済的支援を含む法曹人材確保の充実・強化」という文言が明示されるに至った。対策本部と全国の弁護士会は、その動きを外から支えるべく、同年夏から秋にかけて、「この秋からの修習手当の創設を目指す全国リレー市民集会」を開催した。

◆新修習給付金制度の創設（2017年４月）──２度目の奇跡と残された谷間世代問題～私たちは絶対にあきらめない！～◆

　法曹三者は、「法曹人材の確保の充実・強化」を推進するための協議を積み重ね、2016年12月、法務省は、司法修習生に対する経済的支援として新たな給付制度創設を発表した。新たな給付制度は、第71期以降の司法修習生に、基本給付金13.5万円、住居給付金3.5万円および移転給付金を支給することを内容とするものであった。

　2017年４月、上記内容の裁判所法の一部を改正する法律が成立した。対策本部の外部の団体と連携した「絶対にあきらめない」運動が再び奇跡を起こしたのである。

　ただし、まだ、大きな問題が残されている。新65期から70期の司法修習生には、新たな給付制度の適用はなく、これら谷間世代の者の経済的負担が第71期以降の司法修習生に比して重くなるという問題が生じているのである。谷間世代の法曹は、今や全法曹の４分の１（約１万人）

を占めている。このような不平等・不公平が存在することは司法インフラの充実と有効な人材活用の観点から大問題＝国家的損失である。

　対策本部は、新里本部長代行のリーダーシップの下、これを是正する措置を国に対して求める運動を展開している。容易ではない課題だが、これまでの苦しい闘いを知恵と連携で乗り越えてきた対策本部であれば必ず何らかの結果を出せると信じている。

　私たちは絶対にあきらめない！

6　貧困問題対策

(1)　反貧困運動──全国の運動、そして宮城の運動

(A)　貸金業制度改正後

　2006年12月、改正貸金業法が成立した。消費者金融の利用者が1400万人、5社以上から借り入れ、平均借入額が200万円を超す多重債務者が230万人にも達し、生活・経済苦の自殺が年間約7000人に達するなど深刻な事態を踏まえ、刑罰金利である出資法の上限金利を年20％まで引き下げることや年収の3分の1を超える貸付けを「過剰貸付契約」として禁止し、行政処分の対象とする等の改正が行われた。

　多重債務者の負債が増大した理由等について独立行政法人国民生活センターが2006年3月に取りまとめた「多重債務問題の現状と対応に関する調査研究」によると、借入れを始めた頃の借金の理由は、「年収の減少」25.6％、「低収入」20.0％となっている。多重債務問題というと、ギャンブルや遊興費で借入れをしているのではないかと誤解されているが、「ギャンブル」13.0％、「遊興費」8.5％にとどまり、生活苦での借金という実態が浮かび上がってきている。

　我々多重債務問題に取り組んできた法律実務家としても、日本に急激に進んだ格差の拡大、年収200万円以下・1000万人以上いるといわれるワーキングプア等に代表される貧困の問題が、多重債務問題のより本質的な原因と考

えざるを得ず、法改正運動が格差・貧困を考える大きなきっかけとなった。

(B) 2006年10月釧路の人権擁護大会──生活保護問題への取組み

日本弁護士連合会（日弁連）は、2006年10月に釧路で開催された人権擁護大会において、多重債務問題と生活保護をめぐる問題を総合的に検証する「現代日本の貧困と生存権保障」と題するシンポジウムを開催した。この日本において「餓死者」が頻発していること、最後のセーフティネットといわれる生活保護の現場で多発する「水際作戦」と呼ばれる事実上の生活保護申請の拒否や「硫黄島作戦」と称していったん生活保護を受給した人を申請辞退に追い込む等、憲法が保障する生存権が危機に瀕している実態が明らかになった。構造改革路線が中間層を大きくそぎ取り、大きな格差、貧困層を多量に生み出していることが明らかにされた。

この実態は我々法律実務家に多くの反省を求めることとなった。我々は真摯に「生活保護」の受給支援を行ってきたのだろうか。いまだに「生活保護」に対する社会の大きな偏見の中、我々自体も目を向けてこなかったのである。2006年10月5日、シンポジウムを受けて採択された「貧困の連鎖を断ち切り、すべての人々の尊厳に値する生存を実現することを求める決議」では、法律家が「従前の取り組みが不十分であったことの反省に立ち」、「生活困窮者支援に向け全力を尽くす」ことを宣言している。私は、貸金業法の改正議論が大詰めを迎えていて、東京に残ることとなり、議論には参加できていない。

(C) 市民運動としての取組み──生活保護ネットの動き

前述のシンポジウムを踏まえ、2007年6月3日、京都において生活保護問題対策全国会議（代表：尾藤廣喜弁護士）が結成され、多重債務救済運動と生活保護支援運動とを融合した新しい「世直し」の運動体ができた。私は、当日のシンポジウムのパネリストとして、「貸金業法改正の『被害者の声を制度改善へ』」との話をさせていただいた。そのシンポジウムで大阪の女性が、生活保護を受給しながら子どもを育て、2人とも大学を卒業させることができたとして、「生活保護に感謝している」、「多くの人が使える制度であってほしい」との当事者発言は感動的であり、高金利と闘った運動が生活保護の問題に確実に受け継がれていくことを実感した。全国会議の結成をきっかけに各地で「生活保護利用支援ネットワーク」が次々に設立された。

首都圏ネット、近畿ネット、九州ネット、東北ネット、東海ネット、静岡ネット等である。私は東北ネットの初代代表を務めることとなった。

(D)　保護基準引き下げの阻止

2007年11月、厚生労働省は、生活保護費の見直しの検討を行っていた生活扶助基準に関する検討会（座長：樋口義雄慶應義塾大学教授）の報告を受け保護基準の引き下げを決定した。この動きに対しては現場から反対運動が盛り上がり、同省は同年12月20日、2008年度からの対応を1年先送りとした。東京・霞が関の弁護士会館で開かれた集会にはシングルマザーの女性が参加し、実情を切々と訴えた。多くのテレビカメラによって取材がなされ、会場は参加者で膨れ上がった。私も、日弁連生活保護問題対策委員会のメンバーとして、集会を企画した側にいた。同省が事実上引き下げの決定を「撤回」したことは極めて異例のことであり、市民運動の大きな勝利であった。

(E)　反貧困運動

生活保護問題にとどまらず、路上生活から労働問題等、貧困問題に対する市民運動の受け皿として、2007年10月、「反貧困ネットワーク」が設立された。「人間らしい生活と労働の保障を実現し、貧困問題を社会的・政治的に解決することを目的」とする。貧困問題に取り組む市民団体、労働組合、政治家、学者、法律家など多様な背景をもつ団体や個人が集まって貧困問題に幅広く取り組むための組織である。代表は宇都宮健児弁護士、事務局長は湯浅誠さんであった。リーマンショック後、東京・日比谷公園の年越し派遣村開設の母体となった市民団体である。

(F)　当時の社会情勢

前述した釧路での人権擁護大会に続き、2008年10月3日、日弁連は富山市で開催された人権擁護大会で、「貧困の連鎖を断ち切り、すべての人が人間らしく働き生活する権利の確立を求める決議」を採択した。その決議では、「働いても人間らしい生活を営むに足る収入を得られないワーキングプアが急増している。年収200万円以下で働く民間企業の労働者は1000万人を超えた。／ワーキングプア拡大の主たる要因は、構造改革政策の下で、労働分野の規制緩和が推進され、加えて元々脆弱な社会保障制度の下で社会保障費の抑制が進められたことにある。／労働分野では、規制緩和が繰り返され、経

費節減のため雇用の調整弁として非正規雇用への置換えが急激に進められた結果、非正規労働者は1890万人に及び全雇用労働者の35.5％と過去最高に達した。それとともに、偽装請負、残業代未払い等の違法状態が蔓延し、不安定就労と低賃金労働が広がり、若者を中心に、特に教育訓練の機会のない労働者が貧困に固定化され、正規労働者においても賃金水準が低下し長時間労働が拡大するという構造が生まれている。人々の暮らしを支えるべき社会保障制度も、自己負担増と給付削減が続く中で十分に機能していない。そのため、いったん収入の低下や失業が生じると社会保障制度によっても救済されず、蓄え、家族、住まい、健康等を次々と喪失し、貧困が世代を超えて拡大再生産されるという『貧困の連鎖』の構造が作られている」と指摘している。

(G) 宮城県内での運動の開始——2008年7月、「反貧困キャラバン2008」

すでに述べたとおり、2008年10月、日弁連は、富山での人権擁護大会を開催するが、それにあわせ、市民運動側が日弁連に連動して、全国キャラバンを実施する。宮城の実行委員長を私が務めることになった。当時、「ワーキングプア」が社会問題化していた。仙台のシンポジウムでは、NHKワーキングプア取材班ディレクターの板垣淑子さんに講演していただくことになった。実は、板垣さんは東北大学出身で、鈴木裕美弁護士の「法律相談所」というサークルの後輩であり、その縁で新里・鈴木法律事務所でアルバイトをしてもらったこともあり、忙しい中お願いし、「東北におけるワーキングプア」とのテーマでお話しいただいた。

(H) リーマンショックの発生と宮城における反貧困ネットワークの設立

2008年9月15日、アメリカの金融大手のリーマンブラザーズが米国倒産法第11章の適用を申請した。「リーマンショック」と呼ばれる世界的金融危機が発生し、製造業に広がっていた派遣社員が職を失っただけでなく住居まで喪失するという異常事態となった。宮城でも派遣切りにより路上生活に陥る人も多数現れた。仙台市内中心部の公園、仙台市のメインストリート青葉通の地下通路に路上生活者が溢れていた。

2008年11月5日、宮城でも、「反貧困みやぎネットワーク」を設立した。これまで多重債務問題に取り組んだ弁護士・司法書士、路上生活者の支援団体である特定非営利活動法人仙台夜まわりグループ、特定非営利活動法人ワ

ンファミリー仙台、障害者支援団体、フードバンク、宮城労働者福祉協議会、みやぎ青葉の会など、さまざまな活動をしていた団体に集結していただいた。代表には伊藤博義宮城教育大学名誉教授および私が就任し、事務局長は菊地修弁護士が務めることとなった。「生活困窮者の駆け込み寺を作ろう」をスローガンとし、各団体との協力を基にした相談と支援の仕組みづくり、反貧困運動についての共同行動をとることを活動目標とした。その時点で、多くの団体と連携した相談・支援体制づくりを意図していたが、必ずしもシェルターの設置までを目的としたものではなかった。

　(I)　弁護士会と一緒に行った五橋公園での相談会

　2008年末、リーマンショックにより大量の派遣労働者が仕事とともに住居を失うという異常事態に、東京・日比谷公園での年越し派遣村開設という形で市民運動が立ち上がった。名誉村長は宇都宮健児弁護士、村長は湯浅誠さんであった。500人以上の派遣切り等で住居を失った人等が日比谷公園に溢れかえった。

　宮城県内でも、2009年3月までに派遣切り・雇い止めされる非正規労働者は1800人にも及ぶとの情報もあり、路上生活に陥らざるを得ない人たちの支援が焦眉の急となっていた。

　2009年1月24日㈯、仙台弁護士会は、仙台市内の五橋公園において、仙台夜まわりグループによる炊き出しにあわせ、テントを張って相談会を実施した。路上生活者向け相談会、それ以上に、「公園での相談」は初めてのことであった。私は、当時、仙台弁護士会の常議員会議長を務めていて、議案説明の担当ではなかったものの、常議員会での「寒くて大丈夫か」との質問に、「反射式ストーブを入れる」などの回答をしたように思う。

　相談日は1月下旬で、仙台では一番冷える時期であり（当日も雪が降った）、また土曜日であった。路上生活者の方が、生活保護の受給申請に行く必要がある場合でも翌週月曜日まで待たなければならないが、それまでの間「がまんして路上にいてね」とは言えない。その間の行き先をどうしようかということが準備段階で問題になった。弁護士会ではそこまではできないだろうということで、反貧困みやぎネットワークが、駆け込み寺を確保することにした。準備会でどこに確保すべきかが議題となり、私の依頼者の1人が社長を

している秋保温泉のホテルをいったん提供してもらうことにした。しかし、その後、亘理町にある行持院がシェルターを開設したとの報道もあったため、私が直接交渉し、24日の相談会で住居確保が必要な方を預かっていただくことについて了解を得た。

　当日、テントを準備し、私は、相談テントの脇にテーブルを出し、シェルターの受け付けをした。相談会は午後1時から4時であり、シェルター希望の方の休憩場所として五橋公園の隣の宮城県労連会館を押さえた。言うは易く、実際、路上生活者の相談への対応は、いろいろな関係者の協力が不可欠であったと初めて痛感した。

　炊き出しに来た方は30人を優に超え、支援者も多数で、炊き出しだけでなく衣類の配布も行っていた。仙台夜まわりグループの代表は今井誠二さん（今は、パーソナルサポートセンターの理事である）、大学の先生でもある。皮のジャンパーで登場したとき本当に輝いて見えた。

　炊き出しを開始するも、相談に来る人はいない。私の事務所の事務員の志田さんが、公園の中で遠巻きにしている路上生活者の方々に相談を呼びかけるビラを配り誘導した。それもそのはず、テレビカメラが多数回っている状況で相談者が訪れてこないのは当然であり、一時、カメラには公園外に出てもらい、相談者が気軽に相談できる雰囲気をつくった。相談者が少しずつ増え、最終的には相談者は16名、行持院行きの方は6名であり、第1陣は協力してくれた市議会議員の車で送り、最後は私が2名を引率して行持院に向かった。朝日新聞の記者も同行した。

　そして、月曜日の午前10時、仙台市青葉区役所に確か6名だったと思うが、生活保護申請のため集合した。弁護士側は私と反貧困みやぎネットワークの菊地事務局長、そして、他の事務所で弁護修習をしていた太田伸二さん（現在は新里・鈴木法律事務所所属の弁護士）であった。太田さんは山形県職員として生活保護のケースワーカーを勤め、その後法科大学院を修了して司法試験に合格し司法修習中であった。私は生活保護の同行申請を行った経験もなく、修習担当弁護士の了解を得て「助っ人」を頼んだのだ。これがピタリとあたった。区役所の担当は、路上で生活し住居がないことから、申請は住居を確保してからしてほしいと申請をすんなりとは受け付けない雰囲気。ここ

で太田さんが、血相を変え、「私は、山形でケースワーカーをしてきましたが、住居が確保されていることは申請を受け付ける条件ではないですよね」と正論を吐いてくれる。職員はたじろぎ、そこで、私は、「何とか受け付けてください」とやんわり話す。そのようなことで、それぞれの方の聴き取り、生活保護申請の受付を行った。その日は、行持院に帰ってもらって聴き取りを行い、不動産業者の協力を得てアパートも確保された。

　(J)　シェルターの設置

　路上生活者の相談をしてみて、やはり、自前のシェルターが確保できないかと考えた。ワンファミリー仙台代表者の立岡学さんに相談し、シェルター用のアパートを確保した。2009年2月13日、地元河北新報で「生活困窮者の自立支援　反貧困ネットワークシェルター開設」と記事でも紹介された。「ネットワーク代表の新里宏二弁護士は、『3月末までに雇い止めによって路上生活を余儀なくされる人が多数出る可能性が高い。多くの人の協力で生活困窮者を救ってほしい』と協力を呼びかけている」と募金への協力の訴えも記事となった。

　それ以降、シェルターの資金集めが大きな課題となった。

　「2月吉日」として、仙台弁護士会の会員などに向け、寄付のお願いをした。依頼文を見ると、シェルター費用6カ月分として350万円が必要であり、160万円は赤い羽根の共同募金から調達できることからその余について協力のお願いをしている。仙台弁護士会の会員から130万円ほどが集まった。シェルターはその後も続き、私も、じん肺弁護団にお願いして300万円を確保し、さらに、日本労働組合総連合会（連合）が路上生活者支援の募金集めをしていて、そこからも補助をいただいた。東京・新橋での連合の街頭募金活動に仙台から参加し、湯浅さんなどと一緒にマイクを握ったことを覚えている。いろいろな方法で資金集めをしたものの、結局のところ、公的助成制度ができるまでシェルター会計は火の車であり、資金の関係ではワンファミリー仙台の立岡さんに大変迷惑をかけることとなった（その顛末については、立岡学さんの報告（259頁以下）に詳しい。当時は「いい加減なおやじに騙されたか」と思ったとのこと）。

　我々の運動の中で、仙台弁護士会では、非正規労働者の解雇・雇い止めに

関する労働局申告に対し、弁護士の費用を出せる仕組みがつくられた。また、仙台弁護士会に貧困対策本部も設置された。

　私は、2011年4月、日弁連副会長就任を期に、生活保護支援東北ネットの代表を鈴木弁護士に、反貧困宮城ネットワークの代表を菊地弁護士に託し退任した。

(K)　政権交代と生活困窮者支援の制度検討

　2009年8月の衆議院議員総選挙で民主党は歴史的大勝を収め、社民党、国民新党との連立による政権交代が実現した。国においても、雇用保険と生活保護の間の新たなセーフティネットの構築が大きな課題となった。

　2010年5月、内閣府に当時の宇都宮健児日弁連会長を座長とするパーソナル・サポート・サービス検討委員会が設置され、新たなセーフティネットの検討が進められていった。パーソナル・サポート・サービスは、さまざまな要因で困窮している人に、専門家であるパーソナル・サポーターが随時相談に応じ、制度や仕組みの「縦割り」を超え、必要な支援を個別的・継続的に提供するものである。「寄り添い・伴走支援」であるとされ、モデル事業が全国的に開始された。

　宮城県および仙台市はモデル事業を実施しなかったものの、いずれ生活困窮者支援の仕組みは必要不可欠であり、我々は、実施されることを見越してその人材育成のため一般社団法人パーソナルサポートセンター（略称PSC）を設立することとなった。

(2)　一般社団法人パーソナルサポートセンター（PSC）の設立——東日本大震災の発生と動き出した支援活動

(A)　PSCの設立と東日本大震災の発生

　2011年3月3日、反貧困みやぎネットワークを母体に、一般社団法人パーソナルサポートセンター（略称PSC）を設立した。私が代表理事に就任した。常務理事は特定非営利活動法人ワンファミリー仙台から立岡学さん、理事には反貧困みやぎネットワークから菊地修弁護士、みやぎ青葉の会からは一緒に活動してきた車塚潤司法書士、特定非営利活動法人仙台夜まわりグループの今井誠二さん、人と防災未来センター研究員・現大阪市立大学准教授の菅

野拓さんが就任した。法人の設立といっても、登記はしたものの、まだ何ら人材育成の組織の実態はなかった。

　2011年3月11日、東日本大震災が発生した。私は東京で被災した。同月13日、庄内空港経由で、仙台に戻り、立岡常務理事とも連絡を取り合い、被害の状況の確認と支援団体が全国から物資を乗せて宮城に来ている状況も確認できた。支援の現場をもっている者が集まっているので、せっかくつくったPSCを、「東日本大震災の被災者支援を行う組織にしていこう」、これは、設立したみんなの共通した思いであった。

　仙台市が主催する会議にも出席し、その中で、仙台市が被災者支援事業の公募を実施するとの情報を得た。阪神・淡路大震災では、5年間で仮設住宅において約250名が孤独死（自殺も含む）に至っており、仙台では何とかしたいとの思いから、2011年5月、仮設住宅で孤独死・自殺者を出さない取組みとして、仮設住宅における絆支援員による見守り支援事業を提案し、同年6月、仙台市により採択され実施へ動き出した。

　職員の募集、研修、見守り事業の実施、さらに、被災者のニーズの変化にあわせ、居場所づくり、就労支援等の事業を提案し、実現していった。

(B)　PSCの活動

　2011年、まずは、仮設住宅650世帯の見守りから始め、12月には居場所づくりの「えんがわ」事業、翌年、就労支援センター「わっくわあく」の開設、そして総合相談センター「わんすてっぷ」の設置など、被災者ニーズの変化に応じて支援策を打ち出していった。特に、2015年から、仮設住宅の終了を見越した転居支援が大きな課題となった。私自身、賃貸住宅における追い出し屋被害を糾弾する立場で取り組んだことから、PSCとして、「追い出し屋にならない転居支援をしよう」、「それができるのはPSCしかない」として、転居支援を宮城県、仙台市から委託を受け、その事業をやり遂げた。

(C)　「一人ひとりが大事にされる災害復興法をつくる会」の設立と災害ケースマネジメント

　東日本大震災発生から4年を経過し、復旧から復興に向け、復興法制を被災現場から、被災者の視点から使い勝手のよいものに変えようとして、「一人ひとりが大事にされる災害復興法をつくる会」（以下、「一人ひとりの会」と

いう）を立ち上げた。共同代表は、当時の日本弁護士連合会（日弁連）災害復興支援委員会委員長の津久井進弁護士（2021年度兵庫県弁護士会会長）、丹波史紀福島大学教授（現在は天野和彦氏）および私が務めることとなった。一人ひとりの会の規約に目的として、「災害復興の主体が一人ひとりの被災者であることを確認し、復興方針は被災者・被災地が決め、すべての復興施策が被災者の自立と基本的人権を取り戻すために行われるべく、新たな災害復興法がつくられること」と定めた。

　ここでの取組みにより、私たちは、東日本大震災で支援の現場から取り残されていた「在宅被災者」の問題にぶちあたった。

(D)　在宅被災者支援と災害ケースマネジメント

　2015年5月2日、一人ひとりの会は仙台でシンポジウム開催し、7月18日、盛岡で2回目のシンポジウムを開催した。

　盛岡でのシンポジウムに、石巻で在宅被災者の支援をしている一般社団法人チーム王冠の伊藤健哉さんという人が来て、とても怒っていた。登壇しても怒っているし、降りても、「あんたらは何をやっているのだ」という顔で、すごく怒っている。石巻で避難所に行ったところ、「2階で暮らせる人は自宅に戻ってください。支援はしますよ」と言われ、自宅に戻ったけれども、いつの間にか支援が来なくなる、そういう人たちが相当数いると。そして、「あんたらは何を考えているのだ」と、舌鋒鋭く挑発していた。

　2015年8月1日に有志のメンバーで石巻に行き、チーム王冠の伊藤さんに案内をしていただく中で以下のような状況に出会った。水道は外にあり、蛇口はちゃんとついていない感じの自宅にお住まいの方に、「風呂はどうしていますか」と聴くと、「銭湯に行っています」といい、トイレは壊れていて、私がたまたまつまずいて蹴飛ばしたバケツが「おまる」だったという。4年過ぎて、そんな状況というのにびっくりしてしまった。それが1軒だけではない。伊藤さんの怒りの意味は理解できた。

　在宅被災者の状況を見てさすがに何とかしなくてはとの思いから、急遽、2015年8月3日、東京の復興庁でPSCの立岡さんと一緒に参事官と面談した。PSCが復旧復興支援をしていたことから面談もかなった。チーム王冠の伊藤さんからも参事官へ「何とかしてくれ」とのSOSを出されていた。

　2015年8月28日、一人ひとりの会は、「在宅被災者問題を考える院内学習会」を開催した。チーム王冠の伊藤さんから在宅被災者のおかれた状況をスライドを交えて報告してもらった。国会議員、秘書、復興庁参事官を含め50名が参加し、参事官からは、概算要求に在宅被災者支援に使える予算措置を入れたとの報告もなされた。その間、石巻市長、東松島市長にも面談して在宅被災者の実情を訴えた。院内集会には、宮城県選出の秋葉賢也衆議院議員（復興副大臣としてPSCが見守り支援をしていた仮設住宅に当時の田村憲久厚生労働大臣と共に視察に来られたこともあった）、比例東北ブロックの真山祐一公明党衆議院議員にも参加していただき、その後、復興大臣への要望書を提出することも仲介していただいた。

　2015年9月、チーム王冠の伊藤さんを仙台弁護士会災害委員会の山谷澄雄委員長に紹介し、仙台弁護士で調査活動をしながら、訪問支援の相談体制をつくっていった。

　研究者でもある、PSCの菅野理事が、「災害ケースマネジメント」という名称で、寄り添い型の支援の形を理論づけてくれた。

　2016年2月、日弁連は、「被災者の生活再建支援制度の抜本的な改善を求める意見書」で、1人ひとりの被災者が「人間の復興」を実現するために、「被災者生活再建支援法」の改正を提案した。その中で、住家の被害のみならず被災者の生活基盤が被ったダメージを個別に把握し、給付内容につき、支援金増額や家賃補助も含めた大幅な拡充を行い、支援方法につき、被害状況に応じた個別の生活再建支援計画を立てて支援を実行する「災害ケースマネジメント」を制度化すること等が盛り込まれた。

　今後、「災害ケースマネジメント」は法制度として実現されていくことが期待される。

(E)　生活困窮者自立支援法の成立と委託事業

　時間は少し戻るが、生活困窮者支援の話をしたい。厚生労働省内での新たなセーフティネットの構築の議論が、2012年の民主党政権から自公政権への交代後も引き継がれた。厚生労働省は制度実現に向けて、民間シンクタンクを利用した研究会をつくり検討を進めた。私も2つの研究会の委員として検討に加わる機会も得た。

　生活困窮者支援の仕組みについては、「最後のセーフティネット」である生活保護受給に至る前に、予防的に「第2のセーフティネット」として支援制度が設置される必要性が確認され、2013年（平成25年）12月13日、生活保護法の改正とあわせて「生活困窮者自立支援法」が制定され、2015年（平成27年）4月1日に施行された。

　生活保護基準の引き下げや生活保護法の改正と同時に成立したこともあり、当初は、生活保護の利用制限に悪用されるのではとの危惧の念はあったが、生活保護の部署との連携ができるようになってから、それぞれの役割を補完しながら相談に来た相談者の最適の支援はどうあるべきかとの観点で支援が進んでいったと考えられる。

　PSCも、仙台市だけでなく宮城県ほか、さらに委託元を増やしていった。

　(F)　住宅セーフティネット法の成立と居住支援の取組み

　2017年10月から住宅確保要配慮者に対する賃貸住宅の供給の促進に関する法律（住宅セーフティネット法）の一部を改正する法律（平成29年法律第24号）が施行された。高齢単身世帯の増加、若者層の収入の低下、特に1人親世帯の低収入などから家賃滞納などの不安により入居が拒否される状況が生まれていた。他方、公営住宅が増加していない一方で民間の空き家空き室は増加傾向にあることから、ここを利用した住宅セーフティネットの強化が求められたという事情があった。改正後の住宅セーフティネット法による居住支援策の内容は、具体的には以下のとおりである。

　①　住宅確保要配慮者の入居を拒まない賃貸住宅の登録制度

　②　登録住宅の改修・入居者への経済的支援

　③　住宅確保要配慮者のマッチング・入居支援、居住支援法人の認定等

　PSCも、宮城県で第1号の居住支援法人の認定を受けた。

　さらに、社会的不動産事業というべきか、住宅確保要配慮者への入居支援のためにも独自の不動産事業を営む必要から、PSCとは別個に、株式会社PSCプラスとして不動産会社も立ち上げた。PSCは、困窮者のニーズにあわせ活動を広げてきた。2021年3月で10周年を迎えた。

　(G)　コロナ禍での取組み

　2020年は、コロナ禍でPSCへの相談が急増し、新型コロナウイルス対策を

厳格に実施し、自立相談支援員の感染防止を図りながら、急増する相談に応じていた。

　相談支援機関として、自立相談支援員のスキルの向上により、ここに相談してよかったとの満足感を相談者にもっていただける相談スキルが求められている。

　支援の質の向上のためにも、他機関との連携が重要であり、特にコロナ禍で、住宅確保給付金の適用対象の拡大、特定給付金の支給、社会福祉協議会での生活福祉資金の特例貸付け等、制度を周知し必要な連携が不可欠となっている。さらに、今後、コロナ禍での制度が打ち切りになっていくことが考えられ、生活保護に頼らなければならない層が徐々に増加することが考えられる。他方、利用可能層の中に、「生活保護だけは受けたくない」として、利用を拒否する人も相当数いる。生活保護者への差別・偏見が権利としての生活保護の利用を遮っている。私は、弁護士として、多重債務問題に取り組んできたが、その中でも「破産だけはしたくない」と言われた時期があった。これなども、破産者への偏見・差別がそう言わせていたのであり、「破産によって命が救われた」と利用者が声を上げることによって少なからず解消していった。厚生労働省でも「生活保護の利用は権利」と通知を出しているが、今後、生活保護制度の抜本改正が必要になってこよう。

㈲　PSCの現場からみた今後の困窮者支援・生活保護法のあり方

　コロナ禍の、2020年秋から2021年にかけて、私は、30歳代男性個人事業者の相談を受け、借金や暴力団関係が関与している事案を担当した。また、生活困窮者自立支援の窓口から相談を受け、宮城県のシェルターにいる方の、生活保護の受給、および住居探し、そして、再就職による生活保護の廃止というケースが2件あった。自立支援の窓口との連携で住居を確保し、生活保護の受給、そして再就職。私は生活保護が入りやすく出やすい制度であってほしいと考える。権利としての労働を保障する仕組みも重要と考える。「働け働け」といってその環境が整備されていないままに生活保護から追い出すことは、一時、「硫黄島作戦」として非難の対象であった。働ける生活環境を整え、職業訓練など手厚い労働に向けた支援策が必要と考える。PSCの海外調査でスウェーデンでの取組みを興味深くみてきた。

　コロナ禍では、自助、共助では支えきれない実態が顕著であり、まさに、公助としての生活保護で支えることが不可欠である。

　他方、2つの問題が明らかとなっている。生活保護の利用は権利といいながら、親族への扶養照会がなされたり、自動車の保有が制限されるなど、生活保護制度が極めて使い勝手の悪いことである。もう1つが、スティグマ、社会の差別偏見から、自ら利用を制限することである。

　2008年11月、日弁連は、生活保護制度を生活保障法と名称も変更し、権利性を高める提案をすでに行っている。まさにコロナ禍、扶養照会および車の保有問題等緩和の動きが出てきているのであり、それを一般化するチャンスが訪れていると考える。生活保護問題対策全国会議の運動を大きな運動として、改正を実現させる必要がある。

闘いを振り返って

新里宏二先生と共に歩んだ貧困対策と被災者支援

特定非営利活動法人ワンファミリー仙台理事長・
一般社団法人パーソナルサポートセンター業務執行常務理事　立岡　学

　新里先生との出会いは2009年、リーマンショック後に立ち上がった反貧困運動である。東京で宇都宮健児弁護士や社会運動家の湯浅誠さんが立ち上げた反貧困運動に賛同した宮城県の司法関係者をはじめ、特定非営利活動法人等の有志が反貧困みやぎネットワークを設立した。その初代共同代表が宮城教育大学元学長の故伊藤博義先生と新里先生だった。小生は、ホームレス支援団体ワンファミリー仙台の代表、反貧困みやぎネットワーク副代表として、ここから貧困対策運動を共に進めていくことになった。

　忘れもしない2009年1月24日、新里先生が特定非営利活動法人仙台夜まわりグループの炊き出しにあわせ、仙台弁護士会として路上相談会を実施したときのことだ。

テントで当事者の相談を受けた新里先生が、当事者から「先生、まず寒いから住まいを何とかしてほしい」と懇願され、住まい探しに奔走する。当時は、支援団体の支援付き住居（無料低額宿泊所）も満床という状況だったことから、亘理町にあった民間シェルター（行持院）にお願いすることになった。そのとき、先生から「立岡さん、金は俺が何とかする。だからシェルターをつくって運営してほしい」とお願いされ、反貧困みやぎネットワークがワンファミリー仙台にシェルター設置と運営を委託する形で、困窮者のためのシェルターが誕生した（これが今日の宮城県や仙台市などの一時生活支援事業の足がかりとなった）。

2009年2月1日、ワンファミリー仙台の支援付き住居の部屋（3K）のところをシェルターに用途変更し、利用者から利用料をとらない無償シェルターとして運営を開始した。このとき小生は、「新里先生のことだから何か秘策があるにちがいない」と思って疑わなかった。しかし、これが長く続く苦労の始まりであり、のちに一般社団法人パーソナルサポートセンター（PSC）の設立に大きくつながることになる。

話をシェルターに戻す。

シェルターは、開所時からそのニーズがとても高かった。派遣切りにあった多くの住居喪失者が福祉事務所の窓口にも相談に訪れていた。しかし、当時は水際作戦と呼ばれる、福祉事務所が生活保護申請をなかなか受け付けない状況で、結果、多くの方がシェルター入居につながってきた。また、リーマンショック以降、仕事と住まいを同時に失った派遣労働者たちの所持金が底をつく時期とも重なり、連日インターネットカフェからのSOSもあった。

開所から1カ月が経過した頃には、すでに十数名の利用者が入所していたが、この時点で新里先生からは一向に連絡がない。ワンファミリー仙台が、お金から食材からすべて持ち出して凌いでいたが、さすがに先生に連絡をさせていただいた。

「新里先生、シェルターのお金はどうなっているのでしょうか？　あと、先生のことですから何かシェルターを運営していく秘策があるのですよね？」と話をしたところ、先生から「お金は全くありません。秘策

も何もありません」といつものようにひょうひょうと話された。そして
ひと言、「考えましょう」と。

　このときばかりはさすがに驚き、只々唖然とした。悪徳消費者金融と
闘い、世論を味方につけ、泣いている人や困っている人を見捨てず、新
たな法律をつくるために努力を惜しまない、そんな歴史に残る大運動家
かつ稀代の大人物の姿には全く見えず、いい加減なおやじに騙されたか
と率直に思ったほどだ。

　先生の思いを察すると、とにかくまずは命が大事だからやる。誰かが
やらなければ誰もやらないのだから自分らがやる。これは気づいたもの
の責任。あの時テントで聞いちゃった当事者の声で「やらねば」と思い、
腹を括った発言だったのだろう。

　このように、当時お金には本当に苦労した。何かしら使える助成金を
片っ端から申請した。日本労働組合総連合会（連合）が当時助成してい
た「とぶたカンパ」、宮城県の自殺対策補助金、宮城県共同募金会から
の助成……、そして、細倉塵肺訴訟の報酬が弁護団に入ることがわかっ
たとき、新里先生は小野寺信一弁護士にシェルターへの寄付について相
談とお願いをし、小野寺先生はじめ細倉塵肺訴訟弁護団の先生方から合
計300万円の寄付をいただくことができた（この場をお借りしてあらため
て心よりお礼申し上げたい）。ただ、それでもお金は足りなかった。

　当時、ワンファミリー仙台のシェルターを担当していたのは支援員の
新沼鉄也氏だった。彼は、入居希望者がいると社用車のハイエースで迎
えにいきインテーク面談を実施した。そして、夕方から夜にかけ、小生
が入居面談を実施していた。ほぼ毎日のSOS。どんどん増え続ける入居
者。シェルター入居者の生活保護申請の同行支援などなど……、そのと
きは、ほぼ不眠不休の状態だった。さすがにこのままでは彼が倒れてし
まうと思い、シェルター利用者の中から、支援する側の仕事をしたいと
言ってきた当事者２名を雇用して対応した。しかし、家賃・光熱費・車
両維持費・燃料費・食費・人件費を含め、月に100万円以上の経費がか
かり、シェルターを運営すればするほど火の車になっていった。ワンファ
ミリー仙台への寄付米、フードバンク団体からの提供品、個人寄付でも

らった食材など、それらすべてがすぐに底をつき、食べられるものは何でもシェルター用の食材として活用した。2009年3月のある1週間の献立は、農家から寄付されたジャガイモを蒸かし、マヨネーズをかけたごはんが入居者の食事だった。

　今考えると、戦後間もないときの食事に近かったかもしれない。とにかくお金がない。それでも当事者は、お金を使わず、急かされることもなく、絶望や緊張を感じずに過ごせるシェルターに感謝してくれていた。当時のシェルターでの合言葉は、「まず休め。休んだあとに考える」だった。

　シェルター入所を希望する人の大半は、皆一様に厳しい面持ちでやってくる。そして、ここでも騙されるのではないかという不安な目でこちらを観察する。しかし1週間もシェルターにいれば、多くの利用者が、血走って緊張した面持ちから柔和な顔に変わっていった。食事は何ともいえないが、こんなありがたいところがあるのかと皆が口にしていた。

　2010年3月に開催された反貧困みやぎフェスタで新沼支援員が活動報告しているが、この時点（開所から約1年間）で107名がシェルターを利用し、その命をつないでいる。

　その後、緊急雇用創出事業の枠組みの中の絆予算ができ、2013年から県の補助金でシェルター運営ができるようになるまでは、何かとお金で苦労し続けた。今の小生がPSCでお金にこだわるようになったのは、この経験が基になっているのかもしれないと思っている。

　2010年6月、資金難のシェルターをどう運営をしていくかを相談するため、新里先生と、当時内閣府参与だった湯浅誠さんを訪ねた。訪問の目的は、「パーソナルサポート（PS）という予算が新設されると聞いたのだが、これをシェルターの予算に活用できないか」という相談だった。湯浅さんはその場で「このPSの予算はシェルター用の予算ではなく、制度と制度の狭間にある生きづらい人たち1人ひとりの状況にあわせて支援をするための予算だ」と教えてくれた（当時はお金に困っていたので、ひどくがっかりした記憶がある）。湯浅さんは、「新里さんや立岡さんたちがPSをやればいい。北九州ホームレス支援機構（現・「抱樸」）の奥田知志理事長たちがホームレスの方々に特化したPSをやろうとしているか

ら、奥田さんに連絡したらいい」とアドバイスしてくれた。

　そして2010年8月、奥田理事長に来仙いただき、「PS」の勉強会を実施した。その後、宮城県と仙台市に働きかけ、「PS」実施に向けた動きを加速させていった。

　しかし、働きかけ当初は海のものとも山のものともわからない新たな事業に、宮城県も仙台市も首を縦には振らなかった。しかし、県の雇用対策課がPSという形ではなく、緊急雇用創出事業の予算を活用し、PSの機能を担う人材を失業者の中からNPOが雇用し、育成していくスキームの事業を実施しないかと提案してくれた。この提案が、2011年3月3日のPSC設立につながっていく。

　このスキームは、さまざまな制度の狭間を自主事業（団体持ち出し）による支援で埋めてきたNPOへ資金を回すことのできる画期的なものだった。そこからさまざまなNPOに声がけを進めたが、各NPOにおいて雇用を進めると、こども支援、障碍者支援、ホームレス支援に特化したバラバラなPSが育成されることになる。それでは複合的な課題を抱える1人ひとりに対応することが難しく、最低限の基礎知識や理解、何より各NPOと連携を促進するためのセンター的役割を担う団体が必要となる。そしてこれがすなわち、PS（パーソナルサポート）のC（センター）機能をもつPSCであった。

　PSC創設とともに、新里先生が代表理事に就任した。しかし、法人設立から8日後、東日本大震災が発災した。県の2011年度予算が白紙化され、このPS事業は幻のものとなった。

　ただ、このことが功を奏したといいたくはないが、被災者は高齢者も障碍者も児童も含め多種多様であり、PSCは各NPOの構成団体の強みを武器に、行政が大混乱にある中、いち早く被災者支援に舵を切った。すでに日弁連の副会長に就任していた新里先生は、当時は本当に大変だったと推察する。

　2011年6月から仙台市の仮設住宅入居者の見守り事業を被災自治体において一番最初にスタートさせたとき、当時の内閣官房副長官だった仙谷由人さんがPSC事務所を視察と激励に訪れた。そのとき、驚いた表

情で「何であんたがここにいるんや」と尋ねられた仙谷さんに、新里先生は毅然として「私は被災地で被災者を支援している第一線を担う現場団体の代表でもあるのです。ゆえに、現場の声を聴いたうえで先生方に施策を進めてもらうようにお願いしているのです」と話された。仙谷さんと、後に復興庁事務次官となる岡本全勝さんも、さすがに感心され納得されていた。

　小生は、弁護士会の内情については全くわからない。ただ、兵庫県弁護士会所属で、日弁連の災害復興支援委員会の初代委員長を務めた永井幸寿先生が「宇都宮・新里体制の執行部の時、災害法制を一気に進め、その中でさまざまな制度がつくられた。これは歴代で一番ではないか。この功績は極めて大きい。後にも先にも、この体制が大きな仕事をしたことは明白だ」と絶賛されていた。

　新里先生は単に現場をもっているだけでなく、スタッフ60名以上を雇用している。当然、生活がかかっているスタッフの雇用を維持し、求められる成果を上げていくということは並大抵のことではない。ゆえに理想のみを主張せず、必ずめざすべき理想の姿と現実との折り合い点を見出し、一歩一歩だが確実に理想に近づけていく経営をしているので、永井先生の話は当然の結果だと思った次第だ。

　先生は、弁護士の世界ではたぶん変わり者と思われているかもしれない。ただ、市民の求めている市民感覚がわかる弁護士の理想形だと思う。若手の先生方には、ぜひ新里先生のような弁護士をめざしていただきたい。弁護士の業界だけにとどまらず、弁護士業界の枠を越え、さまざまな関係機関とネットワークを構築し、イノベーションを起こしてもらいたい。あわせて、弁護士だけでは複合化した社会課題を解決できない時代になったことを自覚していただきたいとも思う。新里先生こそ、若手の弁護士がめざすべき姿であり、稀代の運動家かつ大人物である。ゆえに小生は、新里先生のような方が日弁連の会長になっていないのを不思議に思っている。

　PSCの設立から10年が経過した。被災者支援、困窮者支援と幅広く活動している中、この法人は優生保護法の問題においても貢献してい

る。スウェーデンのラツカ弁護士と新里先生とのストックホルムにおける会談（新里・ラツカ会談）は、国会を動かすきっかけとなったが、PSCはこの会談の実施と成功に向けて300万円を拠出している。また、先生が全国カジノ賭博場設置反対連絡協議会の代表となったことから、シンガポールと韓国カンウォンランドの視察とヒアリングを早々と実施している。カジノ反対運動のキーワードは、カンウォンランドの街中に貼られていたポスターに書かれた「お父さん、お母さん死なないでください」という言葉だ。「あきらめたら終わり」と言い続け、横浜市長選挙でもカジノ反対派が勝利するように運動を先導した。横浜市長選挙の1年前には「必ずカジノ反対派候補が勝つ」と言い切っていたとおりに、狂いなくそれを実現した。

　小生は、なぜ新里先生が日弁連の会長になっていないのかにこだわるのか。

　話は10年以上前に遡る。当時の一番町法律事務所に在籍されていた木山悠弁護士と渡辺容子弁護士が、「新65期以降の貸与制となる問題を解決してほしい」と、当時の仙台弁護士会会長の新里先生に依頼した。そこから貸与制の問題解決を言い続け、かかわり続け、最終的に地方議会を動かし、国会議員470名の賛同を得、あらためて給付の形に変更させたのだ。毎月開催されるPSC役員会後の食事会のたびに、「あきらめたら終わり。給費はかなりの劣勢。日弁連の会議で難色を示されながらも、話題にあげなければ終わってしまう」と経過を定期的に聞いていたから、この問題が解決したと聞いたときは鳥肌が立った。それでいて、新65期から70期までの谷間の仲間はまだ救われていないとしていまだ活動を継続し、刑事弁護が終わったあとも被疑者、被告人、服役後の更生緊急保護対象者に寄り添う仕事を谷間世代に任せられないかと「寄り添い弁護士」制度の確立に奔走している。司法をめざす人材が減ることを憂い、黙々とあきらめずに取組みを進める姿に、谷間世代の若手弁護士たちも、新里先生を日弁連会長に推挙するなど、地方会などに縛られず、自分たちの谷間の問題を他人任せにすることなく、自分事として解決しなければならないのではないか、と外野の応援団として思っている

次第だ。

　ただ、新里先生は金にならないことばかり取り組む。でも「先生なら、社会を、制度を変えてくれるのではないか」と思わせる行動力や雰囲気や人柄が、先生の周りに自然と人を集まらせるのかもしれない。

　新里先生は決して人の悪口を言わない。言おうとすると、自ら口をつぐんで声に出さない。先生に「なぜ人の悪口を言わないのですか」と聞いたところ、「自分を低く見せてしまうことはしない」と応えられた。小生、まだまだ真似ようにも真似られずにいるが、真似していきたいと思う。

　新里先生は弁護士という実務家としてもたくさんの人を救ってきている。非営利セクターの代表としても、シェルターの入居者で延べ約1500名以上の命を救い、被災者でいえば延べ約10万人以上の世帯に声がけ活動することで、孤独死を出さなかった。そして困窮世帯への支援でいえば、延べ3万人以上の方の声を聞き、課題解決につなげる寄り添った支援をし続けている。今後も先生はたくさんの人を救い続けていくだろう。その後ろ姿を追いかけ、遅れずについていきたいと思う。

　鈴木裕美先生と二人三脚で歩まれた一日一日が、新里先生を弁護士として、社会運動家として、そして経営者として、人生の成功者にしたのだと思う。

　最も尊敬する新里先生の古希をお祝い申し上げるとともに、これからも裕美先生と仲睦まじく過ごされ、お体には気をつけていただき、益々ご活躍されますことを心より祈念いたします。本当におめでとうございます。

7　2011年・東日本大震災への取組みなど
——二重ローン対策の実現——

⑴　はじめに

私は、2011年3月まで仙台弁護士会の会長を務め、4月からは日本弁護

士連合会（日弁連）の副会長に就任した。震災直後の危機対応が求められる1年であり、副会長として、二重ローン対策の制度実現に奮闘したように思う。

さらに、震災直前に立ち上げていたパーソナルサポートセンター（以下、「PSC」という）という一般社団法人において、その設立目的（生活困窮者支援のための人材の育成）とは異なる活動であった被災者支援に震災直後から取り組み、それが後のPSCの大きな活動分野になったという意味でも大きな1年であった。PSCの取組みについては、貧困問題への取組みのところで触れた（前記6）。

(2) 3月11日、東日本大震災の発生

2011年3月11日の東日本大震災発生時は、私は、日弁連の代議員会で日弁連副会長として選出を受けるため上京しており、代議員会後、東京・霞が関の弁護士会館16階で引継ぎのため待機をしていた。

午後2時46分、マグニチュード9.0の巨大地震が発生した。日本周辺の地震としては過去最大といわれている。10年経過後の2021年3月時点で全国の死者数1万5899名、行方不明者数2526名の大きな人的被害のみならず、福島第一原子力発電所（原発）のメルトダウン等、原発の安全神話を吹き飛ばす事態も発生した。

弁護士会館も大きな揺れを感じた。揺れが数分間続き、日弁連職員が部屋に入ってくるなり、「震源は宮城県沖です。新里先生すぐ連絡をとってください」と促され、妻の携帯電話や事務所に連絡するもつながらなかった。

日弁連には、すぐさま会長を本部長とする東日本大震災・原子力発電所事故対策本部が設置された。本部会議後、会長室で複数の副会長とともに、テレビの画面に釘付けとなった。3月だというのに雪が降っている。仙台空港の映像では、飛行機が津波に流される映像が放映され、仙台市荒浜の海岸に200もの遺体が浮いているとの報道もなされた。津波による被害が顕著であることが確認できた。

私は、2011年4月から宇都宮健児日弁連会長の2年目の執行部を構成することとなったが、2年目の宇都宮執行部は震災被害対策、復旧・復興がその使命とされた。

⑶　仙台弁護士会の会長として

　テレビでは、仙台市中心部でビルの倒壊などが起きたという報道はなかったことから、仙台にいる家族、事務員などは無事なのだろうと思っていた。そうしていたところ、夜になり、鎌田健司仙台弁護士会庶務委員長から、妻および私の事務所の事務局職員、仙台弁護士会の職員にけがはなく無事であるとの報告メールが届いた。

　仙台に帰る方法を探すと、羽田空港から山形県鶴岡市の庄内空港に飛び、バスで山形を経由して仙台に着くというルートがあった。3月13日の日曜日、朝5時頃羽田空港に着きキャンセル待ちで7時台の飛行機で庄内空港に飛んだ。鶴岡には妻の実家もあったため、実家に顔を出し、バスで仙台に向かった。仙台に着いたのは同日の午後3時頃であった。自宅に帰ると妻から、自宅にはあまり損害はないと聞かされた。電気とガスが止まっているものの水道は出る状況であった。妻は電気のつかない中、ラジオで情報を得て、余震に対応していつでも外に逃げ出せるように玄関に布団を敷いて寝ていたという。私が自宅に戻った途端に電気がついたことから、妻は「あなたはいいよね」と少し恨み節。

　事務所の様子を見に行ったところ、書庫はほとんどが倒れ、訴訟記録等の書類が書庫の外に出ていて足の踏み場もなかった。

　3月14日月曜日、午前9時から仙台弁護士会の臨時執行部会を開催し、仙台弁護士会員の安否確認を優先させた。翌15日、福島第一原発で水素爆発が起こり放射性物質が飛散したことから、15日から18日の間は会館を閉め職員を自宅待機とした。最後まで安否が不明だったのは、石巻の前田拓馬会員であり、地震発生の直前に女川町で講演をしていたという。女川には原発もあり、津波により物的にも人的にも大きな被害の出た海岸線の町である。16日に前田会員が無事であるとの報告があった。17日、執行部や法律相談センターの委員が示し合わせたように会館に顔を出した。そこに前田会員がご夫妻で来てくれた。うれしくて抱き合ったことを覚えている。聞くと、講演を終えて講演会場の隣にある女川町庁舎で地震に遭い、ビルの屋上の扉の前の階段室で、腰まで水につかりながら難を逃れたという。翌日屋上に上がっ

てみたら扉の上まで津波が到着していたという。鉄の扉でなかったら、扉が破れ、もしかすると流されていたかもしれないとのことであった。

　しかし、その九死に一生を得た前田会員が、「先生、すぐ相談をやろうよ」と提案した。「ではやろう」と思ったが、やるには臨時電話を引かなければならない。そこで、仙台弁護士会の事務局職員がNTTにかけあい、電話設置を3月23日に間に合わせた。実は、日弁連も23日から電話相談を開設するとのことだったので、被災地会として、日弁連に遅れをとってはならないという意地のような気持ちであった。こうして、3月23日午前10時から電話相談を開始した。

(4)　気仙沼の依頼者からの電話

　私が不在のときに、私の事務所に、気仙沼の依頼者から避難所の公衆電話を使って連絡が入った。「お母さんと奥さんが津波で流され、家もイチゴハウスも流された。もう自己破産するしかない」とのメモが残されていた。避難所へ電話したところ、直接この方と話すことができた。お母さんは遺体で発見されたが奥さんは見つかってはいないとのこと。「こんな大きな被害が発生したんだから支援の制度ができるから借金のことはそのとき考えようよ」と話した。この方は、「やっぱりもう一度イチゴやりたいんだ」と涙声で話し、私は「そうだね」と返答した。この方は、イチゴハウスを台風被害で飛ばされ、再建したところ今度は津波での被害に遭ったのだった。

(5)　3月23日の相談

　仙台弁護士会は、山谷澄雄災害対策委員長による災害法制の勉強会を経て、23日から電話による相談を始めた。午前10時少し前、私は、電話相談の会場に、本当に相談はくるのだろうかとの思いで顔を出した。担当者がまだ来ていない中、10時前に電話が鳴り始めた。私は担当ではなかったものの電話を受けた。ある女性からは、石巻に住む息子さんの家が流され、住宅ローンはどうなるのかとの相談を受けた。私は、「借金については何らかの救済制度ができる可能性があるので、今はまず生活のことを考えたほうがいいよ」と答えたように思う。

⑹　3月31日、南三陸町での避難所相談

　この日が、仙台弁護士会会長としての最終日であり、会員約20名で、南三陸町の避難所での相談に行った。現場の状況を確認し、相談に応じたいとの思いがあったのだろう。南三陸町も海岸線にあり、石巻から少し北上する。2005年4月、歌津町および志津川町の合併によってできた新しい町であり、人口はおよそ1万7000人、第1次産業中心の町である。

　町の海岸沿いは家が流され、コンクリートの建物の上に漁船が乗っかっていたりして、いまだ津波被害がそのまま残っている状況であった。3班に分かれ、私は一番大きな体育館の避難所に向かった。臨時町役場も併設されていた。自衛隊によるお風呂のサービスが目にとまり、津波から20日が経ち、少しはホッとできるのだろうと思った。

　佐藤仁町長もいらっしゃったのでご挨拶をさせていただいた。佐藤町長は、「この町の主力産業は水産加工業であり、働く場であり、そこが復興しなければ町の復興もあり得ない。どんな支援策があっても借金を免除するしくみがないと再建ができない」と話された。私も、この時点では、阪神・淡路大震災の際にも、借金の棒引き、つまり、既存の住宅ローンと再建のためのローンが二重ローンとなり再建を阻害することから、二重ローン対策の制度を議員立法でつくろうとしたが頓挫したということは情報として得ていた。そこで、「今日は仙台弁護士会の会長としてお邪魔しましたが、明日からは日弁連の副会長として災害対策にあたるので、がんばらせていただく」と述べた。

⑺　日弁連での災害対策

　私自身は、大震災当日に設置された対策本部副本部長として、副会長3人体制で震災対策に取り組んだ。私自身の具体的役割は、対策本部内に設置された立法プロジェクトチーム（PT）の座長として震災対策の中での新しい法律・制度の提言や法改正、制度改善の提言およびその実現のパートを担うことであった。

　毎週月曜日ないし火曜日にPTを開催し、そこで決めたことをその週の金曜日開催の正副会長会へ提案した。4月14日に日弁連は各関連委員会から

緊急提言案を募集し、網羅的な「東日本大震災に関する第一次緊急提言」を
していたことから、この提言に関することについては正副会長限りで会長声
明、意見書として公表し執行した。日弁連の中に入ってみて、少なくとも震
災対策についての意思形成はスピード感をもって行っていったように思う。

(8) 日弁連の震災対策

日弁連は、2011年5月27日、東京で開催された第62回定期総会において、「東
日本大震災及びこれに伴う原子力発電所事故による被災者の救済と被災地の
復旧・復興支援に関する宣言」を採択した。その中で、「今ほど、基本的人権
の擁護と社会正義の実現を使命とする我々、弁護士が、その使命を果たすこ
とが切実に求められているときはない」との認識を示し、「当連合会は、被災
地の復旧・復興の主体が被災者であることを十分に認識し、復旧・復興が、
憲法の保障する基本的人権を回復するための『人間の復興』であることを銘
記し、この理念に基づいて、法律専門家団体としての職能を活かし、被災者
に対する相談活動などを通じて被災者の救済と被災地の復旧・復興支援に取
り組むこと」、そして相談から明らかになった問題点について制度提言をす
ること等の宣言をした。私が議案の説明を担当し採択されたが、私にとって
も二重ローン問題が最優先課題となった。

(9) 二重ローン問題

2011年4月7日、宇都宮会長が岩手の視察の後の盛岡での記者会見で、
釜石、大船渡の津波の惨状に接し、「平成の徳政令的施策が必要である。ゼ
ロからの再建、被災地に希望を与えられる施策が必要である」と述べた。電
子版の速報として記者会見の報道が流れた。私は弁護士会館16階の副会長
室にいたところ、隣の事務局でざわめきが起こった。まだ日弁連で決めてい
ないのに、宇都宮会長が記者会見で述べたことが問題ではないのかとの批判
的なざわめきであった。私は、「日弁連の会長が述べたことがすぐ電子版で
流れることが重要で、それだけ日弁連が期待されているのだ」と宇都宮会長
を擁護した。

宇都宮会長の二重ローン問題の解決への表明が、次に緊急提言にも入れら

れ、さらに4月22日には「東日本大震災で生じた二重ローン問題などの不合理な債務からの解放についての提言」の発表につながっていった。

日弁連では、4月19日、宇都宮会長が枝野幸男官房長官に二重ローン問題の解決策の検討を要請し、NHKのニュース番組でも大きく取り上げられた。私も参加したが、これがいわゆる官邸での「囲み取材」なのだと思った。

枝野官房長官も4月21日の内閣委員会で、「二重ローンの問題は大変深刻な問題であると認識している」とし、「金融機関に対する何らかの施策によって民民間で債権放棄をしていただくことを誘導できないか、関係当局にいま指示を出している」と述べ、野田佳彦財務大臣も4月26日の参議院財政金融委員会で、「二重ローン問題は内閣として強烈な問題意識をもっている」とし「被災者が元の事業ができるよう、働けるよう、生活再建できるよう全力でがんばる」と発言した。

しかし、これまで誰も検討してこなかった課題であり、どのような仕組みが現実的なのかも当初はよくわからなかった。

⑽　日弁連と金融庁の協議等

2011年4月26日、金融庁の和田隆志政務官が宇都宮会長を訪問し、日弁連に二重ローン問題の解決策の検討を要請した。その後、私も議論に参加し、金融庁政務、事務、衆議院法制局との協議の中から破産の手続より軽い債務免除の手続が検討された。私自身も4月27日収録のNHKの「持論公論」で、「仮称・東日本大震災被災者債務免除緊急特例手続法案」をつくるべきと提案した。NHKの災害担当の松木浩司論説委員と弁護士会館でディスカッションする機会もあり、当初は法律の仕組みとして提案したものであった。日弁連、仙台弁護士会を含む被災地会でも電話および避難所などでの相談を精力的に行い、その相談を日弁連がデータ化し分析した。その第1の課題は二重ローン対策であったといってよい。さらにいえば、私自身にとっても大きな課題であった。

そして、5月19日、日弁連は「(仮称)東日本大震災復興支援緊急措置法案骨子」として公表した。特徴は、

①　金融機関からの融資により購入等した居住用資産、自家用自動車また

　　は重要な事業用資産が東日本大震災により滅失または著しく毀損した場
　　合に、金融機関が当該債務の全部または一部を免除する。
　②　免除した債務全額について無税償却を認める。
　③　債務免除を行う金融機関に対して一定の条件の下に国が援助を行う。
というものである。

　その目的は、被災者の生活および事業の再建を支援するとともに、地域の
健全な金融システムを保全して地域経済の復興を支援することであり、債務
免除と債権買取機構等による買取りのスキームを含む立法提案を行うもので
あった。

(11)　与野党合意と動き出す個人版私的整理のガイドライン

　日弁連は、本法案骨子に基づき、各政党、超党派の勉強会、金融庁等へ要
請し、2011年6月1日には二重ローン問題の院内集会も開催し、被災地の
復旧復興のためには二重ローン問題の解決が大きな課題であることを訴えた。
　6月17日には、民主、自民、公明党の三党間で1次合意ができ、個人の
債務者については個人債務者の私的整理に関するガイドライン（個人版私的
整理ガイドライン）、中小事業者については債権買取りのスキームを用意する
方向が示され、日弁連の提案により政治を動かすことができた。
　個人版私的整理ガイドラインについては、金融庁主導の下に、一般社団法
人全国銀行協会が個人版私的整理ガイドライン研究会を立ち上げ、7月22日、
個人版私的整理ガイドラインが承認され、裁判手続によらない私的整理によ
る債務免除の仕組みができて8月22日から申立ての受付が行われた。
　その特長は、
　①　破産によらず、債務を減免できること
　②　弁護士等登録専門家の支援が無料で受けられること
　③　自由財産として一定額（当初は破産と同様99万円）を残せること
である。
　ガイドラインの運用はまさに手探りであったが、当初不合理・不都合と思
われた点についても、被災地の実情や事例をみながら改善されていった。運
用改善に大きな役割を果たしたのは、運営委員会本部と被災地弁護士会との

意見交換会・協議会であった。

運用改善の例を以下にあげる。

① 「近い将来の支払不能のおそれ」について、近い将来を「6カ月」後とする運用をしていたものを、仮設住宅等に居住し6カ月後に家賃が発生する見込みのない場合でも、仮設を出た後に賃料負担が発生することを考慮して支払不能（のおそれ）・ガイドラインの適用を認める。

② 自由財産として残せる現金預貯金の範囲について、当初破産で法定されている99万円だったものを、500万円を目安として拡張した（2012年1月25日付け運用改善）。この運用改善は、住宅や家財道具という基本資産を失った被災者の生活再建のために必要であるという実質的理由に加え、仙台地方裁判所破産部でも被災の事情を勘案して500万円を超える自由財産拡張を認める事例が出されていたことなどによって認められたものであった。

③ 義援金等は、②の現預金500万円とは別の自由財産として扱う。

④ 地震保険中に家財（差押禁止財産）を対象とする部分がある場合、250万円を上限として自由財産と認める。

⑤ 震災後取得した自動車についても、価格200万円までの車は500万円とは別の自由財産と認める。

まずは2011年10月に①の運用改善が先行的に行われることになり、その後の熱心な協議を経て、2012年1月に②ないし⑤の改善がなされることとなった。

私は、個人版私的整理ガイドラインは、被災者の支援に大きな役割を果たしうるものと考えた。しかし、期待をよそに、ガイドラインによる債務整理の成立実績は当初の5000件程度との目標を大きく下回り、1500件程度にとどまった。

2011年8月22日の運用開始前に、金融機関が住宅ローンについてリスケジュールを行っていたことがその大きな要因となった。

さらに、利用する人の収入要件（支払不能の認定要件）がネックになった。この点も上記のとおり運営委員会との協議の中で一定程度拡大したものの、額面収入730万円以下、返済負担率40%（（住宅ローンの年間支払額＋家賃の1

年分）÷年収×100）以上が支払不能の判断基準とされ、利用できない人も多かった。

「震災によって支払不能となった」という要件があり、実は、私が代理人として行った全国で一番最初の債務整理申出は、この要件を理由にガイドラインの適用を受けられなかった。申出人は、震災後に避難所から事務所に電話をくれた気仙沼の依頼者であり、気仙沼の避難所の集会室を借りて打合せをして、運用開始日にあわせて申出をした。申出の様子は東京からテレビカメラによる取材もなされた。しかし、この事案は、台風被害などで一度債務整理をしていることから、東日本大震災で支払いが困難となったとはいえないとしてガイドラインでの救済は受けられなかった。救済の対象の狭さがネックとなった。私は、思った以上に使い勝手の悪い制度としてできてしまったことを実感・反省した。

問題点も残ったが、一定の役割を果たすことができ、また、この制度は、自然災害による被災者の債務整理に関するガイドライン（自然災害債務整理ガイドライン）として引き継がれていったことにも意味があると思う。

(12)　自然災害債務整理ガイドライン

個人版私的整理ガイドラインは、2015年9月から、自然災害債務整理ガイドラインとして災害救助法が適用される災害全般に適用対象を拡大することになった。同ガイドラインでは、簡易裁判所の特定調停を経て債務の減免がなされる仕組みとなった。

個人版私的整理ガイドラインより運用が柔軟となったともいわれていることは、2016年の熊本地震での被災者支援における熊本県弁護士会の先生方のご尽力によるところが大きかった。

(13)　コロナ版ローン減免制度

2020年4月頃より仙台弁護士会はコロナ禍においても、自然災害債務整理ガイドラインの対象に加えるべきであると会長声明を出し、金融庁などへ要望していた。同年10月30日、コロナ禍により収入が減少し返済が不能ないし困難となった個人および個人事業者を対象とする自然災害債務整理ガイ

ドラインの特則が制定された。同年12月１日より、通称「コロナ版被災ローン減免制度」として、同ガイドラインの特則として運用されることとなった。

　自然災害と異なり、建物の崩壊が考えられないこともあり、自由財産については、破産と同様99万円とされており、今後運用で広げることが期待される。

　また、対象債務となるのは、基準日である2020年２月１日以前の債務と、２月１日以降10月30日（改正ガイドラインが策定された日）の間の新型コロナウイルス感染症の関係で借り入れた債務と対象債務が限定されており、2022年までコロナ禍が続く中で対象債務を限定することの問題点が指摘されている。

　また、被災地特有の問題だが、東日本大震災のときに被災地自治体が行った災害援護資金貸付けが対象とならないことも大問題である。ガイドラインによる債務整理対象とする「政府系・民間金融機関」による貸付けではないこと、災害援護支援金貸付けの原資の負担割合が国が３分の２、都道府県および政令指定都市が３分の１であることから、国が認めない限り対象とすることはできないのである。被災地では、いまだに災害援護資金貸付けを抱える債務者も多い。自然災害債務整理ガイドラインの適用対象とするよう日弁連が要請しているが、担当部署である内閣防災（内閣府政策統括官（防災担当））が頑として首を縦に振らないのである。民間に債務免除を求めながら、公的貸付けは免除しないということがあってよいのか。今後もこの問題解決に向けて働きかけていきたい。

⑭　中小企業向け二重ローン対策・東日本大震災事業者再生支援機構の設立

　中小企業向け二重ローン対策としての債権買取機構については、2011年７月８日時点で３党協議がまとまらず、同年７月13日、日弁連は「事業者の二重ローン解消のために早期に債権買取機関を設置することを求める会長声明」により、政党間の意見の相違を乗り越えて早期合意を図り、救済の対象範囲を広げ、新規の融資が柔軟に行われる等の実効性のある買取機構を、立法により１日も早く設置することを求めた。

　同年７月27日、日弁連は債権買取機構の設置を求める院内集会を開催し、

仙台弁護士会の森山博会長から10万人署名を提出してもらい、私自身は同日午後に開催された参議院復興特別委員会に参考人として出席して、早期の法律の成立を求めた。同年11月26日、株式会社東日本大震災事業者再生支援機構法が成立し、2012年３月５日に仙台などで運用が開始された。買取規模は当面5000億円とされ、一定の救済ができる規模になった。

⒂　最後に──日弁連副会長として

　私の日弁連副会長の任期は2011年４月から翌年の３月までで、同時期に全国から13名の副会長が選出された。

　北海道、東北などの各ブロックから各１名、東京の３弁護士会（東京弁護士会、第一東京弁護士会および第二東京弁護士会）および大阪弁護士会から各１名、合計13名である。毎週、会長、事務総長および13名の副会長により正副会長会が開かれた。日弁連の最高意思決定機関が総会であり、年１度の定期総会および臨時総会が開かれた。月１度２日間にわたり理事会が開かれた。理事は主に各地方会の会長が務め、大きな会からは複数名の理事が選任された。理事の定数は71名であった。会長の任期は２年、私は２年目の宇都宮執行部を構成することとなった。宇都宮執行部の２年目は震災被害対策、復旧・復興がその使命とされた。

　執行部には専門家が多く、東日本大震災問題では、副会長の中で宮崎口蹄疫被害に取り組んだ松岡茂行副会長、新潟地震に取り組んだ藤田善六副会長がいて、その総合力で震災対策も行っていった。二重ローン問題でも、宇都宮会長や私は多重債務問題に取り組んできたことが対策を考えるうえで貴重な経験となった。

　原子力問題では海渡雄一事務総長が原子力訴訟の第一人者であり、原子力問題、日本のエネルギー政策の提言でも、これまでの日弁連の到達点をも踏まえつつさらに前進させることができた。会長、13人の副会長、総次長室（事務総長・事務次長）が十分な議論のうえで課題を克服していき、また、意思形成のスピードを早めるために臨時正副会長会を活用していた。チームワークのよさがいろいろな施策の実現に大きく寄与した。

　個人的には、まがりなりにも二重ローン対策を実現できたことに、日弁連

副会長としての達成感がある。

闘いを振り返って

共に歩んだ被災者支援
──二重ローン対策から自然災害ガイドラインコロナ特則まで──

弁護士　津久井進

　東日本大震災以降の災害対策・被災者支援活動において、新里先生は、時に先陣を切って先頭に立ち、あるいは被災者支援活動の中軸の存在として、そして最前線で活動する災害弁護士の後ろ盾として、10年が経過した今もご活躍を続けている。他の分野と同じように、とても紹介し切れるものではないので3つの場面に絞ってご活躍の事実を共有したい。

◆東日本大震災直後の日弁連の活動──二重ローン問題◆

　2011年3月11日㈮に東日本大震災が発生し、日本弁護士連合会（日弁連）では直ちに災害対策本部を設置した。新里先生は、週が明けた3月15日、仙台弁護士会の会長を兼務しつつ対策本部員に選任された。4月の日弁連副会長就任を待たず、前倒しで日弁連の被災者支援活動の中心メンバーとなったのである。

　震災直後に災害弁護士メーリングリスト（災害弁ML）が立ち上がったが、新里先生が最初に投稿したメール（2011年3月19日）は以下のとおり。被災地仙台から発信されたその奮起の呼びかけによって、全国の弁護士たちは「がんばろう！」と鼓舞された。

　「仙台弁護士会の新里です。本日仙台のNPO団体の緊急交流の会に参加してきました。本当にそれぞれが支援をやらねばとの思いが満ち溢れ、さらにそれを統一して大きな力を出そうとのエネルギーを感じてきました。弁護士グループもがんばりましょう。仙台での23日からの電

話相談について、既にテレビでも紹介されています。中小企業について
のひまわりホットダイヤルも、事務局ともども仙台会で責任を持って相
談に応じる体制も出来ています。今週は仙台会の全会員の安否確認を踏
まえ、さらには女川町で津波で胸まで浸かりかけた会員の生還など感動
を胸に、来週からは県民・市民のため頑張ります」。

　新里先生は、仙台会の会長として、①緊急小口貸付けの震災特例の発
案（2011年3月20日）、②三陸海岸法律相談センター（気仙沼）での相談活
動の開始（同月21日）、③3回線の電話を引いた電話相談を開始し、1日
で100件を超えたとの報告（同月23日）、④山元町での相談会、ボランティ
ア団体との連携、マスコミを通じた精力的な相談活動の広報（同月26日）、
⑤義援金の御礼（同月29日）、⑥南三陸町、東松島市等での避難所相談の
報告（同月31日）などを積極的に災害弁MLで報告し、会長任期の最終日
に至るまで、献身的かつ先進的な活動を続けた。

　2011年3月28日の共同通信の記事には、「宇都宮会長は仙台弁護士会
の新里宏二会長とともに、津波被害が大きかった同市若林区荒浜地区な
どを視察。（略）被災した仙台市で記者会見し、『戦後最悪の被害が出て
おり、従来の災害補償制度だけでは解決できない。一刻も早い被災者救
済や復興のためには特別な立法措置が必要だ』などと述べた」とあり、
このひと言が、その後の日弁連の復興支援活動の方向性を指し示すもの
となった。すなわち「被災者を支援する新たな立法の構築」という弁護
士の使命の実践にほかならない。

　新里先生は、日弁連副会長に就いた初日である4月1日の早々、災害
弁MLで、「自宅や農地を流された相談者がいるが、破産するしかないの
だろうか？」と問い掛けた。

　依頼者である農家の男性（50歳代男性）は、津波によって家族、自宅、
イチゴ栽培のビニールハウスを失った。ビニールハウスは2年前に台風
で大破し、借金して再建したばかり。借金残高は住宅ローンと合わせ約
1500万円になるが、続けるには再び融資を受けるしかなく、明らかに
過重負担となる。「すべてを失った。もう破産するしかないのか」という
悲痛な叫びに、新里先生は突き動かされた。

　この件が、被災ローン減免制度のきっかけの1つとなる象徴的な案件であった。

　日弁連は、2011年4月14日午後、参議院で緊急院内集会を開くこととし、新里先生は担当副会長として「東日本大震災に関する提言（主に二重ローン対策について）」と題してプレゼンテーションを行った。大きな反響を得て、それを具体化していくこととなった。同月19日、新里先生は宇都宮会長と共に官邸を訪問し、日弁連の同日付け「緊急一次提言」を持参し、とりわけ二重ローン対策を強く要請した。同月28日のNHK「視点・論点」に出演した新里先生は、イチゴハウスの農家の話をはじめ、数件の被災者の叫びを代弁し救済制度の新設を訴えた。「東日本大震災で被災した多くの方々が希望を持って生活し、そのことが地域や町の再生のためになるように。みんなの力で二重ローン等の不合理な債務からの解放を実現しましょう」（災害弁ML2854番の一部を転載）。この放送をきっかけに、社会的にも二重ローン問題が広く認知された。

　2011年4月29日には日弁連災害対策本部内に「二重ローン立法提言PT」が設置され、新里先生が座長に就任した。「至急緊急立法の提言を行いたいと思います。スピードが求められています。英知をお寄せください」と全国の弁護士に呼びかけ、寄せられた多くの声で制度案が瞬く間に形になっていった。その中身は、政府が被災債務を買い取って免除するというスキームだった。

　私も、対策本部の一員として新里先生に同行してロビー活動のため議員会館に足を運んだ。行き帰りの道中で、新里先生は「必ずこれは制度化しなければならないし、必ずできる。何千億円かの予算を講じれば実現可能だし、それは容易なはずだ」と静かに力強く語っていた。新里先生の、数々の難局を乗り越えてモノにしてきた自信と信念に満ちたひと言は、私にとって勇気の熱源となった。

　かくして、政治の場にバトンが渡された。

　永田町内の紆余曲折を経て、最終的にできあがった新たな制度は2本であった。1つは「個人版私的整理ガイドライン」、すなわち現在の「自然災害による被災者の債務整理に関するガイドライン」（被災ローン減免

制度。以下、「自然災害債務整理ガイドライン」という）の原型となる準則型私的整理の仕組みである。もう１つは、債権買取りによって企業再生を支援する「株式会社東日本大震災事業者再生支援機構」の設立である。後者について、2011年７月27日の参議院の東日本大震災復興特別委員会に参考人として招聘された新里先生は、「一番重要なのが、多くの買取りができる財政規模が確保できるかだ。債権買取りのために多くの予算を投入することこそが復興に有効である」と述べ、注目を集めている。

　この２本の二重ローン救済制度は、いずれも新里先生の尽力なくしてこの世に登場することはあり得なかった。日弁連の立法活動の中で、二重ローン問題の解決は、一丁目一番地というべき中心テーマであり、かつ、歴史的な成果でもあった。それを成し遂げた実行力と執念は、災害弁護士たちを力づけ、その後の10年の各地の災害対応においても、揺るぎなき模範となっている。

　東日本大震災の発災後１年間は、数年分を濃縮したような日々だった。新里先生は、二重ローン問題以外にも、５月のゴールデンウィークに宮城県下で行われた一斉相談をはじめ、さまざまな施策で中心的な役割を担った。日弁連では、後日、１年半の間に集まった４万件の相談のうち1000件を抽出した『東日本大震災無料法律相談事例集』を編纂したが、これらが立法活動の原動力になった。あらためて相談事例を見てみると、新里先生の活動の息遣いが伝わってくるような感覚を覚える。

◆災害ケースマネジメントの構築◆

　宮城県石巻市を中心に、被災して破損した住居に何年も我慢して住み続けている「在宅被災者」が多数いることが報告されたのは、震災から３年から４年ほど経過してからのことである。一般社団法人チーム王冠が、試行錯誤を繰り返しながら在宅被災者支援を続けていたところ、2015年に仙台弁護士会と連携し、弁護士とボランティア団体が、１人ひとりの在宅被災者を訪問して調査や支援を行う協働活動が始まった。

　同時に、新里先生は、一般社団法人パーソナルサポートセンターの理事である菅野拓氏（現・大阪市立大学准教授）と私を引き合わせた。在宅

被災者を救済するためにどうしたらよいか、吉江暢洋先生（岩手）、宇都彰浩先生（仙台）、在間文康先生（第二東京、当時岩手）ら弁護士仲間や、NPO関係者（特定非営利活動法人フードバンク岩手の阿部知幸氏ら）と膝を突き合わせ、共に協議を重ねたが、たどり着いたのは「一人ひとりを大事にする」という理念だった。

この協議の流れを形にしたのが、やはり新里先生だった。私たちの会合に、新里先生が加わるや、たちまち「一人ひとりが大事にされる災害復興法をつくる会」が発足する運びとなった。2015年5月2日に仙台において、「一人ひとりが大事にされる災害復興法を目指すシンポジウム」が開催され、新里先生は「これまで日本の災害法制は、大きい震災の後に、被災地からの声で変わってきた。今回のシンポジウムで、災害復興法のあるべき姿を一緒に共有し、考えながら、仙台だけではなく岩手や福島でもシンポジウムを開催していきたい」と、会の発足を高らかに宣言した。

その後、この会は、盛岡市、郡山市、神戸市、東京都（議員会館）、再び仙台市とシンポジウムを重ねた。それを通じて、災害ケースマネジメントを実践していくという明確な目標が形成されていった。

日弁連では2016年2月19日に「被災者の生活再建支援制度の抜本的な改善を求める意見書」を取りまとめ、公表した。いわゆる災害ケースマネジメントの法制化を求めた最初の意見書である。この提言は、現存する法律の改正に結び付けることで、現実性をもって災害ケースマネジメントを実現しようという新里先生のアイディアを形にしたものである。

その後、2020年2月頃から新型コロナウイルス感染拡大によりパンデミックとなり、日弁連も機能不全に陥って提言発信さえもできない状況に陥ったが、そのとき、「一人ひとりが大事にされる災害復興法をつくる会」は、6本にわたる弁護士有志の緊急提言の後ろ盾となった。コロナ禍は災害であるから、災害時の制度や知恵を活用できるという考えに基づくさまざまな提言であり、国の打ち出すコロナ救済策にも一定の影響を与えた。これら提言の発信者・呼びかけ人となったのも、新里先生だった。

まさに今、「一人ひとりが大事にされる災害復興法をつくる会」のメン

バーは、徳島県や福岡県等に、災害ケースマネジメントのノウハウを伝
播する活動を行っているが、新里先生はその中心役の１人であり、足繁
く徳島や九州の地に赴いて、地道な活動を支え、全国の支援者を奮い立
たせている。

◆**自然災害債務整理ガイドラインのコロナ特則**◆

　自然災害債務整理ガイドライン（被災ローン減免制度）の「新型コロナ
ウイルス感染症に適用する場合の特則」は、2020年12月１日から適用さ
れた。

　自然災害債務整理ガイドラインは、ガイドラインの準則に沿った債務
整理を行えば、一定の自由財産を留保し、信用情報にも登録されず、
原則として保証人への請求もされず、既存の債務の減免が得られ、無料
で弁護士等の登録支援専門家に手続の支援が得られるという仕組みであ
る。上記の個人版私的整理ガイドラインが、2018年４月１日より、災
害救助法の適用がある災害に適用される恒久制度となったものである。
このガイドラインが、コロナ禍に起因して弁済困難となった債務につい
ても適用される特則が設けられたのである。

　この特則の導入にあたって、新里先生は特筆すべき活動を展開した。

　コロナ禍が社会に及ぼした影響はまさに災害であり、市民の生活は深
刻なダメージを受けた。仙台弁護士会は、2020年４月28日付けで「新型
コロナウイルス感染症に対応した債務減免制度の整備を求める提言書」
を、同年５月21日付けで「新型コロナウイルス感染症の影響を受けた法
人の債務問題についての提言書」を発出した。これと並行して、同月１日、
新里先生らを呼びかけ人とする弁護士有志の「COVID-19：災害法制を
参考にした緊急対策を求める提言（緊急提言５）」でも、自然災害債務整
理ガイドラインのコロナ禍への適用を求めた。

　日弁連が機能不全に陥る中、日弁連においてコロナ禍で市民の救済に
取り組んでいた消費者、貧困、災害、倒産等の委員会の主要メンバーが
自主的に集まり、関係委員会合同会議を定期的に催すこととなったが、
新里先生はこの会合のリーダーとなり、この会合は今も新里先生が牽引

しつつ継続している。また、2020年5月20日より、日弁連の理事会内本部としてCOVID-19対策本部が立ち上がり、その下に個人版自然災害ガイドライン対応PTが6月中旬に立ち上がった。新里先生はPTの中心メンバーとして、日弁連の最前線で取り組むこととなった。

　日弁連は、金融庁、一般社団法人全国銀行協会、一般社団法人東日本大震災・自然災害被災者債務整理ガイドライン運営機関との調整を重ね、最終的に、コロナ特則に至ったのである。被災ローン減免制度の発足と同様、コロナ特則の新設も、新里先生の尽力なくして成り立ち得なかった。

　ガイドラインのコロナ特則の適用から1年が経過した。現在、制度の運用は、多くの課題と限界の壁にぶち当たっている。しかし、新里先生の信念は一切揺らぐことがない。コロナ禍で困窮・疲弊した1人ひとりの市民を救済するため、弁護士が力を尽くし、制度を改善・普及しようとする一途な姿勢は、私たちの魂を突き動かている。現場の粘り強い取組みは今も続いている。

　私たちは、災害時における弁護士の姿勢を新里先生から学び、その背中を追いかけるようにして活動を続けてきた。「明るく、楽しく、しつこく」という災害弁護士の合言葉があるが、これは新里先生の姿を言い表しているように思えてならない。

　気候変動の影響により地球全体が頻発する災禍に向き合わざるを得ない状況にある。弁護士に災害対応が求められる限り、新里先生の出番はまだまだ続くであろう。それを受け継ぎ、さらに盛り立てていくことが後輩である私たちの使命である。

8　優生保護法被害

1948年、「不良な子孫の出生防止」という法の目的を定め、障害者を「不良」と決めつけ、不妊手術を強制した旧優生保護法が制定された。優生思想を法制度化した法律であり、国によって優生政策・優生手術が推進された。1996年、「障害者差別にあたる」として優生条項を廃止し、母体保護法に改正されるが、

明らかに憲法違反の法律が48年間存続し続け、その間、約2万5000人へ不妊手術が強制された。国策による抗うことのできない深刻かつ不可逆的な人の尊厳に対する被害であった。法改正時には被害者の98％が手術から20年を経過し、苦難・苦労を重ねて訴えに至った被害者に待ち受けていたのは、「除斥期間の壁」であった。こんな理不尽が許されるのか。

(1)　優生手術被害者飯塚さんとの出会い

1997年から長きにわたって優生保護法被害を訴えてきた飯塚淳子さん（仮名）との出会いは、2013年8月20日、たまたま地元のみやぎ青葉の会での「なんでも相談」であった。私の多重債務問題の活動の原点であった青葉の会での相談というのは、偶然とはいえ、感じるものがある。

飯塚さんは私に「若いときに知的障害を理由に不妊手術を知らないままに受けさせられた」と懸命に訴え続けた。私は最初、優生手術のことは何もわからなかったことからインターネットで検索し、「優生手術に対する謝罪を求める会」（以下、「謝罪を求める会」という）にたどり着く。そこでようやく、1997年9月に同会が結成され、国に対し優生手術被害者への謝罪と補償および実態調査などを求めていったことがわかってきた。私には知見がなかったことから、2週間後の9月5日に2度目の相談を受けた。

2度目の相談の当日、謝罪を求める会の世話人である東京大学教授の市野川容孝先生から突然私の事務所に電話があった。どうも、飯塚さんが、「相談に乗ってくれる弁護士さんと出会った」と謝罪を求める会の方に話したようだ。翌日、日本弁護士連合会（日弁連）の会議の関係から東京出張であったことから、東京・霞が関の弁護士会館15階のロビーで市野川先生にこれまでの取組みを聞き、1997年の段階で大きな運動ができて、謝罪を求める会もできたこと、しかし、厚生省は法律に基づいて合法的になされた手術であり、謝罪、補償は必要ないと主張し、救済が進んでいないことを知った。飯塚さんは、1997年11月に同会が実施したホットラインに相談を寄せ、それ以降の長きにわたり謝罪と補償を求めて訴え続けていたことを知った。

私は、その時点で国家賠償請求訴訟を考えたが、それには難点が2つあった。

1つは、優生手術や法改正から長い時間が経っていたことによる20年で

権利が消滅するという除斥期間の壁、もう1つは、飯塚さんの手術に関する記録が失われていたことである。彼女が手術を受けたのは1963年1月、2月頃であり、1962年度の優生手術台帳等の記録に記載されているはずであるが、その年度の記録が宮城県に保管されていない。1961年度、1963年度以降の記録はあるのに、1962年度分が存在しない。飯塚さんは宮城県に情報公開請求をし、1963年1月、宮城県精神薄弱者更生相談所での診断結果が「優生手術必要」と記載されている資料は入手できたが、優生手術の直接の証拠である、宮城県優生保護審査会の記録、優生手術台帳などは遂に出てこなかった。

　当事務所保管の2013年9月5日の飯塚さんの相談票に、「戦後、優生保護法により、不同意手術を行った被害である。この部分について、補償を求める運動があったが、立法的解決がなされていない。被害をまとめて、人権救済の申し立ては検討すべきか」と書かれている。

　実は、2010年、私が仙台弁護士会会長のときに、第2次世界大戦後の共産党員に対するレッドパージ・公職追放が人権侵害にあたるとしてなされた日弁連に対する人権救済申立てにおいて、日弁連は国に対し人権救済を求める勧告を出していた。そこで、優生保護法被害についても、日弁連への人権救済申立てであれば除斥期間および証拠の壁を乗り越えることができるのではないかと考えた。

　謝罪を求める会のメンバーである大阪の利光恵子さん（立命館大学生存学研究センター客員研究員）、大橋由香子さん（ジャーナリスト兼大学講師）に飯塚さんと一緒に日弁連に人権救済の申立てをする人を探してもらえないかとも話したが、申し出る人はいなかった。

　相談から1年以上も経ち、決断の時がきているように感じた。飯塚さん1人でも日弁連に人権救済の申立てをしようと、2014年末頃から準備をすることとし、事実関係は私が整理するものの、各国の取組みや国連とのやりとりなどについては謝罪を求める会の市野川先生、利光さんに申立書の一部を書いていただき、申立書は、これまで取り組んできた謝罪を求める会の皆さんとの合作となった。

　2015年6月、申立ての10日くらい前に、情報を聞きつけた共同通信の記

者から取材の申出を受けた。私の事務所で飯塚さんと一緒に取材に応じた。同月21日、「強制不妊手術人生の重しに　『私の体を返して』」、「強制不妊手術救済申請へ　50年前手術の60代女性　知的障害理由」等の記事が20近い地方紙で大きく報道された。

(2)　日弁連への人権救済の申立て

2015年6月23日、私が代理人となり、飯塚さんが日弁連に人権救済の申立てを行った。

当日は、飯塚さんとも朝10時、日弁連の入口前で合流し、障害者団体の方、謝罪を求める会の皆さんと一緒に日弁連に申立書を提出する儀式も行った。複数のテレビカメラが取材をしてくれた。共同通信の記事が多くのメディアの関心を呼んだのだ。

飯塚さんは、若い16歳で何も知らないうちに、子どもを産んだり、産まなかったりする、その自己決定権を奪われた。

子どもを産み育てるかを自らの意思によって決定することは、幸福追求権としての自己決定権（憲法13条）として保障されている。「優生」を理由とした不妊手術は憲法13条によって保障された基本的人権を踏みにじるものであるとする申立て、そのあと、謝罪を求める会が中心となって、国会内で院内集会を開催し、この問題に取り組んでいる福島みずほ参議院議員等野党の国会議員に参加していただいた。不良な子孫の出生を防止することを目的とする不妊手術が明らかな人権侵害であることは誰の目にも明らかであった。

人権救済の申立てもテレビ、新聞などで大きく取り上げられた。

これによって、救済に向けて、与党議員も入った超党派の議員連盟ができないかと思い、複数の与党議員へお願いしたものの、日弁連への人権救済申立てだけでは国会が救済に積極的に動くことはなかった。

(3)　原告・佐藤由美さんとの出会い

日弁連は人権救済の申立てを受けて、2017年2月16日、「旧優生保護法下において実施された優生思想に基づく優生手術及び人工妊娠中絶に対する補償等の適切な措置を求める意見書」を公表した。この意見書はテレビ、新聞

などで大きく取り上げられた。特に、NHKの朝のニュース番組「おはよう日本」では7時台で20分ほどの特集が組まれた。その主役は飯塚さんであり、飯塚さんのこれまでの厚生労働省への働きかけなど1997年以降、国へ謝罪と補償を求めて活動してきたことが記者の優しい目で取り上げられた。

　この報道を見た佐藤由美さん（仮名）の義理のお姉さんである佐藤路子さん（仮名）から、私の事務所に相談の電話が寄せられた。宮城県内に住む60歳代の妹（夫の妹）が、10代で優生手術を強制された。亡くなった義理の母からそのことを聞かされていて、理不尽な手術に対し許せないとの思いをずっと持ち続けていた。飯塚さんの人権救済の申立てのニュースをインターネットで知り、意見書公表の報道に勇気を得て電話をかけたとのことであった。飯塚さんの力になれればとの思いからであった。

　佐藤さんはご本人で宮城県に情報公開請求求し、2017年6月、15歳の1972年12月に、「遺伝性精神薄弱」であるとして旧優生保護法4条による強制不妊手術を受けさせられた事実が明らかになった。佐藤さんには知能発達の遅れがあったが、1歳のときに受けた手術の麻酔が効きすぎたことが原因とされており、後に交付を受けた療育手帳でも遺伝性でないとされているのに、優生保護審査会の審査では「遺伝性精神薄弱」とされていた。審査が杜撰であったことが明らかである。

(4)　飯塚さんの人生

　ここで飯塚さんのこれまでの長い、決してゴールの見えない国への謝罪および補償を求め続けてきた道のりを少し紹介しよう。

　宮城県在住の飯塚さんは、1946年（昭和21年）、宮城県内の漁村で7人兄弟の長女として生まれる。父は病弱、母は行商など貧しい家庭であったようである。宮城県では1950年代から60年代、「愛の10万人県民運動」が繰り広げられ知的障害者の施設をつくるための募金運動が行われていた。飯塚さんは民生委員により福祉事務所へ通告され、知能テストを受けさせられ、1960年4月、開所したばかりの知的障害者施設である小松島学園に入所させられる。

　飯塚さんは、一時生活保護を受給する貧困世帯であったことから、民生委

員から再三窃盗の嫌疑をかけられ、精神薄弱児福祉協会の設立趣旨（生活扶助による経済的負担および犯罪の軽減、不良な子孫の出生防止）に従って、知的障害者でないにもかかわらず知的障害者に仕立てられて、小松島学園に入園させられたのである。

　飯塚さんは、1961年（昭和36年）3月に小松島学園卒業後、本人の意思とは無関係で職親（しょくおや）の元に預けられた。職親とは、知的障害者を預かり更生に必要な指導訓練をする者のことである。職親の元で、虐待を受ける。昭和30年代の障害者に対する差別偏見は凄まじかった。

　そして、飯塚さんは、1963年（昭和38年）1月から2月、16歳のときに知的障害を理由に何の理由も説明されないまま不妊手術を受けさせられた。手術当日も職親から「いくよ」と告げられ、仙台市内の優生手術専門の診療所に連れていかれた。当日は父親も病院にはいたという。その時点で保護者としての同意書をとられたようである。

　手術のことを知ったのも、手術から半年後、両親の会話を盗み聞きしてであり、初めて子供が産めない体になったとことを知り大きなショックを受ける。数度の結婚にも失敗した。子供が産めないことが大きな原因であった。

　飯塚さんは、1990年に最後の結婚をした際、当初、夫には優生手術や子宮を摘出したことを黙っていた。夫は、飯塚さんに対し、とても優しく、飯塚さんとの間に子どもができることを期待していた。飯塚さんは、夫に隠していることに耐えられず、夫を深く信頼していたこともあって、不妊手術や子宮を摘出したことを告げたところ、状況が一変した。周囲が皆、飯塚さんを責め、当然のこととして離婚を求めた。事情を知った夫の親だけでなく、兄や夫の勤務会社の人からの嫌がらせも受けた。さらには、夫の勤務先の社長からも籍を抜くように言われた。夫は、このような状況に耐えかねて、飯塚さんのもとを去り行方不明になった。

　優生思想の普及により、優生手術の対象者が「不良な存在」、「結婚してはならない存在」、それ以上に人以下の存在、蔑みの対象と認識されていたからにちがいない。この認識が、夫の親族、会社、地域の中でも浸透していたため、結婚したこと自体が間違いであったとされ、飯塚さんは人としての存在意義が根底から否定されたのである。飯塚さんは、人としての尊厳、「1

人の人間として扱われること」さえかなわず、全否定されたのである。飯塚さんはこの理不尽に怒り悲しみ、精神的苦痛を受け続け、抑うつ神経症（当時の診断名）に罹患する。

　飯塚さんは、1997年以降、謝罪を求める会とともに、厚生省、厚生労働省に対し、謝罪と補償を求め、闘い続けてきた。しかし、厚生労働省は、「当時は合法だった」との一点張りで、全く取り合ってこなかった。

　国からの謝罪は受けられず、飯塚さんの精神疾患はさらに悪化の一途をたどり、後述する仙台地方裁判所の判決後、さらに、PTSDの発症につながる。

⑸　動こうとしない国

　では、話を戻そう。日弁連の意見書に続き、新しい被害者も声を上げて厚生労働省に謝罪と補償を要請するも、「当時は合法で国は謝罪も補償も調査もしない」との方針は社会が動いているのに全く変わらなかった。

　2017年7月8日、日弁連の意見書を受け、仙台でシンポジウム「優生保護法による被害に対し、国は謝罪と補償を」を開催した。東京からも謝罪を求める会の方など100名以上が参加して盛り上がった。私も基調講演をし、シンポジウムの最後に、ひと言を求められた。そのとき、私は思わず「国が態度を変えないなら、国賠訴訟もせざるを得ないかもしれない」と言ってしまった。

　私自身、法律家であり、飯塚さんの被害回復をしたいとの一心で取り組んできたが、訴訟による被害回復は困難であり、日弁連の意見書と世論で国を動かし被害回復を勝ち取れないかと考えていた。そのために与党議員を入れた議員連盟をつくるべく努力してきた。日弁連の意見書だけでなく、2016年3月、国際連合の女性差別撤廃委員会からも、強制不妊手術について、国が実態調査を行い、国に謝罪と補償を求める勧告がなされていた。しかし、やはり国は全く動こうとしない。「次の一手は」と考えていたこともあり、それまでは封印していた言葉であったが、「国賠訴訟をやるしかない」との言葉が出てしまったのであろう。

　強制不妊手術被害者である飯塚さん、佐藤さん、さらには多くの被害者を救済するためには裁判以外残されていないことを知らされる。勝てるかどう

かではなく、救済のため裁判する以外、道は見出せなかった。

(6) 弁護団の結成

2017年9月、仙台弁護士会の両性の平等委員会、高齢者障害者委員会の委員を中心に弁護団が結成された。団長は私、事務局長は仙台弁護士会両性の平等委員会委員長の山田いずみ弁護士である。

9月8日、第1回の弁護団会議が開かれる。8名が参加するが、裁判をやることは決まっているものの、弁護団にとっても20年の除斥期間はあまりにも高い壁であった。弁護団会議を重ねる中で、「立法不作為の違法を問うことはどうだろうかと」の提起があった。2005年(平成17年)の在外邦人の選挙権行使に関する立法の不作為を違法とする最高裁判決を参考とするものであった。さらに、2001年(平成13年)のハンセン病患者の国家賠償請求を認める熊本地裁判決でも立法の不作為の違法が認められている。ここは前に進もうとやっと法律構成が決まった。

(7) 毎日新聞の記事

2017年12月3日㊐、毎日新聞の1面記事で、「旧優生保護法　不妊手術強制、初の国提訴　『尊厳を侵害』　宮城の女性」との記事が掲載された。日曜日の午前8時前から、私の携帯に登録をしていない電話番号から次々に電話がかかってきた。自分自身が思っていた以上の大問題であることを取材を受けながら痛感した。

(8) 仙台地方裁判所での訴訟の状況

2018年1月30日、不妊手術被害者佐藤さんが、国に対して国家賠償法による損害賠償を求める訴えを仙台地方裁判所に提起した。5月にはとうとう飯塚さんが提訴した。飯塚さんが提訴に踏み切れたのは、宮城県知事が、2月19日の定例記者会見(テーマ「旧優生保護法について」)において、飯塚さんについて、「私どもは、その方はこの法律の対象となって、手術を受けた方であるということは認めております。……そのことで裁判を起こされたならば、……いろいろな論拠……を提示して、それを受けたということはお認め

します」と表明したことによる。手術から55年、1997年から国に謝罪と補償を求める活動を開始してから21年目であった。

　仙台地方裁判所の訴訟の6月の口頭弁論期日で中島基至裁判長は、「憲法判断は回避する予定はない」と述べるなど、救済に向けた訴訟進行が続いているとの実感をもちながら、訴訟を進めた。2019年1月、飯塚さんの尋問、佐藤さんの義理のお姉さんの尋問も行われた。飯塚さんへの尋問で、この裁判で一番訴えたいことは何ですかと私が質問すると、「優生保護の手術をされている人が結構いますので、自分のこともありますが、他の人のことを含めて、とにかく、早く前に進むようにしていただきたい。今も苦しい思いで生きているので、それに、うそのまんま闇に葬られては困るので、20年間声を上げて、とにかく、国に謝罪をしてもらいたい」と述べた。

2017年12月4日付け河北新報

2018年1月11日付け河北新報

⑼　超党派議員連盟、与党ワーキングチームの動きと一時金支給法の成立

　仙台地方裁判所への提訴後、国会議員の中で救済の動きが一気に加速した。2019年3月14日、与党ワーキングチーム（座長：田村憲久衆議院議員）、超党派の議員連盟（座長：尾辻秀久参議院議員）は、「旧優生保護法に基づく優生手術を受けた者に対する一時金の支給等に関する法律案」をまとめ、同年4月24日には、同法（一時金支給法）を成立させた。被害救済を放置してきた国会

が、仙台地方裁判所への提訴か
ら1年3カ月の速さで法律をつ
くったのである。

　法律の内容はというと、「国
よる謝罪と補償」を求めてきた
被害者にとっては、国の責任が
曖昧であり、一時金の金額も
320万円と損害賠償には遠く及

2019年4月25日付け河北新報

はず、求めたような法制度ではなかった。しかし、国会が、急ぎ法律をつく
らざるを得なかったのは、優生保護法による被害・国策被害が何十年経った
今でも立法によって救済すべき被害と受け止めたからにほかならない。仙台
弁護団は、このような立法行為がなされたこと自体により、立法の必要不可
欠性および明白性（国会の立法不作為の違法性要件）が認められると主張して
いる。

　全国弁護団は、仙台地裁判決を待って、国の責任を明確にした法律を制定
することを求めていたが、国会議員の中には判決が棄却されると法案の成立
は困難になるとの意見もあり、仙台地裁判決前に法律は成立した。その内容
は、上記のとおり被害者にとって満足できるものではなかった。低すぎる一
時金の金額は、どのようにして決められたのか。一時金の金額については、
1999年のスウェーデンでの強制不妊手術を受けた者に対する補償額17.5万ク
ローナを日本円で換算すると312万円であり、それを切り上げたと説明され
てきたが、そうではなく、国には、除斥期間が経過した被害に対する補償額
は300万円程度という暗黙の基準があったのだと思う。

　そう思ったのは、Ｂ型肝炎全国弁護団の佐藤哲之団長と意見交換した際、
「特定Ｂ型肝炎ウイルス感染者給付金等の支給に関する特別措置法」（2006年
（平成18年）最高裁判決を受け2011年（平成23年）成立）において、慢性肝炎の場
合、発症から提訴までの期間が20年以内の場合は1250万円の給付金が受け
られるが、20年が経過した場合は300万円から150万円に減額されるという
話を聞いたからである。私は、優生手術被害者に対する一時金の金額は、Ｂ
型肝炎の除斥期間経過の人に対する補償と同レベルであることから、国は、

除斥期間が経過した被害に対して、300万円の補償額という暗黙の基準をもっていて、それが一時金支給法の金額が320万円と設定された理由だと考えた。

⑽　2019年5月28日、仙台地裁判決

　2019年5月28日、仙台地方裁判所は、「リプロダクティブ権（子を産み育てるかどうかを意思決定する権利）は憲法13条により人格権の一内容を構成する権利として尊重される」として、優生保護法は憲法に違反し無効と判断したものの、結論としては請求を棄却した。仙台地裁判決は、「国民に憲法上保障されている権利行使の機会を確保するために所要の立法措置を執ることが必要不可欠であり、それが明白であるにもかかわらず、国会が正当な理由なく長期にわたってこれを怠る場合などにおいて」は、例外的に、国会議員の立法行為または立法不作為は、国家賠償法の規定の適用上、違法の評価を受ける（在外日本人選挙権訴訟における平成17年最高裁判決）等の判断基準を用いて損害賠償請求権を行使するための立法措置は必要不可欠ではあるとしつつ、「我が国においてはリクプロダクティブ権をめぐる法的議論の蓄積が少なく、本件規定及び本件立法不作為につき憲法違反の問題が生ずるとの司法判断が今までされてこなかったこと」などから、「立法措置を執ることが必要不可欠であることが、国会にとって明白であったということは困難」として、原告等の請求は棄却した。

　さらに、民法724条後段の不法行為の時から20年の経過により権利が失われるとの除斥期間の適用も肯定した。

　私は、原告勝訴判決が出ると確信していただけに、「不当判決」と反発したが、他方、本訴訟の提起によって、一時金支給法が成立したこともあり、違憲判断を勝ち取ったことも含め、「八合目」判決と評した。

⑾　東京地裁判決と大阪地裁判決

　2020年6月30日、東京の原告・北三郎（仮名）さんに対する判決が出された。仙台に続き請求棄却、除斥期間の適用が認められた。

　しかし、一方で、東京地裁判決は、除斥期間の起算点について、後ろにずらす可能性を指摘している。すなわち、東京の事案は、1957年（昭和32年）

頃に当時仙台で暮らしていた北三郎（仮名）さんに対し手術が実施された事
案であるが、除斥期間の起算点について、「仮に昭和40年代頃においては、
優生保護法に基づく優生手術の違法を理由に被告に国家賠償請求訴訟を提起
することが……社会通念上極めて困難であったと認め得る」としても、どん
なに遅くとも、1996年の法改正時までには、訴えの提起は著しく困難とま
ではいえないとして、除斥期間の適用を肯定した。

　北三郎さんは、判決後の会見で、「最後までたたかう」と強い決意を述べた。

　2020年11月30日、大阪地裁判決でも、除斥期間の適用によって、請求が
棄却されている。しかし、大阪地裁判決では、優生保護法は、憲法13条の
みならず憲法14条の平等権を侵害するものと判断した。特に、優生保護法
の立法行為の違法性を認め、さらに、「本件各規定の立法を行った国会議員
には、少なくとも過失がある」とした。

　そして、これに続く、札幌地方裁判所での原告勝訴判決が期待されていた。

⑿　2021年1月15日、札幌地裁判決

　主文、「原告の請求を棄却する」。実名を出して訴訟に挑んだ小島喜久夫さ
んの訴えは裁判所を動かすことはできなかった。しかし、広瀬孝裁判長は判
決理由の読み上げの最後で、「これまで苦労されてきた人生を肌身に感じ、
それ故（請求を）認容すべきか直前まで議論に議論を重ねました。しかし、
法律の壁は厚く60年はあまりにも長く、このような判断となった」と述べた。

　私は、38年間弁護士活動をしてきて、多くの事件の判決を聞いたが、こ
のような心情の吐露は初めての経験であった。「リップサービス」という意見
がないではないが、原告を見つめて述べた発言にはギリギリまで原告勝訴を
検討した姿勢がうかがえた。札幌地裁判決では、憲法13条、14条のみならず、
24条2項（婚姻、家族に関することは、個人の尊厳と両性の平等に立脚して、制
定されなければならない）にも違反するとしたことからも真摯に検討したこと
が読みとれる。

　では、最終的に、原告敗訴判決の判断はどこからきたのであろうか。それ
は、判決の理由の中に見出せるように思う。注目すべきは、正義・公平を
理由とする適用制限の主張に対する、「民法724条後段所定の20年の期間は、

被害者側の認識のいかんを問わず一定の時の経過によって法律関係を確定させるため、請求権の存続期間を画一的に定めたものと解されるのであって（前掲最高裁平成元年12月21日第一小法廷判決参照）、そのような法律上の規定の適用を、信義則（民法1条2項）や権利濫用（同条3項）といった法令上の一般則ですらない、正義・公平の理念という極めて抽象的な概念のみに基づいて排除するというのは、原告の受けた被害の重大さを考慮にいれても、なお躊躇があるものといわざるを得ない」との判断である。

2021年1月19日付け
河北新報

　最高裁判所は、平成元年判決の例外判断である平成10年判決、平成21年判決では、「正義・公正の原則に反し、条理に反する」のみでなく、民法158条（未成年者または成年被後見人と時効の停止規定）などの規定が利用できる事案について、「時効停止の法意に照らし」限定的に適用制限を認めているのであり、制限の効果も、「一定の時期から6カ月間だけ除斥期間の効果発生を猶予する」というものである（仙台訴訟では、これを「出口論」と称している）。これに対し、原告の正義公平・条理を理由とする主張は、除斥期間の適用を無期限に制限すべきであるというものであり（私は、これを「裸の正義公平論」と称した）、それは、最高裁判所の例外判断の枠を大きく越えるものであって、乗り越えがたい壁があるということではないか。

　私は、「裸の正義公平」ではない適用制限が必要だと考えた。後述する山野目章夫早稲田大学教授の適用制限論は、最高裁平成10年判決等の判断枠組みに添った「出口論」であり、私は、これこそが札幌地裁判決の悩みに答える法理論になると思った。仙台訴訟では、現在、山野目意見書に基づき、「出口論」としての適用制限を強く主張している。

　私は、被害者の訴えが、裁判所を動かすあと一歩のところにきていると考えるが、最後の一歩が極めて重いことはいうまでもない。

⒀　２人の法学者からもらった力

　我々が「最後の一歩」は、と考えていたときに、まさに２人の法学者から新しい力を得ることとなった。

　小山剛慶應義塾大学教授の「優生手術と国家賠償」と題する論文がある（小山剛ほか編『立憲国家の制度と展開――網中政機先生喜寿記念』所収）。本件における被害の本質は「人としての尊厳」に対する持続的な毀損であり、その損害の性質は、ハンセン病訴訟熊本地裁判決の事案と同様に「継続的・累積的」なものであり、その損害は優生手術という点としてではなく全体として一体的な人生被害として評価されるべきである。さらに、1996年（平成８年）の優生保護法改正時に明確で断固とした謝罪・反省の表明がなく、反対に2016年３月に至っても「当時は適法であったため補償は困難」とされたという本件においては、国による優生保護立法および優生政策の実施という先行行為によって発生した原告らの人としての尊厳にかかわる侵害は、平成８年法改正後も継続的・累積的なものとして続いていた、と述べられる。

　そして、侵害がなお続いていることからすると除斥を論じる前提に欠ける等とも述べられている。私たちは優生手術被害に目を奪われていたが、「人の尊厳に対する継続的、累積的被害」であり、違法行為も続いているとの新しい視点を与えていただいた。

　もう１人は、山野目教授である。本件訴訟に意見書を提出していただいた。国策としてなされた違憲な行為によって人権が侵害された本件について、「不妊手術がされた時、手術の根拠となる法令が違憲であることは、確定していなかった。このような特徴をもつ事案について民法724条後段を漫然と機械的に適用する解決は、著しく合理性に欠ける」とし、違憲であることが確定するまでの間は権利行使において法律上、事実上の障害があることから、民法の時効停止の規定の法類推によって、それら障害が解消（それは最高裁判所の違憲判断である）するまでは除斥期間の効果は発生せず、解消されてから一定期間の権利行使が認められるべきであるとする。結論的解釈論として、最高裁判所による最終的かつ公権的判断（違憲判決）から６カ月以内に被害者が損害賠償請求権を行使したという特段の事情があるときは、民法159条

（夫婦間の権利の時効停止）、160条（相続財産に関する時効停止）の法意に照らし、民法724条後段の効果が生じないと解すべきであるとする。

　本件被害について、最高裁平成10年、21年判決の期限付きの例外判断（出口論）に添った解釈を示されたのである。本件においては最高裁判所による違憲判断はなされていないので、控訴人らの請求についてはいずれも民法724条後段の効果は生じない。立法当初からの違憲な法律という特異な事情に注目し、被害救済の観点から新しい視点を与えていただいた。山野目教授には弁護団との勉強会をもっていただくなど大いに励まされた。

　飯塚さんは、優生手術だけでなく、特に、1990年頃最愛の夫に優生手術の話をすることによって、みんなに祝福された結婚が根底から覆された。「不良な者」として、人間扱いされない屈辱的な扱いを受けた。1997年、被害救済の声を上げるや厚生省からは、「当時は合法で謝罪も補償もしないと」あしらわれた。それでも20年の長きにわたって声を上げ続けてきた。小山論文が指摘する「人の尊厳」に対する継続的・累積的被害が、飯塚さんをはじめ、本件被害にまさしくあてはまる。飯塚さんの被害が救済される理論でなければならない。

　また、山野目教授の意見書で、特にうれしかったのは、飯塚さんの活動について、それまでの権利救済に向けた活動は無駄ではなかったとし、「抵抗権の行使」として評価する視点である。

　曰く、「違憲の法律に抗して行動する権利を憲法は保障すると考えられる。その際、違憲の法律に抗して市民がする具体の行動は、各人の主体的な選択に委ねられる。司法裁判所に提訴して権利を主張する行動のみが考えられるものではない。……国会への請願などを通じて当該法律の改廃を求めたり、改廃と共に補償制度の創設など所要の法制上の措置を求めたりする行動は、むしろ国民代表制のもとにおいて十分に考えられる態度選択である」、「憲法適合性を判断する終審の権限を有する最高裁判所に係属するまで訴訟が終結しないことが高い蓋然性において予想される状況のなかにあって、そのような方途を選ばず、両議院や世論に訴えて事態を打開しようとする者があるとして、その態度は、十分にありうる合理的なものと評価することができる。それは見方によっては、国民代表制の本来の機能を信頼することの帰結であ

るとすら評価される」。

　私は、山野目意見書は、飯塚さんの20年以上にわたる国に対して謝罪と補償を求める活動の積み上げが最終的に最高裁判所の判断に結びつくものだと、飯塚さんに最大のエールを送ってくれていると理解している。

⒁　最高裁平成10年予防接種禍国家賠償請求訴訟判決に解決の鍵が

　最高裁判所は、平成元年判決で民法724条後段を除斥期間と判断したが、その例外として除斥期間の適用を制限したのが予防接種禍訴訟の最高裁平成10年判決である。

　予防接種禍訴訟については、最高裁平成元年判決が出される前は、予防接種時から20年が経過した事案についても民法724条後段を消滅時効と解して賠償を認める判決が出されていた。しかし、平成元年判決後には、東京予防接種禍訴訟控訴審判決（平成４年12月18日）のように、予防接種時点から20年を経過後に訴訟提起をした被害者については、除斥期間を理由に請求が棄却されている。その東京予防接種禍訴訟の上告審において、最高裁判所は、「民法158条の法意に照らし、民法724条後段の効果は生じない」として除斥期間の効果を制限することにより、最後の被害者をも救済しているのである。

　もう少し詳しく述べると、東京高裁判決は、原審・東京地方裁判所が認めた憲法29条３項の類推による損失補償を否定し、組織的過失論と呼ばれる考え方を用いて国家賠償法に基づき請求を認めたものの、予防接種時点から20年を経過していた被害児１名（１審判決後に禁治産宣告を受けて後見人が選任されている）およびその両親の請求については、除斥期間を理由に請求を棄却した。これに対し、被害児（後見人）および両親が上告し、最高裁判所は、被害児の請求について、「民法158条の法意に照らし、民法724条後段の効果は生じない」として、除斥期間の効果を制限した。

　この平成10年最高裁判決は、平成元年判決前は民法724条後段を時効と解することにより救済されてきた予防接種被害が、同判決で除斥期間とされたため救済できなくなるという事態に直面し、何とかしてこれを救済すべきであるとの判断の下に、ひねり出された論理だったものと思われる。

　除斥期間の起算点を、遅発性の被害について、損害の発生時が不法行為時であるとして起算点を遅らせる判断をした平成16年筑豊じん肺事件判決（藤田宙靖裁判長）も、同判決の判例解説が、「究極的には、加害行為時説では救済できない被害者保護の要請をどう評価するかという価値判断に尽きる問題と思われる」と指摘している（最高裁判所判例解説民事篇平成16年度（上）323頁以下）ように、被害者救済の必要性から生み出された判決であると理解される。

　最高裁平成10年判決および平成16年判決は、「救われるべき被害である」との認識の下で、司法による法創造（創造的解釈）が行われたものと評価できる。

　本件強制不妊手術被害は、戦後の人口爆発が懸念される中での人口抑制政策として、「不良な子孫の出生防止」という優生思想を法律に盛り込んだ旧優生保護法を制定することによって実施された。本件は違憲な法律による、国策による被害である。その被害も手術被害にとどまらない人生被害というべき人の尊厳に対する継続的・累積的被害である。本件は、これまで、司法が法創造機能を発揮して救済してきた事案と同様、むしろ、それ以上の救われるべき事案であることに疑いはない。

⒂　まとめ

　山野目意見書のことはすでに紹介したとおりであるが、意見書の最後に藤田宙靖元最高裁判事の著書『行政法学の思考形式』(1978年) 396頁の以下の文章が引用されている。同判事が東北大学で教鞭を執っていた頃の論文である。

　「最高裁判所が終審として示す『決定』は、そこへ辿り着くまで、下級裁判所における検討に参画した人々、すなわち当事者はもちろん、それを援ける訴訟代理人、それらの主張を聴く裁判官らの努力の結晶にほかならない。これらの人々があり、それら『創造の担い手』の営為の蓄積こそ、憲法秩序を構築する実質的な動態的契機を提供する」。

　藤田元判事はこの論文から26年後、最高裁平成16年筑豊じん肺事件判決の裁判長として、遅発型損害について、損害発生時が不法行為の時であるとする画期的な先例となる判断を下す。

　山野目意見書には、同教授が自らも含め、「創造の担い手」であろうとする強い意思を感じ、ここを読んでいると、熱い涙がこぼれる。これまでの最高裁判所の判断を一歩進める判断が、本事件にかかわる当事者、代理人、裁判官および学者を含めすべての関係者の努力の結晶として生み出されることを期待し、実現したいと思う。被害者が訴えたことにより不十分ながら一時金支給法ができた。今後、優生被害救済のため、最高裁判所での勝利および法改正のため闘い続ける。

（追記）

　2022年2月22日、大阪高等裁判所および同年3月11日、東京高等裁判所は、優生保護法国家賠償請求訴訟について、被害者逆転勝利判決を下した。我々は、違憲な優生保護法による被害は戦後最大の人権侵害と主張していたところ、両高等裁判所は除斥期間の適用を制限し、被害者救済の判断を行った。国はそれぞれ上告受理の申立てをしたが、東京高裁判決に対する上告受理申立てにあわせ、松野博一内閣官房長官が、「一時金の金額を超える認容額が示されたことを重く受け止め、一時金支給法が全会一致で制定された経緯も踏まえ、同法に基づく一時金の水準等を含む今後の対応の在り方について、国会と御相談をし、御議論の結果を踏まえて対応を検討してまいりたいと考えております」（内閣官房長官記者会見（2022年3月24日））と述べるなど、今後、早期救済の可能性も出てきたといえる。早期全面解決に向け大きく動き出したといえる。

闘いを振り返って

旧優生保護法弁護団の活動

弁護士　山田いずみ

◆旧優生保護法◆

　1948年に成立した旧優生保護法は、「優生上の見地から不良な子孫の出生を防止する」ことを「目的」とし、同法が母体保護法に改正され

た1996年までの約50年間に、不妊手術約2万5000件、人工妊娠中絶約5万9000件、合計約8万4000件もの優生手術等を行わせ、多くの被害者の尊厳を奪った。

　1996年、国会は優生手術が「障害者差別にあたる」として優生条項を廃止したが、政府は、「当時は合法であった」として、その後、一貫して謝罪も補償も実態調査も拒否した。

◆弁護団結成に至る経緯◆

　優生保護法被害弁護団が結成されたのは2017年であるが、新里先生が、この問題に取り組み始めたのはこれより数年遡る。多重債務支援団体であるみやぎ青葉の会の「なんでも相談」を担当したときに、飯塚淳子さん（仮名）が相談したことがきっかけであった。飯塚さんは、1996年の母体保護法への改正後に結成された「優生手術に対する謝罪を求める会」（以下、「謝罪を求める会」という）とともに、1997年から、国に対し、自分も含めた優生手術被害者への謝罪と補償および実態調査などを求めて活動していた。

　しかし、新里先生が相談を受けた時点で、飯塚さんが強制不妊手術を受けさせられてから20年以上が経過しており、裁判では除斥期間の壁が立ちはだかるのは明白であった。また、飯塚さんについては、手術に関する記録も失われていた。弁護士として、訴訟を選択するのは難しい。本件については除斥期間を乗り越えるために悪戦苦闘してきたが、これまで多くの困難をさまざまなアイディアで乗り越えてきた新里先生でさえ訴訟提起できなかったことが、除斥期間がいかに高く厚い壁であるかを示している。

　新里先生は、飯塚さんの話を何度も聞いて、2015年6月、日本弁護士連合会（日弁連）に人権救済申立てを行った。申立て理由は、飯塚さんが16歳のときに受けさせられた「優生」を理由とした不妊手術が、子どもを産み育てるか否かの自己決定権を法律によって奪い取ったものであり、憲法13条によって保障された基本的人権である自己決定権を踏みにじるものであるというものであった。

　この申立てを受けて、日弁連は、2017年2月16日、「旧優生保護法下において実施された優生思想に基づく優生手術及び人工妊娠中絶に対する補償等の適切な措置を求める意見書」を公表した。この意見書がテレビ、新聞などで大きく取り上げられたことから、のちに初めての提訴者となる佐藤由美さん（仮名）の義理の姉佐藤路子さん（仮名）から新里先生のところに連絡があった。

　佐藤路子さんは、義妹が優生手術を強制されたことを亡くなった義理の母から聞かされていて、理不尽な手術に対し許せないとの思いをずっと持ち続けていた。佐藤路子さんは飯塚さんを応援する気持ちで連絡したが、新里先生とのかかわりをもったことで自らも義妹の手術について情報公開請求をすることになった。その結果、佐藤由美さんが15歳のときに、遺伝性疾患ではなかったにもかかわらず、「遺伝性精神薄弱」を理由に強制不妊手術を受けさせられたことが明らかになった。

　15歳という年齢、遺伝性でないにもかかわらず遺伝性と判断した優生保護委員会の審査の杜撰さに対する怒りから、佐藤路子さんも国に対し、働きかけを開始した。しかし、記録に基づく訴えであったにもかかわらず、厚生労働省の動きは鈍かった。そのため、2017年7月8日に仙台で開催されたシンポジウムにおいて、新里先生は多くの被害者の救済のためには裁判をするしかない、と決意したとのことである。

　提訴を決意した新里先生がまず声がけしたのが、当時、仙台弁護士会の両性の平等に関する委員会の委員長をしていた私である。新里先生からの問題提起を受け同委員会で仙台弁護士会の会長声明を作成したこと、また、私と新里先生が消費者委員会でもかかわりがあったことから、頼みやすかったのだろうと思われる。

　声をかけられたときは、正直、「大変そう」と思ったが、このような人権侵害が許されてよいはずがないと思い、両性の平等に関する委員会、高齢者障害者委員会に所属する弁護士に声をかけ、珍しく女性比率の高い、また、若手の多い弁護団が結成された。

◆提　訴◆

　新里先生以外の団員は、「優生保護法とは」という勉強から始めた状況であったが、このような重大な人権侵害が現憲法下であったのか、という衝撃を受け、何とかしなければという思いを強くしていった。他方で、除斥期間の壁はとても高く、乗り越えるために何度も議論をした。

　そして、ようやく厚生労働大臣の政策遂行上の不作為および国会の立法不作為構成で提訴をしようと方向性が決まり、提訴準備をしていた2007年12月3日、毎日新聞が「1月にも提訴」と1面トップで報道した。翌日から、私の事務所だけでなく新里先生の事務所にもマスコミからの問合せが引っ切りなしにあり、反響の大きさを実感した。新里先生は、携帯電話で取材に応じることもあり、マスコミ対応のご負担をかけてしまったが、「世論に訴えるにはマスコミの協力が必要」との思いから、嫌な顔をせず1件ずつ丁寧に取材対応する姿勢は、大変参考になった。

　その後も報道は過熱し、多くの注目を浴びる中で、2018年1月30日、まずは佐藤さんが提訴した。提訴後、注目の大きさからも弁護団を拡充しようと声がけしたところ、多くの弁護士が参加してくれた。このとき、「新里先生最後の弁護団事件」という誘い文句も大きな効力を発揮した。新里先生の弁護団としての活動の仕方、運動のつくり方、支援者とのかかわり方を間近で見ることができる機会を得られたことは私も含め多くの弁護士にとってよい機会となった。そして、弁護団員の鈴木裕美弁護士との楽しいやりとりや、ご夫婦での息の合った活動を見せていただくことも、若手にとってはよい経験である。

　なお、新里先生が本件後も多数の弁護団活動をしているのは周知の事実であるので、虚偽説明による勧誘であったことが明らかになったが、団員からの脱退の意思表示はなく、それぞれできる範囲で活動している。

◆全国弁護団の結成と飯塚さんの提訴◆

　法律による被害なのだから全国に被害者がいるだろうということで、各地の高齢者障害者委員会の弁護士などに声がけし、2018年2月2日に5カ所、3月30日に18カ所、5月21日には全国38カ所でホットライン（電話相談）を実施した。2018年5月には、これらのつながりから、

全国弁護団を結成することになり、新里先生が札幌の西村武彦弁護士とともに共同代表となった。

　運動が大きく盛り上がる中、村井嘉浩宮城県知事が、飯塚さんも強制不妊手術被害者であるという発言をし、宮城県が事実上飯塚さんの優生手術を認めた。それにより、飯塚さんもようやく提訴の決意を固めた。

　2019年5月17日、前記電話相談に電話をくれた被害者2名（東京地方裁判所、札幌地方裁判所）と同時に飯塚さんが提訴した。

◆一時金支給法の成立と仙台地裁判決◆

　仙台地方裁判所での裁判は、傍聴希望者が多数詰めかけ、毎回抽選となるほど世間の関心は高かった。弁護団もさまざまな議論を重ねて書面を提出する熱気を帯びた訴訟活動がなされた。熱気が伝わったのか、中島基至裁判長が「憲法判断は回避する予定はない」と述べたこともあり、優生保護法の違憲性と重大な被害が断罪されるものと期待が高まる中、2019年3月に結審した。

　裁判と同時並行で、全国弁護団では新里先生を中心として補償立法制定に向けた活動も行った。新里先生のつてがある国会議員に働きかけ、何度も院内集会を開き、被害の重大さを訴えかけた。

　その成果として、2019年4月24日に「旧優生保護法に基づく優生手術を受けた者に対する一時金の支給等に関する法律」（一時金支給法）が成立し、同日公布、施行された。この法律は、国の責任を認めたものではなく、一時金の金額も含め極めて不十分なものではあったが、弁護団の活動の一定の成果ではあった。

　しかし、一時金支給法の公布・施行時期が仙台地方裁判所の裁判結審後、判決前であったことから、結審後とはいっても法律の制定が判決に影響しないか、若干の不安を感じるところではあった。

　勝訴判決となった場合の対応を準備して迎えた2019年5月28日、仙台地方裁判所は、「リプロダクティブ権（子を産み育てるかどうかを意思決定する権利）は憲法13条により人格権の一内容を構成する権利として尊重される」とし、優生保護法は憲法に違反し無効と判断したものの、結

論としては請求を棄却した。主文を聞いたときは、愕然としたが、理由を聞いているとなぜ勝てなかったのか疑問に思うものであった。一時金支給法の成立が影響したのかと、弁護団一同落胆したが、新里先生は、前向きに「八合目」判決と評した。新里先生は、このような訴訟や活動のポイントとなるときに、キーワードで訴えかけ、周囲を元気づける。残りの 2 合が険しい道のりだとは思いつつも、原告、弁護団、支援者は落胆した気持ちを前に向けることができた。さすがである。

◆高等裁判所での勝訴とその後の活動◆

　仙台での提訴を契機に、全国 7 地方裁判所で合計25名の原告が提訴した。2020 年 6 月30日東京地方裁判所、2020年11月30日大阪地方裁判所、2021 年 1 月15日および 2 月 4 日札幌地方裁判所、2021 年 8 月 3 日神戸地方裁判所の 6 つの判決は、残念ながらすべて棄却判決であった。裁判所の大半が、優生保護法の違憲性（憲法13条、14条、24条 2 項違反）を判示し、また、原告らの優生保護法による被害の重大さに理解を示すものであったが、除斥期間の厚い壁が立ちはだかった。最高裁判所までの長い道のりを覚悟していたところ、2022 年 2 月22日に大阪高等裁判所が、3 月11日に東京高等裁判所が、優生保護法の被害者の国家賠償請求に除斥期間を適用することは著しく正義・公平の理念に反するとし、請求を一部認める判決（最大で1500万円）を言い渡した。

　違憲の法律に基づき、国策として重大な人権侵害を行った国が、時間の経過で責任を負わなくてよいのか、という素朴な疑問に対し、ようやく司法が明確な答えを出したものであった。原告、弁護団、支援者は歓喜し、そして、上告阻止を求める活動に奔走した。途中、2022 年 3 月に発生した地震の影響で東北新幹線が運休したにもかかわらず、新里先生は、精力的に、国会議員への要請活動等を行っていた。

　しかし、国は、いずれの判決に対しても上告受理申立てを行った。一同落胆したが、松野博一官房長官が、「一時金支給法に基づく一時金の水準等を含む今後の対応のあり方について、国会と相談し、議論の結果を踏まえて対応を検討していきたい」などと述べたことから、優生保護

法問題の全面解決への動きを期待した。新里先生の働きかけもあり、「優生保護法問題の全面解決をめざす全国連絡会」が結成されるなど、運動も盛り上がったが、国会の動きは鈍く、優生保護法下における強制不妊手術について考える議員連盟の総会が一度開催されただけである。

　原告25名のうち、すでに5名が亡くなられており、国が、自ら加えた重大な人権侵害について明確に責任を取り、優生保護法の被害者ら全員に対する人生被害を償うに足りる賠償をするためには、一刻の猶予も許されない状況である。

　弁護団としては、引き続き、各地訴訟において勝訴判決を積み重ね、司法による解決を図るとともに、国に対し、早期全面解決を働きかけていきたいと思っている。

◆最後に◆

　優生保護法による被害は、強制不妊手術といった直接的な被害にとどまらないと指摘される。すなわち、障害者を「不良な子孫」とする優生保護法の存在は、社会における優生思想に基づく偏見・差別を生み出し、助長していた。そして、国は、1996年に優生条項を廃止したものの、明確な謝罪・反省の表明をせず、反対に、飯塚さんらが被害を訴えても、「当時は適法であったため補償は困難」などと対応してきたことから、優生思想および偏見・差別が今なお社会に残存している。

　最近になっても津久井やまゆり園事件等優生思想の現れである事件が起きているが、本件訴訟をきっかけに、優生思想が克服され、誰もが個人として尊重される社会を実現したい、というのが、全国弁護団の共通の願いである。

　そのためには、裁判で緻密な主張をするだけではなく、世論を喚起する運動も重要になってくる。新里先生の、情勢を見極め多彩な人脈や方法を使って世論を喚起していく方法を、弁護団として学び、承継し、活用していきたい。

9　社会運動が世の中を変える──菅井さんとの思い出

2006年9月5日、貸金業制度改正にブレーキの動きが出てきた。金融庁から自民党への「提案内容」は、特例による高金利の温存、利息制限法の金額刻みの引き上げなど大幅に後退した内容であった。連絡を取り合った、TBS「報道特集」の吉田ディレクターから、それに対抗する動きについて、「弁護士の記者会見はインパクトがないよ。ここは被害者が声を上げないと」とアドバイスを受ける。すぐ、埼玉夜明けの会の井口鈴子司法書士と連絡をとり、東京・霞が関の弁護士会館で高金利引き下げ全国連絡会として抗議の記者会見を行った。記者会見には、夜明けの会から吉田豊樹さんに話してもらった。ヤミ金の取立てに追われ、首つり自殺をしようとしてロープを引っかけた木の枝が折れ正気に返ったと、借金の問題が命の問題であること、高金利を引き下げる必要性を切々と訴えてもらった。これはひどいとの思いが人を、社会を動かすのだと。

多くの被害者がマイクを握りしめ、被害を訴える。運動の輪を労働福祉中央協議会（中央労福協）等の労働団体、福祉団体にも広げ、340万署名、自治体の6割以上の意見書採択、2000人請願デモなど、高利を許さないとの社会運動が、最終的に高金利引き下げの法改正を実現する。割賦販売法改正でも、中央労福協との共闘が続き、280万署名を中央労福協中心に実現する。

菅井義夫さんとは、司法修習生給費制問題でも一緒に運動を行っていただいた。この問題（詳しくは前記5(2)参照）は、日本弁護士連合会（日弁連）だけでなく当事者団体のビギナーズ・ネットおよび菅井さんが事務局長を務める司法修習生に対する給与の支給継続を求める市民連絡会、3者による大きな運動として展開された。いったん廃止された制度を戻すなど、「できっこない」と思われた制度の復活は、日弁連、当事者と一緒の社会運動が一体となって不可能を可能としたものである。

「法律家を育てるのは国の責務」、「経済事情によって法律家をめざせなくなる社会を変えよう」を合言葉に運動を展開した。経済的事情で法律家をめざせなくなるということは、多様な層から法律家を輩出することができず、

司法を変質させかねない。給費制の存在は、「法律家を利用する市民の問題だ」という形で社会運動を展開することができた。

前記5⑵で報告したように、日弁連、ビギナーズ・ネットおよび市民連絡会による国会議員を巻き込んだ大きな社会運動によって、2010年11月貸与制の導入が1年延長された。その後いったんは貸与制が導入されたが、大きな社会運動の成果として2017年11月から、金額的にも不十分で、新65期から70期までの貸与・谷間世代の不公正が残るという問題を有しながらも修習給付金制度として事実上奇跡的に「給費制」が復活する。

菅井さんとは、出会うまで取り組んできた場面は違っていたものの、「社会の共感を得られる運動」として一緒に闘ってきたように思う。本当に感謝しかない。

そして、議論のあとにお酒を飲むことも多かった。多くのいろいろな人とご一緒する機会も多く、特に、高金利引き下げ運動以降、大門実紀史参議院議員ともご一緒する機会もあり、菅井さんは常温・冷、大門さんは燗、私は、はじめビール、飲んでいると、ビールグラスと冷、燗の杯、そしてグラスで酒を飲むようになり、本当に楽しくご一緒させていただいた。

「同質の者同士の連携は和（足し算）であるが、異質の者同士の連携は積（掛け算）になる」（笹森清中央労福協会長）が実践できたように思う。

闘いを振り返って

社会的運動が培ってくれた新里さんとの絆

労働者福祉中央協議会元事務局長　菅井義夫

◆サラ金の高金利引き下げ運動◆

出会いは「金利問題を考える連絡会議」

新里宏二弁護士との初めての出会いは、私が労働者福祉中央協議会（中央労福協）の事務局長をしていた2005年12月、「クレ・サラの金利問題を考える連絡会議」（連絡会議）の立上げの場であった。その

頃、貸出金利を規制する法律は2つあった。1つは利息制限法で、元本10万円未満は年利20％、10万円から100万円までは18％、100万円以上は15％で、それを超えると違法ではあるが罰則はなかった。もう1つは「出資の受入れ、預り金及び金利等の取締りに関する法律」（出資法）で上限金利は29.2％、それを超えると刑罰が科せられる。多くの貸金業者はこの2つの法律の上限金利の差をフル活用し、年利29％を超える高金利で生活困窮者を餌食に、暴利をむさぼっていた。中央労福協傘下の労働組合にも、サラ金三悪（高金利・過剰貸付け・異常な取立て）に苦しめられている組合員からの電話相談などが数多く寄せられていた。

　出資法の上限金利については、2007年1月までに国会で見直されることが決まっていた。連絡会議は、確実な法改正を実現するため、宇都宮健児弁護士と中央労福協が呼びかけ人となって、幅広い市民による共闘組織として設置することにしたものである。弁護士、司法書士、被害者団体、日本労働組合総連合会（連合）、産業別労働組合、全国労働金庫協会、生活サポート生活協同組合、農林中金総合研究所など、多彩な団体・組織の有志によってスタートした。

青少年に働きやすい職場をあっせんする運動も

連絡会議は毎月1回、午後6時から開催し、貸金業法のあり方について金融庁で行われている「貸金業制度等に関する懇談会」の進捗状況や、法改正に向けた各団体・組織の取組み、共同行動などについて話し合い、政党や国会議員への要請、街頭宣伝など切れ目のない運動を展開した。そのたびごとに新里弁護士は、活動拠点にしている仙台から上京し、陣頭指揮をしていた。

　連絡会議は、2006年10月には、参議院議員会館で「サラ金の高金利引き下げを実現する国民代表者集会」を開催するとともに、340万筆を超える請願署名簿を国会に提出した。ちなみに、そのうち中央労福協が労働組合を通じて集めたものが全体の8割を超えていた。

　また、中央労福協は「青少年に働きやすい職場をあっせんする運動」と銘打って、厚生労働大臣や都道府県の労働局長、ハローワーク所長、全国5400の高等学校長に対し、青少年に職業紹介する場合には「当該企

業が法律違反や公序良俗に悖るような営業活動をしていないか」、「多数の消費者との間にトラブルを抱えていないか」、「労働組合が組織されるなど健全な労使関係が構築されているか」などを精査して行うよう求める要請行動なども行っている。

法改正が実現し「連絡会議」は活動を停止

あの手この手で高金利引き下げに抵抗していた政府・自民党も、全国津々浦々から湧き起こってくる世論の高まりに抗しきれず、貸金業法等改正案が衆議院・参議院ともに全会一致で可決・成立したのは、2006年臨時国会会期末ぎりぎりの12月13日であった。改正法では、出資法の上限金利は利息制限法と同じ20％に引き下げられ、貸金業への参入条件の厳格化、執拗な取立行為の禁止、返済能力を超える貸付禁止なども明文化された。

これにより連絡会議は「ひとまずその役割を終えた」として、2007年1月末で活動を停止することとした。解散ではなく「活動の停止」としたのは、改正法の施行が2010年6月となっており、完全施行までに3年の猶予があることなどから、再び稼働することもありうるとの含みを残してのことであった。

◆悪質商法撲滅の闘い◆

悪質商法の温床だった契約書型クレジット

割賦販売・クレジット制度を悪用した「悪質商法の撲滅」に取りかかるきっかけをつくってくれたのは、池本誠司弁護士（埼玉）であった。2007年2月、私は東京・神田小川町にある中央労福協の事務所に、池本弁護士を筆頭に道尻豊（札幌）、釜井英法（東京）、拝師徳彦（千葉）の4人の弁護士においでいただき、現行法の問題点や、翌年の通常国会で特定商取引に関する法律（特商法）・割賦販売法（割販法）の改正が議論されることになっていることなどについてヒアリングした。

この時点で、社団法人日本クレジット産業協会の2005年の推計によれば、クレジットによる取引高は約43兆円、そのうちカード方式によるものが32兆円、契約書型が11兆円で、取引高でみる限り契約書型割

賦販売は全体の３割にも満たない。しかし同じ年、消費生活センターに寄せられた約14万件に及ぶクレジットに関する消費者からの苦情相談のうち、約８割の10万件が契約書型クレジットに関するものだったという。こうしたことから法改正運動の目標は、悪質商法の温床ともなっている訪問販売や展示販売、キャッチセールスなどの「契約書型クレジット」に焦点を絞って行うことにした。

主要駅頭での10日間のマラソン街宣

中央労福協は2007年６月、日本弁護士連合会（日弁連）主催の「割賦販売法改正緊急シンポジウム」にあわせて行われた「消費者のための割賦販売法改正実現全国会議」（割販法改正実現会議）の立上げに参加した。割販法改正実現会議は「クレ・サラの金利問題を考える連絡会議」の構成員に加えて、社団法人日本消費生活アドバイザー・コンサルタント協会、社団法人全国消費生活相談員協会、財団法人日本消費者協会、主婦連合会などの代表参加による、多彩な顔触れでスタートした。高金利引き下げ運動では毎週のように仙台から駆けつけ、大奮闘だった新里弁護士とともに奥様の鈴木裕美弁護士もメンバーとして参加してくれた。

　運動の中での極め付きは、東京・主要駅頭での10日間の街頭宣伝であったといっても過言ではない。中央労福協が「マラソン街宣」と銘打って企画したもので、2007年９月の夕刻、連合の大型宣伝カーを借り切り、新宿駅西口を皮切りに新橋駅機関車口、渋谷駅ハチ公前、新宿駅東口、東京駅八重洲北口、池袋駅東口、有楽町マリオン前、秋葉原駅西口、新宿駅南口、上野駅不忍口の順で行ったのである。毎回、池本弁護士や新里弁護士ご夫妻をはじめ、割販法改正実現会議参加の面々がこぞって駆けつけ、入れ替わり立ち代わりマイクを握ってくれた。

消費者保護の視点に立った法改正

そうした中で2007年９月28日、福田康夫内閣総理大臣（当時）が衆議院本会議の所信表明演説で消費者庁設置問題に触れ、「国民の皆様が日々安全で安心して暮らせるよう、真に消費者や生活者の視点に立った行政に発想を転換し、悪徳商法の根絶に向けた制度の整備など、消費者保護のための行政機能の強化に取り組みます」と述べたのである。ま

さに青天の霹靂ではあったが、運動に弾みがついたことはいうまでもない。

　割販法改正実現会議は、改正法案が国会に提出される前日の2008年3月6日には、衆議院議員会館で「消費者のための割賦販売法の改正をめざす3.6国民代表者集会」を開催し、265万筆の署名簿を200人の国会議員に分けて衆・参両院議長に提出した。「割販法改正実現会議」は、その後も切れ目なく行動を積み重ねていった。

　その年6月、特商法と割販法の改正案は衆・参両議院ともに全会一致で可決・成立した。それには「過剰与信調査義務や過剰与信禁止」が罰則付きで入れられ、「過量販売解除権」も創設された。クレジット会社が悪質な販売業者をチェックするための「販売契約の個別調査義務と不適正与信の禁止」も罰則付きとなり、不当な勧誘行為などによるクレジット契約を解除した場合の「既払金返還責任」も入れられた。

　これによって長年にわたって悪質な業者の跋扈を許してきた特商法と割販法は、ようやく消費者保護の入口に立つことになったのである。

◆司法修習生への給与の支給継続に向けて◆

新里弁護士から突然の電話　特商法・割販法の改正が実現する半年ほど前の2007年11月、私は中央労福協の事務局長を退任し、その後は特にすることもなくブラブラしていた。突然、新里弁護士から電話があったのは2010年4月の初めであった。「司法修習生への給費制継続の運動を手伝ってほしい」——。新里弁護士の頼みなら否応はない。さっそく弁護士会館で新里、釜井、拝師の3人の弁護士と会い、途中からは宇都宮弁護士も加わって、運動の進め方などについて話し合った。

　2010年6月に17の団体・組織による「司法修習生に対する給与の支給継続を求める市民連絡会」（市民連絡会）を立ち上げ、私が会の事務局長を引き受けることになった。以降、宇都宮弁護士、新里弁護士、釜井弁護士をはじめとする日弁連の多くの関係者や、時を同じくして発足したビギナーズ・ネットの若者たちとともに街頭宣伝やシンポジウム、政党

や国会議員への要請行動などを繰り返し行った。請願署名も団体833筆、個人67万8600筆を国会に提出した。

「フォーラムが時間切れ」で貸与制に移行　こうした運動の甲斐あってか、2010年11月には「貸与制導入を１年延期する」とした裁判所法の一部を改正する法律が可決・成立した。

　もとより、これで「給費制廃止」が覆ったわけではない。改正法には「法曹志望者が経済的理由から法曹になることを断念することがないよう、法曹養成制度に対する財政支援の在り方について見直しを行い、法施行後１年内に結論を得、必要な措置を講ずる」との附帯決議が付いていた。

　市民連絡会は、附帯決議に基づいて設置された各界有識者による「法曹の養成に関するフォーラム」に、かすかな期待を寄せながら運動を継続した。しかしフォーラムは、東日本大震災の発生などによって開催が遅れ、議論が煮詰まらないまま時間切れとなり、翌2011年10月をもって給費制は廃止され、11月１日から貸与制がスタートすることとなった。

「給付金制度」は創設されたが新たな課題が　貸与制への移行を決めた「裁判所法の一部を改正する法律」には、「質の高い法曹を養成するための法曹養成制度全般についての検討を加える」などとした附帯決議が付けられていた。政府は先のフォーラムを「法曹養成検討会議」に衣替えし検討を開始した。そのため私は2012年６月、日弁連の給費制存続対策本部の釜井英法事務局長あてに「法曹養成制度改善についての要望書」を提出した。「給費制の復活」、「法科大学院の履修義務付け撤廃」、「司法試験受験回数の制限撤廃」などについて、法曹養成検討会議に臨む日弁連としての意思確認を求めたものである。これについては、新里弁護士が山岸憲司日弁連会長（当時）に対し、正式な文書で上申してくれた。

　ビギナーズ・ネットの執念にも似た運動が功を奏したのか、法務省が「修習給付金制度の創設」を発表したのは2016年12月であった。翌年の通常国会で法改正が行われ、2017年11月以降の修習生を対象に実施さ

れることになった。日弁連は運動の成果としてこれを受け入れ、ビギナーズ・ネットも、市民連絡会もこれを了承した。しかし、「修習給付金制度」は、給費制とは異なる制度として創設されることになったため、給費制が廃止されていた期間に修習生であった者たちへの補償の問題が、新たな課題として残ることとなった。

◆余　滴◆

　共闘組織の会議などは毎週夕刻、弁護士会館で行われることが多かった。終わるのは午後8時前後。そのあとはいつも新里さんを囲む形で有志数人が会館地下の蕎麦屋「みとう」に繰り込む。私は「みとう」では宮城米を代表する銘酒「浦霞」の常温を好んで飲んだ。新里さんも初めの一杯はビールだが、すぐに日本酒に切り替える。話題はもっぱら法律関係で、法曹とは無関係だった私にはチンプンカンプンだったが、回を重ねるうちに、耳学問による貴重な勉強の場になっていった。

　新里さんは仙台行き新幹線の最終便ぎりぎりまで付き合った。飲んでも淡々として変わらず、正義感に裏打ちされた包容力、人間味溢れる人柄。そんな社会の木鐸たる新里さんが、古希をステップにさらなる飛躍をされるよう期待する者の1人である。

10　不思議なご縁──仙台修習・牧原秀樹衆議院議員

　1995年、私は初めて司法修習生の指導担当を務めた。初代の担当司法修習生は広瀬卓生さんであったが、その同期で同じ仙台修習の司法修習生の1人に牧原秀樹さんがいた。お二人とも東京大学のテニスサークルに所属していたとのことであり、当時、私自身も週3度程度テニスをしていたので、牧原さん、広瀬さんには、全く実力は及ばないものの、楽しく遊んでもらった。

　次の出会いは、耐震強度偽装事件で国会が動き出した際、衆議院建設委員会の委員会室の通路でお会いしたように思う。その後、貸金業制度改正で力

をお借りした。2006年 9 月、貸金業制度の改正で金融庁がぶれた際（本章 2
(4)参照）も、自民党若手議員として私たちの意見に耳を傾け、改正実現の後
押しをしてくれたことが思い出される。

　司法修習生の給費制問題でも、国会議員の賛同メッセージ集めという運動
について重要なアドバイスをいただいた。この運動の成功が国会議員を動か
し、政治を動かして修習給付金の創設につながったと思っている。

　取組み中の優生保護法被害の問題では、 2 つの高裁勝訴判決を受けて、全
被害者を救済する政治的解決を求めている。自民党厚生労働部会長である牧
原議員には、早期解決に向けて尽力いただいている。

　私の活動の重要な局面で、なぜかご縁がある。ありがたくも不思議なご縁
である。

闘いを振り返って

新里先生古希記念出版に寄せて

衆議院議員　牧原秀樹

　新里宏二弁護士が「古希」と聞き、あらためて月日の流れの早さに驚
きつつ、これまでの先生のご活躍ぶりに感謝を込めお祝い申し上げます。

◆仙台修習◆

　私が仙台修習をしたのが、平成 7 年の夏から翌年にかけて。一番最初
が弁護修習で佐藤裕一弁護士のもとでした。裕一先生もテニスをなさる
ということで、テニス愛好者の私も弁護士会のテニスに参加することに
なりました。また、私と大学のテニスサークルが一緒で、仙台での修習
も一緒になった広瀬卓生君が新里先生の修習生となりました。そんなご
縁も重なり、テニスもバリバリされていた新里先生とテニスコート上で
何度もご一緒することになりました。

　あの頃が私にとっては人生で最も楽しい思い出に満ちたときで、裕一

先生、新里先生、小松亀一先生、藤田紀子先生、小野寺友宏先生、岩渕健彦先生、そして裁判官であった小島さんや永田さんなど、多くの仙台法曹界の皆様とテニスコートでご一緒したことは忘れ得ぬことでございます。そこで新里先生は常に明るく、みんなから頼りにされていらっしゃいました。

◆衆議院1期目——耐震強度偽装事件・貸金業法改正・悪質商法禁止・消費者庁創設◆

不思議なご縁は回りまわって、その後、大手渉外事務所勤務、米国留学、経済産業省勤務を経て、2005年、第44回衆議院議員総選挙に当選し、衆議院議員となった私のもとへ新里先生が今度は日弁連の消費者専門弁護士としてお越しになりました。

初当選直後に起こった耐震強度偽装事件では、新人にもかかわらず党の事務局長としてテレビ出演をするなどのプレッシャーの中、吉岡和弘先生や新里先生など、仙台弁護士会の皆様には本当にお世話になり、建築基準法の大改正等につなげることができました。これを1つのきっかけとして、1期目はどっぷり消費者問題に浸かることになりました。

一番苦労した案件は、いわゆるグレーゾーン金利の禁止です。最高裁判決が出たとはいえ、当時は絶好調だった消費者金融界を敵に回すような貸金業法改正議論は何カ月にも及び、最終的に改正法の成立をみた際には腰が抜けるような思いをいたしました。この間、新里先生には何度も何度も事務所にも足を運んでいただき、私からも議員リストを作って根回しをお願いしたり、その熱意があって極めて困難な法改正が実現したのです。

また、その後の割賦販売法と特定商取引に関する法律の改正、消費者庁の創設においても、幾度となく議員会館でシンポジウムを行うなど、議員たちへの粘り強い働きかけを新里先生は先頭に立って行ってくださり実現したものでした。

◆再選後——生活困窮者支援・優生保護法訴訟◆

　2009年総選挙では苦杯を喫し、しばらく浪人生活を送りました。その間、司法修習生に対する給費制度が廃止されました。このことはもし私が現職の国会議員であれば身を張ってでも阻止したのにと、悔やんでも悔やみ切れないことです。

　再選後の最初の仕事は、志願した司法制度調査会の事務局長。前期修習の復活と給費制度の復活を提言し道筋をつけました。「谷間の世代」についての給費支給を新里先生から要望されましたが、遡及支給はあまりに困難です。政権交代によって起こった、取り返しのつかないことの1つだと、谷間の世代の皆様には申し訳ない気持ちでいっぱいです。

　その後、厚生労働副大臣、厚生労働部会長として生活困窮者支援において貴重なアドバイスを新里先生には賜りました。そして、あってはならない戦後最大の人権侵害ともいうべき優生保護法の救済においては、全国弁護団の団長として先頭に立っていらっしゃっています。この問題は、新里先生の働きもあってさらなる議員立法で救済を大幅に引き上げる方向性で進んでおります。

◆さらなるご活躍を！◆

　新里先生とのご縁も、早30年にならんとしております。まさに絵に描いたような人権派・人情派弁護士として闘い続けてきた先生とも、テニスから始まり立法までご一緒するとは、よもや思いもよりませんでした。しかし、弱いもの、苦しいもの、辛いものの一番の力になりたい！という人生の信条で、議員になった私にとって先生との協働は不可欠なものだったと思います。古希とはいえ、先生の燃える魂は不滅です。今後益々のご活躍をご祈念申し上げ、私のお祝いの言葉といたします。

11　我が弁護士活動を俯瞰して

　私自身弁護士生活40周年を迎えた。本書の中で、弁護士としてのいろいろな取組みについて、分野別・時系列的にご紹介させていただいた。ここで、

法律家を志し、あるいは、すでに法律実務家の皆さんや裁判・司法に関心の
ある方に向け、俯瞰的に、活動や皆さんに伝えたいことを少しまとめてみた
いと思う。

(1)　保全事件の重要性

　保育所の日照権侵害による建築工事差止めの仮処分申立事件や手形取立禁
止事件等、前者では建築物ができるまでに結果を出さなければならない事件
であり、後者は手形不渡回避のためであり、まさに時間との闘いである（本
章1参照）。実は弁護士になりたての頃、青年法律家協会が出版した『そのと
き弁護士は駆けつける』という手引書が大いに参考となった。具体的事件の
事案の説明と申立書、決定書が添付されていた。

　弁護士は時間との闘いの中で結果を求められる。しんどいが、結果を出せ
たときの喜びを依頼者と分かち合えることが何よりの喜びであった。

　弁護士業務は請負ではないのだから、結果が出なかったときのアナザース
トーリーを提供できるし、多くの困難事案は被害を受け止め、前に進むしか
ない案件も多く、結果が出なかったとしても、依頼者から一定の満足感をもっ
ていただくことも可能である。

(2)　弁護団事件の重要性

　困難な案件への一般的な対処のノウハウを私が紹介できる力はない。しか
し、経験的にいえることがある。私は弁護団事件にかかわる中ですばらしい
先輩弁護士の弁護士としてのスキル、マインドおよび発想力に驚かされた。

　私は、細倉じん肺事件の弁護団員に加えていただいたが、山下登司夫団長
のじん肺関連法規の知見の豊富さと、「生きているうちの解決」が必要であり、
「3年で結果を出す」として、それをやりぬく力量に感服した。やはり、被
害者が解決をみずに亡くなっていく現実から、早期に被害回復すべきとの被
害者・当事者に寄り添うマインドに裏打ちされていた。

　株式会社シーフによる原野商法被害では、吉岡和弘弁護士と共に、土地の
地積測量図を作成し移転登記にも関与した土地家屋調査士・司法書士に関与
専門家としての責任を追及し、同人の自宅の不動産仮差押え決定を得た。そ

の後、和解での解決に至った。詐欺商法に加担した専門家の責任を追及することが同種被害の再発防止とともに被害回復に資することはいうまでもない。その吉岡弁護士の発想力は秀逸であった。

　また、ココ山岡事件（本章3(1)(A)参照）、アイディック事件（同(C)参照）等、証拠保全が大きな役割を担ったのであり、証拠の収集とその分析が解決の肝であったように思う。

　日栄・商工ファンド全国弁護団での活動が私にとって一番印象に残る（本章2(1)参照）。中小零細事業者が、金融機関による貸し渋りの中、言葉巧みに融資勧誘され、保証人付きで、出資法の上限金利ぎりぎりの高利での借入れをさせられる。そして、支払いを怠るや、半ば暴力的な取立て、また、「司法テロ」とまで表された、私製手形による保証人の給料などへの仮差押え、手形訴訟の提起、公正証書による保証人の給料差押えなど「飛び道具」が繰り出された。その対抗策を、弁護団として開拓し、最新のノウハウをマニュアル本として共有していった。最新の有利な対応策を各地で利用し救済の幅を広げていった。

　他方、最高裁判所対策も入念に行った。茆原正道、茆原洋子両弁護士（現・神奈川県弁護士会所属）が「43条違憲論」を引っ提げて攻めの理論を展開し、押さえは呉東正彦弁護士（現・神奈川県弁護士会所属）が務め、被害実態を踏まえ理論構成も行った。

(3)　最高裁判例解説の重要性

　最高裁判所の判例は極めて重要であるが、判決だけではわからなかったことのヒントが、意外にも最高裁判所の重要判例解説の中にあるときがある。

　私が、ヤミ金への法規制、具体的には出資法に違反する高金利を定めた貸金契約本体についても無効とする規制ができないかを考えたとき、なかなか妙案が浮かばなかった。そのとき、昭和29年重要判例解説で糸口の判例解説を目にした。月1割の利息で借入れをした中小事業者が、金銭消費貸借契約自体が無効と主張した。結果として最高裁判所はその主張を認めなかったが、担当調査官による解説では、昭和29年に出資法が成立し、年利109.5％を超える高利を刑罰で規制することとなったことを踏まえ、今後、その金利

を超えると契約が無効となるとの可能性を示唆していた。それが、ヤミ金対策法による高金利無効の制度につながった。

　また、優生保護法国家賠償請求訴訟事件においては、最高裁平成16年判決の判例解説に学んだ。最高裁平成16年判決は、じん肺による遅発型被害における除斥期間20年の起算点について、損害発生時が起算点とする新判断を行ったが、同判決の判例解説が、「究極的には、加害行為時説では救済できない被害者保護の要請をどう評価するかという価値判断に尽きる問題と思われる」と指摘していた。私は、被害者救済の必要性から生み出された判決であると理解した。

　優生保護法国賠訴訟では、除斥期間の厚い壁を乗り越えることができるかとの不安が払拭できずにいたが、この判例解説を読んで、最高裁判所は、必要だと価値判断したときには新たな法創造をして被害救済をしてきたのだ、本件でも、きっと新たな法創造をしてくれるだろう、そう信じることができた。

　最高裁判決だけでは理解できない解決のヒントが判例解説の中にあり、我々はそれを見逃してはならないだろう。

(4)　「裁判（訴え提起）の社会変革機能」を学ぶ

　私は、多くの裁判を提起してきたが、私自身が、「裁判の提起がこんなにも社会の流れを変えるのか」と感じてきた。

　1つ目の例は、商工ローン被害である。1998年12月、日栄・商工ファンド対策全国弁護団を結成し、被害を訴えるも、相手が一部上場企業であり、日栄においては多くのテレビCMを利用していたこともあって、メディアが被害を取り上げなかった。

　1999年5月、商工ローン最大手であった日栄に対する過払金返還請求の訴えを仙台地方裁判所に集団提訴する。これが、朝日新聞で大きく取り上げられ、各マスメディアが堰を切ったように報道合戦を行った。各地での提訴が続き、そして、同年12月には刑罰金利の引き下げを伴う出資法および貸金業規制法の改正が実現する。

　2つ目は、優生保護法被害における訴えの提起（本章8参照）である。

　1948年に成立した優生保護法は、障害者差別にあたるとして、1996年に

母体保護法に改正されるが、国は、「当時は合法であり、謝罪も補償もしない」との立場であり、1997年から飯塚さんが厚生省に被害を訴えても無視し、また、国は国連の条約機関による勧告、日弁連の意見書などを全く無視してきた。

　ところが、2018年1月、全国で初めて、佐藤さんが国家賠償請求訴訟を仙台地方裁判所に提訴するや、同年3月には超党派の議員連盟、与党プロジェクトチームができ、翌2019年4月には不十分とはいえ、一時金支給法が全会一致で成立した。

　被害者が裁判という手続で声を上げることが、これだけ社会を変える契機となるのだと、肌身で感じた。メディアや国会を動かすことがその問題が社会的に注目すべき被害・問題であることを認識させ、そのことが、翻って裁判をも有利に展開させ、さらなる高みでの解決に至ることになるのではないかと思う。

　日栄事件では、その後、最高裁判決につながり、さらには、貸金業制度の抜本改正にまで至る。

　優生保護法問題では、各地での提訴も相次ぎ、2022年2月22日に大阪高裁判決、同年3月11日に東京高裁判決につながり、早期の全面解決も視野に入ってくるようになっている。

　長く弁護士として裁判に携わり、思っている以上に裁判（訴訟提起自体の）の役割が大きいことを今更ながら感じている。裁判に携わる者として、自らがその崇高な役割を担っているということも自覚すべきであろう。

⑸　司法の法創造機能を共に担っていこう

　我々が取り扱う裁判・司法とは、一般には、「法律の実現」、あるいは、「人々の間で争いが起きたときに法律に基づいてその争いを収めるもの」等といわれている。しかし、実務で直面するのは、法律の内容が一義的に明確というわけではないということであろう。

　弁護士報酬敗訴者負担反対運動（本章4参照）においても、その経験が活かされた。導入の是非を検討している検討会議においても、裁判官出身の委員が、「そもそも勝つべき事件とそうでない事件は一義的に決まっている。し

たがって、弁護士報酬敗訴者負担制度の導入が原告の訴え提起を萎縮させる効果はない」と主張したのに対し、弁護士会側委員は、日栄の高等裁判所の判断状況など具体的な事件を踏まえ、「一義的に決まっているということではない。判断は分かれる。したがって、同制度の導入は訴えの提起に大きな萎縮効果がある」と指摘した。

　優生保護法国家賠償請求事件では、民法724条後段の20年の除斥期間の適用を認めるか、それとも制限すべきかを考えるかについても、5つの地裁判決は不妊手術の違法性は認めながら過去の最高裁判所の判断を踏まえ除斥期間の適用を認めた。2つの高裁判決は、少し理屈づけは異なるものの、違憲の法律による著しい人権侵害にそのまま除斥期間を適用することが正義・公正に反すると考え、最高裁判所の判例の論理の枠内で少し前に進めた。

　私は、最終的には、既存の法律解釈、判例の解釈の中で判断することで被害救済を放棄してよいのか否かとの価値判断を問われ、救済すべきとの判断の中で、「司法の法創造機能」が現実化するのであろうと考える。

　ここで、藤田宙靖元最高裁判事の『行政法学の思考形式』(1978年) 396頁の以下の文章を再度引用しよう。同判事が東北大学で教鞭を執っていた頃の論文である。

　「最高裁判所が終審として示す『決定』は、そこへ辿り着くまで、下級裁判所における検討に参画した人々、すなわち当事者はもちろん、それを援ける訴訟代理人、それらの主張を聴く裁判官らの努力の結晶にほかならない。これらの人々があり、それら『創造の担い手』の営為の蓄積こそ、憲法秩序を構築する実質的な動態的契機を提供する」。

　藤田元判事はこの論文から26年後、筑豊じん肺事件最高裁平成16年判決の裁判長として、遅発型損害について、損害発生時が不法行為の時であるとする画期的な先例となる判断を下す。

　私は、司法の法創造機能を当事者、裁判官と共に弁護士も果たしていくということを考えると弁護士の役割も崇高なものといえると思う。

　困難な案件の訴えの提起には弁護士の役割は必須であり、弁護士が窓口を閉ざすと、司法の法創造機能が失われかねないといえる。そのことが結果として人権保障を後退させることになりかねない。他方、弁護士が裁判を通じ

て人権保障機能を充実させる、あるいは支援する何らかの仕組みが必要に思う。それについては後述する。

⑹　日弁連・弁護士会の役割の重要性とその機能の拡充

私は、これまで、貸金業制度の大改正、司法修習生の給費制問題、東日本大震災での被災者支援活動およびカジノ解禁に反対する運動など各種の取組みを行ってきた。そこでは、日弁連が一定の役割を務め、市民運動、被害者運動と一緒に取り組んできた。

2017年2月、日弁連は旧優生保護法による強制不妊手術等が人権侵害であるとの意見書を国に提出している。この意見書が大きくメディアで取り上げられ、その報道を通じて原告第1号の佐藤さんが被害者として声を上げ、提訴に結びつく。

日弁連は、日本最大のNGO（Non-Governmental Organization）、非政府組織としての人権団体と自負してよいと思う。

旧優生保護法による人権侵害について、2001年から2015年までに日弁連は国連の担当委員会などに複数の意見書を提出していた。しかし、救済の動きが加速することはなかった。

私は、日弁連が意見書を提出するだけでなく、人権侵害解消にもう少し積極的に取り組む仕組みが必要であり、そのキーワードは、他団体との「共同・協力関係」の構築にあるように思う。他団体とは、市民運動だけでなく、被害の現場から訴訟を提起して闘う「弁護団」も当然協力・提携の対象となり、弁護士法1条で定められた人権擁護の活動がさらに充実することになろう。

人権侵害の救済において具体的な事件を支援する仕組み作りが必要と考える。刑事再審事件では、日弁連による支援の仕組みができている。

優生保護法被害救済の仙台弁護団では、仙台弁護士会の人権公害基金を利用させてもらった。この基金は、スモン事件の弁護団から弁護士会への寄付金で作られた基金であったが全く利用されてこなかった。弁護団から仙台弁護士会へ基金からの支援の申請を行い、昭和63年に設置された基金が初めて利用された。札幌、第二東京弁護士会などでも基金制度があり弁護団に寄付あるいは貸付けがなされている。日弁連にもいろいろな基金が存在するが、

それぞれの沿革がありほとんど利用されていないのではないかと思う。日弁連消費者基金についても私が弁護団長をしている「東京ミネルヴァ法律事務所破産被害弁護団」から、弁護団費用について利用申請をし、利用が認められた。

日弁連が各基金を今後、「仮称・人権救済訴訟支援基金」に改組する等して、全国・各地の弁護団による人権救済訴訟等を支援する必要があると思う。

(7)　コロナ禍での活動強化

コロナ禍によって隠れていた貧困と格差の問題が顕在化したといってよい。

しかし、日弁連、各地の弁護士会がその相談ニーズや制度改善に十分取り組んでいるのかというと、不十分といえないだろうか。東日本大震災時に比べて相談ニーズに応えていないのではないか。東日本大震災では、被災地の行政機能が崩壊しその空白を埋めたのが弁護士会の電話相談であり、避難所でも早い段階から相談に応じた。今でいう、アウトリーチ型の相談体制ができていた。

コロナ禍で疲弊し、相談ごとのある人が声を上げられず、弁護士の電話相談などにつながっていないように思われる。我々は、それらの人がつながっている団体と連携してはじめて声を上げられない相談ニーズに行き着くことができるのではないのか。そこで注目すべきは第二東京弁護士会が、民間団体と一緒に、2021年度に神田安積会長が率先して取り組んだアウトリーチ型の相談であろう。

弁護士会のみならず、有志弁護士の活動を支援する仕組みを日弁連が提案していく必要があろう。

(8)　人との出会いを大切に──ブラック企業問題等

労働相談を通してブラック企業問題や労働問題に取り組む特定非営利活動法人POSSEの今野晴貴さんとの出会いは偶然でとてもおもしろかった。

2014年4月、反貧困宮城ネットワークが今野さんをお呼びして勉強会を開催した。私は別の約束があり欠席するが、勉強会後の懇親会に参加した。今野さんは2012年に『ブラック企業──日本を食いつぶす妖怪』(文春新書)

を出版しベストセラーとなっていた。懇親会で、今野さんから相談を受けた。大手アパレル企業から、名誉毀損訴訟の予告の内容証明郵便がきたというものであった。今野さんが匿名で指摘した「世界的なアパレル企業」は、同社のことであり、同書で指摘された労働実態は事実と異なり、今後、同様な事実を公にするなら名誉毀損で訴えるというものであった。

　その後、同アパレル企業から訴えられることはなかったが、この事件をきっかけにブラック企業弁護団結成に向かった。

　今野さんやPOSSEの森進生さん、川久保尭弘さん等若い活動家や、POSSEでボランティアとして活動している大学生ともつながり、仙台のブラック企業弁護団と一緒に情報交換を行っている（詳細は第3章の太田伸二弁護士の原稿（354頁）を参照）。

　また、今野さんを中心に、年に1、2回勉強会を開催して、その後、懇親会を我が家で行うことも慣例化し楽しく運動を盛り上げていくことができた。

　2021年2月、外国人問題に取り組もうと盛り上がり、POSSEの仲間と外国人問題のトップランナーである指宿昭一弁護士との情報交換会も続くことになる。

　人との出会いを大切にすることは自らの活動領域を広げることにつながることを実感した。

⑼　2022年の年賀状から──あきらめないこと

　私は、年賀状にその年の自分に与えた課題を記して自分の活動目標としてきた。2022年は、優生保護法国賠訴訟の勝利、司法修習時代に給料が出なかったいわゆる谷間世代の解決および私が市民運動の代表をしているカジノ反対運動での取組みである。すでに述べたとおり、優生保護法国賠訴訟では2022年2月22日に大阪高等裁判所、同年3月11日に東京高等裁判所での逆転勝訴判決を全国弁護団の総力で勝ち取った。憲法13条・14条に反する違憲な法律による戦後最大の人権侵害にやっと全面解決への光明が見えてきた。

　谷間世代問題では、2022年2月、6月と日弁連が国会内での院内学習会を開催し、谷間世代の実情を訴え谷間世代への給付金の一律給付をめざしている。

　さらに、カジノ問題でも日本に民間賭博場は解禁すべきではないとの思いから、全国カジノ賭博場設置反対連絡協議会の代表幹事として、「あきらめたら終わり」との思いで取り組んでいる。

　困難な課題でも、仲間と共に闘っていく。そこから、光明が見えることがある。あきらめの悪さも私の長所かもしれない。

⑽　バトンをつなぐ

　1989年、日弁連の人権擁護大会・シンポジウムで、アメリカの消費者弁護士は、「弁護士は社会を変えるエンジンだ」と日本の弁護士を鼓舞した。

　私は自分の経験としても、被害者が裁判という形で声を上げることが社会を変える大きな力であり、それを支えるのがエンジンとしての弁護士の役割であろうと考えている。

　私は（私たち世代）は、先人、先輩のスキル、スピリットを受け継ぎ走り続け、次の世代にバトンをつなぐのが役割のように思う。そして、バトンをつないだときに、私たちの世代で私たちが受け継いだものに少し上乗せして伝えられたらこんなにうれしいことはない。

　そんな思いで、ここまで走ってきたように思う。本書が、その役割を少しでも果たしてくれることを期待する。

第3章

新里宏二弁護士との思い出

> ## 縁は異なもの味なもの
>
> 弁護士　荒　中

　人と人との出会いは後から考えると非常に奥深く、味わいのあるものだということをつくづく実感させてくれるのが新里宏二先生との出会いであり、お付き合いである。

　私が、司法修習34期の修習生として実務修習地である仙台で修習を始めたのは1980年(昭和55)年4月のことであった。同期の仲間には吉岡和弘先生、角山正先生、岡崎貞悦先生、小髙雄悦先生など今では仙台弁護士会の重鎮となられた先生がいた。

　私は、弁護修習（林久二先生）から始まり、民事裁判、検察、刑事裁判とほぼ4カ月ごとに修習内容が変わる中で、野球、テニス、将棋、スキーなど弁護士有志の皆さんの会合に積極的に参加し会内の多数の中堅、若手の先生方と親しくお付き合いさせていただいた。

　そしてちょうど1年が経過した、1981年（昭和56年）8月頃に、35期の修習生として仙台に配属されたのが新里先生である。同じく須藤力先生、村松敦子先生、鈴木裕美先生、舟木友比古先生なども新里先生と一緒に配属され

てきた。

　まずは、歓迎のソフトボール大会に始まり、テニスなども弁護士会や裁判所の方々の中に入り一緒に楽しんだのを覚えている。私は希望どおり、1982年（昭和57年）4月、仙台弁護士会に入会し、織田信夫先生の下で3年間、手厚く充実した指導を受けながら若手法曹としての道を歩み始めたが、私が入会した1年後、仙台弁護士会に入会してきたのが新里先生であった。私たちは修習時代に引き続きテニス、スキーなどの大会、合宿で一緒になることが多数あり、青春時代の楽しい時間を公私共に共有させていただいた。

　新里先生は若手弁護士の頃から大変活躍していた。私たちが若手であった昭和58年頃から昭和60年代、サラ金からの借入れによる多重債務問題が多発し、これにより人生が変わってしまうほどの重大な影響を受ける人々が続出した。このような方々への支援、救済が若手弁護士たちの大きな仕事となったが、苦境に立たされている人々を救うために先頭に立って活動を始めた若手弁護士の中心メンバーが、新里先生であった。先生は有志で研究会を設立し、法的にどのように対処するのが相当かを検討し、その成果を私たち若手の弁護士に還元してくれた。どう主張して法定金利による請求に引き直させるか、破産手続をどのように活用して免責手続に持ち込み救済するか、どのような法的根拠により、強引な取立てを阻止するか、といった現場で浮かび上がってきた問題について、いまだ消費者問題委員会などがない時代に新里先生は実務の中で率先して新しいレールを敷いて支援を行う方法を検討し実践していった。その姿は今でも鮮明に記憶している。

　こうした若手の頃からの活動がその後の日本弁護士連合会（日弁連）での活躍につながっていったのはいうまでもないところである。

　私は、弁護士会の推薦により、1991年（平成3年）から日弁連の消費者問題対策委員会の委員として活動するようになった。当時は、サラ金やクレジットによる多重債務問題への対応が焦眉の急となっており、さらには、日本電信電話会社が新しく始めた電話での情報提供サービス、いわゆるダイヤルQ2のサービスによる被害が全国に続出し、これら被害への対応が大きな問題となっていた（当時、知らない間に子供がこのサービスを受けて100万円以上の電話代を請求される人も出ていた）。

　こうした問題への取組みのために私が仙台弁護士会より日弁連に推薦したのが、仙台弁護士会でクレジットやサラ金の問題に積極的に取り組んでおられた新里先生であった。

　まもなく、新里先生は消費者問題対策委員会の幹事に選任され、私の部会の活動を行っていただくようになったが、私の部会で極めて重要な役割を果たしていただくほか、他の部会の活動にも大変な関心をもたれ委員会の中での活動領域を拡大していった。その結果、新里先生は、1997年（平成9年）同委員会副委員長を務めるなど、委員会にとってなくてはならない人材となった。吉岡先生と共に新里先生が全国の弁護士から高く評価され目標とされる人材となっていくことを日弁連の中で目の当たりにしてきた私は、本当に誇らしく思ったのを覚えている。

　新里先生が活動領域を広げながらいろいろな業種、立場の方々と連携しながら支援活動を推し進めていく姿は、私のその後の活動にも大いに影響を与えてくれた。特に、私が異業種連携により特定非営利活動法人宮城福祉オンブズネット「エール」を設立して活動するときにどれだけ活かされたかと思うと、本当に私は新里先生の活動に大きく影響を受けてきたのだなぁとあらためて実感する次第である。

　新里先生の功績は数多くあるところであるが、私個人と新里先生の縁をより大きく実感した出来事が、2020年（令和2年）1月から3月にかけて行われた日弁連会長選挙である。新里先生には選挙対策本部の本部長代行に就任していただき極めて重要な役割を果たしていただいた。

　過去一度を除いて、地方の会員が日弁連会長に就任したことはなく、仙台弁護士会からの日弁連会長選挙立候補は、同会の会員ほとんどからの支援が不可欠であるなど、大変厳しい状況であった。このような状況下において、私は新里先生に支援を要請した。新里先生は多方面での活動の中で交際があり、一定の個人を支援するなどということは極めて難しい立場に立たされていたはずであるにもかかわらず、私からの極めて難しい依頼をご快諾いただいた。もちろん先生は、名前を出すだけでなく、先生ご自身が、私の選挙活動に直接ご同行いただき応援の挨拶や演説もしていただいたほか、各地で活動する枢要な方々への働きかけもしていただいた。

　初めて会ってから約40年後にこのように重要な役割を果たしていただくとは本当に予想もしなかった。どんなに感謝しても感謝しきれないほど貢献していただいた。

　新里先生は現在、旧優生保護法により手術を受け、極めて重大な人権侵害を受けた人々の救済活動を多数の若い会員を巻き込みながら行っている。この活動を展開する中で、1人ひとりのやる気を引き出すとともに、参加した者に、一体感、連帯感、団結力をもって活動することの重要性を体感してもらうという大事な作業を行っている。そのような活動の延長上に達成感があることもまた皆に伝えている。

　私なりの言い方にすれば、弁護士バッジは魔法のバッジであること、これを使えばやりたいことを何でもできるということを、実践を通して、無言で語っているのが新里先生だと思っている。

　新里先生はいまだに言う。私の目標は「吉岡先生だ！」と。目標となっている人も目標にしている本人も私にとって尊敬してやまない人物であるが、この歳になっても目の前に目標をもち、あの頃と変わらぬ情熱をみせる新里先生の姿を見ると、自分もまだまだがんばれるのだと背中を押される気持ちとなる。

　ここまで公私含め大変仲よくさせていただいた新里先生との縁に心から感謝するとともに、私含め全国の数多くの弁護士から、こうありたいと目標にされている新里先生のこれから益々の活躍を心から応援している。

スーとやるんだ

弁護士　吉岡和弘

　カナダのシンガーソングライターで小説家のレナード・コーエンの曲『Anthem』（賛歌、祝歌）という歌がある。コーエンは、「まだ鳴る鐘を鳴らせ完璧にすることはやめろ　全てに割れ目がある　だから光が差し込むのだ」と歌う。この曲を引用し、台湾のデジタル担当大臣・オードリー・タンは、『デジタルとAIの未来を語る』（プレジデント社）の中で、「すべてのものにはヒビがある。そして、そこから光が差し込む。もし、あなたが何かの不正義や注目が集まっていないことに対し、怒りや焦りを感じているのなら、それを建設的なエネルギーに変えてみてください」と語りかける。

　新里さんの八面六臂の活躍をみていると、新里さんは、まさに、「光が差し込む割れ目がすべてのものに必ず存在する」ことを確信して困難な問題を「建設的なエネルギーに変えてみないか」と呼びかける先導者だ。新里さんは、被害者に対し、「決して早読みをして早々に諦めることはするな」、「コツコツと正確な事実をつかむ努力を傾注していくうちに真実が見えてくる」と呼びかけ、その真摯な姿に被害者だけではなく、多くの支援者が呼応し始め、そうした活動が世論を動かし、その世論が裁判所を取り囲み、裁判官らも新里さん側に軍配を上げていく、そんな図式を私たちは幾度となく見せつけられてきた。

　新里さんが難事件に取り組む姿は、木下順二の戯曲『夕鶴』で、1人、機織機がある部屋に籠もり、夜明けまで、自らの羽を1本1本抜きながらコツコツと糸を紡ぎ痩せ細っていく、おつうの姿を想起させる。こんなたとえ話をすると、誰かから、「それにしては、新里さんは、痩せ細っていないじゃないか」と言われそうだ。実は、私が書きたい点は、このことだ。「いったいなぜ新里さんは痩せ細らないか」。それは、「鈴木裕美」という「内助の功」、

もとい、「連れ合い」の協力があるからだ。近時、「内助の功」という言葉は禁句に近い。しかも、「鈴木裕美」は、新里さんと同期の弁護士だから、なおのこと、「内助の功」という言葉は彼女には似合わない。ここは、「連れ合い」という言葉が最も適切と思いこの言葉を使用するのだが、案外、この言葉もまたクレームが出る言葉かもしれない。しかし、まぁ、ここはご容赦願いたい。ついでに言わせていただくと（というか、この場をお借りしてお詫びをさせてもらうのだが）、私は、裕美弁護士が25、26歳のときから共に消費者問題に取り組んできた経緯もあり、思わず「裕美ちゃん」と呼んでしまう。この点は、藤田紀子弁護士も、かつては先輩弁護士からは「紀子ちゃん」と呼ばれていたのだから、私も許される「はず」だと確信して使っていた。しかし、10年ほど前から彼女は「裕美ちゃん」と呼ぶことに異議を述べるようになり、それ以降は、「裕美弁護士」とか「裕美先生」とか「裕美さん」と呼ばざるを得なくなった。しかし、私は、それでは、何となく「カユイ」というか「エズイ」というか、面はゆい気分が抜けきらず、若い頃の「裕美ちゃん」という呼び名で呼ばせろよ、と言いたいのだが、「ハラスメント」の教科書では「イヤということはダメ」というのだから致し方ない。

　さて、「なぜ新里さんが痩せ細らないか」。それは、裕美弁護士が新里さんの八面六臂の活躍を支えているから新里さんは痩せ細らずにいられるのだ。となると、本当のおつうは彼女であり、逆に、新里さんはよひょうだ、という意見もあり得てくる。1人事務所だと弁護士が事務所を空けると事務所業務の多くが止まってしまい事務所は干上がってしまう。ところが、新里さんが長い出張で事務所を空け続けても、裕美弁護士らが事務所を守り続ける支えがあればこそ、新里さんの事務所は維持できているのだ。いくら「社会正義を実現する事件だ」と意気込んでも、事務所が維持できなければ元も子もない。新里さんが痩せ細らないのは、裕美弁護士がしっかりと事務所を支えているからだ。この「夫婦事務所の強みとありがたさ」を新里さんは肝に銘じていると思うが、夫婦の常として、なかなか「ありがたい。助かるよ」とか、「ありがとう」というひと言が発せられない。きっと新里さんもそうなのではないかと想像してしまう。

　しかし、待てよ。案外、新里夫婦に限っては、そんな薄っぺらな関係では

ないのかもしれない。というのは、２人の婚姻時の氏をめぐってのやりとり
を知る私としては、そうした「上っ面」の感謝の言葉を発しなくとも２人は
互いに以心伝心の夫婦だからである。

　この「氏をめぐってのやりとり」とはこうだ。２人が婚姻届を出すにあたり、
「鈴木姓」とするのか「新里姓」にするのか、協議をしなければならない場面で、
裕美弁護士は、「ジャンケンで決めよう」と申し入れたそうな。これに対し、
新里さんは、「あぁ、いいよ」と何のこだわりもなく同意したというのだ。こ
れは今から約35年前のことだ。その時点で、新里さんがジェンダー問題に
深い認識と決意をもった男性であることが理解されよう。問題は、このジャ
ンケンで裕美弁護士が勝てばこれ以上、紙数を増やす必要はないのだが、こ
れからがおもしろいところだ。最初のジャンケンで新里さんが勝ってしまっ
たのだ。当然、婚姻届は「新里姓」で届けられるはずだったが、裕美弁護士は、
何と「もう１回」と叫び、ジャンケンを要求したというのだ。これまた、私だっ
たら、これを拒否するところだが、新里さんは、あのいつもの口調で「あぁ
いいよ」と言ったのだそうだ。何という思いやりか。その後のことは藪の中だ。
一説には、２度目のジャンケンでも裕美弁護士は負けて、彼女は「もう１回」
と叫び、３度目のジャンケンでやっと勝った、という説と、２度目のジャン
ケンで裕美弁護士が勝ち、これに対し、新里さんからは「もう１回」とは言
わず、負けを受け入れたという説とがある（と勝手に私がおもしろおかしく事
実をでっち上げて今日に至っているとの説もある）。このジャンケン話につい
ては、裕美弁護士から、いつも異議が出る。私は、「２人の関係を最も端的に
示す美談だ」と言い返すが、「イヤということはダメ」という「ハラスメント」
の教科書に従えば、これまたNGなのかナ。あとは、本書の校正の段階で、
このくだりをボツとするかどうか決めてほしい。

　さて、これで、最後にする。

　「押してダメなら引いてみよ」とは交渉ごとノウハウの１つだが、永田町
では「叩いているようでさすっている。さすっているようで叩いている」とい
う言葉がある。新里さんの活動の基本に相通じるものがあるように思えて
ならない。

　もう１つ、仏教哲学者の鈴木大拙は、「無心」を説く。彼は、「無心とは、

たんに木や石のようになれと言うのではなく、人間としての意識を持ちつつ、一片の木または石のような状態になれ」と説く。どうすれば、そうなるのかと問われた大拙は、「スーッとやるんだ」と言ったという。新里さんは、いつも困難な事案をまるで簡単そうに「スーッとやる」。この「無心」の精神構造が新里さんをして困難な事案に取り組ませ、そして勝ち抜いていく原点かもしれない。そういえば、彼は「新里姓」を「鈴木姓」に改めたのだから、彼を「仙台の鈴木大拙」と表現してもよいかもしれない。少し褒めすぎかもしれないかナ。

仕事と人生で大事なことはすべて 新里先生に教えてもらった

弁護士　廣瀬卓生

　私が仙台の地に足を踏み入れたのは、24歳になった1995年の夏、49期の司法修習生としてであった。

　仙台には直接の地縁はなかった。父母それぞれが東北ルーツの家系であり、特に、父方のそれは独眼竜に連なるもの（下っ端だが）でもあったことから、何となく親近感を覚えて上位で希望した修習地だった。それまで親元で暮らしてきた私にとっては、初めての本格的な1人暮らしでもあった。

　当時の修習はまだトータルで2年の期間が確保されていた。古き良き、といってよいかどうかはよくわからないが、兎にも角にも、今よりもっとノンビリしていた時代であったことは間違いない。

　和光での集合修習を終えた仙台での実務修習は、弁護修習からのスタートとなり、私の配属は、鈴木・新里法律事務所の新里宏二弁護士と通知された。司法研修所教官を除けば、弁護士と話す機会などは、まだほとんどなかった。

　初めてお会いした新里先生は、気さくで、飄々として飾らず、こざっぱりと日焼けした、テニスとビールを愛する、半袖シャツのオジサンだった。この人と話をして、悪い印象をもつ人がおよそいるのだろうか。私はいっぺんにこのオジサンが好きになった。

　そして、「新里修習」が始まった。

　まずもって鮮烈だったのは、弁護士新里宏二の、仕事に対するひたむきな姿勢だった。関係者の話を丹念に聞き取り、証拠をつぶさに精査し、書面の中での主張と抗弁につなげていく地道な過程。記録を丹念に読み込み、「尋問の新里」と周囲も呼んでいたほどの、鋭くエッジの効いた証人尋問をやり抜く粘り強さ。依頼者のために、手間を惜しむことなく一生懸命に取り組む姿勢。それらは、審美眼のない青二才の修習生の眼にも、紛うことなきプロ

フェッショナルの仕事と映った。

わが師の仕事人ぶりが、いかんなく発揮されるさまを存分に見た思い出を、1つあげるとするならば、ニシキファイナンスの件になるだろうか。

最初は何も形のないところから、師匠は強烈なイニシアティブで膨大なヒト・モノ・コトを紡ぎ上げ、全国的な運動にまで昇華させた。そして、単なる運動だけで終わらせず、仮処分という実質的な大戦果をも勝ち取り、多くの被害者を現実に救った。一連のプロセスは、世知らずで東京育ちのニイチャンにとって、相当に強烈な光景であった。当時、ニシキの件を話すときの師匠は、目は炯々と輝き、顔色には赤味がさし、さながら、合戦に臨む武将のような顔をしておられたことを、今でもよく記憶している。

新里先生も、ご自身の振り返りの中で、大きな転機となった件として、ニシキをあげておられるとお聞きした。私がたまたまお世話になったひと夏の間に、1人の弁護士の人生において重要な意味をもつ案件への対応を間近で見る機会にめぐり会えたことは、幸運という言葉で足りるものではない。ニシキ案件を通して見せつけられた、依頼者のために闘うひたむきな弁護士の姿は、師匠が授けてくれた最大の教えである。

そして、同じくらいに大切な、もう1つの仕事上の教えも授かったが、それは一見矛盾するようなものでもあった。依頼者や案件との、距離のとり方である。

師匠は、ニシキに限らず、あらゆる件において、依頼者のために骨身を惜しむことはなかった。不惜身命、という言葉を昇進時の会見で使った横綱がいたが、新里先生にこそふさわしい表現だと感じる。

しかし一方で、師匠は、依頼者と同化することも決してなかった。依頼者の意向におもねったり、必要以上の感情移入をするところを見たことは、どの案件でもない。第三者からみて真っ当な主張たりうるかどうか、常に一歩高いところから俯瞰する視点は、しばしば、依頼者に対する、「言うちゃなんだけどサ、あなたは……」から始まる辛口の助言として形をとるのだった。依頼者の感情や、目先の利害得失にブレることなく、依頼者の真の利益や社会正義、現実社会の厳しさといった、大きな意味での正しさを見据える視線がそこにあった。

　修習を終えた私は、その後、東京のいわゆる大手渉外事務所にて実務家としての一歩を踏み出し、企業法務を専門として、企業側を依頼者とする道を歩んできた。消費者や被用者に寄り添ってきた師匠とは、ある意味で真逆の立場を生業としてきた、不肖の弟子である。

　ただ実は、私が携わる企業法務の世界においても、最も重要なことの1つは、新里先生が教えてくれた、依頼者との距離のとり方なのだ。

　度重なる企業不祥事の発生と、それらに対する社会のリアクションとが端的に示しているように、昨今の企業は、ガバナンスにESG、そしてサステナビリティと、さまざまなアングルから、非常に高いコンプライアンス意識と企業倫理とをもつことが求められている。そのような中で、企業法務弁護士の役割においても、クライアント企業が、コースアウトせずに「正しく歩む」手助けをすることが、より重要になっていることはいうまでもない。

　その役割を果たすためには、クライアントの意向に引きずられすぎず、一歩引いた俯瞰的かつ多角的な視点から、全体を見据えた助言を行う必要がある。報酬を払っていただきながら、その依頼者にうれしくないアドバイスをすることもあるわけで、なかなかに難しいミッションである。しかし、試行錯誤をする日々の中で、今でも私の意識下でモチーフに据えられるのは、新里先生のお姿だ。依頼者との信頼関係を保ちながら、苦い良薬を点ずるという、絶妙なワザの基礎は、新里先生に教えていただいたと感じている。

　さて、仕事上の教えもさることながら、仕事にかかわらない部分でも、新里先生にはさまざまなことを教えていただいた。

　たとえば、1つあげるのがそれか、とのセルフ突っ込みをしつついえば、酒の飲み方である。新里先生は、私の最初の酒の師匠でもある。

　師匠は酒が好きだった。特にビールがお好き……というか、ひたすらビールばっかり飲んでおられた印象だ。考えてみれば、チャンポン飲みはよくない、というのも1つの教えであったということか。今さらそれに気づいたが、正直なところあまり実践できていない。今回を機に、心にとどめておくことにする。

　それはさておき、師匠は、弁護修習中はもとより、その後も、仙台を離れるまでの間、幾度となく私を飲みに連れていってくれた。その辺の居酒屋と

いうこともあれば、国分町の某店ということもあれば、ご自宅にお招きいただき、泊まりで飲んだこともたくさんあった。

　少し脱線すると、奥様の鈴木裕美先生の手ずからのお料理にもたくさん舌鼓を打たせていただいたのだが、新里家で出てくる枝豆、黒っぽくてサヤには毛が生えていて、何だか見てくれは悪いが、これがまた、すばらしくうまいのだった。師匠は缶ビールなどという低俗なものは飲まず、常に気高く瓶ビールを飲んでおられたが、コップでビールをやり、枝豆を齧りながら、いろいろなお話をさせていただいたのはとてもよい思い出である。

　ちなみに、そのうまい枝豆は、裕美先生が鶴岡のご実家から仕入れてきた「だだちゃ豆」であった。当時はまだ、へー、山形にはこんなうまいものがあるんだな、という感じでしかなかったが、小売業界と流通網の進歩で、今や「だだちゃ豆」も全国区である。東京でも、少しよさげなスーパーに行けば普通に手に入るようになった。

　しかし、東京で食べるだだちゃ豆の味が、新里家の食卓でいただいたものを超えると思ったことはない。

　話を戻したい。

　酒について何を教えられたかといえば、師匠の酒は、常に楽しい酒なのだった。

　飲んでいるうちにまじめな話になり、時には重い話や暗い話になり、あるいは湿っぽい雰囲気になることもあった。しかし、そういう空気が続くと、決まって新里先生は言うのだった。「廣瀬君や、やっぱりサケは楽しく呑まにゃあいかんゼ」と。

　当時の私は、酒好きではあったが、酔うために飲む、雰囲気で飲む、人にあわせて飲む、というような、全く主体性のない、今風にいえば、イキった飲み方ばかりをしていた。師匠の飲み方を見ていて、大人の世界には、サケを呑むことで、心の疲れを洗い流し、艱難辛苦を包み込み、明日のための活力につなげる呑み方があることを知った。

　私も昨年に知命の年を迎え、恐ろしいことに、修習時の師匠を超える年齢となってしまったが、修習このかた二十ウン年、今でも酒を人生の友とすることができているのは、最初の酒の師匠の教えの賜であろうと感じる。

　今回、敬愛してやまない師匠の古希の記念に、このような駄文を献上する機会を頂戴し、大変にうれしく光栄に思うとともに、修習時代を思い出しながらあらためてしみじみ感じたのは、当時の新里先生、そして仙台弁護士会の先生方が、私たちのような若僧に、いかに惜しみなく与え、いかに分け隔てなく接してくださったか、ということである。

　私個人についていえば、大人としての人格形成に最も重要な時期を仙台で過ごしたわけであるが、仕事と人生で大切なことは、ほぼすべて新里先生と仙台弁護士会の諸先生方に教わったように今でも感じている。

　ここにあらためて、師匠である新里先生、そして、たくさんの先生方にお世話になった中で、特定のお名前をあげるのは心苦しい思いもありつつ、ことさらに私をお構いくださった先生方として、鈴木裕美先生、岩渕健彦先生、玉山直美先生、小野寺友宏先生、及川雄介先生のお名前をあげさせていただき、深く御礼を申し上げる次第である。

　最後に……。

　予想していたことではあったが、師匠の元を離れて久しい身で書いたこの文章、読み直してみると、何やら、本意ならず、追悼文のような雰囲気を湛えてしまった感がなきにしもあらずである。師匠、スミマセン。

　書くまでもないことであるが、わが師匠は、現役バリバリである。2020年に一度お目にかかる機会をいただいたが、「老師」とお呼びする日はまだまだ遠い先だと感じた。うち続くコロナ禍の下で、日本社会のひずみが一層大きくなっていることを実感するが、このような世の中で、弁護士新里の助けを必要としている人たちは、仙台にも、東北にも、全国にも、山ほど待っているはずである。

　新里先生のご健勝と今後の益々のご活躍、そして仙台弁護士会の一層のご興隆を、心よりお祈りする。

今の私をつくった実務修習

弁護士　中山龍太郎

「ところで、君、酒は飲めるか？」

1997年初夏、実務修習の指導担当となっていただいた新里先生にご挨拶の電話をした私が最初に聞かれたのが、この質問だった。

それに対する私の答えは「もちろんです」しかなかった。これは楽しい実務修習になりそうだと、不埒な期待をもちながら私の仙台での実務修習は始まった。

実際、新里先生の下での実務修習は期待以上の楽しさで、ほとんど毎晩のように先生に食事に連れていっていただいた。もちろん、仙台の食事とお酒もすばらしかったが、それ以上に楽しく、そして刺激的だったのが、消費者事件をご一緒する弁護士の先生方たちとの熱量の高いやりとりだった。

ちょうど、私が実務修習にうかがった時期は、ココ山岡事件が本格的に動き始めた時期だった。

当時の私とそう年齢も変わらない若い被害者たちが、言葉巧みに高額な宝飾品のローンを組まされる。騙されたことに負い目を感じ、なかなか周りの人にも相談できないでいる理不尽。それに対して、腹の底から憤り、どうやったら弁護士として手を差し伸べられるか、お酒も入りながら、毎晩のように熱く語る場は、私にとって最大の教室だった。

実務修習は、4カ月ほどしかなく、もう20年以上も前のことになるのに、不思議なほど、鮮明にいろいろな記憶が残っている。実務修習期間で学ばせてもらったことは、数限りないが、あえて、強く印象に残ったことを3つあげたい。

1つ目は、依頼者への向き合い方である。私自身、ココ山岡事件の被害者へのヒアリングを手伝わせてもらったが、消費者事件の被害者は、時には騙

されたことを負い目に感じ「騙された自分が悪い」とすら思ってしまうこともあった。新里先生は、そんな被害者の心情に寄り添い、単に依頼者と弁護士という関係を超えて、落ち込んでいる若者が顔を上げて人生を歩んでいけるように力強く励ましていた。また、寄り添うということは、時には厳しく、本人の覚悟を問うことも必要になる。クレサラで自己破産した被害者が、再び困窮に陥らないように、依頼者の最近の生活の話を聞き、時には生活態度を正すように本気で怒ることもあった。

　2つ目は、決してあきらめない不屈の心である。今では当たり前になった提携ローンの既払金の返還請求も、当時はまだ認められた裁判例は少なかった。それでも、未払金の支払拒絶だけでは被害者救済には不十分であるとして、新里先生をはじめとする仙台弁護士会の先生方は壁を破るべく必死に取り組まれていた。その中で、単に法的理論や観念的な消費者救済の正義論ではなく、提携ローン業者がスキームの危うさを熟知しながら、若者たちが被害に遭うことを見過ごしたことを具体的に示さなくてはならないとして、提携ローン事業者の東京の本社に抜き打ちで証拠保全に乗り込むこととなった。本当にありがたいことに、修習生の私も一緒に連れていっていただいたが、世の不条理を変えていくためには、これだけの情熱と粘りが必要であることに深い感銘を抱いたのを覚えている。

　3つ目は、他人の考えを受け入れる懐の深さである。新里先生と先生を慕う若手の先生方との飲み会は、本当に自由な言論の場だった。直前までの弁護団の打合せの熱気そのままに、お酒も入って、さらに活発に議論が交わされ、次の準備書面をどうすべきか、立証はどうか、いろいろな発想が生まれる。新里先生は、その話の1つひとつを目を輝かせながら聞き、「おもしろそうじゃないか。それで書いてみろよ」と、けしかける。もちろん、最終的には、1つの芯の通ったものにするために、そぎ落とされるものもあるが、それでも、新里先生は、いろいろなアイディアを否定することなく、まず受け入れてくださった。私自身、今思うと赤面ものであるが、独占禁止法の優越的地位の濫用を私法関係に適用しうるという聞きかじったばかりの学説からの発想をお話ししたら、ココ山岡事件の準備書面用に書いてみろと言われた。拙いものをお出ししたら、それを本当に準備書面で採用いただいたとき

343

は本当にうれしかった（なお、時は流れて、近時、公正取引委員会が消費者との取引にも優越的地位の濫用規制の適用があるという立場を示しているのは、少しだけ感慨深い）。

新里先生は信念の人であり、譲らないところは譲らない人である。逆に芯がぶれないからこそ、人の意見に寛容であれるのだと思う。私自身、気がつけば、弁護士生活20年を超えたが、自分の考えに固執するだけでなく、人の意見に耳を傾け、自由な発想を後押ししてあげられる人間でありたいと思うのは、やはり、このときの新里先生のお姿からの影響も大きい。

実務修習時代に、これだけの貴重な経験をさせていただき、新里先生から大変な薫陶を受けた私は、司法修習終了後、東京で企業法務を専門とする大規模事務所に入り、いろいろな縁もあり、その事務所の運営を預かる立場になった。

もしかしたら、新里先生の下で指導を受けたのに、消費者から見れば、いわば相手方でもある企業を依頼者とする弁護士となったことを不思議に思う方もいるかもしれない。しかし、私の中では、新里先生の下での修習生活と、今の仕事は同じ道の上にある。

それは、誰かが誰かを騙したり、食い物にすることのない公正な社会の実現への道である。問題が起きたときに被害者に寄り添い救済のために力を尽くすことも大切なことだが、そもそも、そうした問題が起きることのないように企業自身がルールと正義を行動基準として行動するように導いていくのも同じぐらい大切なことである。

私の今所属している事務所は「法の支配を礎とする豊かで公正な社会の実現」を基本理念に掲げている。時に難しい判断を迫られることもあるが、私も含めて、所属する弁護士は、依頼者である企業の目先の利益や意向ではなく、その企業が責任ある行動をとることによって社会の一員として長期的に認知されることに真の利益があると信じ、時には経営者や担当者に厳しい言葉で自覚を迫ることもある。

そうしたときに私を支えているものは、やはり、この実務修習時代にご指導をいただいた新里先生と、その周りの先生方に恥じることはできないという思いだったように思う。

　実務修習終了後、新里先生に直接こうした思いや感謝を述べる機会もなかった中で、こうした機会を与えてくださった編集委員の先生方には、この場を借りて、御礼を申し上げたい。また、編集委員の先生方も含めて、実務修習時代にさまざまな形でご指導をいただいた先生方にも、お1人おひとり名前をあげることはしないものの、あわせて感謝の意を申し述べたい。

　また、新里先生と共にいろいろな案件を見させていただき、さまざまなご指導をいただいた鈴木裕美先生にも、この場を借りて御礼を申し上げたい。

　最後に、新里先生には、まだまだ伝えたりないことも多くあるが、リップサービスではなく、本当に私が1人の弁護士として曲がりなりにも真っ直ぐ立っていられるのは、先生が見せてくださったお姿のおかげであり、本当に感謝している。この原稿を書くにあたっては、全く過去の記録等にあたることもなく、ただただ頭の中にある記憶のみを頼ったが、そのぐらいに仙台の実務修習は私の人生の中でも忘れがたい貴重なものであった。

　新里先生が古希を迎えられたことにあらためてお祝い申し上げるとともに、これからも健康に末永くご活躍されることを心から願っている。

　本当にありがとうございました。

濃密な３カ月の弁護修習

弁護士　三上　理

　司法修習生になるとき、実務修習でどこに行きたいか、第８希望まで順位を付けて、提出する必要があった。そのとき、仙台を第１希望にしたことに、何か理由があるわけではなかった。実際、自分がどう書いたのかも覚えていない。ただ、何を理由にすればよいのかわからなかったということだけ覚えている。それまでの私は、仙台とは、縁もゆかりもなかった。知り合いも、１人もいなかった。強いていえば伊達政宗が好きだったということくらいだが、もちろん、そんなことを書くわけにもいかなかった。それでも、何となく、仙台で暮らしたかった。その希望が叶ったときは、うれしかった。

　1999年７月、仙台での実務修習は、３カ月の弁護修習から始まった。そのとき、配属されたのが新里・鈴木法律事務所であり、指導担当が新里先生だったことも、全くの偶然だった。配属先の事務所や指導担当の弁護士について、何らかの希望を聞かれたという記憶はない。失礼ながら、当時の私は、新里先生のことを知らなかった。クレサラ運動のことも、商工ローン問題のことも知らなかった。それでも、いろいろな偶然の積み重ねによって、新里先生との出会いがあった。そのすべてが、今の自分につながっている。あの３カ月がなければ、その後の私の生き方も、仕事の内容も、おそらく、今とは全然違うものになっていた。そう思うと、不思議だ。

　私が、３カ月間、修習生として、新里先生について回っていた頃、ちょうど、いわゆる商工ローン問題が、大変な社会問題になっていた。というよりもむしろ、新里先生と、その周りの弁護士たちが、次々に、被害を顕在化し、個別事件の解決のために取り組むとともに、それを社会問題にし、法改正に結びつけていく。その過程を、わずか３カ月、ただ新里先生について回っているだけで、リアルタイムで見ることができた。日栄の暴力的な取立て、商

工ファンドの飛び道具、手形・小切手の濫用、白紙委任状、保証人被害。間違いなく、司法研修所では、とても、学べないことばかりだった。

　手形取立禁止の仮処分により、不渡り処分を防ぐという手法を確立し、自ら工夫するだけでなく、それをマニュアル化し、誰にでもできるように広めていくということ。日栄・商工ファンドの内部資料など、さまざまな証拠資料を、それぞれが持ち合い、共有し、誰でも使えるようにすること。弁護団会議を繰り返し、議論を重ねて、モデル準備書面を作成し、それをまた、広めていくこと。獲得した判決を、皆で分析したうえで、さらに、よりよい判決をめざしていくこと。個別事件の解決のための工夫を、積極的に公開していくことによって、皆の参考に供するとともに、各自が、そこから得られたもの、持ち帰ったものを、また個別事件の解決のために役立てていく。そうしたことを、見ることができた。

　集会・シンポジウムを開催し、当事者が自ら語ること。その声を聞くこと。それを、弁護士が企画して、実行していくということ。そんなことを、弁護士がしているなんて知らなかった。そして、当事者が自ら声を上げるのが、どれだけ大変なことか。それが、どれだけ大切なことか。そこでは、個性豊かな弁護士たちが、遠慮なく、徹底的に、議論していた。抽象的な理屈ではなく、被害の実態を、裁判所に理解させることの意味を、目の当たりにした。単なる事務所と裁判所の往復だけでなく、弁護団会議、集会、シンポジウム、議員対応、マスコミ対応など、そのすべてに、ついていくことができた。全国各地へ、飛行機に乗り、新幹線に乗り、あちこちを、飛び回っていた。

　わずか３カ月ではあったが、自分の人生の中でも、これ以上ないくらい、濃密な３カ月だった。準備書面の起案とか、添削とか、いわゆる修習生らしい勉強については、正直なところ、あまり覚えていない。そんなことは、どうでもよかった。とても貴重な３カ月だった。その中でも、商工ローンの債務者の保証人になり、自殺してしまった人の遺書を読んだことが、印象に残っている。それが、自分の弁護士としての原点になっている。

　2000年10月、私も弁護士になった。それからは、私も、私なりに、商工ローン問題、ヤミ金問題、みなし弁済訴訟、武富士による名誉毀損訴訟（不当提訴）、貸金業法改正運動、武富士の創業家の責任を追及する訴訟、銀行カードロー

ン問題、カジノ反対運動などにかかわってきた。そうした活動をしていると、必然的に、新里先生とも、何かと絡むことが多い。仙台と東京と、距離が離れているにもかかわらず、相変わらず、20年以上も前の修習生時代の指導担当弁護士と、いまだに、何かと一緒に活動できていることを、本当に、ありがたいと思う。そのような弁護士が、私の指導担当であったという偶然には、感謝しかない。

　新里先生について、印象的なのは、いつでも、とことん前向きなことだ。どんな逆境にあっても、常に楽観的な姿勢を崩さないことだ。あきらめを知らないことだ。いつだって、よい結果をイメージしていることだ。きっと、そうあることがよい結果を生むということを知っているのだと思う。そうは思っても、なかなかできることではない。というのは、修習生の頃の私には、まだわからなかった。そして、もう1つ。新里先生について、印象的なのは、いつも、客観的なデータや数字を大切にしていることだ。常に楽観的であることは、ともすると「いい加減」にもなりかねないが、新里先生は、いつでも、そうやって、客観的なデータや数字に立脚していることで、「いい加減」に陥ることを免れているのだと思う。そうして、常に、戦略と戦術を考えている。

　2003年、「武富士の闇を暴く」が名誉毀損に該当するとして、武富士から訴えを提起され、新里先生も被告にされた。そのときも、新里先生は、何も変わらず、ひょうひょうとしていた。さすがだな、と思った。その訴訟を担う仙台の弁護士たちは皆、私が修習生だった頃、お世話になった人たちだった。曜日も時間も関係なく、ひっきりなしに、メールが飛び交い、次々に証拠が集められ、主張が組み立てられていく。そして、法廷での息の合った連携プレーなど、東京の弁護士にはない、そのパワフルな弁護団活動に、仙台の弁護士たちの底力を見た。それが、少しうらやましくもあった。この裁判を通じて、私は、修習生の頃の自分には、まだ十分に見えていなかったものを、弁護士として、あらためて見せてもらったような気がする。

　そして、2003年7月の日栄最高裁判決、2004年2月の商工ファンド最高裁判決、2006年1月のシティズ最高裁判決を経て、2006年12月の改正貸金業法の成立に至る一連の動きとその成果は、新里先生なくしては、あり得なかった。

　私が弁護士になってから、21年になる。弁護士としての経験年数だけをみれば、あの頃の新里先生と今の私が同じくらい、というのが、とても信じられない。自分は一体、何をやってきたのだろうか、と思う。どうせ新里先生のまねはできないから、私は、私なりに、今できることをやるしかないとは思っているが、時々、自分の不甲斐なさが、どうしようもなく嫌になる。それでも、私は、仙台での、あの貴重な３カ月を与えられたことに感謝しながら、もう少し、あと少し、とがんばっていかなければ、と思う。

新里・鈴木法律事務所での３年間

弁護士　濱田真一郎

1　お世話になるまで

　2008年の秋、仙台での弁護修習先であった小野寺友宏先生からご紹介いただき、当時、勤務弁護士を募集されていた新里・鈴木法律事務所を訪問させていただいた。訪問時まで、新里先生、鈴木先生とも委員会等でお見かけしたことはあったものの、お話しさせていただく機会はなかったため、緊張してうかがったことを覚えている。

　事務所でのお話は短く、近くのお店に席を移してから、弁護団活動や貸金業法改正等にかかわるお話を詳しくうかがった。両先生の温かいお人柄に触れて緊張もほぐれ、また、数々の困難な事件や社会問題において道を切り拓いてこられたことに畏敬の念を抱いた。酒席が終わる際に、勤務させていただくようあらためてお願いし、その場でご快諾いただいた。

2　勤務弁護士として

　2009年1月から新里・鈴木法律事務所で勤務させていただいた。新里先生と共同で事件を担当させていただくこともあり、弁護士登録したばかりの私には多々不足があったはずだが、新里先生は逐一それを指摘されることはなく、大筋で間違っていない限り基本的には任せるというスタンスをとられていたように思う。ほとんどお叱りを受けた記憶はないが、任せていただいていることでかえって身が引き締まる思いがした。

　このようなスタンスをとられる一方、私が仕事で行き詰まったときなどにはきめ細かくご配慮いただいていた。一例にすぎないが、私が依頼者との信頼関係をうまく築けずに揉めることになってしまった個人受任の事件で、私

から新里先生に何も話していなかったにもかかわらず、電話口でのやりとり等からお察しいただいたのか、「大変そうだけど大丈夫か」と声をかけていただき、当該事件で必要だった現場立会いに事務局のサポートを進んで付けていただいたこともあった。

依頼者との関係では、事件の種類を問わず新里先生は依頼者に寄り添い、難しい事件であっても最大限できることを行うという姿勢を徹底され、それが依頼者にもよく伝わって深い信頼を寄せられていた。私が単独で相談を受けたときと、その後、新里先生も同席されたうえで相談を受けたときとでは（法的助言の結論は同様であったとしても）依頼者の納得が違うことがままあった。そうした信頼は新里先生が積み重ねられた活動・実績やお人柄に基づくものであり、容易に得られるものではないと思う一方、少しでも見習わなければならないと感じた。

新里・鈴木法律事務所の事務局も、一丸となって新里先生・鈴木先生を支える姿勢が一貫し、通常業務はもちろん、ヤミ金業者への電話対応等、精神的に負担が重い仕事であっても進んで協力してもらうことができた。勤務弁護士としても非常に心強く、働きやすい環境だった。

3　反貧困みやぎネットワークでの活動

事務所入所後、新里先生の活動のうち私が特にご一緒する機会が多く、印象深かったのは「反貧困みやぎネットワーク」での活動である。

同ネットワークは、路上生活者を含む生活困窮者の自立を支援する目的で、NPO法人、寺院、教会、各市民団体、労働団体、不動産業者、学者、司法書士、弁護士等が連携し、食糧・居住・就労等に係る支援、各種相談、生活保護の同行支援等を横断的に行うことをめざして2008年11月に結成された。新里先生は初代の共同代表を務められており、新里先生の呼びかけのもとでさまざまな分野の方が集まり、そのつながりからさらに連携が広がり、活動が軌道に乗っていく過程を間近で見ることができた。仙台弁護士会の複数の先生から、弁護団活動等で新里先生が呼びかけると人が集まり、人が動くという趣旨のお話をうかがっていたが、それを目の当たりにする思いだった。また、新里先生は炊出しの場などでの相談や生活保護申請の同行支援のみな

らず、共同代表としてシンポジウムや講演、メディアからの取材にも対応されていた。私も講演等を拝聴する機会があったが、そこでは、緊急避難所（シェルター）、同行支援、自立支援等に対するニーズが現に切迫しているという具体的な事実に基づき、生活困窮者を生み出すセーフティネットの機能不全や格差の拡大を放置しないというめざすべき社会の方向性を世論に訴えられていた。同ネットワークの活動に関しては、緊急避難所（シェルター）の運営費に係る寄付・カンパなど、各方面からさまざまな支援をいただいたが、新里先生の世論への訴えもあってそうした支援をいただけたのだと思う。

　同ネットワークでの私の活動は法律相談と生活保護申請の同行支援が中心だったが、同行支援に関しては同行のみで終わるものではなく、居住支援、自立支援、就労支援等を継続的に行うことが相談者の真の自立に向けて必要であるところ、上記の各団体との綿密な連携なくしてそれは困難であったと思う。弁護士として、法的な業務を行うことにとどまらず、多種多様な人材・団体と連携する横断的な視点、1人の相談者に継続的にかかわり寄り添う視点、具体的な事実に基づきめざすべき社会の方向性を世論に訴えていくという大きな視点は、通常の弁護士業務の中だけでは学べるものではなく、大変勉強になった。

4　事務所を離れて

　2012年4月、私は実家の事情もあり、お世話になった新里・鈴木法律事務所を離れ、亡父がパートナーの1人であった東京所在の事務所に移籍して現在に至っている。

　今回、新里先生の古希を記念して本稿を執筆する機会をいただき、当時を懐かしく思い返し、また、新里・鈴木法律事務所で働くことができた自分がいかに恵まれていたのかをあらためて感じた。

　事務所を離れる際に、新里先生から、新里・鈴木法律事務所で培ったことを種として東京で花を咲かせてほしいという趣旨のお言葉をいただいた。意識はしていても、現在、これを実現できているかは甚だ心許ないが、ご報告に値するようなよい仕事をして、新里先生にお伝えすることができればと思っている。

　最後に、新里先生の古希をお祝い申し上げますとともに、新里・鈴木法律事務所の益々のご発展を心よりお祈り申し上げます。

新里先生と私

弁護士　太田伸二

　私の弁護士としての人生は、新里先生に導かれて進んできたようなものだ。

　私が初めて新里先生に会ったのは、司法修習に入る直前に「事務所訪問」でお邪魔したときだった。ちょうどその日は反貧困みやぎネットワークの設立総会の日で、事務所での話が終わると新里先生に連れられて弁護士会館に移動し、総会に参加した。2008年当時はいわゆるリーマンショックによる派遣切りから「年越し派遣村」に進む時期だった。貧困問題が社会問題化し、それに立ち向かう運動が立ち上がってきた頃で、総会も熱気に溢れていたと記憶している。

　その後、私は希望が叶って仙台修習になった。反貧困の運動も盛り上がっていて、私も毎回のように反貧困みやぎネットワークの会議に参加し、新里先生と顔を合わせていた。あるとき、路上生活をしていた方の生活保護の申請に新里先生が同行するということで、私もそれに同行させてもらった。私は生活保護のケースワーカーだったこともあり、申請を受け付けようとしない窓口の職員に「それはおかしい！」と食ってかかり、新里先生に「まあまあ」となだめられたのはよい思い出だ。

　修習が終わった後、私は東京の立川市にある事務所に就職した。新里先生との縁が遠くなるかと思っていたある日、私の携帯電話に新里先生から電話があった。「太田君、宇都宮先生の選挙を手伝ってくれないか」。当時は日弁連会長選挙の真っ只中。私は「はい！」と答えて新橋の選対事務所で電話かけを始めた。

　会長選挙は歴史に残る激戦で、1度目の投票では決着がつかず、再投票となった。このときの新里先生の決断が、今でも忘れられない。新里先生は選挙結果を分析して、「大阪と二弁に集中して電話をかける」と号令した。そし

て、そのとおりに選挙戦を進め、2回目の投票で見事に宇都宮先生が当選した。

「勝負所」を見極める力が新里先生の凄さだと思うが、それを初めて目の当たりにしたのがこのときだった。

兎にも角にも、宇都宮先生が当選をされたので、私はここまでにしようかと思っていたところ、また新里先生から「太田君、司法修習生の給費制に取り組もうと思うんだけど、手伝ってくれないか」。ここでも「はい！」と答えたことで、弁護士1年目ながら、新たに日弁連に設けられた司法修習費用給費制存続対策本部のメンバーとして活動をすることになった（新里先生は人に仕事を頼むのが本当にうまい人だ。私に限らずなかなか断れない）。

2009年4月から12月までの間は、ジェットコースターに乗ったような時期だった。各地の集会とデモに参加し、「儲からなくても貧困問題に取り組む若手弁護士」として取材を受け、国会への請願デモをし、自民党の部会が動かなければ自民党前で街宣をし、とにかく「給費制の存続」のために走り回った。最後に、64期の修習が始まった後に逆転で給費制の存続が決まったときは、本当に安堵したことを覚えている。

この給費制の運動は、その後も長く続き、新里先生は日弁連の担当副会長、その後は対策本部長代行としてずっと先頭に立ち、ビギナーズ・ネットに集まった若者を見守り、示唆を与え、鼓舞し続けた。私も、本部の一員として運動にかかわり続けた。

その一方で、私は東京の多摩地域での貧困問題に取り組み始め、数年かけて各団体の間の「橋渡し」ができるようになってきていた。少し形になってきたと思っていた2011年の秋のこと。新里先生から仙台に戻ってくるつもりはないか、とのお誘いをいただいた。尊敬する新里先生の事務所に呼ばれたことはこの上なくうれしいことだったが、さすがにすぐに「はい！」とは言えず、家族とも相談し、所属していた事務所の他の弁護士にも相談したうえで移籍を決断した。

そして、2012年4月、晴れて新里・鈴木法律事務所の3代目のイソ弁となることができた。

ここからの私のキャリアの形成もまた、新里先生の導きによるものだった。

私が前に所属した事務所は、労働組合の顧問先も多く、労働事件も取り扱っ

ている事務所だった。一方、新里先生も鈴木裕美先生も、消費者問題に長年取り組み、労働事件は取り扱っていなかったので、移籍を機に労働事件からは離れることになると思っていた。

　ところが、そうはいかないもので、ブラック企業対策仙台弁護団の結成が、私と労働事件を再び結びつけることになった。2013年のことだが、反貧困みやぎネットワークの開いた講演会に、新書『ブラック企業』を出した今野晴貴さん（NPO法人POSSE代表理事）が講師として来てくれたことがあった。講演会後の懇親会の席で、今野さんと新里先生が意気投合し、「ブラック企業問題の受け皿」として弁護団を結成することになったのが、ブラック企業対策仙台弁護団の始まりである。

　この弁護団は、まだ弁護士4年目だった私が事務局長を任せられ、他の団員も若手ばかりだったにもかかわらず、全国的にニュースにもなった「たかの友梨ビューティクリニック」事件などを手がけることになった。とにかく走りながら無我夢中で闘っていた数年間だった。

　実は、新里先生と一緒に取り組んだ事件は、そんなに多くはない。2人だけで共同受任した事件は、おそらく1件しかない。ただ、常に近くで新里先生の立ち振る舞いを見て、そこから学んできたという自負がある。

　新里先生から学んだのは「リーダーのあり方」。どんなに苦しい状況でも明るく、「こうすれば勝てる」と道筋を示し、「よし行こう」と号令をかける。私も、それを手本として、日々実践しながら進んでいる。

　新里先生もいよいよ古希を迎えられた。でも、優生保護法訴訟や司法修習時に給費を受けられなかったいわゆる谷間世代の問題では先頭に立って走っている。外国人の労働問題のように、ここにきて取組みを始めた問題もある。まだまだ先生に教えてもらわなければいけないことがある人がたくさんいる。

　いつまでも頼ってはいけないけれど、でも、新里先生には、私たちに進むべき道を指し示す存在でいてほしい。

新里先生と挑んだ裁判員裁判

弁護士　草苅翔平

1　はじめに

　私が新里・鈴木法律事務所に入所したのは2015年9月である。私は弁護士1年目で、とある事情で前の事務所を辞めていたが、太田伸二先生の計らいにより、快く事務所に迎え入れていただいた。

　事務所に入所後、新里・鈴木法律事務所の名刺を作成したとき、そして事務所の扉に私の名前を加えてもらったときは、とても誇りに思ったことを今でも覚えている。

　新里先生との思い出はたくさんあるが、振り返ってみると、実は恥ずかしいことに私は一度も弁護団などで新里先生と一緒に消費者被害救済事件に取り組む機会がなかった。

　新里先生と取り組んだ事件の思い出を振り返る中で、新里先生が過去一度だけ裁判員裁判を経験したことがあり、その際、私を共同弁護人に選んでいただいたことを思い出した。新里先生と一緒に裁判員裁判に挑んだ弁護士は光栄なことに私1人であり、この貴重な体験を紹介したい。

2　新里先生と臨んだ裁判員裁判事件

(1)　受任の経緯

　皆様は、新里先生が全国優生保護法被害弁護団の共同代表として被害回復に取り組む傍ら、裁判員裁判にも挑んでいたことをご存じであろうか。

　2017年12月、新里先生は殺人未遂被疑事件の捜査弁護を引き受けることになった。この事案は、被疑者が殺意をもって、ロープで被害者の首を絞め

たという事件である。未遂に終わったが、被害者の容体はとても重く、ベッドで寝たきりで体を自由に動かせない、発語もできず、栄養もチューブでしかとることができないという状態で、被害者家族の強い怒りが推測できた。

　捜査弁護は新里先生1人で担当されたが、起訴され、裁判員裁判になることが決まった。このとき私は弁護士経験3年目であったが、ちょうど同時期に初めての裁判員裁判を経験していたこともあり、新里先生から2人目の弁護人にならないかと声をかけていただいた。2週間にわたって審理された裁判員裁判が終わったばかりで若干疲れもあったが、うれしさのあまり二つ返事で引き受けることにした。この日はちょうど事務所の仕事納めの日で、新里先生とお酒を呑みながら来年からがんばりましょうと張り切っていたのを覚えている。

　この事件は被告人が犯行を認めており、専ら量刑のみが争点の事案であったので、あっという間に公判前整理手続、裁判員選任手続と進み、私が弁護人に就任してからわずか半年足らずで裁判員裁判期日を迎えることとなった。

　本件では被告人に同情する事情も多く、数十人分の嘆願書が集まったほか、多くの方から情状証人の申出を受け、3人の情状証人尋問が採用された。裁判員裁判とはいえ3人も情状証人が認められるのは珍しいと思うが、それぞれ異なった立場、切り口から証言してもらえる証人を請求したことが奏功したものと思われる。

　新里先生は私が伸び伸びと活動できるよう、私に弁護方針を任せてくださった。しかし、大事な場面では必ず新里先生が動いてくださり、被告人は新里先生のことを深く信頼していた。新里先生が被告人と深い信頼関係を築いてくださったからこそ、被告人も私のような若手弁護士が方針を決めることに納得してくれたのだと思う。

(2)　いざ、裁判員裁判本番、そして予想外の事態へ

　いよいよ裁判員裁判期日が始まった。裁判官3名のほか、6名の裁判員から見下ろされる光景は独特であり、裁判員裁判2回目の私はもちろん、隣に座る新里先生も若干緊張されているように見えた。

　私たちは緊張しながらも審理を進め、被告人の友人の情状証人尋問、被告

人質問（犯情面）、被告人の元妻の情状証人尋問をこなしていった。

　特に元妻の尋問では、被告人との出会い、子供ができないと言われていたのに子供に恵まれ本当に幸せであったこと、罪を償ってもう一度子供たちの前に戻ってきてほしいと思っていること等を涙ながらに語ってもらうことができ、弁護人としても尋問に手ごたえを感じていた。横で聞いていた被告人も涙を流していた。その流れで、最後の情状証人を呼び、私がひと言ふた言言葉を発した際、事件は起こった。

　私は証人に質問しながら、左隣が騒がしくなっていることに気がついた。振り向くと、被告人の体が電気ショックを受けたようにビクンと痙攣し始め、痙攣後、ガクッと顔を落とした。いびきのような呼吸音は聞こえるが意識はない。当然すぐに休廷し、裁判所在中の看護師が法廷に駆けつけた。幸い意識はすぐに戻り、被告人は泣きながら「被害者に迷惑をかけられない。このまま続けてほしい」と訴えたが、被告人の健康状態でその日裁判を続行することは不可能と判断された。裁判長が被告人にやさしく「適正な裁判をするためには今の健康状態ではできません。まずはゆっくり休みなさい」と語りかけていたのが印象的であった。

　その後、私と新里先生は急いで拘置所に行き、被告人の状態を確認した。刑務官によると、極度の緊張による脳虚血であり、重い貧血程度の状態なので、明日体調がよければ大丈夫なのではないかという所見であった。しかし、被告人に話を聞くと、まだ頭がはっきりしない、体調が万全とはいいがたく、不安があるとのことであった。私たちは被告人の防御権を適正に行使するためには万全の体調で臨むことが前提であり、意識を回復したばかりの状態で裁判を続けることはできないと裁判所に意見を出し、裁判所も概ね同意見であった。

　検察官は被害者参加人（被害者の姉）の負担等を考慮し、期日続行を求める要請書を提出したが、弁護人の意見が考慮され、公判期日取消決定がなされた。

(3)　裁判員裁判再開

　裁判員裁判の最中に被告人が倒れて公判期日が取り消された例は過去になく、今後の進め方は裁判所、検察官、弁護人が手探りで進めることになった。

幸い、辞退者が少なく、6 人の裁判員を確保することができたので、補充裁判員のみ新たに追加選任することになった。しかし、最短で補充裁判員を選任しても次の公判期日までには約 2 カ月かかってしまう。残った 6 名の裁判員の記憶が 2 カ月の間に曖昧になってしまうのではないかが懸念された。

　裁判所、検察官との協議の結果、2 つの案が検討されることになった。第 1 案はシンプルに冒頭手続からやり直すというものである。一番わかりやすい案であり、直接主義の趣旨にも合致した案ではあったが、証人尋問、被告人質問を全く同じように再現できるのか懸念があった。情状証人の尋問は慣れない法廷で話してもらうからこそ迫真性があるのであり、2 回目の尋問で同じような迫真性を裁判員に感じてもらえるか、正直、自信がなかった（むしろ前回と違うことを話していると裁判員から思われる可能性もある）。また、最初からのやりとりを見るのが被害者参加人にとって耐えられないとの検察官の指摘もあり、第 1 案は採用されなかった。

　続いて第 2 案は、中断していた 3 人目の情状証人尋問から再開するが、再開前に裁判員の記憶喚起のための手続をとるという案であった。ただ、裁判員への記憶喚起のためのアプローチを検察官、弁護人といった当事者が行うべきか、中立な立場の裁判所が行うべきか議論になった。検察官、弁護人からのアプローチをとると、証拠を前提とする事実と各当事者の意見が混在してしまうおそれがある。裁判員を混乱させるおそれがあるのではないかと懸念され、結論としては、公判開始前に、裁判官と裁判員がこれまでの経緯を確認する評議を入れることになった。裁判官がどのように裁判員に説明するのか当事者が関与することができない点で不安はあったが、新里先生と何度も話し合い、今回はこの方法をとることに賛成した。

　そして公判が再開し、3 人目の情状証人尋問、被害者参加人の証人尋問と進んだ。被害者参加人である被害者の姉の尋問は、聞いていて弁護人としても胸が痛んだ。被告人にとってはよりつらい時間であったと思われる。

　最後に被告人質問である。すでに犯情面の質問は終わっていたので、今回の質問は被告人に反省や謝罪、更生に対する考えを尋ねる情状面である。被告人は被害者参加人の涙ながらの尋問の後で、なかなか言葉が出てこなかった。当然反省はしているし、謝罪の気持ちもある。しかし、自らが犯してし

まったことの重大さを身に染みて痛感し、なかなか検察官、被害者参加弁護士からの質問に答えられなかった。私はそんな被告人を見て、救いの手を差し伸べたかったがどうしたらよいのかわからず、ただただ黙って見守るしかなかった。そんなときであった。隣の席の新里先生が被告人に向かって、「今からでも考えてみよう。時間はあるよ。あなたがしてしまったこと、今日の法廷で被害者のお姉さんから聞いたこと、もう一度思い返して、あなたなりの答えを出してごらん」と語りかけた。正直、この新里先生の発言が弁護人からの主尋問の際になされたのか、検察官側の反対尋問後の再主尋問の際になされたのか確かな記憶はない。しかし、この新里先生の発言で法廷の雰囲気が変わり、被告人も自分の罪と向き合い、答えを出すことができたことには間違いがない。弁護士3年目の私に到底できることではなかった。

　その後、被告人質問が終わり、弁論は新里先生にお願いした。弁論の内容を事前に用意したのは私であるが、最後は新里先生の言葉で締めくくってほしかったからである。

　無事、審理は終わったが、残念ながら検察官の求刑どおりの判決が宣告された。しかし、被告人は私たちに感謝し、控訴することなく刑務所で更生することを約束した。彼には待っている家族がいるのであるから、きちんと更生し、いつの日か家族と共に新里・鈴木法律事務所に挨拶にきてくれることを願っている。

3　結びに

　後日、裁判官、検察官、弁護人の三者間で裁判員裁判の反省会が開かれた。検察官の話によると、被害者参加人が新里先生の被告人質問での発言を聞いて、少しは救われた気持ちになったと言っていたそうである。自分の依頼者のみではなく、相手の立場にも寄り添える新里先生の人柄が被告人のみならず被害者にも伝わったのであろうと思う。

　私は現在、刑事弁護事件と被害者参加事件両方に携わっている。新里先生に学んだ、人との向き合い方を胸に焼きつけ、被告人、被害者どちらも救える弁護士になりたい。

　結びに、新里先生の言葉で私が一番好きな言葉は「楽しくなければ意味が

ない」である。今後、私の弁護士人生で困難な事案にぶち当たることもある
であろうが、そのときは新里先生のこの言葉を胸に、楽しんで困難に立ち向
かおうと思う。

家庭人としての新里宏二

弁護士　鈴木裕美

　弁護士の仕事は、皿回しのようなものだ。いくつもの皿を同時に回し、回転が鈍った皿があれば駆け寄って落ちないように回転を加える、綱渡りである。これは、以前、私と新里が共に尊敬する先輩である吉岡和弘先生が言っていたことである。

　これは、弁護士の業務のことをいっているのだが、新里の場合、業務や社会的活動も含めて、そういう比喩がとてもぴったりくるなあ、と感じている。

　今回皆様に執筆いただいたいろいろな事件や活動に加え、2012年宇都宮健児弁護士を担いだ日弁連会長選挙（史上初の再選挙に持ち込んで勝利）、カジノ反対運動（今もやっている）、ブラック企業対策仙台弁護団の立上げにもかかわり、2017年仙台市長選挙（郡和子仙台市長）とか、いろいろある。

　そして、すでに多数の大皿を回しながら、次々と新しい皿を持ち込んで回し始めるのである。

　数年前（2018年）、旧優生保護法の国賠訴訟を始めたとき、これが最後の大規模弁護団事件になるね、と話した。しかし、その後も、預り金流用で破産した東京ミネルヴァ法律事務所弁護団（団長）、最近になって、新たに外国人問題（入管・就労や貧困対策）にも首を突っ込み始めた。止まるところを知らない。

　若い頃は、そんな（大変な）こと引き受けて大丈夫なの！　と言ったこと（思ったこと）も何度もあった。しかし、不思議と大丈夫だった。

　私は、臆病者なので、先行きが不安なことにかかわるのを避けていた。『武富士の闇を暴く』で武富士から名誉毀損で訴えられたとき（請求額5500万円）、先行きがどうなるか不安で、弁護団には入らなかった。仙台の皆さんが新里を救ってくださったことは、本書で語られたとおりである。

　さて、本稿は家庭人としての新里を語るのが主題であった。我々夫婦の共通の趣味というのでもないが、好きなこととして、家に人を招いて、手料理を作って宴会をすること、がある。息子が小学校に上がるときに建てた自宅は、台所兼リビングと客間の仕切り戸を開けると広いフラットなスペースになる造りになっている。これは、大勢で宴会するための特別仕様である。6人は座れる大きな座卓も最初から2台用意した。我々夫婦のキャパとして、多分20人くらいは優にいける。

　本書を執筆してくださった皆さんとも自宅でよく飲んだ。今も、年1、2回、仲間たち（ブラック企業弁護団等）で集まって飲んで語り合っていた（コロナ前までは）。

　そして、そもそも、新里は、料理がうまい。何より手早い（仕事と同様、迷いがないからだと思う）。帰宅後、新里がササッとメインのおかずを作ってくれるのを手伝いながら、2人でビールを飲む。これも家庭的にストレスが溜まらない理由か。

　こんな両親を見て育った息子も、手料理を作って仲間で集まるのが好きらしく、大学時代からよく自宅に友だちを集めて宴会をしていた。今も、いろいろな料理作りを試し、おいしそうな食材を自ら取り揃えてバーベキューを主催したりしている。

　子どもとの関係でも、なかなかよい父親だったと思う。新里が日弁連の副会長だった年（2010年4月〜）、ちょうど息子が大学院生で、1年半くらい、新里が借りたマンションに親子2人で同居した時期があった（副会長として毎週月曜から日弁連に行ってほとんど常駐していたので）。毎日、新里が朝食を作って息子と食べていたようである。東京の大学に進学してしまい、このまま親子で過ごす時間もないものと思っていたのだが、期せずして、父子が同じ屋根の下で暮らし、私（母）が東京に行くことで、親子3人の時間がもてた。この期間に息子が父から受けとったものはたくさんあったように思う。その点でも、父としての新里に感謝である。

　ただ、新里は、ちょっと抜けているところもあった。日弁連の人権擁護大会で全国各地に出かけ、何人かのグループでその土地を旅行することが恒例であった。あるとき、新里は、旅行中に帰りの飛行機のチケットがないと言っ

てチケットを買い直して帰宅した。しかし、私が自宅に送り返された荷物をほどくと、その中になくしたはずのチケットを発見するのである。当然、私から「何やってんの！　信じられない」と馬鹿にされることになる。

　財布を忘れて新幹線で東京に行き（行きの切符はあった）、帰りの切符を買おうとしてお金がないことに初めて気づいた。予定時間までにどうしても帰る必要があり、日弁連に戻って誰かにお金を借りる等の時間はない。駅員に直談判してノーチケットで乗り込み、事務員に仙台駅にお金を届けてもらってようやく事なきを得た。若い頃のそういう話はもっとたくさんあったのだが、なぜか思い出せなくなっている。夫婦生活が長くなった所以かと思う。

　新里は、自分で負担感やストレスを溜め込むことがなく、周りにそれを振りまかないので、妻の私も、負のエネルギーを受けることもなく暮らしてこられた。楽天的な性格が功を奏しているのだと思う。

　楽天性についてのエピソード。あるとき、共産党の大門実紀史議員が書いた書籍（『新自由主義の犯罪』（2007年））に、新里のことが書いてあった。「そのころ、日弁連の『上限金利引き下げ実現本部』事務局長の新里宏二弁護士と仙台で懇談する機会がありました。新里弁護士は、活動家的な楽天性と緻密さの両方をそなえた運動面でのリーダーで、労働運動出身の私と息の合う方です。『まだまだたたかいはこれから、これで世論が納得するわけがない』と２人で意気投合したのをおぼえています」と（上限金利引き下げ運動が巻き返しに遭っていた時期のことだそうです）。これを読んで、「『緻密』かどうかは疑問だが、楽天的であることは間違いない」という話になり、それ以来、我々の間で新里の言動を話題にするとき、「いつも楽天的な新里が〜」という枕が定番になった。

　手前味噌で恐縮だが、近年において、彼の楽天的で前向きな性格をあらためて実感したのは、優生保護法国賠訴訟の、仙台地裁判決のときである。必ず勝つと吹聴していた（必ず勝つからと国会議員に判決後のことを要請していた）のに、結果は敗訴判決であった（判決理由の言渡しを聞いていると敗訴したのが信じられないような内容だったが）。この判決の後、裁判所の門のところで記者さんに囲まれたとき、彼は「８合目判決だ」と言ったのである。びっくりした。不当判決と非難するのではなく、これを足がかりに次をめざそう、

という看板をとっさに掲げたのである。これを考えつくところに運動家としての才能を感じた (褒めすぎか)。

　これまでいろいろあったことが思い起こされ、それぞれ何とかなってきたのは、周りの人が支えてくれたことが大きいのだと、本書を読んであらためて感じている。そのことについても、妻から言わせれば「あなたって、なんて運がいいの！」である。

　皆さんに感謝します。そして、よければ、これからも、我が夫と楽しく付き合ってやってください。

番外編

我が永遠の邪馬台国

1　驚きの騎馬民族征服王朝説

　私が、古代史、邪馬台国および卑弥呼に関心をもったのは、今からずっと以前、1981年に司法修習生になってからである。当時の修習期間は2年間、3カ月の東京での合同修習を終え、実務修習地の仙台に来てからである。司法研修所の同じクラスの3人が仙台修習であり、仙台で3LDKの賃貸マンションを借りて同居を開始する。東京出身の木村政綱さん、青森出身の須藤力さんと私である。料理は須藤、新里で作り、3人でよく飲んだものであった。

　木村さんと飲みながら、江上波夫氏の騎馬民族征服王朝説の話を聞いた。万世一系の天皇家が騎馬民族の征服王朝であるという、衝撃的な仮説が東京大学の東洋史の研究者から唱えられた、とのことであり、関心をもった。

　1974年公開の映画『卑弥呼』は、篠田正浩監督の作品であり、主演の卑弥呼役は、妻である岩下志麻で、私は大学生のときに見ていた。その時点でも、少しは邪馬台国・卑弥呼にも関心をもっていたのかもしれない。私が邪馬台国に関するいろいろな本を買い、少しずつ読み出したのは、弁護士数年目であったように思う。最初に読んだのが井上光貞氏の『日本国家の起源』（岩波新書）であった。邪馬台国論争、いわゆる「畿内説」と「北九州説」論争であり、井上氏は北九州説、私もどうも初めに読んだ本の影響か、北九州説に傾斜する。

　邪馬台国の位置がここまで争われるのは、後に述べるように史書の解釈が分かれるからである。107年に倭国王師升が後漢に朝貢し、146年から189年にかけ倭国の大乱が起こり、その後女王卑弥呼が共立される。邪馬台国が畿

内にあるということは、その時点で日本に統一王朝ができたということになる。北九州にあるとするといまだ統一王朝・大和朝廷ができる前ということになる。その意味で日本史的にも、極めて重要な論点といってよい。

2　邪馬台国北九州説・畿内説

　2世紀から3世紀の邪馬台国・卑弥呼の同時代の中国の史書、魏志倭人伝に書かれた2000余字、その頃、日本では、いまだ活字文化がないことからも、邪馬台国の位置を解明する一級の資料である。

　3世紀の中国には、魏、呉、蜀の3国が鼎立していた。3国の歴史を記したのが『三国志』であり、その中の魏書の一部の倭人条、これが「倭人伝」といわれるものである。作者の陳寿は、地理学、民俗学に精通していたという。265年に魏にかわって晋が建国されてから、膨大な『三国史』が書き上がったといわれている。陳寿は297年65歳で亡くなっている。

　倭人伝は、「倭人在帯方東南大海之中依山島為国邑」から始まる。当然漢字のみしかなく、レ点、句読点もない。帯方郡から倭国への方角と以下のような里程、その地域の風俗などが描かれている。

帯方郡→狗邪韓国→対馬国→一支国→末廬国→伊都国→奴国→不弥国→
投馬国→邪馬台国

　倭人伝では、不弥国の記述に続いて、「南に投馬国に至る。水行二十日。五万余戸があるのだろう。その南、邪馬台国に至る。女王の都で、水行十日、陸行一月。七万余戸あるだろう」と記す（本稿では、私が尊敬する森浩一氏の、『倭人伝を読みなおす』（ちくま新書、2010年8月）の記載を前提としている）。

　さらに南と考えると鹿児島を突き抜け海に至る。そこで、畿内説では「東」と読み替え、中国では、東と南を間違えるのはよくあることとする。高名な先生もそのように述べる。

　そこで、北九州説では、伊都国までは上記の連続読みと同じだが、伊都国以降では、行程の表現方法、つまり、文型が変化していることから、伊都国から奴国、伊都国から不弥国、伊都国から投馬国、伊都国から邪馬台国とい

うふうに、伊都国を起点に放射状の行程が書かれていると読む説も有力である。

　邪馬台国の南に男王が支配する狗奴国があるとされ、さらに、東の大海に倭種の国があるとされることからしても、東との読み替えに無理があろう。

　文献的には北九州説が有利だが、鏡の発見、前方後円墳の状況等の考古学的な面からすると、畿内説が有利といわれている。1981年から1986年の佐賀県吉野ヶ里町での発掘調査で、弥生時代から中世にかけての竪穴建物跡や建物柱穴、甕棺群と後期の壕跡などが検出され、邪馬台国北九州説が有力となった。

　しかし、その後、2009年11月、奈良県桜井市纒向遺跡での宮殿跡の発掘が、「女王卑弥呼の宮殿」と報道されるなど、最近では圧倒的に畿内説が有利となったともいわれている。この宮殿跡は、3世紀後半から4世紀前半に築造されたとされる。これについても、築造を3世紀前半まで前倒しする説もある。

　日本側の古事記、日本書紀では、崇神天皇（第10代）、垂仁天皇（第11代）および景行天皇（第12代）の宮は、磯城の纒向にあったとされていることからすると、その宮が発見されたということかもしれない。北九州説の私からすると、騒ぎすぎにみえる。

　日本の正史である、720年に編纂された日本書紀にも、魏志倭人伝が引用されているようで、「神功紀」では、女王国が魏に遣使したことが書かれており、神功皇后（第14代仲哀天皇の妻）を卑弥呼に見立てている。そのため、日本書紀上、女王国は畿内にあった（女王国が大和朝廷）とされ、それが、江戸中期までの通説であったという。江戸中期、本居宣長が北九州説を提唱したという。北九州説は通説への事実による反論というのが、私の考えである。

3　纒向遺跡および古墳群の見学

　私が、邪馬台国論争に関心があることを知っていた現在大分弁護士会に所属する和田聖仁弁護士から、奈良弁護士会の射場守夫弁護士を紹介していただいた。和田弁護士は日栄・商工ファンド弁護団の東京事務局長を務めていて、商工ローン問題を一緒に取り組んだ仲間でもある。

　射場弁護士の事務所のウェブサイトでは、「遺跡好きの一（はじめ）法律事

務所」と紹介されている。そして、射場弁護士が主催して、2014年11月23日に遺跡見学会が開催された。見学会といっても見学者は私1人であった。当日は、奈良県桜井市の柳本駅に集合し、三角縁神獣鏡が多数出土した黒塚古墳を皮切りに、第10代崇神天皇陵ともいわれる行燈山古墳、双方中円墳である櫛山古墳、第12代景行天皇陵ともいわれる渋谷向山古墳を見学する。それぞれがすぐ近くに存在していた。

　午後は、纏向遺跡・古墳群を見学する。住宅街であり、遺跡は調査後埋め戻されていて、たとえば吉野ヶ里で、環濠集落などが再現されているのとは異なる風景であった。そして、日本最初の巨大古墳であり、卑弥呼の墓ともいわれる箸墓を見学した。車でぐるっと回り正面に向かう。全長280mの前方後円墳である。奈良県立橿原考古学研究所によれば、築造時期は280年から300年（±10年〜20年）とされている。宮内庁によって、第7代孝霊天皇の皇女、倭迹迹日百襲姫命（やまとととひももそひめのみこと）の墓として管理されている。

　この墓は、新たな調査手法により築造時期が240年〜260年との考え方も報告されている。倭人伝で、卑弥呼の死亡時期が248年頃とされていて、それにあわせているとの批判もありうる。

　当日の見学に話を戻そう。纏向遺跡の後は、箸墓に先行するホケノ山古墳を見学し、三輪神社、そして橿原考古学研究所附属博物館も見学する。新しい研究成果の本も購入する。

　1日、楽しい見学をさせていただいた。見学を終わり射場さんとの別れ際に「先生はやはり北九州説ですよね」と聞かれる。私は申し訳ないとの思いはあるものの、「そうですね、卑弥呼が共立された2世紀後半には、いまだに日本に統一王朝ができる経済的基盤はないのではないか」と述べたように思う。どちらの説を採るか否かにかかわらず現場の調査はわくわくする思いであった。

4　瀬高町調査

2015年4月29日、福岡県山門郡瀬高町（現みやま市瀬高町）を訪れた。

　江戸時代、初めて本居宣長が邪馬台国北九州説を唱えるが、その際に、こ

の地は「ヤマト」と同名の「山門」（ヤマト）として、江戸時代から北九州説の
１つの候補地であった。

　一般社団法人パーソナルサポートセンターの調査事業が福岡市であったの
だが、前日に福岡に入り、九州新幹線の新玉名で乗り換え、瀬高駅に降り立つ。
タクシーで女山（ゾヤマ）城に向かう。卑弥呼の居所と地元ではいわれている。
「女王の山」がなまって「ゾヤマ」と呼ばれるようになったという。筑後平野
や有明海を望む古塚山（標高190ｍ）の西側斜面に築城された山城である。木
造の展望台もあり、私も登り、筑後平野およびはるか遠くの有明海を見渡す。
ここから卑弥呼も同じ風景を見ていたと考えると、ふとうれしくて自然に笑
顔となったように思う。

　資料館までタクシーに乗り、資料館の入口に着いたところ、「本日休館日」
との表示。残念に思っていると、地元の方が声をかけてくれた。仙台から楽
しみにきたことを話すと、「残念でしたね。では駅まで送っていきますよ」と
の申出をありがたくお受けした。もう一度行ってみたいと思う。

5　私なりに考えていること

　私は、189年に卑弥呼が共立された邪馬台国は、北九州にあったと考えて
いる。しかし、狗奴国との戦いが勃発し、248年卑弥呼は死亡する。どうも
自殺説もあるようである。その後、266年、台与が晋へ使者を送る。ここで
気になるのが、狗奴国との戦いはどうなったのかである。水野祐氏は狗奴国
が九州を統一し、東遷するとする（『大和の政権』138頁等）。私は、台与が東
遷を果たし、纏向に新しい都を開いたと考えたらどうだろうかと考える。

　森浩一氏は、『倭人伝を読みなおす』で、東遷は250年代に行われた可能性
が高いとし、その立役者は、魏から遣わされていた「張政」であるとする（同
書174頁）。私は、日本書紀に書かれていることは、すべて架空のことではな
く、「神武東征」は何らかの史実に基づくと考えられないだろうか思う。

　そんなことを思いながら、私は本は買いあさるが、全く深まりはない。し
かし、『倭人伝を読みなおす』は、いつもバックに入れて暇を見つけては読み
なおしている。あまりに汚くなったので、今の本は２代目である。

　私が森浩一氏の説に共感するのは、通説に対し、事実に基づき反論してい

るからである。そして何よりも、現場に行ってそこから考える発想であろう。

　今後、私も、自分の足で、対馬国、一支国、末廬国、伊都国、奴国、不弥国、投馬国、邪馬台国、そして熊襲の国といわれる狗奴国を探し訪ねてみたいと思う。

弁護士　新里宏二

新里・鈴木法律事務所（仙台弁護士会）

〈略歴〉

1952年盛岡市生まれ、中央大学法学部卒、1983年仙台弁護士会登録、2006年日本弁護士連合会上限金利引き下げ実現本部事務局長、2010年度仙台弁護士会会長、2011年度日本弁護士連合会副会長を務めた。

現在、日本弁護士連合会司法修習費用問題対策本部本部長代行、同消費者問題対策委員会幹事、多重債務問題及び消費者向け金融等に関する懇談会委員（金融庁・消費者庁共管）、全国カジノ賭博場設置反対連絡協議会代表幹事、全国優生保護法被害弁護団共同代表、一般社団法人パーソナルサポートセンター代表理事を務める。

【著作等】

『武富士の闇を暴く』（共著、2003年4月）

『多重債務被害救済の実務〔第2版〕』（共著、2010年1月）

『Q＆A改正貸金業法・出資法・利息制限法解説』（共著、2007年8月）

ほか

「不妊手術強制――万感の怒りこめた提訴」世界2018年4月号

「旧優生保護法による強制不妊手術被害と『一時金支給等に関する法律』の成立」法学セミナー 775号（2019年8月号）

ほか

〈弁護士活動の歩み〉

年月	活動内容等	社会の状況
1983年4月	弁護士登録	
1985年11月	みやぎ青葉の会　事務局長	
1991年1月		野村証券による暴力団等への損失補塡発覚
1991年3月		バブル崩壊
1993年6月	支倉保育所日照被害による建築差止仮処分(保育所の日照被害では、全国初の決定)	
1995年8月	大阪の商工ローン業者・ニシキファイナンスの破産、手形先預かり被害者2200社257億円の被害	
同年10月	同社に関し、初の仮処分決定 (仙台地裁)	
1997年1月	ダイヤモンドの5年後買戻特約付売買、被害者約10万人、約1万人が提訴	
1998年3月	ニシキファイナンス事件で和解。1300社が約42億円の債権放棄を勝ち取る	1998年　自殺者初めて3万人超え
1998年12月	日栄・商工ファンド対策全国弁護団結成	
1999年9月	日栄・従業員「目ん玉売れ」事件報道	
1999年12月	貸金業規制法・出資法の改正　刑罰金利が年40.004%→29.2%へ	
2000年11月	ココ山岡事件・全国統一和解。未払金額放棄、一部既払金返還	
2002年4月	ジェイ・メディアの倒産。JR内の電光掲示広告、3～4年分の利用料を一括クレジット契約 (商行為で割賦販売法の適用外)。東日本中心に弁護団結成	
2002年10月	武富士被害対策全国会議結成(代表:新里)	
2002年11月	ヤミ金融対策法の制定を求める意見書(日弁連)	
2003年1月	節電機商法のアイディックの破綻。全国弁護団結成	

2003年4月	武富士被害対策全国会議が『武富士の闇を暴く』を出版	
	武富士から、出版社、新里を含む弁護士3名に対し、名誉毀損だとして5500万円の賠償を求める訴えの提起（東京地裁）	
2003年7月18日	日栄最高裁判決	
同月	ヤミ金対策法の成立。業として年利109.5％を超える貸付けは無効等	
2003年12月		武井保雄、フリージャーナリスト宅を盗聴したとして逮捕
2004年2月20日	商工ファンド最高裁判決	
2005年3月	東京地裁3月30日判決、武富士の名誉毀損による損害賠償請求棄却、不当訴訟を認め新里ら4人に480万円の支払いを認めた。10月19日、武富士の控訴棄却	
2006年1月13日	シティズ最高裁判決。貸金業規制法43条みなし弁済規定の空文化	
2006年2月	ジェイ・メディア事件、仙台高裁でセントラルファイナンスと和解、4割支払い	
2006年2月	日弁連「上限金利引き下げ実現本部」設置（本部長代行：宇都宮健児弁護士。新里は事務局長就任）	
	市民団体「高金利引き下げ全国連絡会」甲斐道太郎大阪市立大学名誉教授、宇都宮健児弁護士との共同代表に就任	
2006年4月	金融庁中間報告、出資法の上限金利（29.2％）を利息制限法の水準に向け、引き下げる方向を確認	
2006年7月	自民党、基本的に金融庁の方向を確認。再度、金融庁が検討	
2006年9月5日	金融庁から自民党へ報告。特例高金利が含まれるなど大幅に後退	金融担当政務官後藤田正純氏辞任
2006年10月	国会へ2000人デモ、340万筆の署名提出、自治体の意見書採択1100以上（全体の6割ほど）	

2006年12月	貸金業法の改正、出資法の改正法が成立。出資法の上限金利29.2％→20％へ、年収の1/3の借入れの総量規制、昼間の取立規制強化、保証料も利息とする等、我々が求めたところがほぼ通った。	
2007年2月	アイディック事件、東総信（のちのクオーク）と統一和解、同社側が約8000万円の和解金を全国の被害者に支払う	
2010年4月～	仙台弁護士会会長、日弁連司法修習費用給費制維持緊急対策本部担当常務理事	
2010年11月	裁判所法の一部改正	
	司法修習生の給費制1年延長	
2011年3月3日	仙台で、生活困窮者団体の一般社団法人パーソナルサポートセンターを設立。代表理事就任	
2011年3月11日		東日本大震災発生
2011年4月～	日弁連副会長。給費制および震災対策担当	
2011年7月	震災の二重ローン対策として、「個人版私的整理のガイドライン」運用開始。震災相談の中で、約2割が二重ローンの相談であり、被害相談を制度に結びつけたものである。	
2011年11月	株式会社東日本大震災事業者再生支援機構法成立。債権の買取り等で被災事業者の再建支援の制度。新里は法案の審議において参考人として意見を述べた	
2011年11月	司法修習生への修習費用貸与制度導入	
2012年4月	司法修習費用給費制維持緊急対策本部本部長代行就任	
2013年8月	優生保護法による強制不妊手術被害者飯塚さん（仮名）と出会う	
2014年4月	全国カジノ賭博場設置反対連絡協議会結成。代表幹事就任	
2014年5月	日弁連「カジノ解禁推進法案に反対する意見書」採択	

2015年6月	飯塚さん（仮名）、日弁連に人権救済の申立て（代理人：新里）	
2016年12月	カジノ推進法の成立（内閣委員会で参考人として反対意見を述べる）	
2017年2月	日弁連、優生保護法による強制不妊手術等は人権侵害であるとの意見書公表。新しい被害者の申出	
2017年9月	優生保護法弁護団（宮城）の結成。団長に就任	
2018年1月	優生保護法による強制不妊手術被害者全国初提訴	
2018年5月	優生保護法被害全国弁護団結成。共同代表就任	
2018年7月	カジノ解禁法成立（内閣委員会参考人として反対意見表明）	
2019年4月24日	「旧優生保護法に基づく優生手術を受けた者に対する一時金の支給等に関する法律」成立。被害者1人に対して320万円を給付する、380億円の制度	
2019年5月28日	仙台地裁、優生保護法の違憲性認めながら請求棄却。立法不作為の「明白性」を認めず、除斥期間の適用を認めた。	
2020年2月22日	衆議院予算委員会中央公聴会で公述人としてカジノ反対を述べる。	
2020年6月30日	優生保護法国賠請求訴訟東京地裁判決、請求棄却	
2020年4月7日		新型コロナウイルス感染症対策として、7都道府県に緊急事態宣言。16日、全国に拡大
2020年11月30日	優生保護法国賠請求訴訟大阪地裁判決、請求棄却	
2021年1月15日	優生保護法国賠請求訴訟札幌地裁判決、請求棄却	

2021年2月4日	優生保護法国賠請求訴訟札幌地裁判決、請求棄却	
2021年8月3日	優生保護法国賠請求訴訟神戸地裁判決、請求棄却	
2022年2月22日	優生保護法国賠請求訴訟大阪高裁判決、逆転勝訴。3月7日、国は上告受理申立て	
2022年3月11日	優生保護法国賠請求訴訟東京高裁判決、逆転勝訴。3月24日、国は上告受理申立て	松野博一官房長官、一時金支給金額の水準を含む今後の対応について国会に相談し、その議論の結果を踏まえて検討するとした。
2022年4月28日		大阪府・市および長崎県がカジノ計画を国土交通大臣へ申請

◆編集委員・執筆者一覧◆

［編集委員］

岩渕　健彦	エール法律事務所（仙台弁護士会）	
小野寺友宏	小野寺友宏法律事務所（仙台弁護士会）	
及川　雄介	仙台のぞみ法律事務所（仙台弁護士会）	
鎌田　健司	あすなろ法律事務所（仙台弁護士会）	

［執筆者］（50音順）

荒　　　中	荒総合法律事務所（仙台弁護士会）
岩渕　健彦	エール法律事務所（仙台弁護士会）
宇都宮健児	東京市民法律事務所（東京弁護士会）
及川　雄介	仙台のぞみ法律事務所（仙台弁護士会）
太田　伸二	新里・鈴木法律事務所（仙台弁護士会）
小野寺友宏	小野寺友宏法律事務所（仙台弁護士会）
釜井　英法	池袋市民法律事務所（東京弁護士会）
鎌田　健司	あすなろ法律事務所（仙台弁護士会）
木村　達也	木村・浦川・足立法律事務所（大阪弁護士会）
草苅　翔平	新里・鈴木法律事務所（仙台弁護士会）
今　　瞭美	今法律事務所（釧路弁護士会）
佐藤　敏宏	片平法律事務所（仙台弁護士会）
佐藤　靖祥	さとう法律事務所（仙台弁護士会）
菅井　義夫	労働者福祉中央協議会元事務局長
鈴木　裕美	新里・鈴木法律事務所（仙台弁護士会）
立岡　　学	特定非営利活動法人ワンファミリー仙台理事長・一般社団法人パーソナルサポートセンター業務執行常務理事
津久井　進	弁護士法人芦屋西宮市民法律事務所（兵庫県弁護士会）
中山龍太郎	西村あさひ法律事務所（第一東京弁護士会）
拝師　徳彦	千葉マリン法律事務所（千葉県弁護士会）
濱田真一郎	濱田法律事務所（第一東京弁護士会）
廣瀬　卓生	アンダーソン・毛利・友常法律事務所外国法共同事業（第一東京弁護士会）
牧原　秀樹	衆議院議員
三上　　理	せたがや市民法律事務所（東京弁護士会）
山田いずみ	宇都・山田法律事務所（仙台弁護士会）
吉岡　和弘	吉岡和弘法律事務所（仙台弁護士会）

あとがき
──情けは人の為ならず──

　弁護士となってどこの時点からか定かではないが、困難な事件に出会った
ときに、私の頭の中に、この言葉が出てくる。

　「人に情けをかけるとその人をだめにする」と誤用される向きもあるが、
辞書によると「人に情けをかけると巡り巡ってその良い報いが自分に返って
くる」と説明されている。

　この言葉は新渡戸稲造の「一日一言」にある、「施せし情けは人の為ならず
おのが心の慰めと知れ　我れ人にかけし恵みは忘れても　人の恩おば長く忘
るな」ということが出典のようである。見返りを求めるというより自分の慰
めのためということになる。

　私が優生保護法により不妊手術を強制された飯塚さんに出会ったとき、こ
れは本当にひどい被害だ、飯塚さんのために何とか被害回復ができないかと
考えた。そのとき、自分は弁護士としていろいろな課題を超えてきた、「そ
れなのにこれは超えられない課題としていいのか」、「自分に与えられた試練
ではないのか」と。それは、「情けは人の為ならず」、自分のための闘いでもあっ
たように思う。そうすると私の心も少し軽くなるように思った。

　私は、本書の表題は、少しかっこよすぎると思う。実は、2018年4月の
優生保護法による全国初めての提訴の後、月刊弁護士ドットコム31号の「フ
ロントランナーの『肖像』No.31」で私のインタビュー記事を掲載していただ
いた。そのときの表題を基にしたものである。同社から承諾をいただき、本
書の表題として使わせていただいた。

　本書の出版については、仙台弁護士会の会員で盛岡一高の後輩でもある岩
渕健彦弁護士からお話をいただき、「武富士の闇訴訟」等、いろいろな事件を
一緒に闘ってきた小野寺友宏弁護士、及川雄介弁護士および鎌田健司弁護士
にも編集委員に加わっていただき、出版の運びとなった。

　本書の出版が私にとっても、本来、「情け」の「対価」を求めるものではな
いものの「巡り巡って」自分に大きなご褒美として返ってきたようにも思う。
編集委員を務めた4名の先生方には感謝しかない。さらに、株式会社民事法

研究会の大槻剛裕さん、軸丸和宏さんにも大変お世話になったことをここに
感謝したい。

新 里 宏 二

編 集 後 記

　新里先生の闘ってきた歴史を1冊の本にしたほうがよいのではないかと考えたのは10年前に遡る。当時、新里先生は還暦を迎えようとしていたが、それまでの消費者問題についての取組みをはじめ、さまざまな会務のかかわりを1冊の本にまとめることは意義深いものではないかと考えたものであった。

　しかし、今回の古希記念出版の準備にあたり、新里先生の活動を還暦のところでまとめようとしたことは明らかな間違いであったと痛感した。ここ10年だけでもその活動は、被災者支援、コロナ対策、給費制の復活、旧優生保護法による被害の回復と多岐にわたっているのである。

　新里先生の年を経ても衰えることのない行動力やバイタリティはどこからきているのか、今回あらためて古希記念出版を取りまとめて感じたことがある。

　新里先生を語るうえで欠かせないキーワードは「優しさ」や「共感力」だと思う。

　新里先生は、高金利引き下げ運動や商工ローン問題について語るとき、今でも弁護士登録から間もない頃に多重債務に陥っていた老夫婦が自殺し、その命を救えなかったことや元依頼者が商工ローン業者に振り出した手形を決済できず、首つり自殺をしたことを防げなかったことについての悲しみに触れずにはいられない。

　東日本大震災の津波で家を流されて、それでもローンを抱えて苦しんでいる人がいれば、涙を流さんばかりの強い思いでその救済を試みる。貧困にあえぐ多くの人を目にすれば、予算を確保する前にまずはシェルターの設立に奔走する。

　司法修習生に対する給費が打ち切られ、法曹の途を選択することが難しくなる人たちに会えば、その不公正に怒り、彼らの思いに共感し、多くの人が法改正など無理だと言う中であきらめることなく運動を行い、政治を動かし、最後には立法を勝ち取ってしまう。そして、新里先生は、「まだ谷間世代が救われていない」と述べ、今もがんばり続ける。

そうかと思えば、古希にならんとする時期に旧優生保護法に関する被害者の救済に動き出し、ここでも日本弁護士連合会を動かし、政治を動かし、一時金の給付という立法を勝ち取り、さらには除斥期間という高い壁が立ちはだかった司法の場においてさえも複数の敗訴判決をはねのけ、とうとう大阪高等裁判所、東京高等裁判所と勝訴判決を勝ち取っている。

新里先生を語るうえでもう1つ欠かせないキーワードが「現場の視点」だと思う。

新里先生は、常に現場を大事にする。被害者に寄り添い、被害の実態を明らかにするところに全力を尽くすといってよい。被害回復のためには、時には社会運動を行いながら、被害の実態を社会に、そして裁判所によりよく知ってもらうことが重要であると考えている。

新里先生のこの半生の成果をまとめると、まさに「華々しい」の一語に尽きる。

しかし、新里先生と親しくする人は、誰も新里先生を華々しいとか華麗だとは評さないと思う。むしろ「人のよい普通のおじさん」と評する人がほとんどではないだろうか。

本書は新里先生の闘いの歴史を世にとどめようとしたものであったが、仮に、一弁護士が「優しさ」と「共感力」を原動力にし、「現場の視点」を武器にして多くの成果を上げてきたことを伝えることで、少しでも次世代の弁護士の活動の指針になる一助となるとすればこれ以上の喜びはない。

最後になるが、新里宏二先生と、自らもクレジット被害などの消費者被害回復の活動に尽力しつつ、新里先生の活動を公私にわたって支え続けてきた鈴木裕美先生の益々のご健勝とさらなるご活躍を祈り、編集後記としたい。

編集委員を代表して

弁護士　岩　渕　健　彦

【弁護士新里宏二古希記念出版】
社会を変えてきた弁護士の挑戦
──不可能を可能にした闘い──

2022年8月20日　第1刷発行

定価　本体 3,000円＋税

著　者　新里宏二
編　者　弁護士新里宏二古希記念出版編集委員会
発　行　株式会社　民事法研究会
印　刷　株式会社　太平印刷社

発行所　株式会社　民事法研究会
　　　　〒150-0013　東京都渋谷区恵比寿3-7-16
　　　　〔営業〕TEL 03（5798）7257　FAX 03（5798）7258
　　　　〔編集〕TEL 03（5798）7277　FAX 03（5798）7278
　　　　http://www.minjiho.com/　　info@minjiho.com

組版／民事法研究会
落丁・乱丁はおとりかえします。ISBN978-4-86556-519-5 C2032 ￥3000E